삶으로서의 사유

루카치 다시 읽기 2

삶으로서의 사유: 루카치의 자전적 기록들

초판 1쇄 발행 2019년 7월 26일

지은이 게오르크 루카치
옮긴이 김경식 오길영
펴낸이 강수걸
편집장 권경옥
편집 윤은미 이은주 강나래
디자인 권문경 조은비
펴낸곳 산지니
등록 2005년 2월 7일 제333-3370000251002005000001호
주소 부산시 해운대구 수영강변대로 140 BCC 613호
전화 051-504-7070 | 팩스 051-507-7543
홈페이지 www.sanzinibook.com
전자우편 sanzini@sanzinibook.com
블로그 http://sanzinibook.tistory.com

ISBN 978-89-6545-619-3 93160

* 책값은 뒤표지에 있습니다.
* 이 도서의 국립중앙도서관 출판예정도서목록(CIP)은 서지정보유통지원시스템
홈페이지(http://seoji.nl.go.kr)와 국가자료공동목록시스템(http://www.nl.go.kr/
kolisnet)에서 이용하실 수 있습니다. (CIP 제어번호: CIP2019027124)

루카치 다시 읽기 2

삶으로서의 사유

루카치의 자전적 기록들

게오르크 루카치 지음 ㅣ 김경식·오길영 편역

산지니

다시 책을 펴내며

이 책은 헝가리의 사상가 루카치 죄르지(Lukács György)의 자전적인 글들을 묶은 책이다. 예전에 루카치를 공부하신 분들은 알겠지만, 여기에 수록된 대부분의 글은 1994년에 출판된 『게오르크 루카치―맑스로 가는 길』(김경식·오길영 편역, 솔, 1994)에 실렸던 것들이다. 근 사반세기가 지나 거의 같은 내용의 책을 다시 발간하는 마당이다 보니 그 사이에 세상이 얼마나 많이 변했는지를 더욱 실감하게 된다. 처음 책을 냈던 1990년대 중반은 우리나라에서 루카치가 누렸던 오랜 '영화(榮華)'가 이미 퇴락하기 시작하던 때였다. 그 이후, 알다시피 세상과 함께 지식세계의 지형이 크게 변했고, 루카치는 시나브로 '망각'의 인물이 되고 말았다. 따라서 지금 이 책의 존재 이유는 예전과 다를 수밖에 없다. 과거에는 이 책이 독자들에게 '친숙한' 루카치를 더욱 풍부하게 이해할 수 있도록 돕는 책으로 상재되었다면, 지금 이 책은 루카치라는 '미지의' 사상가를 처음 접하는 독자들을 위한 입문서로 기획되었다.

책을 '다시' 펴내지만 예전의 책과는 약간의 차이가 있다. 1994

년판에서는 루카치 자서전 부분(즉, 부록을 제외한 부분)의 우리말 번역에, 헝가리어 원본을 옮긴 독일어판[1]과 그 독일어판을 다시 옮긴 영어판[2]이 고루 반영되었다. 이른바 '가독성'을 위해 독일어 판과 영어판의 문장을 적당히 섞은 대목도 없지 않았다. 이번에 는 독일어판에 조금 더 충실한 번역서를 만들고자 했는데, 그 결과 표현이 바뀐 곳이 적지 않다. 1994년 번역판에서 발견한 오역도 몇 군데 바로잡았는데, 그렇다고 해서 이번에 낸 책에는 오역이 전혀 없다고 자신할 수는 없다. 책을 낼 때마다 늘 하는 말이지만, 현명한 독자 여러분의 질정(叱正)을 바랄 뿐이다.

책의 구성과 내용도 조금 달라졌다. 1994년판에는 없었던 루카치의 이력서 두 편과 1918년에 쓴 자전적인 글 한 편을 새로 넣었다. 루카치 자서전 영어판에 수록되어 있어서 우리가 1994년판을 낼 때 옮겨 실었던 「『신좌파평론』과의 대담」은, 그 사이 나온 『좌파로 살다』(뉴레프트리뷰·프랜시스 멀헌 엮음, 유강은 옮김, 사계절, 2011)에 「죄르지 루카치—오류와 단절하기」라는 제목으로 수록되어 있는 터라 굳이 다시 번역할 필요가 있을까 하는 생각도 없지 않았지만, 루카치의 자전적인 글들을 묶은 이 책을 풍성하게 하는 데 꼭 필요한 글이라 생각되어 빼지 않았다(다시 번역할 때 유강은의 번역도 참조했다는 것을 밝혀둔다). 옛 편역서에는 다소 장황한 「편역자의 글」을 붙였는데, 거기에 담긴 대부분의 내용을 『게오르크 루카치—과거와 미래를 잇는 다리』(김경식 지음, 한울, 2000)에서 더욱 자세하게 다룬 터라 되살릴 필요가 없다고 생각했다. 루

---

1 *Georg Lukács. Gelebtes Denken. Eine Autobiographie im Dialog*, Red.: István Eörsi, Aus dem Ungarischen von Hans-Henning Paezke, Frankfurt am Main: Suhrkamp 1981.

2 *Georg Lukács. Record of a Life. An Autobiographical Sketch*, edited by István Eörsi, translated by Rodney Livingstone, London: Verso 1983.

카치를 조금 더 깊이 공부하고자 하시는 분은 그 책과 최근에 나온 『루카치의 길—문제적 개인에서 공산주의자로』(김경식 지음, 산지니, 2018)를 참조할 수 있을 것이다. 「게오르크 루카치 연보(年譜)」도 축소했다. 1994년판에서는 루카치가 펴낸 책뿐만 아니라 그가 쓴 논문 중 일부도 발표 시점을 소개했는데, 인터넷을 통해 더욱 자세한 관련 정보를 얻을 수 있게 된 마당이라 세밀한 연보는 불필요하다고 생각했다. 여기서는 루카치의 주요 저서들을 중심으로 연보를 작성했다(참고로 말하자면, 루카치의 저작에 관한 가장 정밀한 연보는 https://gyorgylukacs.wordpress.com/bibliografia/에서 접할 수 있다). 연보는 축소했지만 인물 소개는 확대했다. 대담 중에 거명되는 인물 대부분은 우리가 알기 힘든 헝가리인들이다. 텍스트를 이해하는 데 필요한 만큼만 헝가리 출신 인물들을 소개하는 글을 따로 붙였다. 헝가리인은 아니지만 우리에게 생소해서 소개가 필요한 인물은 본문에서 각주를 통해 짧게 이력을 첨부했다. 헝가리인이지만 이력을 소개하지 않더라도 문맥을 이해하는 데 어려움이 없다고 판단될 경우에는 본문에 이름의 원어만 병기해두는 것으로 그쳤다는 점도 밝혀둔다.

이 책의 서문 격으로 놓인 이슈트반 외르시(Istvan Eörsi)의 글 「마지막 남긴 말의 권리」("Das Recht des letzten Wortes")는 1981년 옛 서독의 주어캄프(Suhrkamp) 출판사에서 출간된 루카치 자서전에 편자 서문으로 수록된 글이지만, 그 후 독일의 아이스테지스(Aisthesis) 출판사가 독일어본 루카치 저작집 제18권[3]에 루카치의 자서전을 수록했을 때는 뺀 글이다. 후자의 책이 루카치 전집 중

---

3   *Georg Lukács Werke Band 18, Georg Lukács. Autobiographische Texte und Gespräche*, hrgg. von Frank Benseler und Werner Jung unter Mitarbeit von Dieter Redlich, Bielefeld: Aisthesis 2005.

한 권으로 나온 것이기 때문에 편집체제상의 이유로 빠진 것으로 보이지만, '마르크스주의자' 루카치에 대해서 외르시가 독일어본 루카치 전집 편집자들보다 훨씬 더 비판적인 시선을 갖고 있는 것도 사실이다. 루카치의 직계 제자 대부분이 그랬듯이 이 글을 쓸 무렵의 외르시 또한 더 이상 공산주의자·마르크스주의자가 아니었다. '스승'이었던 루카치와는 이미 사상적·정치적 입장을 달리하게 된 '제자'가 쓴 글이라는 점을 감안하고 읽어야겠지만, 루카치의 자서전을 소개하는 글로서는 충분히 유익하고 흥미로운 글이다. 작가이자 시인이며 번역가이기도 한 외르시 못지않게 빼어난 글 솜씨를 지닌 마셜 버먼이 루카치의 자서전에 대한 서평으로 쓴 글도 우리말로 번역되어 있으니,[4] 외르시의 글과 함께 읽어보기를 권한다.

　루카치의 자서전은 보통의 자서전과는 다른 공정을 거쳐 태어날 수 있었다. 이와 관련해 독일어판 편자이기도 한 외르시의 설명을 소개한다. 그에 따르면 자서전의 골간은 그와 문학사가 에르제베트 베제르(Erzsébet Vezér)가 「삶으로서의 사유」("Gelebtes Denken")를 앞에 놓고 병상의 루카치와 나눈 대담을 통해 만들어졌다.[5] 그 과정은 외르시의 글 III장에 잘 소개되어 있다. 그런데 최종 완성된 루카치의 자서전은 1971년 3월부터 5월 사이에 이루어진 그 대화만으로 구성된 것이 아니다. 그 대화를 골간으로 하

삶으로서의 사유

4　마셜 버먼, 「게오르크 루카치의 거대한 뻔뻔스러움」, 『맑스주의의 향연』, 문명식 옮김, 이후, 2001, 251~284면.

5　자서전 집필을 위한 일종의 밑그림으로 루카치가 작성한 「삶으로서의 사유」는 대부분 미완성 문장으로 되어 있을 뿐만 아니라 때로는 머리글자만 적혀 있기 때문에 이 글을 먼저 읽을 경우에는 온전한 이해가 어려울 수 있다. 대담 부분을 먼저 읽고 이 글을 읽기를 권한다. 이 글에는 대담에서 거론되지는 않았지만 루카치의 삶과 사상을 파악하는 데 요긴한 지점이 적지 않게 포함되어 있다.

되, 두 사람이 1966년과 1969년에—따라서 루카치가 정확한 발음으로 자신의 생각을 정확하게 표현할 수 있었던 때에—루카치와 가졌던 또 다른 대담의 내용으로 1971년의 대화 내용을 보충함으로써 완성된 책의 모양이 갖추어지게 되었다. 그 과정에서 문장이 다듬어졌으며, 구성도 일생의 흐름에 맞추어 재편되었다. 그리고 루카치의 대답에 어울리게 질문이 일부 수정되었으며, 두 사람이 한 질문을 마치 한 사람이 한 것처럼 만들고 전기적 설명에 이론적 설명을 추가하는 손질도 이루어졌다. 이런 식으로 손을 본 것은 사실이지만, 루카치의 대답으로 적혀 있는 것은 모두 실제로 그가 한 말이며, 그가 하지 않은 말, 기록되거나 녹음되지 않은 말은 거기에 하나도 포함되지 않았다. 그리고 루카치가 한 말들을, 내용을 고려해서 취사선택하지도 않았다. 요컨대 루카치가 세 차례 대담에서 한 말을 그대로 재현하되, 병세가 악화되어 정확한 표현이 불가능해진 루카치의 말을 사람들이 읽을 수 있도록 다듬고 연대기순으로 배열했다는 것이 이 책을 완성한 외르시의 설명이다.[6]

"혁명들의 시대" 한복판에서 인류의 문제를 자기 자신의 문제로 받아들였던 한 거대한 지성의 역사적 회고와 자기 해명을 담은 루카치의 자서전은 이렇게 해서 세상에 나올 수 있었다. 우리는 이 자서전 및 이와 함께 묶은 다른 자전적인 글들을 통해 "극단의 시대"를 살았던 한 실천적 사상가의 장대한 사유가 어떠한 사회역사적 맥락 속에서 어떠한 삶을 통해 생성되고 발전되었는지, 그리고 그 사유가 그의 삶을 어떻게 규정하고 형성했는지를 생생하게 볼 수 있을 것이다. 루카치의 일생을 그의 사유의 생성·발전·

---

6 이상은 *Georg Lukács, Gelebtes Denken*, 35~37면에 실린 「편자의 말」("Redaktionelle Anmerkung")을 참조한 것이다.

변화를 중심으로 따라가는 과정에서 우리는, 최고 수준에 있는 이론가의 눈을 통해 "역사적 공산주의"의 본질과 그 역사를 재인식하는 기회도 가질 수 있을 것이다. 그리고 아직 한 번도 실현된 적이 없기 때문에 여전히 새로운 루카치의 대안적 기획의 일단도 접할 수 있을 것이다. 루카치 개인의 일생에 대한 기록이자 20세기 인류 역사의 한 부분에 대한 소중한 기억을 담은 이 책은, 그리하여 루카치를 처음 또는 다시 공부할 사람들에게 더없이 유익한 입문서가 될 수 있을 것이다. 다시 책을 펴내는 편역자의 입장에서는 이 책이 그렇게 읽히기를 바랄 뿐이다.

마지막으로 번역과 관련하여 한마디 덧붙인다. 이 글 첫 문장에서 우리가 '루카치 죄르지'라고 적었듯이 원래 헝가리인의 이름은 우리처럼 '성-이름' 순으로 적는다. 하지만 이 책에서는 우리가 번역하고 참조한 독일어판과 영어판에 따라 '이름-성' 순으로 표기했음을 밝혀둔다. 그리고 대괄호 [ ]로 묶은 말은 독자들의 이해를 돕기 위해 옮긴이가 원문에 없는 말을 임의로 추가한 것이라는 점도 밝혀둔다. 어떤 단어를 한 가지로 확정하여 옮기기보다는 대체 가능한 번역을 병기해두는 게 독서에 유리하겠다고 판단되는 대목에서도 같은 식으로 대괄호를 사용했다. 하지만 「삶으로서의 사유」에서는 원문 자체에 대괄호가 사용되고 있기 때문에 옮긴이가 추가한 대목은 '옮긴이'라고 적어서 구분될 수 있게 했다.

예전에 한 번역을 고치고 다듬는 작업이었지만 끝낼 때까지 오랜 시간이 걸렸다. 그 노력을 책으로 완성시켜준 산지니 출판사에 고마움을 전한다.

2019년 4월
편역자를 대표하여 김경식 씀

차례

부록

마지막 남긴 말의 권리

이슈트반 외르시

마지막 남긴 말의 권리

이슈트반 외르시

I

당적(黨籍) 없이 10년을 지낸 후 1967년에 당증(黨證)을 되받았을 때 게오르크 루카치는 자신의 생애에서 일어난 이 새로운 전환을 해명할 필요가 있다고 느꼈다. 어쨌든 간에 그는 1956년 민중봉기 때 문화부 장관이었으며, 어쨌든 간에 그는 함께 루마니아로 끌려갔던 공산주의자들에 대한 연대를 이후에도 공개적으로 부정한 적이 없었다. 그 공산주의자들 중 몇몇은—세련되게 표현하자면—선처가 있을 것이라는 당국의 약속에도 불구하고 구금 기간보다 더 오래 살지 못했다. 루카치 자신은 1957년에 부다페스트로의 귀환이 허용되었지만 여기에서 그에게는 "주요한 이데올로기적 위험분자"라는 역할이 안배되었다. 그의 글들은 헝가리에서 출판이 금지되었다. 외국에서 출판되는 것도 막기 위해 온갖 짓이 행해졌다. 헝가리의 경제개혁을 준비하는 과정에서야 비로소 새로운 상황이 만들어졌다. 그러한 탈(脫)스탈린화 국면에서 게오르크 루카치를 계속해서 주요한 이데올로기적 독소(毒素)로 간주하고 공격하기란 불가능해 보였다. 게다가 또 다른 중요한 헝가리 공산주의자인 어틸러 요제프의 사례[1]가 되풀이되지 않도록 하기 위해서 루카치가 죽기 전에 그와 화해하는 것이 현명하다는 견해가 당 지도부에서 우위를 점했다. 어틸러 요제프의 경우, 당은 1930년대 초반에 그를 당에서 축출했다가 그가 죽고 난 뒤에야 갖은 날조를 통해 그와 평화조약을 체결해야만 했다.

"내가 다시 당원이 되었다는 소식을 이미 들으셨는지 모르겠군요." 게오르크 루카치는 특유의 노회한[2] 곁눈질을 하면서 내게 물

---

1   엔드레 어디(Endre Ady)와 더불어 20세기 헝가리의 가장 위대한 시인으로 꼽히는 어틸러 요제프(Attila József)는 마르크스주의자로서 프롤레타리아 혁명을 위해 당시 비합법 조직이었던 헝가리 공산당에 입당(1930년), 당원으로 활동하기도 했다. 마르크스주의와 프로이트의 정신분석학을 이론적으로 결합하려 시도했는데, 이 때문인지 몰라도 불분명한 이유로 당에서 축출당한다(1934년). 그는 1937년 12월에 기차에 치여 생을 마감했는데, 그의 죽음이 사고사인지 자살인지를 둘러싼 논란이 있다.

2   우리가 '노회한'으로 옮긴 단어는 'listig'이다. '제자'가 '스승'을 두고 쓴 표현으로는 조금 이상하게 들릴 수도 있지만, 이슈트반 외르시(István Eörsi)는 노년의 루카치를 "늙은 여우"라고 표현하기도 했다. '노회한'은 '늙은 여우'에게 어울리는 말이다. 여기에서 잠깐 이 글의 필자 이슈트반 외르시와 루카치의 관계에 대해 소개하도록 하자. 이미 김나지움 재학 시절 루카치의 저작을 읽고 큰 영향을 받았던 외르시는 부다페스트 대학에서 루카치의 지도하에 어틸러 요제프의 시를 주제로 박사논문을 준비했다. 하지만 그는 박사논문을 완성할 수 없었다. 그는 1956년 헝가리 민중혁명에 깊이 관여한 죄로 체포되어 1960년까지 수감생활을 해야만 했다. 그가 감옥에 갇혀 있는 동안 루카치는 외르시의 부인에게 매달 생활비를 지원하는 등의 방식으로 그의 가족을 돌봤다. 하지만 이 일은 외르시가 석방될 때까지 지속되진 못했는데, 2년쯤 지났을 때 누군가의 신고로 중단되었다. 헝가리 민중혁명이 진압된 이후 루카치가 루마니아에 억류되어 있다가 귀향했을 때 조건은 더 이상 정치활동을 하지 않는다는 것이었는데, 외르시의 가족을 돌보는 것도 일종의 정치활동으로 여겨져 금지되었던 것이다. 1960년 석방 후 극작가와 번역가로 활동했으며, 이후에는 시와 소설도 창작하고 정치평론도 했던 외르시는 루카치의 마지막 순간을 함께한 몇 안 되는 제자 중 한 명이었다. 그는 루카치가 독일어로 쓴 작품 다수를 헝가리어로 번역하는 일도 했다. 외르시는 2005년, 향년 74세로 세상을 떴다. 그가 죽고 한참 뒤에 발표된 한 대담에서 외르시는 "늙은 여우" 루카치를 회고하면서 "그는 진짜 스승이었다"고 했다. 이상은 https://sinn-

었다. 나는 고개를 끄덕였다. 그러자 그는 자신의 결정에 대한 이유를 설명하기 시작했다. 첫째, 경제개혁이 당과의 화친을 객관적으로 가능하게 했다고 그는 말했다. 당은 몹시 급진적인 것으로 여겼던 그 개혁 플랜을 루카치는 진정한 사회주의적 변혁에 이르는 도중에 내딛은 첫걸음에 불과한 것으로 여기긴 했지만 말이다. 마르크스주의자로서 그는 정치구조가 변함없이 유지되는 한 경제구조가 근본적으로 변화될 수 없다는 것을 알고 있다고 했다. 한데 당은 경제개혁만 하려고 한다, 그렇긴 하지만 개혁을 통해 대화를 나눌 수 있는 여지가 만들어질 것이다, 라고 그는 말했다. 그가 꼽은 두 번째 이유는 제자들에 대한 고려였다. 루카치 자신은 철학으로 살아갈 수 있으며 그의 저작들을 적어도 외국에서는 심각한 행정적 결과를 초래하지 않고도 출판할 수 있지만 제자들은 사정이 다르다는 것이다. 그의 제자들은 무엇보다도 루카치 자신의 처지 때문에 대부분 침묵을 요구받고 있으며 그들의 재능을 펼치기 어려운 곳에서 밥벌이를 하지 않을 수 없게 되었다고 그는 말했다. 이제 그의 당원 문제의 해결과 함께 제자들의 문제도 같이 해결하겠다는 약속이 되어 있다고 했다. 그들은 학자로서의 자리와 출판 기회를 가져야 한다고 그는 주장했다. 세 번째 이유에 대해서 게오르크 루카치는 특히 자랑스럽게 여겼다. 자기가 지닌 이데올로기상의 특수의견을 견지하고 때에 따라서는 분명하게 표현해도 좋다는 보장이 되어 있다고 말했다. 타협할 필요 없이 이데올로그의 자격으로 당원일 수 있다는 것은 그에게 새로운 전망을 열어주는 것이며 영향을 미칠 수 있는 새로운 기회를 제공

und-form.de/?tabelle=leseprobe&titel_id=5647(Adelbert Reif, Ruth Renée Rief, "LUKACS WAR BEREIT, SEIN LEBEN FÜR EINE SACHE HINZUGEBEN" Gespräch mit István Eörsi, SINN UND FORM 2013년 4호) 참조.

하는 것이라고 그는 말했다. 모든 주장을 다 듣고 난 뒤 나는 그에게 다음과 같이 물었다. "말씀을 듣다 보니 애당초 루카치 동지가 재입당한 것이 아니라 당이 루카치 동지에게 재가입했다고 말할 수 있을 것 같은데요." 루카치는 재차 노회한 곁눈질로 나를 쏘아보았다. "유감스럽지만 그렇게 주장하기에는 아직 시기가 너무 이른 듯하군요."

우리 두 사람[3]은 이 세 가지 이유가—비록 게오르크 루카치는 심각하게 말하긴 했지만—깊숙이 숨겨져 있던 인간적 욕구가 그것을 드러내는 것이 역사적으로 가능해짐에 따라 표현된 것일 뿐이라는 것을 알았다. 1957년에 루마니아에서 헝가리로 돌아오자마자 루카치는 헝가리 사회주의 노동당[4]에 편지를 썼다. 그 편지에서 그는 앞으로도 자신을 당원으로 여기겠다고 알렸다. 그 편지에 대해 그는 단 한 통의 답장도 받지 못했다. 루카치에 반대하는 여론을 불러일으키는 작업이 정점에 도달해 있었을 때조차도 루

---

3   루카치와 대담을 진행했던 에르제베트 베제르(Erzsébet Vezér)와 이 글의 필자인 이슈트반 외르시.
4   당시 헝가리 공산당의 공식 명칭이다. '헝가리 공산당'은 1918년 11월 24일 창당되었다. 1919년 '헝가리 평의회 공화국'이 붕괴된 후 당 중앙이 빈에 망명해 있던 '헝가리 공산당'은, 헝가리 내에 공산당을 대표하는 합법적 정당으로 '헝가리 사회주의 노동당'을 조직했지만 그 당은 헝가리 정부에 의해 탄압받고 이름만 남게 된다. 1948년 말에 '헝가리 공산당'은 헝가리 사민당과 통합, '헝가리 근로자당'으로 이름을 바꾼다. '헝가리 근로자당'은 1956년 헝가리 민중혁명의 와중에 '헝가리 사회주의 노동당'으로 다시 이름을 바꾸었다. 이 당은 1989년까지 존속했다.

카치의 요구를 거부하는 편지에 서명할 용기를 가진 사람이 없었던 게 분명하다. "나는 그들의 목구멍에 걸린 가시였지요"라고 루카치는 그 상황에 관해 말했다. "그들은 나를 삼킬 수도 뱉어낼 수도 없습니다." 그는 자신이 당에서 축출되었다는 사실을 나중에 사전에서 읽었다. 그 사전 항목은 이전에 그의 제자였던 요제프 시게티가 썼다. 그에 관해 루카치는 "그가 내게서 훔치지 않은 독자적인 생각이라고는 딱 한 가지, 나를 퇴직시켜 연금을 받게 해야 한다는 그 생각뿐이었습니다"라고 말했다.

그 사전 항목이 공식적인 답변으로 여겨질 수는 없다. 비록 루카치가 그 일에 대해서 농담을 하긴 했지만 그 일은 그의 마음을 아프게 했다. 당에 소속되는 것은 그에게는 일종의 영혼의 욕구였다. 철학자의 입에서 나온 말치고는 아주 기묘하게 들리는 "옳든 그르든 나의 당"이라는 한마디 말로써 그는 숙청 시기[1936~38년 모스크바 대(大)재판 시기]에조차 그가 스탈린주의에 항거하지 않았던 이유를 해명했다. 내심으로도 항거하지 않았다! 물론 루카치는 역사적인 이유들을 끌어댐으로써 그것을 뒷받침하기도 했다. 예컨대, 루카치가 죽고 난 뒤인 1971년 7/8월호에야 발표되었던 『신좌파평론』(*New Left Review*)과의 대담에서 그랬다.[5] 그는 여기에서 자신의 확신을 거듭 힘주어 말했다. "사람들은 공산주의 운동의 대열 속에서만 파시즘에 맞서 효과적으로 투쟁할 수 있었습니다. 오늘날에도 나는 이 생각이 옳다고 믿고 있습니다." 어틸러 요제프와 만 형제[토마스 만(Thomas Mann)과 하인리히 만(Heinrich Mann)]에 대해 뛰어난 이해력을 지닌 숭배자였던 게오르크 루카치는 이

---

5   이 책에 실린 「『신좌파평론』과의 대담」참조. 아래에서 인용되는 문장의 우리말 번역은 영어 원문이 아니라 외르시가 독일어로 옮긴 것을 우리말로 번역한 것임을 밝혀둔다.

미 1970년 무렵에는 심리적 욕구로 말미암아 실제 사실들을 대충 묻어두는 식으로만 자신의 견해를 고수할 수 있었다. 자신의 태도를 해명하면서 루카치는 스탈린과 히틀러 사이에 갈등이 있는 동안 소련에 대한 일체의 비판을 유예한 것은 도덕적으로 불가피한 일이었음을 여러 차례 언급했다. 그러나 설사 그 당시에는 그랬다손 치더라도 이후에 그는 왜 자신의 침묵을 깨뜨리지 않았던가? [1944년 12월에] 헝가리로 귀환한 뒤, 소련을 몸소 경험하지 못했던 헝가리 공산주의자들의 좁은 지도층 안에서조차, 심리적·정신적 실존에 가해진 끔찍한 억압과 보편적 불안의 분위기, 죽음의 수용소로도 손색이 없었던 노동수용소 등에 대해서, 한마디로 말해서 소련의 스탈린적 발전 방향에 대해서 아무것도 모르는 것처럼 루카치가 행동했던 까닭은 무엇인가? 『신좌파평론』에서 인용한 위 문장에 이어지는 다음과 같은 말이 이 문제의 답을 제공한다. "나는 가장 나쁜 형태의 사회주의조차도 가장 좋은 형태의 자본주의보다 사람들이 살기에 더 좋다고 늘 생각해왔습니다." 『새로운 포럼』(Neues Forum) 1969년 5월호에서 그는 이 말을 한층 더 객관적으로 정식화한다. "그러나 가장 나쁜 사회주의조차 가장 좋은 자본주의보다 항상 더 낫습니다. 언뜻 들으면 역설처럼 들리겠지만 말입니다." 이런 생각을 내세우는 사람이라면 이러한 임의의 사회주의의 건설을 지도하는 당의 일원이 되기 위해서 어떤 특별한 역사적 근거나 도덕적 숙고를 필요로 하지 않는다.

나는 루카치의 영혼의 욕구—종교적인 욕구[6]라고 말할 수도 있

---

6   이슈트반 외르시의 각주: 내가 알기로는 루카치의 공산주의에 내재하는 종교적 요소에 대해 글을 쓴 최초의 사람은 헝가리의 철학자 죄르지 벤체(György Bence)와 야노시 키시(János Kis)다. 아직 발간되지 않은 한 연구물에서 그 점을 다루었는데, 그 글에서 그들은 루카치가 죽은 직후 자신들이 이전에 루카치와 가졌던 관계를 설명하려 시도했다.

을 터인데—는 한편으로는 그의 출신의 결과이고 다른 한편으로
는 지적인 입장의 결과라고 생각한다. 대부호 은행가의 아들이
었던 그는 부모 집의 도덕적·지적 분위기—그가 종종 말하곤 했
던 "의례적(儀禮的) 정신"—에 대해서 아주 일찍부터 아무런 환상
도 가지지 않게 되었다. 그는 어떤 의미 충만하고 위대한 공동체
에 소속되기를 갈구했음에 틀림없다. 계급의식—혹은 달리 말하
고자 한다면, 세계정신—의 담지자(擔持者)인 당은, 비록 종종 우
회하긴 하지만, "대자적(對自的)인 유적 성질(die Gattungsmäßigkeit
für sich)"[7]을 실현한다. 이때 개인도 그 과정의 구성요소로서 자기
고유의 유적 성질의 차원으로 가장 잘 고양될 수 있다. 다른 한편,
국제적 명성을 얻었던 그의 관념론 단계[8]의 학문적 성취로 인해,
그리고 그의 교양과 지적 수준으로 인해 그가 위계적으로 구축되
어 있으며 규율과 강제조처에 기반을 둔 [공산주의] 운동에 아무
런 마찰 없이 적응하기란 처음부터 불가능했음에 틀림없다. [『마
의 산』에서] 부분적으로 게오르크 루카치를 모델로 한 것으로 알

마지막 남긴 말의 권리

7   후기 미학과 존재론에서 루카치는 '인간 유(人間 類, Menschengattung)', '유
      적 성질(Gattungsmäßigkeit)' 등과 같은 용어를 사용한다. '인간 유', 인간의 '유
      적 성질'이라는 루카치의 개념은 마르크스의 『경제학-철학 수고』, 그리고 특
      히 「포이어바흐에 관한 테제」 중 "인간의 본질은 그 현실에 있어 사회적 관계
      들의 앙상블"이라는 유명한 규정이 나오는 제6번 테제에 의거해서 이해될 수
      있다면, "즉자적인 유적 성질(Gattungsmäßigkeit an sich)"과 짝을 이루는 "대자
      적인 유적 성질(Gattungsmäßigkeit für sich)"은 『철학의 빈곤』에서 마르크스가
      사용한 "대자적 계급"이라는 표현을 연상시킨다. 거기에서 마르크스는 노동
      자 대중을 "자본에 대해서 (…) 하나의 계급"인 단계와 투쟁 속에서 스스로를
      "대자적 계급으로 구성"한 단계로 양분해서 파악하고 있다. 인용한 곳은 『칼
      맑스·프리드리히 엥겔스 저작 선집 제1권』(김세균 감수, 최인호 외 옮김,
      박종철출판사, 1997(7쇄))에 수록된 『철학의 빈곤』 295면.
8   1918년 12월 중순 헝가리 공산당 입당 이전 시기를 말하는 것으로 이해할 수
      있다. 그 시기에 나온 학문적 성과로 국제적 명성을 얻은 것으로는 『영혼과
      형식』, 『소설의 이론』 등을 들 수 있다.

려진 나프타(Naphta)라는 인물을 만들어낸 토마스 만은 이러한 정
신적 특성과 상황의 미묘한—풀 수 없는 것이라고 말할 수도 있
을—모순을 아주 섬세하게 파악했다. 나프타는 예수회 회원이다.
즉, 그는 세계지배를 추구하는 조직의 이데올로기적 전위투사다.
그러나 동시에 그는 자신의 날카로운 지성 때문에, 자신이 전력
을 다 쏟는 운동의 바깥에 서 있기도 하다. 비록 그에게는 운동이
자유를 보장하지만 운동 쪽에서는 그를 불신의 눈초리로 바라본
다. 이것은 결국 그 스스로가 초래한 것이다. 즉, 최종적인 결론으
로까지 파고드는 집요함으로 거의 이단에 가깝게 되는 그의 과감
한 사상에 의해서 이러한 일이 유발되는 것이다. 루카치는 예수
회 회원이 아니었다. 그리고 그는 필요한 거리를 지니고 행동했
다. 이 거리로 말미암아 이론가인 그는, 그때그때의 전술적 고려
에 의해 관리될 수밖에 없는데다 전술적 규율을 요구했던 운동과
지속적으로 갈등하는 상황에 처하게 되었으며, 그에게는 치명적
으로 느껴졌던 출당 직전의 상황으로 내몰리기도 했다. 그는 이론
가였기 때문에 이러한 상황에 이른바 빨치산 이론(Partisanentheorie)
으로 응답했다. 이 이론을 그는 1945년에 [「당문학」("Parteidichtung")
이라는 제목의 글에서] 당문학과 관련하여 가장 포괄적으로 설명했
다. "당문학가(Parteidichter)는 결코 지도자나 단순한 병사가 아니
라 언제나 한 명의 빨치산이다. 즉, 그가 진정한 당문학가라면 당
의 위대한 역사적 사명, 당이 규정하는 위대한 전략적 노선과 깊
은 통일성이 있다. 하지만 자기 자신을 드러낼 때는 이러한 통일
성 내에서 자기 고유의 수단들로 스스로 책임지는 가운데 그래야
한다." 이 텍스트의 파토스와 그 정식화의 폭을 고려해볼 때, 빨치
산 이론은 단지 문학가만이 아니라 철학자, [따라서] 게오르크 루
카치 자신에게도 적용된다고 생각할 수 있다. 다른 자리에서 그는

분명한 어조로 자기 자신에 대해 말한다. "그 때문에 나는 나의 학문적 이념들을 위해서 일종의 빨치산 투쟁을 수행할 수밖에 없었다."[9] 빨치산 이론은 당 안에서 별다른 찬동을 얻지 못했다. 운동과 철학자 사이의 간극은 줄어들기는커녕 확대되었다. [헝가리에서 '인민민주주의' 단계가 끝나고] 공산주의의 권력 독점이 이루어진 이후인 1949년에 루카치의 이데올로기적 입장과 이데올로기적 영향을 말소하는 것을 목표로 벌어졌던 논쟁에서 빨치산 이론은 도저히 받아들일 수 없는 걸림돌 역할을 했다. 출당 처분을 피하기 위해 루카치는 늘 해왔던 대로 형식적인 자기비판으로 이 논쟁에 반응했다. 빨치산은 자기 자신이 지도부에 의해 너무 날카롭다고 여겨질 때면 언제나 자신의 무기를 등 뒤로 숨겼다. 당문학과 관련하여 "충절(Treue)"이라고 부른 것을 그는 언제나 자신의 일생의 작업과 그것의 지적, 도덕적 명망보다 더 높이 평가했다. 부르주아 문학에서는 충절이 병리적·키치적인 감정에 불과하기 십상이라고 그는 적고 있다. "그에 반해서 당 규율은 충절의 더 높은 추상적 단계. 공적 세계에 있는 한 인간의 충절은 어떤 역사적으로 주어진 방향과 맺는 세계관상의 관계다—그런 관계를 맺고 있다면 설사 어떤 구체적인 문제에서 그 역사적 경향과 완벽히 통일되어 있지 않다 하더라도 충절을 지키는 것이다." 그러나 역사적으로 주어진 경향의 본질적인 결정적 요소들이 변하거나 심지어 불화의 소지를 제공한다면, 그것은 충절에 대해 어떤 결과를 가질까? 예컨대 철학자가 충성스럽게 지지했던 노동자 평의회의 혁명적 체제가 관료주의적 경찰독재로 대체된다면 그것은 무엇인가? 이 경우에 흔들림 없는 충절이란 명칭들과 구호들의 연속성에 바

---

9   이 책에 실린 「『마르크스로 가는 나의 길』 후기 (1957)」 참조.

쳐지는 것이다. 그런데 우연하게도 이 충성스러운 인간이 놀라운 사유의 긴장력을 관장(管掌)하는 지극히 재능 있는 철학자라면, 그는 이 충절을 세계사적인 전망에 두고 현실과 전망 사이의 간극은 의지를 통해, 믿음을 통해—따라서 종교적인 미덕을 통해—극복할 수밖에 없다. 그런데 게오르크 루카치는 이러한 관념의 재주를 권력도 동시에 흡족게 하면서 부리기에는 비판적 감각이 너무 발달되어 있었다. 노년에 그는 역사가 제시하는 결산서를, 그것도 1956년과 1968년 두 번에 걸쳐 받았지만 패배를 인정하려 하지 않았다. 딱 한 번, 구체적으로 말하자면 바르샤바 조약군이 프라하로 진격한 지 얼마 지나지 않았던 1968년 가을에, 나는 그의 입에서 다음과 같은 말을 들었다. "어쩌면 1917년에 시작했던 실험 전체가 실패였던 것 같습니다. 전부 다시 한 번, 다른 곳에서 시작되어야만 합니다." 물론 그는 이 말을 두 번 다시 되풀이하지 않았으며 기록한 적도 없다. 공개하도록 정해지지도 않았던 그의 마지막 인터뷰에서조차 그는 이 말을 하지 않았다. 아마도 부분적으로는 이 말이 자신의 지난 50년간의 삶에 소급 작용함으로써 생겨날 수밖에 없을 치명적인 결과 때문에 그랬던 것 같다. 그 대신에—그리고 그렇기 때문에 충절의 루카치식 변형이 몹시 불편한데—그는 소련은 사회주의로의 비(非)전형적인 이행형태라고 주장하는, 소련에 대한 이론을 만들어냈으며, 마르크스주의의 "개혁" 및 "르네상스"를 강력하게 요구했다. 이러한 개혁과 르네상스 요구는 "마르크스로 돌아가자!"라는 구호에서 절정에 도달했다. 이 뒤를 향한 시선은 운동에서 소진한 수십 년의 세월에 의미를 부여하기에 적합했다. 한데 동시에 그는 현존 사회주의를 극히 불편하게도 마르크스와 직접 대면시키기도 했다. 현대적 조건에서 마르크스 이론의 실현이란 현존 사회주의가 최선의 의지를 지니고 있다

하더라도 부응할 수 없을 요구이다. 그런데 다른 한편, 현존 사회주의로서는 이러한 요구에 공개적으로 반박할 수가 없는 형편이다. 전선을 이렇게 설정했기 때문에 루카치는 삼켜질 수도 내뱉어질 수도 없었다. 그가 역사의 끔찍한 타격들에 "마르크스로 돌아가자!"라는 구호로 반응하고 몇몇 중요한 문제에서 그 구호에 숨겨진 과제들을 상론(詳論)하려는 시도에 착수했을 때, 따라서 그가 현재를 의문시하는 가운데 자신의 충절을 과거(마르크스, 레닌의 혁명기 등등)와 미래로 갑작스레 옮겼을 때, 그는 자신의 인성에 안성맞춤일 뿐 아니라 그의 삶 및 작업과 조화를 이루는 하나의 비판적 구상을 발전시켰다. 이 비판적 구상 속에서 믿음에 할당된 과제는—비록 결정적이긴 하지만—딱 하나였다. 즉, 위로부터 이루어지는 이데올로기적·경제정책적·조직적 개혁을 거쳐 궁색한 마르크스적 현재에서 벗어나 마르크스적 미래로 들어갈 수 있으리라는 고무적인 가정을 믿음이 제공했던 것이다.

Ⅲ

생애의 마지막 몇 달간 자서전의 밑그림인 「삶으로서의 사유」("Gelebtes Denken")를 작성할 때 게오르크 루카치는 자신의 삶을 수십 년 동안 그러한 지향과 경향들에 의해 지배되어 있었던 것으로 서술하고자 했다. 이 일을 하기에는 작업 조건이 비정상적이었다. 86세의 루카치는 자신이 암에 걸렸다는 사실을 이미 몇 달 전부터 알고 있었다. 사람들이 그에게 그 사실을 알렸을 때 그는 앞으로 얼마나 더 작업을 계속할 수 있는지 물었다. 지난 몇 년의 시간을 바쳤던, 그의 몇몇 제자가 가혹한 비판을 가했던 『존재론』[『사회적 존재의 존재론을 위하여』]을 그는 기필코 마무르고자 했다. 당연히 이 작업은 몹시 힘들게 진행되었다. 그렇게 된 일차적인 이유는 그의 병이 아니라 오히려 작품의 구조였다. 역사적인 장(章)과 방법적인 장을 엄격하게 분리함으로써 저자는 실로 극복하기 힘든 난제들에 직면하게 되었다. 게다가 1968년에 시작된 시각의 위험한 변동까지 겹쳤다.[10] 그것은 마치 사진사에게 포착되어야 할 피사체가 흔들리는 것과 같은 것으로서, 이를 통해 그렇지 않아도 이미 루카치의 노년의 저술 작업에서 엿보였던 (보수적) 체계와 (진보적) 방법 간의 대립이 강화되었다. 그런데다 그의 병은 경탄할 정도로 튼튼했던 그의 신체의 조화를 허물어뜨렸다. 치명적인 것으로 드러난 것은 암이 아니라 급속하게 진행되는 동맥경화였다. 이로 인하여 그의 신체적 힘과 집중력은 심각하게 손상되었다. 몇 달 뒤인 1971년 초에 그는 자신이 더 이상 『존재론』을 판정할 능력이 없다는 것을 인정할 수밖에 없었다. 그러나 그란 존재는 일 없이 있을 수가 없었기 때문에 그의 제자들이 그에게 자서전을 쓸 것을 제안했다. 루카치는 이미 오래전부터 이 생각을 하고 있었다. 그리고 무엇보다도 그의 아내, 즉 1963년에 타계한 게르트루드 보르츠티에베르도 그

10 글쓴이가 정확하게 무엇을 염두에 두고 하는 말인지 알 수 없지만, 앞에서 글쓴이가 1968년 가을에 루카치로부터 들었다는 말을 생각해보면, 1968년 체코슬로바키아에서 일어난 민중봉기 및 이에 대한 소련군의 유혈진압을 목도함으로써 야기된 '시각의 변동'을 말하는 게 아닐까 싶다. 외르시는 이 '시각의 변동' 앞에—우리가 '위험한'이라고 옮긴—'unheilvoll'이라는 관형어를 둠으로써 문제적으로 평가하는 듯한 느낌을 주는데, 이와 달리 프랑스의 연구자 미카엘 뢰비는 루카치가 1968년의 세계사적 사건들을 경험한 후 69년부터는 「블룸-테제」로부터 시작된 "인민전선주의"를 극복하고 "혁명적 좌파"로서의 새로운 단계로 들어섰다고 적극적으로 평가한다. Michael Löwy, *Georg Lukács. From Romanticism to Bolschevism*, translated by P. Camiller, London: NLB 1979, 208~213면 참조.

러한 글을 써보라고 격려한 적이 있었다. 이제 그는 다소 망설이면서 그 일에 착수했다. 그가 망설였던 까닭은, 그가 신뢰할 수 없는 작업을 수행하거나 그의 기억에만 의존하는 것은 원치 않았기 때문이다. 하지만 그는 자신의 기억을 문서보관소나 도서관과 잡지에 있는 자료를 가지고 뒷받침할 만한 힘이 더 이상 없었다. 시간의 압박이 커짐에 따라 결국에 그는 그 작업에 착수했다. 짧은 시간 동안에 그는 핵심어들을 적은 메모 형식으로 타자 친 57쪽에 달하는 독일어 텍스트를 작성했다. 이런 해결책을 쓴 결정적 이유는 두 가지인 듯싶다. 한편으로, 그는 비교적 규모가 큰 작업을 하기 전에는 언제나 초안을 먼저 작성했는데, 이 방법을 여기에서도 똑같이 적용했다. 다른 한편, 그가 도서관 자료를 찾는 작업을 할 수 없기 때문에 아주 꼼꼼하고 사실에서 반론의 여지가 없는 책을 쓰기란 불가능하리라고 생각했던 것이 또 다른 결정적 이유인 듯하다. 핵심어들로 된 초안은 누구라도 세세한 일들을 직접 조사해보는 것을 가능하게 할 것이다. 이러한 조사는 이미 그가 살아 있을 때에 시작됐다. 그도 그럴 것이, 초안 작성 후 게오르크 루카치가 손으로 쓰는 일을 더 이상할 수 없다는 것이 분명해졌을 때, 그를 위해 새로운 작업방식이 찾아져야만 했다. 그리하여 에르제베트 베제르와 내가 [1971년] 3월부터 5월까지 녹음기를 두고 게오르크 루카치와 대담을 하게 되었다. 테마는 「삶으로서의 사유」였다. 우리 앞에는 타자 친 텍스트가 놓여 있었다. 우리는 그 텍스트에서 해명이나 보충이 필요한 몇몇 암시와 표현에 대해 질문했다. 이런 방식을 거쳐 생겨난, 거의 150쪽에 달하는 헝가리어 텍스트는 결코 통일적이지 않다. 5월의 대담은 옆에서 지켜보는 사람의 목을 메이게 했던, 루카치 자신도 마지막 정신력으로 지켜봤던 병의 악화 과정을

27

마지막 남긴 말의 편린

반영하고 있다. 그럼에도 불구하고 이 대담을 통해 수많은 중요한 의문이 해명되었다. 텍스트 초안은 많은 대목에서 구체화되고 보완되며 해석되었다. 우리가 병들어 죽어가는 루카치에 대한 호의와 연민에서 생각해냈던 이 작업은, 우리의 수고가 아니라 우리 대화 상대자의 경이적인 의지력 집중으로 의미 있게 되었다.

IV

여기에서 「삶으로서의 사유」를 연대순에 따라 체계적으로 설명하는 일은 불필요하다고 생각한다. 나는 논란의 여지가 있는 중요한 문제에서 저자의 입장이 견지되고 있는 몇 가지 문제들만 그 텍스트에서 끄집어낼 생각이다. 하지만 먼저 이 단편적인 기록 「삶으로서의 사유」에서 우리가 대면하게 되는 인물에 대해 몇 마디 하겠다. "내 경우에 모든 것은 무언가의 연속입니다. 나의 발전에는 비유기적 요소란 없다고 생각합니다." 우리와 대담할 때 루카치는 자랑스레 이 말을 했다. 실제로 자서전 밑그림은 유기적인 통일적 성격을 보여주고 있다. 어린아이였을 때 이미 루카치는 대부르주아 가정의 '의례(儀禮)'-정신('Protokoll'-Geist)을 거부한다. 문필생활을 시작했을 때 헝가리의 위대한 시인 엔드레 어디의 비판적 정신, 총체성 요구 그리고 혁명 없는 혁명주의(der revolutionslose Revolutionarimus)가 그에게 압도적으로 영향을 미친다. 그것들은 이후에 그가 독일철학을 연구하는 과정에서 보수적 인식론과 좌파적 윤리의 결합이라는 독특한 종합에 도달하는 데 도움을 준다. 그리고 이것은 헝가리와 유럽의 정치 전반을 평가할 때 그로 하여금 "권력에 의해 보호된 친숙함"[11]의 벽에 일체 갇히지 않도록 한다. 1차 세계대전은 세계를 열광에 휩쓸리게 하면서 파국으로 몰고 가는 기존 권력과 제도와 지배 이데올로기들에 대한 그의 경멸을 더욱 강화시킨다. 세계는 "죄업이 완성된" 상태로 고착되어 있다. 오직 러시아혁명만이 한 가닥 희망의 빛을 제공한다. 이미 이전의 마르크스 독서를 통해 전향을 예비하고 있었던 루카치는 세계전란의 한가운데에서 마침내 하나의 전망을 본다. 그리고 짧지만 격렬한 내면의 투쟁을 거친 후에 그는 삶의 마지막 순간까지 충절을 지킨 공산주의 운동에 가담한다. 「삶으로서의 사유」에서 이 전향의 핵심적 의의가 다음과 같이, 즉 "공산주의자로의 발전은 정말이지 내 생애에서 가장 위대한 전환이자 발전의 결과임"이라고 서술되고 있는데, 이는 전적으로 타당하다. 그 전향에 앞서 있었던 모든 것―예컨대, 세계적으로 유명하며 오늘날까지도 현재적 의미를 지니는 그의 작품들의 집필―은 단지 자신의 전향을 예비했던 것인 한에서만 그의 관심사가 된다. 이 시기부터 그는 자신의 관념론적인 책들을, 확실히 재능이 있긴 하지만 많은 점에서 해악적인 영향을 미치며 혹독한 비판을 받아 마땅한 한 이데올로그의 작품들로 취급한다. 그는 자신의 이후 발전을 마르크스주의 내부에서 나아갔던 길로, 한편으로는 이론의 점점 더 완전한 전유를 통해서, 다른 한편으로는 실천에의―때때로 내면에서 우러나는, 또 때로는 외부에 의해 규정된―적응을 통해서 나아

---

11 "machtgeschützte Vertrautheit"를 옮긴 것인데, 원래 토마스 만이 리하르트 바그너(Richard Wagner)에 대해 한 말인 "machtgeschützte Innerlichkeit"("권력에 의해 보호된 내면성")을 변용한 것으로 보인다. 영역본(*Georg Lukács. Record of a Life. An Autobiographicsl Sketch*, edited by István Eörsi, translated by Rodney Livingstone, London: Verso, 1983)은 토마스 만의 원래 표현대로 "power-protected inwardness"(16면)로 옮기고 있다.

간 그런 길로 파악한다. 이 길은 필연적으로 마르크스주의의 개혁 및 르네상스의 요구로, 『미학』[『미적인 것의 고유성』]과 『존재론』이라는 저 거대한 체계화 작업의 발생으로 이어진다. 그 작업은 스탈린이 생존했던 시절에는 생각도 할 수 없었던 것으로서, 우리의 개혁 작업의 시작과 최초의 정점을 보여주기에 적격이었다.

이 엄청난 노정(路程)을 한 사람이 걸었다. 18세에 자신의 작가적 야망에 작별을 고했으며 말년에는 왕왕 출판물의 편집에서 가장 기본적인 규칙조차도 받아들이기를 거부하곤 했던 루카치가 이 마지막 단편[「삶으로서의 사유」]에서는 대상의 통일성, 즉 자신의 인격을 특징짓는 통일성을 가시화하는 데에 성공한다. 아주 어린 시절부터 나타나는 어머니에 대한 그의 분노를 보여주는 여러 예 가운데 「삶으로서의 사유」에서는 다음과 같은 것도 읽을 수 있다. "어머니와 게릴라전: 어두운 방, 약 8세. 아버지: 잘못을 빌지 않고도 풀어줌." 이에 관해 루카치는 대담 과정에서 다음과 같은 설명을 덧붙였다. "어머니에 맞서서 나는 일종의 빨치산 전(戰)을 벌였어요. 어머니는 우리에게 엄하셨거든요. 집에는 어두컴컴한 목재골방이 하나 있었습니다. 우리가 용서를 빌 때까지 우리를 그곳에 가두어 두는 것이 어머니가 가하는 벌의 일종이었어요. 형과 누이동생은 금방 용서를 빌었어요. 반면에 나는 약삭빠르게 구분해서 행동했습니다. 어머니가 나를 오전 10시에 가두시면 나는 10시 5분에 용서를 빌었어요. 그러면 모든 게 제자리로 돌아왔죠. 아버지가 집에 오시는 시간은 1시 30분이었습니다. 어머니는 아버지가 오셨을 때는 가능하면 집안에 긴장이 없도록 하려고 하셨어요. 따라서 나는 1시가 지나서 갇혔다면 절대로 용서를 빌지 않았을 겁니다. 1시 25분이 되면 용서를 빌지 않았더라도 풀려나리라는 것을 알고 있었으니까요." 이러한 논리는 이후 그가 행한 자기비판의 메커니즘을 환히 볼 수 있도록 해주는 것이기도 하다. 어린 게릴라나 어른인 빨치산이나 똑같이, 자신을 구해줄 아버지가 제때에 집에 오지 못할 거라고 상황을 평가했을 때에만 자기비판을 행했다. 1956년 이후, 사람들이 그를 당에서 (받아들이지도 않기 때문에) 쫓아낼 수 없었던 데다가 그가 체포될 위험도 없어졌을 때, 그는 자기비판의 버릇을 딱 끊었다. 루카치는 자신의 인성 자체의 이러한 특징을 분명하게 알고 있었다. 그는 자신의 아동기 반항에 대해 다음과 같이 주석을 달았다. "먼저 저항—그러나 복종, 나와는 아무런 상관도 없다는 생각으로 복종; 어른들이 나를 가만히 놔두길 바랄 때: 전체 일은 아무런 의미도 없다는 마음으로 복종." 뒤에서 그가 1929년에 썼던 「블룸-테제」("Blum-Thesen")[12](이 테제는 헝가리 공산주의운동을 위해 프롤레타리아계급의 독재 대신에 노동자·농민의 민주주의 독재라는 전망을 간략하게 적은 것이다)를 자신의 당원 신분과 심지어는 목숨을 지키기 위해서 금방 철회할 수밖에 없었던 이유를 분석할 때 다음과 같이 적은 것은 특기할 만하다. "불가피한 비판을 헝가리 당과 관련된 문제로 한정하려고 함; (…) 그 때문에; 헝가리 노선에 무조건 투항(실제로 어차피 아무런 기대도 없음)." 저울질하는 그 기술은 저 어두운 방에서 그가 썼던 기술과 같다. 그 두 강제상황에서 똑같은 그 약은 곁눈이 우리에게 눈짓한다.

---

12 대부분의 루카치 연구자들은 1929년이 아니라 1928년에 썼다고 본다. 독일어판 『게오르크 루카치 저작집』(Georg Lukács Werke)에도 1928년에 집필한 것으로 적혀 있다. 루카치와의 대담에 이 테제에 대한 자세한 이야기가 나온다.

V

소련에서 벌어진 재판들과 관련된 단편적인 문장들은, 강제노동수용소를 다룬 글들이 이미 숱하게 나온 오늘날에 보더라도 여전히 충격적이다. "당 간부들의 대숙청 시기. 입장(블로흐와 유사함). 대참사의 시기에 행운 α) 부하린-라데크 1930년; β) 헝가리의 운동; γ) 집." 이렇게 루카치는 세 가지 운 좋은 상황이 같이 작용한 것이 그가 개인적으로 살아남게 된 주된 이유라고 본다. 1930년에 부하린(N. Bucharin)과 라데크(K. Radek)가 그와의 접촉에 관심을 가지고 있었을 때 그가 이 두 사람을 만날 태세가 되어 있지 않았던 것이 첫 번째 행운이다. 그가 1930년에 이 두 사람을 만났더라면, 8년 뒤에 그 만남 때문에 제거되었을지도 모른다는 것이 루카치의 생각이었다. 그는 자신이 앞을 내다보는 조심성을 지녔음을 항상 자랑스럽게 여겼는데, 사실 그가 그 조심성을 부끄러워할 이유는 없었다. 그렇지 않아도 늘 그는 라데크를 줏대 없는 사람으로 여겼다. 그리고 루카치는 이미 1920년대 중반에, 그러니까 부하린의 권력이 최고조에 달해 있었을 때, 이데올로그로서의 부하린을 날카롭게 비판한 바 있다.[13] 이렇게 볼 때 그가 부하린과 라데크를 만나지 않았던 것은 근본적인 기회주의에서 비롯된 일이 아니었다. 그러한 만남은 당연하고도 필연적으로 그를 죽음으로 몰고 갔을 것이라는 그의 말이, 이 시기에 대한 더없이 부정

---

13 1925년에 루카치는 부하린의 『역사유물론. 누구나 이해할 수 있는 마르크스주의 사회학 교과서』의 독일어 번역판(1922)에 대한 서평 「N. 부하린: 역사유물론」("N. Bucharin: Theorie des historischen Materialismus")을 발표했다. 여기에서 그는 당시 최고의 이론적 권위로 통하고 있었던 부하린의 마르크스 해석에 대해, 사물화된 관점에 침윤된 기술결정론적 경향을 보인다고 비판한다.

적인 언명임은 물론이다. 두 번째 행운을 그가 가질 수 있었던 것은, 「블룸-테제」의 좌절 이후 어쩔 수 없이 헝가리의 운동에서 물러났기 때문이다. 그가 헝가리 공산당의 당원으로 남아 있었더라면, 헝가리 당의 지도자였던 벨러 쿤에 의해 제거되었거나 아니면 쿤 자신이 제거 대상이 되었을 때 그의 적대자들에 의해 제거되었을지도 모른다. 이미 더 앞 대목에서, 즉 헝가리 평의회 공화국이 붕괴하고 난 뒤 쿤이 오토 코르빈과 루카치 자신을 도저히 견딜 수 없는 조건 속에서 비합법 사업을 조직하라고 [헝가리에] 잔류시켰다고 그가 기술했을 때에, 루카치는 쿤의 그런 유의 의도를 암시했다. 당시 오토 코르빈은 내무부 인민위원으로서 백색 테러의 추종자들이 가장 증오하던 인물이었으며 또 [곱사등이라는] 신체적 불구 때문에 눈에 쉽게 띨 수 있는 사람이었다. 그리고 철학자 자신[루카치]도 널리 알려져 있었던 데다가 코르빈과 마찬가지로 꽤 눈에 띄는 외모를 지니고 있었다. 코르빈과 루카치는 수많은 중요한 문제들에서 처음부터 쿤과 대립했던 당내 반대파로 여겨졌다. 「삶으로서의 사유」에서 루카치는 그를 코르빈과 함께 헝가리에 남아 있도록 했던 당의 결정에 대해서 다음과 같이 언급했다. "쿤에 대한 짐작." 이것이 암시하는 바가 무엇인지는 명백하다. 제자들의 모임에서 루카치는 이 짐작을 말했을 뿐만 아니라, 벨러 쿤이 그와 코르빈에게 순교자 역할을 맡길 생각을 했다고 확신하는 모습을 보였다. 코르빈의 경우 이 의도는 정말이지 성공적으로 이루어졌다. 쿤 자신도 운동의 희생물이 되었다는 것을 생각하면, 루카치의 암시는 으스스한 느낌을 준다. 세 번째의 운 좋은 상황은 집이었다. 대담에서 루카치는 이에 대해 다음과 같이 말했다. "덧붙이자면—지금 말하는 것은 아주 시니컬한 이유인데요— 나는 아주 나쁜 집을 가지고 있었어요. 나쁜 집 탓에 내무인민위원부[1934년부터 1946년까지 소련의 국가 안보와 사회 질서 유지 등의 임무를 담당한 행정 기관의 명칭으로서 독일어로는 NKWD로 표기] 사람의 주의를 덜 끌었던 겁니다."

세 가지 운 좋은 상황을 이렇게 스케치한 것은 불행한 경우들과 비극들의 목록을 모아 단조롭게 나열한 것보다 오늘날 훨씬 더 끔찍한 느낌을 준다. 그 시절을 되돌아보면서 루카치는 한 줄기 희미한 희망의 빛을 발견한다. 그것은 인민전선정책이 천명되었던 코민테른 제7차 대회이다. "객관적으로: 위기의 시기가 해소되기 시작. (…) 개인적으로: 어려움이 없진 않음(두 번의 체포). 그럼에도 불구하고: 게르트루드와 인간적으로 가장 조화로운 관계. '미화'가 아님, '낙관주의'는 전혀 없었음. 그러나 느낌: (원래 생각했던) 올바른 길 곧 역사적 존재론으로서의 마르크스주의에 가까워지고 있을 뿐만 아니라, 동시에―이데올로기상으로―이러한 경향의 뭔가를 실현할 수 있는 전망들[이 보인다는 느낌]."

루카치로 하여금 그 끔찍한 일들과 그 동기들을 개관하면서도 내면의 명랑함을 유지할 수 있게 해주는 저 대범한 객관성은 오늘날에는 거의 섬뜩한 희극적 느낌을 준다. 비록 루카치가 스탈린주의가 자행한 숙청에 동의하지는 않았지만 적어도 그것을 양해했음은 틀림없다. 그는 숙청과 함께 진행된 음모와 밀고 그리고 죽음을 몰고 오는 가택 수색 등을 주관적인 부차적 현상으로 여겼다. 공공연한 저항을 할 기회가 애당초 없었으리라는 점은 차치하더라도, 이미 앞서 언급했듯이, 히틀러주의의 위협은 루카치나 동시대 좌파의 다른 철저한 대표자들에게 이데올로기상의 저항이나 특히 실천적인 저항 일체를 처음부터 불가능한 것으로 보이게 했다. 녹음 대담에서 루카치는 그가 어떤 이데올로기적 전조(轉調)를 이용해서 그 재판을 자신의 세계상(世界像)에 끼워 넣었

느지를 짐작할 수 있게 했다. "우리가 그 재판을 전술상 반대하지 않았다고는 말할 수 없습니다. 전술상 우리는 중립이었습니다. 거듭 말하건대, 스탈린이 로베스피에르가 당통에 맞서 사용한 것과 똑같은 무기를 트로츠키에 맞서 사용했다면, 그것을 오늘날의 상황에서 작량(酌量)할 수 없습니다. 왜냐하면 그 당시 상황에서 결정적인 문제는 미국이 어느 편에 서서 전쟁에 개입할 것인가 하는 것이었기 때문입니다." "당신은 로베스피에르-당통과 스탈린-부하린 간의 비교를 오늘날 보시기에도 옳다고 생각하십니까?"라고 나는 물었다. 루카치는 다음과 같이 대답했다. "그것이 옳다고는 생각지 않습니다. 하지만 그 당시 러시아에서 살아가던 한 헝가리 망명객의 시각에서는 그 비교가 수긍할 만한 것이었다고 생각합니다." 나중에 그가 한 말들에서 우리는 그의 생각이 변했다는 것을, 그리고 그 변화의 원인을 알게 된다. 흐루쇼프(N. Khrushchyov)의 입장은 그로 하여금 재판이 벌어졌던 당시에 반대파는 더 이상 어떠한 정치적 권력도 가지고 있지 않았기 때문에 그 재판은 **불필요한** 것이었다고 확신하게 했다.

루카치가 일국 사회주의 건설의 가능성에 관한 결정적인 논쟁에서 처음부터 트로츠키보다 스탈린이 옳다고 여겼으며, 1920년대의 다른 논쟁들에서도 스탈린에 동조했다는 사실은 잘 알려져 있다. 그러나 나중에 그가 취한 입장은 오늘날 꽤 특이하게 읽힌다. 어쨌든 간에 그의 입장은 스탈린 시대를 가장 비인간적인 것, 정치적으로나 도덕적으로나 가장 부정적인 것으로 알리는 데 이데올로기적 근거를 제공한다. 스탈린주의의 죽음의 수용소를 여타의 죽음의 수용소와 질적으로 구분할 때의 루카치는 공산주의 지식인의 정신분열증에 관한 정신적으로 매우 흥미로운 사례를 제공한다. 루카치에게 한쪽은 세계사적인 필연성이지만 다른 한쪽은 활짝 피어나는 총체성의 얼굴 위에 난 쓸데없는 뾰루지이다.[14] 루카치에게 이런 점들이 있음에도 불구하고, 지난 수십 년간의 교훈과 여론의 횡포, 숱한 개인적 사례가 그에게 자신의 입장에 살짝 덧칠하도록 유혹할 수도 있었지만 자신의 과거를 꾸미거나 수정하려 하지 않고, 자신의 끔찍한 환상들에 대한 확신을 앞뒤 재지 않고 공언하는 저 고백자에 대해 생기는 호감을 우리는 거부할 수가 없다. 다른 한편, 그에게 깊이 뿌리내리고 있는 그러한 견해와 그러한 이해는 자신이 "마르크스주의의 개혁"과 "마르크스주의의 르네상스"라고 부르는 것과는 첨예하게 대립한다. 그의 발전과정에서 실제로 비유기적인 요소라고는 없는 루카치는 그의 전체 삶을, 과거와 미래를 동시에 구원하기를 바란다. 이를 위해서는 오류는 물론 심지어 죄도 있는 자신의 발전과정 전체를 의미 있는 것이라고, 적어도 주관적으로는 필연적인 것이라고 주장하는 그런 믿음이 필요한데, 그 이유들은 이미 앞서 말한 바 있다.

---

14 루카치가 정확하게 이런 말을 했다고 보기는 어렵다. 이것은 이슈트반 외르시가 루카치와 가졌던 개인적 경험에서 내리는 판단이다. 외르시의 회고에 따르면, 1954년에 그가 헝가리 공산당의 지도자인 라코시를 귀족체제의 지배자 및 자본가에 비유하는 시를 써서 발표한 후 이 시를 읽은 루카치와 대화를 나눈 적이 있다. 그 대화에서 루카치는 외르시의 시에는 "많은 진실이 내포되어 있"으나, "공산주의자들을, 설사 그들이 살인을 저질렀다 하더라도 지배계급들의 구성원에 비유해서는 안 된다. 당신은 그렇게 함으로써 당신 시의 진리내실을 약하게 만든다"고 말했다 한다. 그 순간에는 이에 대해 답할 준비가 안 되어 있었던 외르시가 나중에 이 문제를 질문으로 정식화한 것이, "가령 휴머니즘적인 죽음의 수용소와 반휴머니즘적인 죽음의 수용소를 구분해야 하는가" 하는 것이다. 그는 루카치에게 이를 물었다 한다. 이에 대한 루카치의 직접적인 대답은 소개되어 있지 않은데, 위 본문의 문장은 루카치의 생각에 대한 외르시의 판단으로 볼 수 있다. 인용한 곳은 각주 2)에서 소개한 글.

루카치가 「삶으로서의 사유」 및 녹음 대담에서 1956년 헝가리 민중봉기와 임레 너지에 대한 자신의 관계에 관해 그리고 있는 그림은 정치적으로뿐만 아니라 도덕적으로도 특징적인 면모를 보여준다. 루카치의 정의에 따르면, 그의 태도의 근저에 놓여 있는 것은 두 전선에서의 싸움이다. "이를 통해 입장이 분명해짐: 라코시에 반대, 그의 정권의 부분적, 내재적 '개혁'이라는 환상에도 반대하고 부르주아·자유주의적 개혁 경향(임레 너지 바로 주변에도 퍼져 있었던 경향)에도 반대." 1968년에도 그는 비슷한 입장을 대변했다. 체코슬로바키아 사태의 영향하에서 그는 방대한 연구논문 한 편을 작성, 헝가리 사회주의 노동당 중앙위원회에 제출했다. 오늘날까지 발간되지 않은 그 초고[15]에서 그는 다음과 같이 확언하기에 이른다. "스탈린의 아류들에 의해 경제·사회적 위기에 빠지게 된 어떤 국가에서 부르주아 민주주의라는 대안이 우위를 점하게 된다면, 미국중앙정보국(CIA)이 단시간 내에 새로운 그리스[16]를 만들어낼 것이라고 사람들은—예언자가 아니더라도—들어맞을 공산이 아주 큰 예언을 할 수 있을 것이다." 그는 자기 생각의 핵심을 다음과 같은 문장으로 집약한다. "진정한 양자택일은 [스탈린

37 마지막 남긴 말의 권리

---

15 이 원고는 1985년 부다페스트에서 『민주화의 오늘과 내일』(*Demokratisierung heute und morgen*)이라는 제목으로 출간되었으며, 독일에서는 1987년에 『사회주의와 민주화』(*Sozialismus und Demokratisierung*)라는 제목으로 출간되었다.

16 왕당파와 공화파가 대립·갈등하던 정치적 상황 속에서 공화파의 승리가 예상되었던 1967년 5월 총선을 앞두고 영관급 장교가 주동이 된 쿠데타가 일어난다. 4월 21일 벌어진 이 쿠데타로 그리스 민중은 다시 미국의 지원을 받는 군사독재의 시대를 겪게 된다.

주의냐 부르주아 민주주의냐가 아니라] 스탈린주의냐 사회주의적 민주주의냐이다."

임레 너지에 대해서 루카치가 늘 반복하는 비난은, 너지는 어떠한 프로그램도 없었다는 것이다. 너지가 처음으로 내각 수반을 맡았던 시기(1953~54년)와 관련해서 이미 그는 다음과 같이 쓰고 있다. "임레 너지에게는 별로 기대하지 않았음. [임레 너지가] 처음 지도했던 짧은 기간 동안—그와 아무런 관계도 없었음([그에게는] 프로그램이 부재). [소련 공산당] 20차 당 대회 이후에도 마찬가지였음." 이 문장은 1956년과 관련해서 또 등장한다. "너지: 프로그램 없음. 그래서 [나의] 입장: 순수하게 이데올로기적." 녹음 대담에서 그는 다음과 같이 덧붙인다. "물론 그는 일반적인 개혁 프로그램은 갖고 있었습니다. 그러나 이러한 프로그램이 서로 다른 영역들에서 어떻게 실현될 수 있는지, 구체적으로 무슨 일이 일어나야 하는지, 이 변혁에서 개별 공산주의자들의 권리와 의무는 어디에 있어야 하는지 등에 관해서 그는 아무 생각도 없었습니다." 루카치는 너지 정부가 사태에—말하자면—압도되어서 바르샤바 조약에서 탈퇴하기까지 이르렀던 것을 그런 프로그램 부재 탓으로 돌린다. 6인으로 구성된 당 중앙위원회에서 그는 졸탄 산토와 함께 바르샤바 조약 탈퇴에 반대표를 던졌다. 다른 중앙위원들은 정부의 결정을 지지했다. 그가 바르샤바 조약 탈퇴에 반대한 것은 원칙적인 이유에서였는가 아니면 전술적인 이유에서였는가 묻는 질문에 루카치는 다음과 같이 답했다. "첫째, 당연히 원칙적인 이유들이 있었지요. 나는 헝가리가 바르샤바 조약 가입국으로 있는 것을 그냥 간단히 긍정했습니다. 둘째, 우리가 러시아인들에게 헝가리 사태에 개입할 어떠한 빌미도 제공해서는 안 된다는 생각 또한 내가 결정을 내릴 때에 한몫했음은 물론입니다." 루카치는 바르샤바 조약이 자본주의의 개입과 소련의 개입 양자 모두로부터 헝가리를 보호해줄 수 있을 것이라는, 실로 독특한 입장을 대변했다.

따라서 루카치와 임레 너지 사이에 불화가 있었던 것은 앞서 언급한 프로그램의 부재 때문만은 아니었다. 그들이 구상한 프로그램이 서로 달랐던 것 또한 불화의 이유였다. 그도 그럴 것이, 당 내부에서 진행된 줄다리기의 결과로 그리고 민중운동이 가하는 압력 아래에서 너지는 헝가리의 중립이라는 외교정책적 프로그램을 지지한다고 천명했다. 루카치는 이 지점에 이르기까지 너지를 따라갈 수는 없었다. 그럴 경우에 자기 삶의 내적 법칙들, 수십 년에 걸친 자기 발전의 내적 법칙들이 훼손될 게 분명했다. 그 때문에 그는 자기 입장은 순수하게 이데올로기적인 것이었다고 말할 수 있었다. 그리고 이것은 임레 너지가 내놓을 상세한 프로그램이 없었기 때문만은 아니었다. 녹음 대담에서 루카치는 다음과 같이 덧붙였다. "내가 1956년을 하나의 중대한 운동으로 파악한 건 사실입니다. 이 자생적 운동은 확실한 이데올로기를 필요로 했어요. 나는 여러 강연에서 이 과제를 떠맡을 용의가 있음을 밝혔습니다." 한데, 루카치가 임레 너지에 대해 그와 같은 거리를 지니고 있었다면, 그럼에도 불구하고 그가 1956년 사태가 벌어지는 동안 지도적인 역할을 떠맡을 용의가 있다고 생각했던 까닭은 무엇일까? 「삶으로서의 사유」에서 그는 이에 대해 다음과 같이 적고 있다. "그렇지만 그(그의 대중성)에게는 자생적인 (몹시 이질적인) 운동을 어쨌든 사회주의적인 틀 내에서 보지(保持)하는 힘이 있음. 그 때문에 예컨대 [중앙위원회의] 구성원이 되고, 심지어 [문화부 장관이라는] 각료직을 받아들임―그 속에서 도움을 줄 수 있기위해." 그렇기 때문에 비록 임레 너지와 같이 루마니아에 억류되어 있었던 때인 "11월 말엽"을 제외하고는 두 사람의 상이한 입장 사이에 아무런 접근도 없었지만, 루카치는 자신들의 대립을 사회주의 내부에서의 대립으로 여긴다. 루마니아에 억류되어 있었을 때 둘 사이가 가까워진 이유는 현실정치적 성질보다는 오히려 도덕적 성질을 띠었던 것으로 보인다. 그런데 인간관계에서 도덕이 지니는 의미는, 같이 잡혀 있고 또 외부로부터의 강제에 같이 시달림으로써 더 커진다. 대담 과정에서 루카치는 다음과 같이 말한다. "나를 심문한 사람들이 내게 말하길, 나는 임레 너지의 추종자가 아니었으며, 그 사실을 자신들이 알고 있다고 했습니다. 그렇다면 내가 임레 너지에 반대하는 진술을 못할 까닭이 없지 않느냐고 했지요. 이에 대해 나는 우리 두 사람, 임레 너지와 내가 부다페스트에서 자유로이 거닐게 된다면 그 즉시 임레 너지의 전체 행동에 대한 내 생각을 말할 것이라고 대답했습니다. 나와 같이 잡혀 있는 사람에 대해서 이러쿵저러쿵 내 의견을 말할 수는 없다고 했지요."

VII

이제 사람들은 게오르크 루카치를 헝가리에 편안한 국민으로 만들었으며, 막 국가적 인물로 만들고 있는 중이다. 따라서 「삶으로서의 사유」와 녹음 대담 중 가장 많은 관심이 쏠릴 수 있는 부분은 아마도 루마니아에서 억류되었다가 돌아온 뒤의 그의 생각과 그의 상태를 다루는 부분일 것이다. 1957년부터 1971년까지로 설정될 수 있는 그의 생애 마지막 시기는 두 국면으로 나뉜다. 그가 다시 당에 받아들여졌던 1967년까지 그는 비록 그 정도가 점점 완화되긴 했지만 공공의 적으로 여겨졌다. 그는 "종파분자들의 손쉬운 먹잇감"이었다. 「삶으로서의 사유」에 그렇게 씌어 있다. 연이어 읽을 수 있는 구절은 다음과 같다. "외국 출판물에서 노선 고수(고국에서는 가능치 않음)." 1964년경에 그는 야노시 카다르에게 편지를 한 통 써 보냈다. 그 편지에서 그는 자신의 『미학』이 헝가리에서 출판될 수 없다면, 그 책은 먼저 서독에서—부득이 승인이 없더라도—출판될 것이라고 알렸다.[17] 이에 대해 루카치는 녹음 대담에서 다음과 같이 설명한다. "그 결과 나는 소환되었습니다. 정치국에 있었던 그 사람 이름이 뭐였죠? 시르머이. 시르머이가 나를 소환했습니다. 그는 내가 원한다면 이민비자를 사용할 수 있다고 내게 말했죠. 나는 시르머이에게 말했습니다. '이보세요, 권력은 당신 손에 있습니다. 당신은 당신이 하고자 하는 대로 나를 다룰 수 있습니다. 지금 내가 이 방을 나갈 때 문에서 경찰이 내 어깨에 손을 얹는다면 나는 죄수가 될 것이고 아무것도 할 수 없게 되겠죠. 하지만 나를 헝가리에서 내쫓을 권력은 당신에게 없어요. 설사 그것이 당신 마음에 드는 일이라고 하더라도 말이죠.'"

자신들의 고유한 생각을 주장하는 지식인 분파와 국가 사이의 투쟁이 법적으로 분명하게 정리되어 있지 않기 때문에, 그 투쟁은 그때그때의 정치적 상황과 싸우는 당파들의 세계관 및 성격에 따라 달리 진행된다. 스탈린 시기에 게오르크 루카치는, 언젠가 자신의 심중을 표현했던 것처럼 "완전히 시니컬하게" 정례적인 자기비판의 방법을 사용했다. 이때 그는 [지식인으로서 루카치 자신과 국가 사이의] 당장의 투쟁 상황이 그에게 요구하는 바에 따라서 활

---

17 『미학』은 원래 3부로 구성되어 있었는데, 그중 제1부인 『미적인 것의 고유성』은 이미 1963년 서독에서 출판되었다. 따라서 "1964년경"은 『미적인 것의 고유성』이 출판되고 난 후의 시점이다.

동영역과 국적까지 바꾸었다. 즉, 살아남고 당에 머물러 있을 수 있기 위해서 일련의 연속적인 퇴각전술을 구사했던 것이다. 1956년 이후 이번에는 스탈린주의가 일정한 퇴각전술을 구사하지 않을 수 없게 내몰리고 노년의 루카치는 국제적인 명망 탓에 손댈 수 없는 인물로 여겨졌을 때, 그는 왕왕 공세적으로 행동하기도 했다. 이러한 행동으로 그는 현존사회주의 국가들에서 사상의 자유라는 권리를 위해 투쟁하는 지식인들에게 이정표적인 사례가 되었다. 녹음 대담에서 그는 국외출판이라는 밀반출을 할 수 있었던 것을 설명했다. 그 일로 그가 해명을 요구받지는 않았는지, 하는 내 질문에 그는 다음과 같이 대답했다. "그 때문에 내게 해명을 요구한 사람은 아무도 없었습니다. [정부 당국과 나 사이에] 평화가 다시 확립된 뒤[18] 그 일에 대해서 어첼과 이야기를 나눈 적이 있어요. 그때 그에게 이렇게 말했습니다. '이봐요, 당신네들이 외국에서의 출판을 금지하는 한, 나는 마음 편하게 밀수를 할 겁니다. 내 책이 독일어로 발간되는 것을 막을 권리가 당신네들에게 있다는 것을 나는 인정하지 않으니까요. 내 책들이 법적인 경로로 외국에서 출판될 수 있다는 보장만 한다면, 아주 흔쾌히 나는 밀수할 내 권리를 포기할 거예요.'"

"밀수할 권리"라는 표현은 법적인 상황의 불확실성을 훤히 드러나게 한다. 도덕적으로 보자면 그 상황은 명확하다. 즉, 자기 자신 및 자신의 이념에 대한 저술가의 최상의 의무는 그가 쓸 수 있는 모든 수단을 다 써서 자기 글을 지키는 것이다. 그것을 포기하는 사람은, 붉은 신호등이 켜졌을 때 급진적인 요구들을 하면서 교차로에 멈춰 서 있는 시위자들과 비슷하다. 하지만 법적인 상황

---

18 복당이 이루어진 1967년 이후를 말하는 듯하다.

은 혼란스럽다. 도덕은 억압자와 피억압자가 공히 가지고 있는 반면에 법적 체계는 억압자만 가지고 있다. 그런데 다름 아닌 자유권들[사상의 자유 등등과 같은 권리들]과 관련해서 억압자의 이해관계는 외교와 선전, 이데올로기 등과 관련된 이유들 때문에 성문화될 수 없거나 혹은 성문화된다 하더라도 단지 부분적으로만 그럴 수 있다. 그 때문에 국가가 법적인 수단을 써서 정신활동의 영역에 대한 지배를 완전히 확보하는 일은 불가능하다. 그래서 현존사회주의 국가들에서는 어정쩡하고 모순적인 법들 외에 관습법이 이 영역에 널리 적용된다. 위협적인, 하지만 드문드문하게만 성문화되어 있는 제재 규정들 때문에, 원고를 외국에 밀반출하는 것은 통상적인 일이 아니다. 따라서 원고의 밀수는 처벌받을 수 있는 행동이다. 생애 마지막 시기에 게오르크 루카치가 행한, 어쩌면 가장 중요한 정치적 행동은, 이러한 관습법을 위반한 것이다.

"평화가 다시 확립된 뒤" 싸움은 다른 수단을 가지고 다른 방식으로 계속되었다. 국가의 입장과 루카치 사이의 관계에서 예민한 지점들이 계속해서 감지될 수 있었다. 천생 교육자인 루카치에게는 제자들에게 둘러싸이고 싶은 강력한 영혼적 욕구가 항상 있었다. [「삶으로서의 사유」에서] 1945년 이후의 귀향을 스케치하면서 맨 처음에 다음과 같이 적고 있는 것은 주목할 만하다. "매우 중요함: 유대관계와 대화들. 첫 제자들. 교육적 관계들 속에서 나 자신의 발견(게르트루드의 영향). 세미나 성격: 당국의 공식적 견해(그 당시에는 결정적이지 않음). 그리하여 점차: 전도유망한 젊은이들." [그러나] 이미 1949년 논쟁에서 루카치는 어떻게 해서든 제자들의 유해한 영향력으로부터 자신을 지켜야 했다.[19] 이러한 경향은 1967년

---

19 당시 헝가리 공산당(당시 공식 명칭은 "헝가리 근로자당")의 총서기였던 라코시(M. Rákosi)는 1949년 이데올로기 영역을 "정리"하는 결정을 내렸다. 이

후에도 다시 대두했다. 사람들은 그에게, 그의 진짜 제자는 그가 제자라고 여기는 사람들이 아니라, 공식적인 문화정책의 대변인으로서 늘 그를 증인으로 끌어대며, 변화하는 이데올로기적 필요를 만족시키기 위해서 그의 이름을 입에 담는 그런 사람들이라는 것을 계속해서 납득시키려 했다. 한 번은 그가 이렇게 이야기했다. "스탈린은 크룹스카야(N. K. Krupskaya)에게 레닌의 미망인 자리에서 자르고 그 자리에 다른 사람을 앉히겠다고 협박했는데, 그녀에게 일어났던 그런 일이 내게도 일어날 거라고 어첼에게 말한 적이 있습니다." 이러한 위트는 루카치가 죽은 이후에 어떤 의미에서는 현실이 되었다. 루카치의 제자 대다수는 다시 문화생활에서 축출되었으며, 그들 중 일부는 심지어 외국행을 선택했다. 현재, 루카치가 전적으로 의례적인 관계를 가졌을 뿐이거나 혹은 그런 관계조차도 맺지 않았던 "루카치의 제자들"이 장(場)을 지배하고 있다. 이 "제자들"은 여론에서 루카치의 가치를 떨어트리는 일을 맡고 있다. 오늘날 이미 문화정책적 입장 표명이나 권위 있는 문화 사설치고 루카치 인용으로 분식(粉飾)하지 않은 것은 거의 없는 형편이다. 엄청나게 불어난 "제자들" 진영이 고기에 달라붙은 파리들처럼 루카치라는 정신적 성채(城砦)에서 돌아다닌다.

루카치의 삶과 작품에는 그를 이러한 무가치한 운명에 어울리게 만드는 면들이 수없이 많다. 그의 작품에서는 모든 경우에 다 끌어댈 수 있는 인용문을 찾을 수 있다. 그의 견해의 **체계**, 그

에 따라 그 "정리"의 대상이 된 루카치에 대한 비판이 개시되는데, "수정주의", "우익 기회주의" 등등의 레테르가 그에게 붙기 시작했다. '제자들'도 가세한 그 공격에서 생명의 위험을 느낀 루카치는 또다시 공개적인 자기비판을 하게 된다.

의 정치적·미학적 고찰방식의 체계에서는 보수적인 면모가 지배적이다. 그의 **사유방법**'만' 버린다면 루카치는 편안한 철학자로 변모할 수 있었을 것이다. 그도 그럴 것이 바로 그 사유방법이야말로 그를 견디기 어려울 정도로 혁명적이게 만들었던 것이었다. 이 점을 보여주는 좋은 예로 또 하나의 예민한 지점, 즉 그의 생애 마지막으로 벌어졌던 이데올로기 논쟁을 들 수 있다. 이 논쟁은 발전의 연속성 내지 불연속성의 문제와 관련해서 불붙은 것이었다. 「삶으로서의 사유」에서 이에 대한 언급으로 우리가 읽을 수 있는 것은 단지 다음과 같은 말뿐이다. "연속성에 대한 논박." 그런데 『신좌파평론』 1971년 7/8월호에 발표된 루카치와의 대담은 이 문제를 상세히 다루고 있다. 여기에서 루카치는, 토크빌(A. Tocqueville)과 텐느(H. Taine)에 따르면 루이 14세 때 시작해 나폴레옹과 제2제정을 거쳐 아무런 중단 없이 이루어진 프랑스 국가의 중앙집권화 과정은 프랑스 혁명에 의해서 단절되지 않았던 것이 된다고 설명한다. 그들은 프랑스 혁명을 이러한 발전과정에서 단지 하나의 연결고리에 불과한 것으로 봤다는 것이다. 이와 달리 레닌은 역사에서 불연속성의 요소를 항상 강조했다고 루카치는 말한다. 그리하여 예컨대, 레닌은 전시 공산주의와 신경제정책 사이에서 불연속성을 보았다는 것이다. 이에 반해 스탈린은 마치 모든 전환은 지금까지의 성과를 더욱 완전하게 진전시키는 것에 지나지 않는 것인 양, 모든 전술적 방향변화를 이전 노선의 논리적 결과라고 주장했다고 루카치는 설명한다. 바로 그 스탈린주의가 계속 살아남아 있기 때문에 오늘날 다음과 같은 문제, 즉 "우리가 과거와의 연속성을 개혁적 시각에서 강조해야 하는지, 아니면 진보적 발전은 스탈린주의와의 총체적 단절을 초래할 수밖에 없다는 정반대의 입장을 취해야 하는지"라는 문제가 발생한다는 것이다. "나는 총체적 단절이 필요하다고 생각합니다. 그렇기 때문에 불연속성의 문제가 우리에게 그토록 중요한 것입니다." 당의 대변자들은 당연하게도 루카치에 반대하여 그들의 연속성 프로그램을, 즉 스탈린주의로부터 그 반대물로의 발전은 연속적인 방식으로 일어나야 한다는 그들의 확신을 표명했다. 불연속성으로 정향된 루카치의 고찰방식은 현존사회주의 국가들의 경제적·정치적 상태에 대한 개혁주의적[개량주의적] 비판을 거부하는 것으로서, 혁명적인 결과들을 초래할 위험이 있다는 것이 그들의 생각이었다. 물론 총체적인 단절에 대한 그의 요구는 "기반으로서의 (…): 반대가 아니라 개혁"이라고 스스로 정의내린 자신의 입장과 일치하기가 몹시 힘들다. 루카치의 세계상, 그리고 현존사회주의에 대한, 다시 말해서 그가 그 속에서 자신의 세계를 창출했던 그 체제에 대한 그의 연대의식은 그 체제를 지속적으로 전복시키는 그의 사유방법과 갈등에 빠진다. 이러한 모순은 그의 몇몇 중요한 학문적 작품을 가로지르고 있는 것이기도 하다. 즉, 루카치가 자신의 고찰방식이 요구할 듯이 보이는 결론들을 지지하지 않는 일이 자주 벌어지는 것이다. 사고의 단초들이 계속 발전되어나가는 대신, 그의 필생의 작업이 다방면에서 성마르게 거부된다. 그리고 그 때문에 그의 필생의 작업은 당연히 곡해될 수도 있는데, [그의 죽음으로] 이제 더 이상 저자가 항론할 수 없기 때문에 그럴 소지는 더 커졌다.

자서전 초안 끝부분에서 게오르크 루카치는 거의 비장한 진지함과 강령적 열정을 가지고 후세를 위해 자신이 가장 중요한 과제라고 생각하는 것과 관련된 구상을 펼친다. 물론 그는 지금 당장 가능한 개혁도 지지한다. 그러나 그 정식화의 엄격함과 텍스트

의 가차 없는 명료함은 느긋한 해석 가능성 일체, 기존 현실과의
화해 일체를 배제한다. "양대 체제: 위기, 유일한 출구로서 **진정한**
마르크스주의의 중요성, 그 때문에: 사회주의 국가들에서: 기존의
것에 대한 비판으로서, 점점 더 필연적으로 되어가는 개혁을 촉진
하는 것으로서 마르크스적 이데올로기." 이것이 게오르크 루카치
가 남긴 마지막 말이다.

삶으로서의 사유:

게오르크 루카치와의 대담

삶으로서의 사유:

게오르크 루카치와의 대담

I. 어린 시절과 초기 경력

인터뷰어―제 생각에는 우리가 연대순으로 살펴보는 게 제일 좋을 것 같습니다. 「삶으로서의 사유」("Gelebtes Denken")를 출발점으로 삼도록 하지요.

루카치―나의 발전은 단계적으로 이루어졌다고 생각합니다. 내 생애에 일어난 일들은 긴밀히 연관되어 있기 때문에 나의 발전을 다루려면 연대순으로 접근하는 게 가장 좋을 것이라고 생각해요. 그러니까 발전 과정의 출발점에서 시작해야겠지요.

인터뷰어―당신의 어린 시절을 적은 처음 두 문장은 다음과 같습니다. "순수 유대 가문 출신. 바로 그 때문에: 유대교의 이데올로기들은 정신적 발전에 어떤 영향도 끼치지 않았음." 저는 "바로 그 때문에"라는 말을 이해하지 못하겠습니다.

루카치―레오폴트슈타트(Leopoldstadt) 가문들은 종교적인 문제에는 전적으로 무관심했습니다. 우리에게 종교란 집안 의례(Protokoll)의 한 부분 정도로만, 결혼식이나 다른 행사들에서 한몫하는 정도로만 관심거리일 뿐이었죠. 시온주의 운동 초기에 부친께서 유대인 국가가 세워지면 부다페스트의 영사가 되고 싶다고[1] 말씀하셨던 일을 얘기했는지 모르겠군요. 한마디로 말해 우리 집에서 유대인의 종교는 전혀 중요하지 않았습니다.

인터뷰어—그렇다면 루카치 동지, 당신은 레오폴트슈타트에 살았습니까? 그곳 어디에 사셨죠?

루카치—나는 레오폴트슈타트가 아니라 언드라시(Andrássy) 가(街) 구역에서 살았습니다. 언드라시 가 107번지, 그 뒤에는 너지 야노시(Nagy János) 가 11번지에 살았고요.

인터뷰어—그러면 "레오폴트슈타트"라는 말로 어떤 사회계층을 표시하려 하신 건가요?

루카치—당시 언드라시 가의 교외는 레오폴트슈타트의 교외와 접해 있었어요. 언드라시 가 교외에는 레오폴트슈타트의 상류층 사람들이 살았습니다.

인터뷰어—여기 다른 일화에 관한 언급도 있는데요. "보모와 있었던 일".

---

1   다른 곳에 유대인 국가가 세워진다 하더라도 헝가리에서 살고 싶다는 의미의 말.

루카치—그 이야기는 한 가지 중요한 사실을 암시합니다. 나는 의례적인 것은 모두 철저히 거부했습니다. 당시 내 생각에는 아줌마, 아저씨들과의 관계도 의례적인 것의 일부였어요. 어머니는 내가 아주 어렸을 때 "모르는 손님들께는 인사하지 않겠어요. 내가 그들을 초대한 건 아니니까요"라고 늘 말했다고 이야기하셨어요. 처음 보는 손님들에게 환영 인사를 해야 한다는 것을 받아들이는 곳에서 의례는 시작되지요. 그렇지만 내가 어렸을 때도 어른들이 합당한 태도를 취할 경우에는 나와 말이 통할 수 있었다는 것을 보여주는 증거가 있어요. 우리가 놀 때 돌봐주었던 연세 많으신 보모가 있었습니다. 한번은 그분에게 이런저런 장난감이 어디에 있는지 물었어요. 그분은 "도련님, 그 장난감은 도련님이 놓아둔 곳에 있답니다"라고 대답했습니다. 그 전까지 나는 어른들에게 말도 안 되는 소리만 들었기 때문에(예컨대 이르머(Irma) 아줌마께는 "마님"[2]이라고 말해야 한다고 했어요), "그 장남감은 도련님이 놓아둔 곳에 있다"는 그 말은 내게 깊은 인상을 심어주었습니다. 장난감은 내가 두고 온 곳에 있다는 건 이치에 맞는 말이었으며 받아들일 수 있는 이야기였어요. 그리고 사실, 내가 아이였을 때 아주 너저분하지도 않았어요. 의례적인 일에 반대할 때 나는 이 점을 내세웠지요. 의례가 지니는 또 다른 면은 가식(假飾)이었습니다. 부모님은 어린 우리를 유럽 여행에 데리고 갔습니다. 우리는 파리와 런던에 갔는데, 가는 곳마다 부모님은 우리를 미술 전람회에 데리고 가셨어요. 나는 이것을 제일 가식적인 일이라 여겼는데, 그런 전람회에서 내게 흥미로운 건 전혀 없었거든요. 그 대신

삶으로서의 사유: 게오르크 루카치와의 대담

---

2 "Küß die Hand"를 옮긴 말이다. 원래 귀부인의 손등에 키스하던 관습을 말로 대신하게 된 것으로, 오스트리아와 헝가리에서 여성을 만났을 때 경의를 표하는 호칭으로 쓰였다.

나는 런던에는 근사한 동물원이 있다는 걸 알고 있었고, 우리는 그곳에 가야 한다고 생각했습니다. 형은 전람회를 순순히 받아들이고 동물원에 가고 싶어 하지 않았는데, 그래서 형을 정말 고깝게 생각했지요.

인터뷰어—모르는 손님이더라도 공손히 맞이하는 일은 어떻게 되었나요?

루카치—모르는 손님들이 가고 나면 매번 벌어졌던 야단법석에 질려버렸습니다. 그래서 그 사람들에게 인사하는 건 아무 일도 아니라고 혼자 생각했어요. 내가 이르며 아줌마에게 "마님"이라고 말해서는 안 될 이유가 있는가? 그건 의례잖아, 그것 때문에 가족과 사이가 틀어질 필요는 없잖아, 라고 생각했던 거지요.

인터뷰어—당신 어머니가 당신을 목재골방에 가두었을 때도 비슷하게 생각했나요?

루카치—어머니에 맞서서 나는 일종의 빨치산 전(戰)을 벌였어요. 어머니는 우리에게 엄하셨거든요. 집에는 어두컴컴한 목재골방이 하나 있었습니다. 우리가 용서를 빌 때까지 우리를 그곳에 가두어 두는 것이 어머니가 가하는 벌의 일종이었어요. 형과 누이동생은 금방 용서를 빌었어요. 반면에 나는 약삭빠르게 구분해서 행동했습니다. 어머니가 나를 오전 10시에 가두시면 나는 10시 5분에 용서를 빌었어요. 그러면 모든 게 제자리로 돌아왔죠. 아버지가 집에 오시는 시간은 1시 30분이었습니다. 어머니는 아버지가 오셨을 때는 가능하면 집안에 긴장이 없도록 하려고 하셨어요. 따라서 나는 1시가 지나서 갔었다면 절대로 용서를 빌지 않았을 겁니다. 1시 25분이 되면 용서를 빌지 않았더라도 풀려나리라는 것을 알고 있었으니까요.

인터뷰어—당신이 어떻게 읽기를 배웠는지를 적은 이야기도 특징적이네요.

루카치—그렇죠. 재미있는 이야기입니다. 형은 나보다 나이가 한 살 많았는데, 읽기 개인교습을 받았어요. 나도 책상에 같이 앉았습니다. 형 맞은편에요. 그래서 거꾸로 놓인 책에서 읽기를 배웠습니다. 나는 거꾸로 놓인 책을 통해 읽기를 형보다 더 빨리 배웠어요. 그래서 형이 교습받을 때는 나가 있어야 했습니다. 일 년이 더 지나서야 정상적인 방식으로[즉, 책을 바로 놓고] 읽는 게 허용되었어요.

인터뷰어—처음 읽은 책들을 기억하실 수 있나요?

루카치—내가 9살이었을 때 첫 독서체험이 내게 영향을 미쳤습니다. 당시 나는 『일리아스』를 헝가리어 산문으로 옮긴 책을 읽었어요. 나는 아킬레우스가 아니라 헥토르 편을 들었기 때문에 그 책은 내게 아주 강한 인상을 주었습니다. 그때 『모히칸 족의 최후』(The Last of the Mohicans)도 읽었지요. 이 두 책은 내게 매우 중요한 책이었습니다. 그 이유는, 은행장이셨던 아버지가 비록 행실이 매우 바르고 착실한 분이셨지만 성공이 올바른 행동을 판가름하는 기준이라는 세계관을 옹호하셨던 것과 관련이 있어요. 나는 이 두 책으로부터 성공이 기준이 아니며 성공하지 못한 사람이 올바르게 행동한다는 것을 배웠습니다. 이런 점은 『일리아스』보다 『모히칸 족의 최후』에서 더 분명하게 드러났지요. 왜냐하면 억압받고 지배당했던 그 인디언들이 완전히 옳았지 유럽인들이 옳았던 건 아니거든요. 당시에 부다페스트에서는 프랑스어를 배우는 게 관례였는데, 나는 운 좋게도 프랑스어가 아니라 영어를 먼저 배웠습니다. 아버지는 열렬한 영국 찬양자셨지요. 그래서 우리는 예컨대 『셰익스피어의 이야기들』(Tales from Shakespear) 같은 책들을 읽었는데, 그 책들은 내게 아주 강한 인상을 주었습니다. 그 밖에 우리는 마크 트웨인의 소설인 『톰 소여』와 『허클베리 핀』도 읽었습니다. 이러한 독서를 통해 나는 삶의 이상들이 존재한다는 것을 인식하게 되었어요. 최초의 독서체험에서는 단지 부정적인 경험으로서 발생했던 것이 이번에는 긍정적인 형태로, 즉 사람은 모름지기 어떻게 살아야 한다는 식으로 나타났어요. 사람은 톰 소여처럼 살아야만 한다는 게 내 어린 시절의 이상이었습니다. 뒤에 스피노자에 관한 아우어바흐[3]의 소설도 내게 영향을 미쳤는데, 특히 종교와 종교적 윤리에 대한 스피노자의 저항이 그러했지요.

인터뷰어─청소년 시절에 관한 언급도 있네요. 학창시절을 말씀하실 때 당신은 학교를 같이 다녔던 애들이 당신 형이나 당신이 당시 상류사회에서 만났던 애들보다 자질이 더 나은 것 같다고 적었네요. 그 뒤에 이런 문장이 있습니다. "가난한 사람들에 대한─독서로 생긴 회의에도 불구하고─기대."

---

3   베르톨트 아우어바흐(Berthold Auerbach, 1812~82)는 유대계 독일 작가로, 독일 "경향소설"의 창시자로 알려져 있다. 『스피노자』(Spinoza)는 그가 1837년에 발표한 작품이다.

루카치─나는 가난한 애들이 우수한 학생이고 인간적으로 뛰어나다는 그런 신화에 회의적이었습니다. 당시 어린애들이 많이 읽었던 아미치스[4]의 책에는 그런 주장이 곳곳에 있지요. 김나지움 시절에 내가 유일하게 애쓴 건, 선생님들한테는 우수한 학생으로 대우받으면서도 반에서 공부벌레로 여겨지지 않도록 하는 일이었어요. 이 두 가지 일을 조화시켜야 했습니다. 김나지움 6~7학년 때 있었던 사소한 일화가 생각나네요. 선생님이 교실에 들어오시면 우리는 매번 의자에서 일어났습니다. 한번은 한 애가 점수 때문인지 또는 그와 비슷한 일로 선생님께 불려 앞으로 나갔어요. 그런데 그 애가 자기 자리로 돌아오면서 선생님 몰래 내 배를 치는 거예요. 그래서 나는 그 애의 허리에 한방 먹였지요. 이 장면을 목격하신 선생님은 난리가 났고, 나는 그 애가 먼저 배를 때렸다고 말했어요. 이 일에 대해 나는 지금도 부끄러움을 느낀다고 털어놓아야겠습니다. 내가 공적인 생활에서 반듯하게 행동하는 것은 그 당시 김나지움 6~7학년생으로서 내가 느꼈던 끔찍한 부끄러움 덕도 있어요. 한 인간의 삶에서 그런 종류의 수치는 긍정적인 것이라고 생각합니다.

인터뷰어─어릴 때 친구들은?

루카치─어릴 때는 친구가 하나도 없었습니다. 학교에서도 수년간 특별히 밀접한 관계를 가졌던 애는 없었다고 말해야겠군요. 형의 가정교사들과는 어느 정도 관계가 좋았습니다. 물론 대(大)부르주

---

4   에드몬도 데 아미치스(Edmondo de Amicis, 1846~1908)는 아동문학으로 널리 알려진 이탈리아 작가이다. 『사랑의 학교』로 국역되어 있는 『마음』(cuore)이 유명하다.

아 집안에서 가정교사들, 특히 여성 가정교사들은 이류 인간 취급을 받았어요. 그래서 나는 형에 맞서 여교사 편을 들었습니다. 아이들은 여교사들의 말을 듣지 않을 수 없었지만 근본적으로는 그들을 무시하면서 숙달된 하인 정도로 여겼던 게 레오폴트슈타트 특유의 상황이었습니다. 그 무렵 우리 집에는 프랑스어 여교사와 영어 여교사만 있었어요. 나는 늘 형의 여교사 편이었습니다. 나는 공부할 필요가 전혀 없었어요. 내게 공부가 굉장히 쉬웠던 것은 엄청난 행운이었습니다. 나는 보통 오후 3시 반에서 3시 45분 사이에 모든 숙제를 마쳤습니다. 내가 김나지움 다닐 때 어머니가 항상 형을 감쌌던 게 기억나네요. 이와 관련해 재미있는 이야기가 있는데, 당연히 형은 우수한 학생, 집안의 자랑거리가 될 거라는 기대를 받았지요. 형이 처음 공립 김나지움에서 7학년을 다니다가 8학년에 진학했을 때 상황이 [기대했던 것과는] 정반대라는 게 밝혀졌어요. 이에 대한 어머니의 이론이 있었는데, 나는 아주 부지런하고 형은 게으르기 때문에 형은 성적이 안 좋고 나는 성적이 좋다는 게 그분의 이론이었습니다. 하지만 실상은 달랐는데, 나는 오후 3시 반에서 45분 사이에 숙제를 끝낸 뒤 자전거를 타러갔고, 형은 내가 7시경 집에 돌아왔을 때에도 여전히 공부하고 있었어요.

인터뷰어—김나지움 시절에도 당신의 발전이 유대인 문제로 영향 받는 일이 없었습니까?

루카치—예. 긍정적인 영향도 부정적인 영향도 없었습니다.

인터뷰어—유대인이라는 게 당신의 의식과는 무관하게 당신을 어렵게 만들거나 하는 식으로도 당신 발전에 영향을 미친 적이 없는지요?

루카치―[내가 다녔던] 개신교 김나지움에서 레오폴트슈타트 출신
은 귀족이었습니다. 그곳에서 나는 유대인 행세는 전혀 하지 않았
어요. 그 학교에서 귀족 대접을 받았던 레오폴트슈타트 청소년 행
세를 했지요. 따라서 유대인 문제는 나타나지 않았습니다. 내가
유대인이라는 걸 늘 알고 있었지만, 그것이 나의 발전에 본질적인
영향을 끼친 적은 단 한 번도 없었습니다.

인터뷰어―제가 그런 질문을 드린 건 최근에 들은 쥴러 이예시의
말 때문입니다. 그가 언젠가 당신에 대해서 말하길, 루카치 동지
가 혁명가로 발전하는 데 유대인의 복수심은 아무 역할도 하지 않
았기 때문에 당신을 특히 더 존경한다고 했다더군요.

루카치―그건 내가 나 자신을 유대인으로 느낀 적이 없었기 때문입
니다. 나는 내가 유대인이라는 것을 출생의 사실로 받아들였으며,
그것으로 그 문제는 처리되었습니다.

인터뷰어―그렇지만 본인이 자신의 문제를 어떻게 보는지와 그 문
제가 다른 사람들에 의해 어떻게 보이는지는 다를 수가 있지요.

루카치―물론 당시 헝가리에서는 유대인과 비유대인 사이에 차별
이 있었어요. 하지만 나는 운 좋게도 크리스티너-루카치 상을 받
았습니다.[5] 봉투가 개봉되기 전에는 누가 경쟁에서 이길지 아무도

---

5   1907년 초고를 끝낸 『근대 드라마의 발전사』로 루카치는 1908년 2월 보수적
     단체인 키슈펄루디 협회가 수여하는 크리스티너-루카치(Krisztina-Lukács)

몰랐어요. 상을 받게 되자 나는 베외티와 알렉산더에 의해 즉각 한패로 받아들여졌지요. 다음 세대에는, 이미 독재[6] 이후에는 그 문제[유대인과 비유대인의 차별 문제]가 훨씬 더 심각해졌습니다. 독재 이전에는 심각하게 받아들일 만큼 중요한 문제가 아니었어요.

인터뷰어─이제 당신의 초기 활동으로 넘어가도 좋을 것 같습니다.

루카치─*[7]이른바 문학적 경력에 대해 이야기하려면 15살쯤의 이야기로 시작해야 할 것 같습니다. 애들이 모두 그렇듯이 나도 책을 많이 읽었어요. 몇 가지 일은 그 전부터 내게 지속적인 영향을 미쳤지만, 15살이 되어서야 처음으로 나도 작가가 될 수 있겠구나 하는 생각을 했습니다.

내게 이 과정은 두 가지 계기에 의해 시작되었어요. 첫 번째 계기는 외국의 자극이었습니다. 『신(新)자유언론』(Neue Freie Presse)의 리버럴한 독자였던 아버지는 막스 노르다우의 『타락』(Entartung)을 우연히 소장하고 계셨습니다. 나는 그 책을 읽었어요. 그리고 이를 통해 입센, 톨스토이, 보들레르, 스윈번[8] 등등의 작품에서 나

상을 받았다.

6 대담에서 루카치는 1919년 3월 21일부터 8월 1일까지 존속했던 헝가리 평의 회 공화국을 "[프롤레타리아] 독재" 또는 "독재 시기"라고 지칭한다. 간혹 "코뮌(Kommune)"이라고 칭하는 대목도 있다.

7 독일어본 번역자 주: *표시가 된 부분들은 1966년 11월 26일에 이슈트반 외르시와 에르제베트 베제르가 루카치와 가졌던 대담에서 그대로 인용한 것이다. 이 대담은 페퇴피 문학박물관에서 간행한 『회상록 1』(Emlékezések 1)에 수록된 바 있다. 게오르크 루카치는 이 대담 텍스트를 다 읽고 검정했다. 우리가 펴내는 이 책이 연대기적으로 구성되어 있기 때문에 이 대담을 연재(連載)하는 것은 포기할 수밖에 없었다.

8 앨저넌 찰스 스윈번(Algernon Charles Swinburne, 1837~1909)은 영국의 시인·소설가·문학평론가다. 그의 초기 창작은 사도마조히즘, 레즈비어니즘,

타나는 극단적 데카당스가 뭔지를 이해하게 되었습니다. 운 좋게도 노르다우는 보들레르, 스윈번 등의 시를 글자 그대로 인용했습니다. 나는 열광했어요. 우리 집에서 비방받던 입센과 톨스토이를 내가 곧장 받아들였던 것은 물론이고요. 나는 그들의 작품을 레클람 판[9]으로 구해서 읽었는데, 이를 통해 15살 때 나는 당시 서구의 극단적인 현대적 입장에에 도달했지요. 젊은이로서 나는 입센과 게르하르트 하웁트만의 정신에 따라 나 자신도 그들과 같은 드라마를 쓰기를 꿈꾸었습니다. 두 번째 자극은 국내적인 것인데, 그것은 우연히 생긴 일이었습니다. 내 누이동생이 머르첼 베네데크의 누이동생과 같은 학교에 다녔어요. 언젠가 그 남매가 우리 집에 왔는데, 그때 머르첼 베네데크도 알게 되었지요. 베네데크가 자신의 자서전에서 우리 만남에 대해 전부 다 이야기했으니, 자세히 이야기하지는 않겠습니다. 어쨌든 나의 문학 활동은 이 친교에 의해 비상하게 촉진되었습니다. 여기에는 엘레크 베네데크의 인격이 내게 미친, 딱히 문학적이라기보다는 오히려 문학윤리적인 영향도 한몫을 했어요. 작가 엘레크 베네데크로부터는 얻어낼 게 전혀 없었다, 그 당시에도 그랬다, 는 말을 덧붙여야겠군요. 하지만 엘레크 베네데크는 청교도적인 방식으로 늘 그 자신의 진리를 지켰어요. 타협이나 그보다 더 나쁜 것을 통해서 얻어진 성공이 인간적 가치를 판단하는 이른바 유일한 기준이었던 환경과 충돌하면서까지 말입니다. 그때나 그 후에나 나는 그가 옹호했던 진리에서 중요한 것이 무엇인지에는 아무런 관심도 없었다고 말할 수

죽음충동, 반(反)기독교주의 등 금기시되던 주제를 둘러싸고 이루어졌으며, 큰 문학적 스캔들을 야기했다.

9   레클람(Reclam)은 1828년 안톤 필립 레클람(Anton Philipp Reclam, 1807~1896)이 라이프치히에서 건립한 독일 출판사로, 노란색 작은 문고판으로 유명하다.

있어요. 하지만 그가 자신의 진리에 헌신했다는 사실 그 자체는 엘레크 베네데크가 도덕적 인물로서 젊은 시절 내게 지속적인 영향을 끼치는 결과를 낳았습니다. 내가 『주간(週間)』(Hét)의 정기구독자였다는 사실도 이러한 자극들에 덧붙여졌습니다. 이 무렵 내가 입센과 하웁트만 식(式)의 드라마를 쓰기 시작한 것은 이 모든 것의 '덕택'이었습니다. 그 글들이 전혀 남아 있지 않은 것은 천만다행입니다. 그것들은 확실히 끔찍한 글이었어요. 18살쯤에 나는 원고들을 모두 태워버렸습니다. 그때부터 나는 문학의 경계에 대한 비밀스러운 기준 하나를 가졌습니다. 나도 쓸 수 있는 것이라면 형편없는 글이라는 거지요. 내가 앞에 있는 글을 쓸 수 없겠구나 하는 느낌을 받는 곳에서 문학은 시작됩니다. 이것은 소싯적 나에게 비밀스러운 기준 역할을 했어요. 네다섯 개의 형편없는 드라마를 썼던 데서 얻게 된 소득이었지요. 이로부터 또 다른 결과도 생겼습니다. 이 글쓰기로 인해 당시의 독일 비평을 읽기 시작하게 된 것입니다. 알프레트 케르[10]의 인상주의적 문체는 내게 큰 영향을 끼쳤습니다. 친척을 통해 나는 김나지움 9학년에 재학 중일 때 발행부수가 극히 미미한 『헝가리 살롱』(Magyar Szalon)에 연극 비평을 써달라는 청탁을 받았습니다. 연극 비평을 실음으로써 편집인이 첫 공연의 입장권을 확보하려 했던 게 그 일의 본질이었지요. 그는 초연을 관람했던 반면에 내게는 두 번째 공연의 입장권을 주었습니다. 그후 나는 다달이 『헝가리 살롱』에 알프레트 케르의 문체로 연극평을 썼습니다.

10 알프레트 케르(Alfred Kerr, 1867~1948)는 독일의 연극평론가·작가·저널리스트로서, 자연주의부터 1933년까지의 시기에 가장 영향력 있었던 비평가 중 한 사람이었다.

인터뷰어—익명으로요?

루카치—아닙니다. 이 연극평들은 기명으로 발표되었어요. 임레 올트바니의 서지에는 그것들도 기재되어 있습니다. 나의 문학적 발전에서 이 단계는 내가 젊은이 특유의 뻔뻔함으로(나는 18살이었습니다) 헝가리의 비평 전체를 반박하고 나섰을 때 절정에 달했지요. 국립극장에서 샨도르 브로디의 『제왕의 목가』(Königsidyllen)라는 연작극이 상연되었는데, 무참하게 실패했어요. 샨도르 브로디는 조국을 저버린 자로 낙인 찍혔고 헝가리의 역사를 왜곡했다고 비난받았습니다. 하지만 나는 이 연작극이 마음에 들었어요. 그래서 그런 비판에 맞서 내가 느낀 감동을 아주 정직하게 분명한 어조로 표명했지요. 그 결과 샨도르 브로디는 양쪽이 다 아는 사람을 통해 나와 접촉하려 했습니다. 그는 자신을 칭찬한 유일한 비평가가 김나지움에 다니는 학생이라는 것을 알고는 실망했던 것 같습니다.

인터뷰어—*엔드레 어디도 『제왕의 목가』에 대한 비판에 맞서 그 작품을 옹호했지요.

루카치—*그랬을 수 있어요. 하지만 당시에 나는 그 사실을 전혀 몰랐습니다. 어쨌든 그 당시 페스트[11]의 비평가들은 대체로 부정적으로 평가했어요. 브로디는 그의 실망을 삼키고, 자신이 곧 창간할 『미래』(Jövendö)에 틈틈이 기고했으면 한다고 내게 말했습니다. 나는 그렇게 했는데, 그 잡지에서 나는 이번에도 알프레트 케르의

---

11   헝가리의 수도 부다페스트는 도나우강 양안(兩岸)에 걸쳐 있는데, 우안의 지역 '부다'와 좌안의 지역 '페스트'를 합쳐 부다페스트라 부른다.

문체로 하웁트만에 대한 평론과 헤르만 방[12]에 대한 평론을 각각 한편씩 발표했습니다. 여기에서 나의 문학경력이 실제로 시작된 셈이지만, 브로디와 사이가 틀어지는 바람에 그 경력은 금방 중단되고 말았습니다. 그는 내게 메레쉬코프스키[13]의 책『레오나르도 다 빈치』에 관한 글을 써달라고 했는데, 그가 그 책에 열광했거든요. 반대로 나는 그 책이 싫었어요. 사람이 젊을 때는 썩 외교적이지는 않은 법입니다. 우리는 사이가 나빠졌고, 나는『미래』를 포기했습니다. 브로디는 꽁한 사람이 아니었기 때문에 일이 정상적으로 전개되었더라면 우리가 화해했을 공산이 아주 커요. 만약 내가 4주 후에 그를 만나러 갔다면, 그는 나를 다시 받아들였을 거예요. 하지만 그 사이에 급격한 변화가 생겼고, 이로 인해 15살부터 18살까지 지속되었던 전(全) 시기—만약 이 순진한 딜레탕티즘을 시기로 표현해도 된다면—가 마감되었습니다. 대학에서 라슬로 바노치를 알게 되었는데, 이전에 엘레크 베네데크의 인격에 영향을 받아 이루어졌던 도덕적 변화에 비견될 만한 전반적 변화가 내게 다시 일어났습니다. 이제 나는 바노치 그룹의 영향을 받게 되었지요. 그렇게 된 건, 내가 학문적 수준이 형편없었던 개신교 김나지움을 다녔다는 사실로 충분히 설명될 것 같네요. 나는 나 자신의 길을 모색했습니다. 하지만 나는 작가로서뿐만 아니라 비평가로서도 정말 비참한 수준이었어요. 진짜배기 딜레탕트였죠. 이제 바노치 가족에서 나는 기계적이지 않게, 학문적이고 진지하게 이론과 역사를 다루는 방법을 배웠습니다. 라슬로 바노치의 아

---

12 헤르만 방(Hermann Bang, 1857~1912)은 덴마크의 소설가다.

13 메레쉬코프스키(Dimitrij Sergejewitsch Mereschkowsky, 1865~1941)는 러시아의 작가로, 혁명 후에는 파리에 망명했다. 러시아 상징주의의 창시자 중 한 명이다.

버지인 요제프 바노치(József Bánóczi)는 아주 세련된 감각을 지닌, 체념한 노신사였습니다. 그는 아주 큰 재능은 없었지만 지적인 사람으로서, 아나톨 프랑스(Anatole France) 식으로 어떤 딜레탕티즘에겐 에피쿠로스적인 아이러니로 응대했습니다. 한편으로는—이미 말했다시피—[내가 했던] 문학 전체가 아무 가치도 없다는 것이, 그리고 다른 한편으로는 케르의 인상주의 전체가 헛된 물거품이라는 것이 내게 분명해졌습니다. 사이가 틀어진 뒤에 브로디에게 다시 돌아가지 않은 주된 이유는, 공부하기로 결심했기 때문이었죠. 이때부터 약 4년간 나는 아무것도 안 썼고 발표도 하지 않았습니다. 이 수업기간은 다른 일과 연관되어 있는데, 잘 알려져 있기 때문에 상세히 이야기하고 싶지는 않은 그 일은, 바노치, 머르첼 베네데크, 그리고 샨도르 헤베시와 함께 우리가 [희극의 여신 이름을 딴] 탈리아 협회(Thalia-Gesellschaft)를 운영한 일입니다. 이것은 나의 수업의 가장 중요한 방법 중 하나였습니다. 연출을 맡은 적은 한 번도 없었지만, 텍스트가 무대에서 어떻게 생명을 얻는지 봄으로써 극작술에 대해서, 그리고 극의 기법과 극의 형식에 대해서 굉장히 많이 배웠거든요. 나는 도비(Dobi), 야노시 독토르(János Doktor), 로지 포르가치(Rózsi Forgács) 등과 같은 젊은 배우들과 매우 친했습니다. 우리는 매일 저녁 카페 버로시(Baross)에 같이 갔는데, 그곳에서 언제나 모임을 주도한 사람은 임레 페테시였습니다. 우리는 그를 군주라고 불렀고 극장과 관련된 모든 문제에서 가장 권위 있는 사람으로 여겼습니다. 한마디로 말해, 이제 이론적인 글들을 읽고 습득하는 일과 결부된 포괄적인 연구의 시기가 시작되었습니다. 그 결과로 단순한 인상주의 비평은 독일철학에 기반을 둔, 미학에 경도된 비평으로 대체되었습니다. 이 시기에 철학자들 중에서 칸트(I. Kant)를 알게 되었으며, 그 후 동시대 독일철학에서 딜타이(W. Dilthey)와 지멜(G. Simmel)의 작품들을 접하게 되었습니다.

인터뷰어—페테시라는 이름은 당신이 쓴 전기 초안[「삶으로서의 사유」]에도 당신이 지도자로 느꼈던 사람으로 등장하지요.

루카치—음, 지도자는 적합한 단어가 아닙니다. 우리는 그를 군주라고 불렀어요. 극장의 모든 일에서 그는 확실한 판단 능력을 지녔습니다. 만약 그가 오른손을 들어야 하고 왼손을 내려서는 안 된다고 말하더라도 그는 절대적으로 옳았어요. 그는 절대로 틀릴 수 없다는, 그에 대한 일종의 환상적 믿음이 우리 마음속에 살아 있었습니다. 우리는 그에게 무조건 경탄했고 탈리아 시절에 그를 우리의 본보기로 여겼습니다.

인터뷰어—당신들은 탈리아 협회를 설립할 때 서로 알게 되었나요?

루카치—페테시, 오드리(Odry), 그리고 다른 배우들은 샨도르 헤베시와 친한 사이였지요. 우리는 샨도르 헤베시에게 탈리아를 세우고 이끌어 달라고 부탁했습니다. 이로부터 카페 모임이 생겨났는데, 그 모임에서 페테시는, 탈리아에서 전혀 활동하지 않으면서도 왕관 안 쓴 왕 역할을 하게 되었지요.

인터뷰어—그가 탈리아를 적극적으로 지원했습니까?

루카치—충고를 통해 절대적으로 지원했지요. 그는 의식적이고 힘찬 요소를 강조함으로써 연기를 의식적으로 한 배우였다는 점이 분명히 강조되어야 합니다. 이것이 그가 주도적인 역할을 하는 대화 분위기를 조성했습니다.

인터뷰어—루카치 동지, 탈리아에서 조직하는 일 외에 당신이 한 활동은 무엇이었습니까?

루카치—조직 활동 외에 다른 활동은 하지 않았습니다. 그곳에서의 짧은 경력 동안 나는 또 두 가지 환멸을 체험했습니다. 하나는, 내가 작가가 아니라는 것이 분명해진 것이고, 또 다른 하나는, 내가 연출가가 아니라는 것을 깨달은 것이지요. 나는 내가 이념과 극의 줄거리 사이의 연관관계는 매우 잘 파악할 수 있지만, 배우가 오른손을 들어야 할지 왼손을 들어야 할지—어떤 점에서 이것은 결정적으로 중요하지요—를 인식하는 데에는 전혀 재능이 없다는 것을 깨달았습니다.

인터뷰어—그러면 바노치는 어떤 역할을 맡았습니까?

루카치—바노치는 매우 능숙한 조직가였고, 탈리아가 제대로 돌아가지 못하게 된 뒤에도 오랫동안 일을 추진했습니다. 그즈음 이미 우리 모두는 그 프로젝트에 흥미를 잃은 상황이었습니다. 우리의 관심이 문학과 연극예술에 국한되었기 때문이었죠. 우리는 우리 시간을 [입센의] 『건축가의 고독』(*Baumeisters Solness*)이나 헤벨(Friedrich Hebbel)의 『마리아 막달레나』(*Maria Magdalena*)를 상연하는 일로 다 보냈습니다. 다른 일을 할 시간도 에너지도 우리에게는 남아 있지 않았습니다.

인터뷰어—머르첼 베네데크는 재능이 있었나요?

루카치—머르첼 베네데크는 아주 선량했고 근사한 사람이었지만, 특별한 재능은 없었다고 말할 수 있을 것 같네요. 문사(文士)였다고나 할까⋯⋯

인터뷰어—문예애호가요?

루카치—문예애호가, 그게 적절한 표현이네요.

인터뷰어—당신은 프로그램을 짜는 데 관여했습니까?

루카치—예. 예컨대 헤벨의『마리아 막달레나』공연을 관철시켰지요.

인터뷰어—번역가로도 참여했습니까?

루카치—아닙니다.

인터뷰어—하지만 루카치 동지, 당신이 [입센의]『야생오리』(*Die Wildente*)를 번역하지 않았습니까?

루카치—그건 내가 번역했습니다.

인터뷰어—그리고『야생오리』가 당신 번역으로 상연도 되었지요?

루카치─예, 탈리아에서요.

인터뷰어─다른 것도 번역했습니까?

루카치─아뇨.

인터뷰어─작가로서는 드라마만 써보려 하셨지요?

루카치─예, 드라마만 시도해봤습니다. 그 사이에 쓴 소설쪼가리들도 있었던 것 같지만, 본질적으로 드라마였습니다.

인터뷰어─시는 전혀......?

루카치─예, 시는 전혀 쓰지 않았습니다.

인터뷰어─전기 초안에서 당신은 젊은 시절 친구 중 하나로 레오 포페르의 이름을 거론하고 계신데요.

루카치─레오 포페르는 내가 살면서 만난 사람 중 아마도 가장 재능 있는 사람일 겁니다. 그는 작품의 질에 대한 확실한 감수성을 지니고 있었습니다. 대부분의 경우 질에 대한 감각은 이론적 이해와 모순을 일으킵니다. 어떤 불일치가 있는 것이지요. 하지만 그에게는 그런 게 전혀 없었습니다. 그가 비평사에서 매우 특별한 케이스인 것은 그 때문이었지요.

인터뷰어─전기 초안에서 당신들의 우정을 언급할 때 당신은 이 관계가 당신의 발전에서 매우 중요한 계기이므로 나중에 더 이야기 하겠다고 했습니다. 이 우정에 대해 좀 더 자세히 말씀해주실 수 있는지요? 서로 언제 알게 되었는지, 그리고……

루카치―레오의 아버지인 더비드 포페르는 내 여동생에게 첼로를 가르치셨어요. 그래서 포페르 부자가 우리 집에 자주 왔지요. 그 무렵에 나와 레오 사이에 우정이 싹텄습니다. 구체적으로 말하면, 질에 대한 그의 감각에 내가 경외심과 존경을 느낌으로써―실제 로 그랬어요―우정이 생겼습니다. 그런 감각이 내게는 미흡했거 든요, 특히 그때는요. 그 이후 나는 아주 많은 경험을 쌓았습니다. 그렇지만 예술에서 질에 대한 감각이 가장 중요하다는 것을 배운 것은 레오와의 관계를 통해서였습니다.

인터뷰어―당신들이 처음 만난 것은 언제였나요?

루카치―김나지움 재학 중일 때였습니다.

인터뷰어―같이 작업도 하셨나요?

루카치―나는 무엇보다 문학을 다루었고 그는 특히 조형예술을 다 루었기 때문에 작업을 같이 하지는 않았습니다. 하지만 그의 영향 으로 조형예술의 특정 주제들을 다룬 글을 쓴 적은 있습니다.

인터뷰어―그가 루카치 동지의 어떤 작품을 헝가리어에서 독일어 로 번역하지 않았나요?

루카치—아뇨, 그런 일은 없었습니다. 그가 헝가리어보다 독일어로 글을 더 잘 썼던 건 사실이지만, 그도 헝가리어로 글을 썼습니다.

인터뷰어—누가 『영혼과 형식』(*Die Seele und die Formen*)을 독일어로 번역했습니까?

루카치—내가 했습니다. 나는 그것을 독일어로도 헝가리어로도 썼습니다. 처음에는 헝가리어로 썼다가 1910년에서 1911년 사이에 독일어로 번역했습니다.

인터뷰어—전기 초안에는 당신이 『근대 드라마의 발전사』(*Die Entwicklungsgeschichte des modernen Dramas*)로 크리스티너-루카치 상을 받은 것 때문에 절망상태에 빠졌고, 레오 포페르가 이러한 위기에서 당신을 구해주었다는 암시가 있습니다. 이러한 위기의 이유는 무엇이었고, 그가 어떻게 당신을 구해주었습니까?

루카치—나는 [크리스티너-루카치 상을 수여한] 협회 전체가 이런 사안을 판단할 능력이 없다고 생각했죠. 따라서 내게 상을 주었다는 건 내 책에 뭔가 문제가 있음에 틀림없다는 걸 의미할 수밖에 없었습니다. 나는 잘못된 부분이 어딘가를 찾기 위해 그 책을 뒤졌습니다만 아무것도 찾을 수가 없었습니다. 그때 친구인 레오 포페르가 나를 도와주었는데……

인터뷰어—그가 그 책에서 뭐가 잘못되었는지를 말해줄 수 있었다는 뜻입니까?

루카치―아뇨, 그는 내게 그 책의 장점을 말해주었습니다.

인터뷰어―당신을 티서 당(Tisza-Partei)[14]의 의원으로 만들려는 의도도 있었지요. 루카치 동지, 당신은 그런 권유에 대해 그저 웃고 말았고요.

루카치―크리스티너-루카치 상을 받자 나는 잠시나마 유명 인사가 되었습니다. 티서 당의 지지자였던 아버지는 내가 그 당의 의원으로 나서기를 원하셨지요. 나는 웃어넘겼습니다.

인터뷰어―당시 당신은 정치적 야망이 있었습니까?

루카치―상황을 바꾸려는 야망은 있었습니다. 즉, 내 야망은 낡은 헝가리 봉건제를 변화시키는 데로 향해 있었죠. 하지만 당시 부다페스트에는 그런 유의 운동이 없었기 때문에 이러한 야망을 현실적인 정치적 의도로 전환시키는 일은 전혀 불가능했습니다.

인터뷰어―가족은……

루카치―가족으로부터, 적어도 그 일부로부터 나는 완전히 소외되어 있었습니다. 그래서 가족과의 친밀한 관계 같은 건 전혀 없었거나 아니면…… 어머니는 영리한 여성이어서 상황이 어떤지를 곧

삶으로서의 사유

---

14 이슈트반 티서(István Tisza, 1861~1918)가 이끈 자유주의 정당. 이슈트반 티서는 1903~1905년, 1913~1917년에 헝가리의 내각 수상을 역임한, 오스트리아-헝가리 이중 군주국의 정치지도자이다. 1918년 10월 28일부터 31일 사이에 벌어진 헝가리의 이른바 '가을장미 혁명(Asternrevolution)' 때 사살당했다.

알아차렸습니다. 그분은 심하게 앓으시다가 유방암으로 돌아가셨어요. 다른 식구들의 권유로 어머니께 편지를 썼습니다. 그것을 받았을 때 그분은 "게오르크 박사가 내게 편지를 쓴 걸 보니 내가 굉장히 아픈 게 틀림없군"이라고 말씀하셨다 합니다.

인터뷰어―당신의 형은 나중에 어떻게 되셨습니까?

루카치―형은 파시스트 치하에서 죽었습니다.

인터뷰어―어떤 위치에 계셨는지요?

루카치―그는 어떤 한 은행에서 평범한 지위에 있었죠. 부역 소집을 받았을 때 소집을 경고로 받아들이고 도망치는 대신 자신은 벌받을 만한 일을 한 적이 없고 결백하다고 말했답니다. 그래서 그는 부역을 갔고, 다시는 돌아오지 않았습니다.

인터뷰어―4년간 휴지기를 가진 뒤 당신의 문학 활동은 어떻게 진행되었습니까?

루카치―*1906년에 나는 다시 글을 발표하기 시작했습니다. 나의 세 번째 문학적 발견이라고도 말할 수 있을 아주 중요한 사건은 『수요일』(*Szerda*)이 발간되기 시작한 것과 일치합니다. 나는 이그노투시에게 짧은 글 한 편을 제출했는데, 그 글이 그의 마음에 쏙 들었어요. 그는 그것을 즉시 『수요일』에 건넸고, 그 글은 그 잡지에 발표되었습니다. 나는 베를린에서 극장 탐방기사들을 보내기로 이그노투시와 합의했지요. 내가 겨울에 베를린으로 가기 위한 준비를 하고 있었거든요. 그 사이에 『수요일』이 파산했기 때문에 이 계획은 무산되었습니다. 그렇지만 내가 이그노투시와 처음 나누었던 대화를 이야기하는 건—이미 말했다시피—그가 내게 보여준 친절과 호의, 그리고 그가 내 글에 퍼부은 찬사 때문에 흥미롭습니다. 하지만 대화가 끝날 무렵 그는 갑자기 진지하게 말했습니다. "이보시게, 젊은이, 나는 자네가 재능이 있다고 생각하네. 나는 자네가 평생 명심할 만한 것을 자네에게 말해주고 싶네. 자네 글은 지극히 영리하고 비상할 정도로 재기가 넘치는 글이네. 그리고 자네도 알다시피 우리는 그 글을 게재할 걸세. 하지만 사람들이 자네가 쓴 모든 것과 정반대되는 것을 쓸 수도 있었다는 점을 명심하게." 생활의 지혜라고 할 만한 이런 말을 하면서 이그노투시는 나에게 작별을 고했지요. 물론 이런 식으로 나의 세 번째 발견자[이그노투시]와도 긴밀한 관계를 가질 수 없었습니다. 흥미롭게도 이그노투시가 어느 정도까지는 항상 나를 지지해주었다는 말을, 그리고 내가 『서구』(Nyugat)에 정기적으로 기고할 수 있었던 것은 오로지 그가 에뢰 오슈바트에 맞서 나를 지켜준 덕분이었다는 말을 덧붙여야겠군요. 이그노투시가 없었다면 내 글은 『서구』에 실릴 수 없었을 것이고, 내가 발표했던 횟수의 근사치 정도로도 발표할 수 없었을 것이라고 생각합니다. 젊은이였기에 나는 전혀 감사할 줄 몰랐어요. 나는 이그노투시의 인정은 이용했지만 그의 인상주의는 완전히 무시했습니다. 카로이 케른슈토크의 전시회 뒤에 쓴 평론 「길은 갈라졌다」("Az utak elváltak")에서 내가 인상주의에 가한 비판은, 물론 이름을 밝히진 않았지만 주로 이그노투시를 향한 것이었다는 점은 분명합니다. 이상이 내가 그럭저럭 문학의 문턱까지 도달한 경로입니다.

인터뷰어—이르머 셰이들레르라는 이름이 전기 초안에 나옵니다. 당신은『영혼과 형식』을 그녀에게 헌정했지요.

루카치—이르머 셰이들레르는 칼 폴라니 집안과 친척관계였는데, 나는 1907년에 그녀와 굉장히 중요한 만남을 가졌습니다. 그것을 사랑이라 부를지 말지 하는 건 나중의 문제입니다. 그녀는 1907년에서 1911년 사이에 나의 발전에 굉장히 강력한 영향을 끼쳤습니다. 그녀는 1911년에 자살했지요. 그 이후에 나의 고찰인 「마음의 가난에 관하여」[15]가 나왔습니다. 그 글은 그녀의 죽음에 대한 기술(記述)이자 나의 죄의식의 표현입니다.

인터뷰어—당신은 어디에서 대학을 다녔습니까?

루카치—맨 처음에는 부다페스트에서 철학과를 다녔습니다.[16] 한 학기 동안 베를린에 갔고, 두 번째 갔을 때는 좀 더 짧은 기간을 거기서 보냈습니다. 1911년 이전에는 외국에서 지낸 기간이 별로 길지 않았습니다.

인터뷰어—처음 외국에 갔을 때 곧바로 막스 베버(Max Weber) 그룹에 가담했습니까?

---

15 여기에서 루카치는 글의 제목을 "Über die seelische Armut"라고 말하고 있는데, 발표된 글의 실제 제목은 "Über die Armut am Geist"이다. 이 글의 번역은『소설의 이론』(게오르크 루카치 지음, 김경식 옮김, 문예출판사, 2007)에 수록되어 있다.

16 사실과 다르다. 정확하게 말하면 1902년 부다페스트 대학 법과대학에 입학했다가 1906년 콜로주바르 대학에서 정치학 박사학위를 받은 후 다시 부다페스트 대학에서 철학을 전공, 1909년에 철학 박사학위를 받았다.

루카치―나는 독일 문학사가가 될 생각이었습니다. 나는 일을 실제로 돌아가게 만드는 건 문학사가들이다, 라는 순진한 믿음을 갖고 외국에 갔습니다. 이와 관련해 일화 하나를 이야기하고 싶은데, 그것이 말하자면 나의 삶에 결정적으로 중요했던 일이기 때문입니다. 그 당시 독일에서는 괴테의 『젊은 베르터의 고뇌』에 나오는 로테의 눈 색깔이 화제였습니다. 『베르터』에는 로테가 푸른색 눈을 가진 것으로 나오지만 실제로 그녀의 눈은 검은색이었다는 주장이 있었습니다. 누군가가 이 점에 대해 거창한 논문을 썼고요. 나는 그 소동에서 허트버니가 **알 가치가 없는 것에 대한 학문**이라고 부른 것의 실례를 보았습니다.

인터뷰어―이 일로 크게 각성하셨겠습니다.

루카치―나는 이미 오래전에 조금씩 정신을 차려왔기 때문에 이 일이 그리 큰 각성을 불러일으키지는 않았습니다. 실제로 이 일로 일어난 일은, 내가 문학사에서 떨어져 나갔던 하나의 발전 과정이 종결되었다는 것입니다.

인터뷰어―그리고 나서 새로운 방향이 설정되기 시작……

루카치― …… 철학 쪽으로 방향을 잡았죠. 그때 게오르크 지멜(Georg Simmel), 그리고 뒤에는 막스 베버의 영향을 받기 시작했습니다.

인터뷰어―그런 영향의 긍정적인 점을 뭉뚱그려 말씀하신다면?

루카치─요약하자면, 지멜은 예술의 사회적 성격을 논했는데, 그럼으로써 내게 하나의 관점을 전달했고, 그 관점의 토대 위에서 나는─지멜을 훨씬 넘어서─문학을 다루었다고 말할 수 있을 것 같네요. 드라마를 다룬 책[『근대 드라마의 발전사』]의 고유한 철학은 지멜의 철학입니다.

인터뷰어─베버의 영향에서 본질적인 것은 무엇입니까?

루카치─베버로부터 영향을 받은 것은 더 이후의 일이고, 그 영향은 더 강력했습니다. 지멜에게는 경박한 면들이 있었습니다. 반면에 베버는 지멜에서 볼 수 있는 경박한 면들 없이 포괄적인 문학론을 만들어내고자 했습니다. 언젠가 내가 베버에게, 칸트에 따르면 미적 판단이 미적인 것의 본질이다, 라고 말한 적이 있다는 사실을 언급해야겠네요. 그 일이 내가 베버와 좋은 관계를 맺는 데 일조했으니까요. 나는 미적 판단이 아니라 존재가 우선성을 지닌다고 생각했습니다. "예술작품들이 실제로 있다. 그것들은 어떻게 가능한가?(Es existieren Kunstwerke. Wie sind sie möglich?)"이 질문을 내가 막스 베버에게 제기했는데, 그 질문이 그에게 깊은 인상을 주었습니다. 그것은 내가 하이델베르크에서 완성하지 못한 채 남긴 미학[17]의 근본문제입니다.

인터뷰어─지멜과 베버를 평가하실 때 당신은 나중에, 특히 『이성의 파괴』시기에, 분명히 부정적인 입장을 취하고 계십니다.

---

17 『하이델베르크 예술철학(1912~1914)』(*Heidelberger Philosophie der Kunst (1912~1914)*)과 『하이델베르크 미학(1916~1918)』(*Heidelberger Ästhetik (1916~1918)*)을 말한다.

루카치―베버에 대한 나의 입장은, 도덕적인 측면에서 보자면 언제나 긍정적이었습니다. 반면에 나는 지멜한테는 모종의 경박성을 비판했고, 그래서 우리는 서로 소원해졌습니다. 그러나 베버의 경우에는 이런 식으로 소원해지는 일은 없었습니다.

인터뷰어―당신과 블로흐(Ernst Bloch)의 우정이 시작된 것도 이때입니까?

루카치―그렇습니다.

인터뷰어―하이델베르크에서 당신은 라스크(Emil Lsak)도 알게 되었지요. 그와도 친한 친구가 되었습니까?

루카치―그것은 아름다운 우정이었습니다. 하지만 라스크가 나의 발전에 영향을 미쳤다고는 말할 수 없습니다. 블로흐는 내게 굉장한 영향을 끼쳤습니다. 그도 그럴 것이 그는 자신의 예를 통해 고래(古來)의 방식으로 철학하기가 가능하다는 확신을 내게 심어주었거든요. 그때까지 나는 당대 신칸트주의 속에서 갈피를 못 잡고 있었습니다. 하지만 이제 블로흐에게서 나는 마치 현대철학 전체가 존재하지 않는 듯이 철학하는 것을, 아리스토텔레스나 헤겔처럼 철학하기가 가능하다는 것을 보여주는 인물을 만났습니다.

인터뷰어―블로흐가 부다페스트를 방문한 이유는 무엇이었습니까?

루카치―블로흐는 지멜의 제자였는데, 지멜 곁에서 엠머 리토크를 알게 되었습니다. 엠머 리토크를 통해서 나는 블로흐와 만나게 되었고요. 곁들여서 말하자면—이건 아마 재미난 일화일 듯한데—나에 대한 블로흐의 첫인상은 아주 안 좋았습니다. 그는 내가 심미주의자이고 진지한 사람이 아니라는 등등의 말을 했어요. 엠머 리토크는 당연히 내게 이런 말을 전해주었는데, 당시 나는 "위대하거나 중요한 철학자라고 해서 꼭 사람 보는 안목이 뛰어나란 법은 없다"라고 대답했지요. 그의 판단에 대한 내 반응은 블로흐에게 강한 인상을 주었습니다. 그때부터 우리는 친한 친구가 되었어요.

인터뷰어—우정은 언제까지 지속되었습니까?

루카치—블로흐가 하이델베르크에 있었던 동안이니까 1909년부터 1911년까지일 겁니다. 그 후 우리는 헤어졌는데, 전쟁[1차 세계대전]이 터지기 전에 블로흐는 스위스로 피했던 반면에 나는 집에 머물러 있었거든요.[18]

인터뷰어—이미 이 시기에 당신은 헝가리에서 작가 경력을 쌓아나가셨지요.

루카치—*나의 진정한 문학적 데뷔는 한편으로는 드라마에 관한 책이 나오면서, 다른 한편으로는 『서구』에 관여하면서 시작됩니다. 이와 관련해 아주 중요한 일 하나를 덧붙여야 하는데, 나는 그 당시에는 그 일을 제대로 이해하지 못했습니다. 지금에 와서

---

18 루카치의 기억과는 달리 그 후에도 블로흐와 관계가 있었다. 1912년에 함께 이탈리아로 여행했으며, 이후에도 하이델베르크에서 함께 막스 베버 서클에 참여했다. 블로흐는 1914년 전쟁 직전까지 하이델베르크에 있었다.

야 그것이 나의 문학적 발전 전체에, 심지어 문학 너머의 발전에도 얼마나 결정적인 영향을 미쳤는지가 분명해졌습니다. 그것은 바로 1906년의 일입니다. 그해 [엔드레 어디의 시집]『새로운 시』(Uj versek)가 출판되었습니다.『새로운 시』는 내게 가히 혁명적인 영향을 미쳤습니다. 거칠게 표현하자면『새로운 시』는, 내가 집으로 가는 길을 그 속에서 발견했던, 그리고 내 일부로 여겼던 최초의 헝가리 문학작품이었습니다. 옛 헝가리 문학에 대해 지금 내가 가지고 있는 생각은 다른 문제입니다. 그것은 이미 오랜 경험들의 결과이지요. 고백건대 그 당시에는 내게 헝가리 고전문학에 들어가는 내적인 통로가 없었습니다. 내게 내적으로 변화시키는 영향을 미친 것은 세계문학뿐이었으며 그중에서도 일차적인 것은 독일철학이었습니다. 독일철학의 영향은 일생 동안 지속되었습니다. 물론 근본적으로 보자면 이러한 상황은 엔드레 어디를 통해 생겼던 저 강렬한 체험을 통해서도 전혀 바뀌지 않았습니다. 그 체험으로 독일철학의 영향이 극복된 게 아니었으며, 그 체험이 나를 헝가리로 돌려보내지도 않았습니다. 그 당시 내게 헝가리는 어디의 시였다고 말할 수 있을지 모르겠네요. 그런데 내가 뒤에 가서야 그 의미를 이해하게 된 무언가가 일어났습니다. 즉, 독일의 발전과정에는 보수주의 세계관이 상당 정도 감추어져 있다는 것을 느끼게 된 것입니다. 이것은 내가 당시에 이미 알고 있었던 칸트뿐만 아니라 헤겔(3~4년 후에 나는 칸트에서 헤겔로 접근해 갔습니다)이나 내가 읽었던 저 현대 독일인들에게도 적용되는 것이었습니다. 지금 내가 어디의 후기 시를 인용한다면 연대(年代)를 무시하는 잘못을 저지르는 것이라는 걸 알고 있습니다.[19] 하지

삶으로서의 사유

---

19 루카치가 자신에게 "가히 혁명적인 영향을 미쳤"다고 한 시집『새로운 시』(1906)는 어디의 초기 시에 해당한다. 그런데 뒤에서 인용하고 있는 "Ugocsa

만 어디의 작품에는 처음부터, 헤겔의 『정신현상학』과 『논리학』을 읽을 때면 언제나 배경음악처럼 느껴졌던 "나는 명령받지 않겠어", "나의 주인은 나야(Ugocsa non coronat)"라는 정조가 있었습니다. 이런 식으로 헤겔주의자이면서 동시에 정신과학의 주창자인 사람이 좌파적인 입장을, 심지어 어느 정도까지는 혁명적인 입장을 취하는, 그 당시의 문학에는 선례가 없었던 혼융이 생겨났습니다. [어디의 시들이] 내게 미친 막대한 시적·문학적 영향은 지금 말하지 않겠습니다. 하지만 어디의 시들과 만난 것은, 문학상의 관계들은 별도로 하더라도, 내가 살면서 겪었던 가장 결정적인 체험 중 하나였다는 점은 분명히 해두어야겠습니다. 이것은 젊은 시절에 자주 일어나는 우연한 발견이 아니었습니다. 이런 말은 굳이 할 필요가 없을지도 모르겠지만, 나는 일생 동안 어디의 작품에 충실했습니다. 이것은 단순한 심리적 투영이 아닌데, 그도 그럴 것이 3~4년 뒤에 나는 헝가리에서 최초로 혁명과 어디의 개인적 연관성에 관한 글을 썼습니다.[20] 그 글에서 나는 어디가 혁명을 자신의 자기실현을 위해 필요한 것으로 여긴 혁명가였다고 말했습니다. 지금 내가 이처럼 혼란스러운 첫인상이 1906년에 생겼다고 한다면, 연대를 크게 잘못 잡는 우를 범하는 건 아닐 거예요. 하지만 내가 그 당시에는 사안의 중요성을 전혀 깨닫지 못하고 있었다는 점은 당연히 강조되어야 합니다. 나는 단지 어디의 시들에 대해서만 무조건 열광했던 겁니다. 이미 말했듯이 나의 문학시대는 이 시기에 본격적으로 시작되었습니다. 1906년과 1907년 사

---

non coronat"는 어디의 후기 시에 해당하는 「훈, 새로운 전설」("Hunn, uj legenda", 1913)에 나오는 문장이기 때문에 하는 말이다.

20 1908년 여러 작가의 글모음인 『아침』(Holnap)을 비평하면서 처음 어디를 다루었으며, 1913년에 출간된 『미적 문화』(Esztétikai kultura)에 「어디 엔드레」("Ady Endre")라는 제목의 글을 실었다.

이에 나는 베를린에 있었는데 거기서 드라마에 관한 책의 초고를 썼습니다. 나는 그것을 키슈펄루디 협회에 제출했고, 그 초고로 1908년에 크리스티너-루카치 상을 받았습니다. 또한 1907년에 노발리스(Novalis)에 관한 글을 『서구』에 보냈는데, 제대로 기억하고 있다면, 그 글은 1908년 초에 거기에 실렸습니다.[21] 책들이 잘 알려져 있으니, 나의 문학적 등단에 관해서는 자세히 말하지 않겠습니다. 다만 당시 헝가리의 문학예술계에서 내가 주관적으로 점했던 위치에 관해서 몇 마디 하고 싶은데, 왜냐하면 이에 관해서는 믿을 만한 문헌상의 기록이 없기 때문입니다. 여기에서 나는 어느 정도 유보적으로 시작할 수밖에 없습니다. 내가 개인적인 관계들에서 이야기를 시작한다면, 그런 관계가 내게 가장 중요했을지도 모를 그 시점에 그런 개인적 관계는 전혀 없었다는 것이 밝혀지니까요. 나는 여기서 엔드레 어디를 염두에 두고 있습니다. 그를 살아생전 딱 한 번 만났습니다만 정확히 언젠지는 기억하지 못합니다. 다만 1908년 가을 이후였던 건 분명합니다. 왜냐하면 그때가 [여러 작가의 글모음인] 『아침』(Holnap)에 대한 나의 비평—이것이 내가 어디에 관해 처음 쓴 글인데—이 발표된 때였기 때문입니다. 그래서 정확한 날짜를 말하지는 못하지만 이 만남이 있었던 때가 1908년 겨울이나 1909년 초가 아닐까 싶습니다. 만남은 친한 친구인 화가 데죄 치가니를 통해 이루어졌는데, 그는 어디와도 친해서 그의 초상화를 그리기도 했습니다. 그가 한 번은 〈세 마리 까마귀 식당〉(Három Holló)으로 나를 데리고 갔습니다. [이렇게 해서 어디와 만났는데] 우리의 만남으로 생긴 일은 전혀 없었다고 말해야

---

21 1907년에 집필된 이 글은 「낭만주의적 생철학에 대하여: 노발리스」("Zur romantischen Lebensphilosophie: Novalis")라는 제목으로 1908년 『서구』에 발표되었고, 『영혼과 형식』(1910/1911)에 다시 수록되었다.

겠습니다. 그날 저녁 〈세 마리 까마귀 식당〉은 어디의 젠트리 출신 친구들로 가득 차 있었고, 나는 대화에 전혀 참여할 수 없었습니다. 하지만 그것이 내겐 여하한 실망도 의미하지 않았다는 말을 덧붙이고 싶네요. 다른 관점에서 볼 때 그것은 아주 중요하니까요. 중요한 인물에 대해서 내가 일생 동안 견지한 입장은 괴테의 필리네(Philine)의 입장과 같습니다. "그리고 내가 당신을 좋아한다고 해서, 그래 그게 당신한테 무슨 상관이지요?(Und wenn ich dich liebhabe, was geht's dich an?)"[22]라는 식이죠. 그러니 내가 가장 중요한 동시대인인 벨러 버르토크와 어떤 종류의 관계도 못 가졌던 건 절대 우연이 아닙니다. 이 경우에는 [관계를 갖고자 했다면] 상황이 훨씬 더 유리했을지도 몰라요. 버르토크는 음악아카데미의 학생으로 첼로를 연주했던 내 여동생에게 음악이론 수업을 했으니까요. 버르토크는 다른 일로도 우리 가족과 지속적인 관계가 있었습니다. 예를 들어 1919년 후에 그는 블록스베르크(Blocksberg)에 있는 우리 아버지의 별장에서 한동안 살았습니다. 하지만 그 당시 나는 음악에 대해 내가 생각하는 것을 분명하게 표현할 수 없었기 때문에 버르토크 앞에서 극도로 말을 삼갔습니다. 독재 시기 동안만 우리 사이에 관계가 있었습니다. 버로토크와 졸탄 코다이와 에른스트 도흐나니가 음악 이사회를 구성했을 때지요. 당시 나는 인민위원으로서 그들과 자주 접촉했습니다. 하지만 그것이 개인적인 관계를 의미하는 것은 물론 아닙니다. 내가 이런 말을 하는 것은, 이런 일들이 근본적으로 결정적인 사안은 아니라는 점을 분명히 하기 위해서입니다. 부다페스트 사람들 가운데 내가 세 번째로 존

---

22 괴테의 『빌헬름 마이스터의 수업시대』 제4권 9장에서 필리네가 빌헬름에게 하는 말. 번역은 『빌헬름 마이스터의 수업시대 1』, 안삼환 옮김, 민음사, 1999, 357면에 따른 것임.

경했던 인물인 에르빈 서보와도 가벼운 친분밖에 맺지 못했다는 것을 말해두는 게 좋겠네요. 그와는 버르토크나 어디의 경우처럼 거리가 뚜렷이 있었던 건 아니지만 그래도 관계는 상당히 느슨했습니다. 에르빈 서보는 당시 헝가리 사상가 중에서 내가 진심으로 감사해야 할 유일한 인물이었는데도 말입니다. 우리가 이미 그에 관해 말하고 있어서 간단히 덧붙이는 말인데, 내가 당시 진지하게 받아들일 만한 유일한 저항적 사회주의 운동이라고 여겼던 프랑스 생디칼리즘을 알게 된 것도 그를 통해서입니다. 나에 대한 잘못된 이미지─그 이미지는 내가 『서구』와 맺은 개인적 관계의 특징을 말하면 더 왜곡될지도 모르겠네요─가 생기는 걸 막기 위해 보충하고 싶은데, 나는 사교적이지 않은 고독한 숫사슴 같은 존재가 절대 아니었습니다. 예를 들어 나는─이것은 아주 주목할 만한 일인데─당시의 조형예술가들과 진심을 나누는 우호적 관계를 가졌습니다. 나는 조형예술의 전문가는 전혀 아니었습니다. 그것과 관련된 몇 편의 글을 썼을 뿐이었죠. 아주 일찍이 나는 『20세기』(Huszadik század)에 고갱(Paul Gauguin)에 관한 글을 썼으며, 〈8인회〉(Nyolcak)의 전시회에 대한, 케른슈토크를 비롯한 〈8인회〉 성원들을 다룬 글을 쓴 바 있습니다. 이와는 별도로, 나는 데죄 치가니뿐만 아니라, 비록 나보다 훨씬 나이가 많았지만 마르크 베드레시와도 청년기 초반부터 진심에 찬 우정을 나누었어요. 게다가 나는 윗세대 화가들, 예컨대 카로이 페렌치(Károly Ferenczy), 어돌프 페니에시(Adolf Fényes), 요제프 리플-로너이(József Rippl-Rónai), 그리고 외된 마르피(Ödön Márffy), 에르뇌 티허니(Ernö Tihanyi), 나중에는 네메시-럼페르트(Nemes-Lampért), 베니 페렌치(Béni Ferenczy), 노에미 페렌치(Noémi Ferenczy) 등과도 대화를 나누는 좋은 관계였습니다. 한마디로 말해서 나는 조형예술에 종사하는 상당히 많은 사람과 지속적인 관계를 유지했습니다. 이와는 대조적으로『20세기』나『서구』의 주도적 성원들과는 그 어떤 개인적 관계도 없었습니다. 오슈바트와 관련해서는 '처음부터 애증병존의 관계'였다고 말할 수 있을지도 모르겠네요. 처음 만난 순간부터 우리는 서로를 못 견뎌 했습니다. 그는 내가 매우 형편없는 작가라고 생각했고, 그 생각을 공공연하게 떠들고 다녔죠. 이 점에서 그는 야노시 호르바트와 의견이 일치했습니다. 이것은 널리 퍼진 생각이었는데, 나는 이에 어떤 대항도 하지 않았습니다. 오늘날 나는『영혼과 형식』의 문체가 극도로 매너리즘적이라고 생각하며, 훗날의 내 기준으로는 그 문체를 받아들일 수 없습니다. 물론 그렇다고 내가 이 사안에서 오슈바트가 옳다고 인정하는 것은 아닙니다. 무엇이 좋은 작업인지에 대한 생각이 정반대였으니까요. 하지만 우리가 이러한 비합리적 서술에 머물러서는 안 됩니다! 나는 내가 왜 오슈바트를 좋아하지 않는지 금방 깨달았습니다. 헝가리의 문학비평에는 오슈바트에 앞서 졸탄 엄브루시(Zoltán Ambrus), 그리고 어느 정도까지는 예뇌 페테르피(Jenö Péterfy)가 대표했던 특정한 유형이 있었습니다. 그들은 서구의, 특히 파리의 최신 조류들(이것은 엄브루시의 경우에 특히 두드러집니다)을 아주 신속하게 받아들여서, 페렌츠 헤르체그(Ferenc Herczeg)와 페렌츠 몰나르(Ferenc Molnár)에 이르기까지 아무리 보잘것없는 경향이더라도 아주 관대하게 대했던 헝가리식 보수주의로 그것들을 옮겨놓았습니다. 나는 이런 고상한 보수주의를 굉장히 경멸했고, 오슈바트의 경우에서도 그런 측면을 경멸했습니다. 내가 옳았다는 것이 내게 분명해진 것은, 1945년 이후 내가 헝가리로 귀국한 후에 오슈바트의 비평집이 출판되었을 때였습니다. 그 비평집에는 예리한 비평이라고는 단 한 편밖에 없었는데, 입센을 비판하는 글이었습니다. 반면에 그는 페렌츠 헤르체그부터 이슈트반 솜머하지(István Szomaházy)에 이르는, 아주 질이 떨어지는 작가들을 열렬히 칭찬했습니다. 나는 이런 이야기가 오슈바트-신화와 모순된다는 것을 알고 있습니다. 하지만 다행히도 우리는 인쇄된 오슈바트의 텍스트를 사용할 수 있는데, 그 인쇄된 책을 가지고 후대는 오슈바트의 천부적인 비평적 재능을 연구할 수 있겠지요.

인터뷰어—*루카치 동지, 이전에 당신은 오슈바트가 헤겔에 관해 말했을 때의 이야기를 하신 적이 있는데······

루카치—*예, 그랬지요. 지금은 두너(Duna) 호텔이고 그 당시에는 브리슈톨(Bristol) 카페라고 불렸던 곳에 내 글과 관계된 일로 간적이 있습니다. 오전에는 오슈바트가 거기에 있었어요. 내가 대학 도서관에서 빌린 책들을 팔에 끼고 들어섰을 때—그 시절에 서류가방은 유행이 아니었어요—오슈바트는 여느 때처럼 내가 무엇을 읽는지 보려고 그것들을 살펴보았습니다. 그는 매번 그랬어요. 마침 나는 헤겔의 저서 몇 권을 가지고 있었습니다. "헤겔이라······ 그는 안 좋은 작가예요." 그는 책을 탁 덮으면서 말했습니다. 말이 나온 김에 덧붙이자면, 우리의 위대한 신화제조가인 오스카르 겔레르트는 오슈바트가 이미 그 당시에 자신에게 이 이야기를 해주면서 덧붙이기를, 헤겔은 안 좋은 작가지만 엥겔스는 훌륭한 작가라고 했다는 말을 퍼뜨렸습니다. 여기서 우리는 신화를 제조할 때 얼마나 주의를 기울여야 하는지를 보게 됩니다. 오슈바트가 오전에 브리슈톨 카페에서 나와 이야기한 것을 저녁에 겔레르트에게 말했을 가능성은 없습니다. 그러기에는 『서구』에서 나는 너무나 미미한 작가였습니다. 그 일화는 나의 현재의 문학적 위치를 1909

년에 부당하게 투사한 것입니다. 게다가 오슈바트가 엥겔스를 훌륭한 작가로 여겼다는 것도 진실이 아닙니다. 오슈발트는 일생 동안 엥겔스의 글을 단 한 줄도 읽은 적이 없어요. 오스카르 겔레르트는 오슈바트를 전(前)볼셰비키적 마르크스주의자로 변형시키기 위해서 신화를 창조한 것입니다. 당연히 그 모든 말 중에서 참인 것은 단 한마디도 없어요. 나와『서구』그룹의 관계와 관련해서는, 그 당시 내가 편집 문제를 의논하면서 오슈바트, 미크서 페니외(Miksa Fenyö) 그리고 이그노투시를 알았지만, 예를 들어 얼러다르 쇠플린(Aladár Schöpflin)을 만나거나 알게 된 적이 없고, 지그몬드 모리치(Zsigmond Móricz) 경우에는 그의 첫 저서에 대한 글까지 썼으면서도 결코 만난 적이 없었다는 점이 주목할 만합니다. 데죄 코스톨라니에 관해서도 글을 썼지만 개인적으로는 알지 못했고, 프리제쉬 커린티(Frigyes Karinthy)나 쥴러 크루디(Gyula Krudy)도 몰랐습니다. 한마디로 말해서 나는『서구』의 이른바 핵심부대는 만난 적조차 없었습니다. 거듭 말하지만, 이렇게 된 건 나의 개인적인 소극성 때문이 아니었습니다. 그래서 조형예술가들 중에 있던 나의 지인들을 앞에서 언급했던 거예요. 그들과는 조직상 아무런 관계도 없었지만, 카페〈일본〉(Japan)이나 다른 유사한 장소들에서 그들을 정기적으로 만났습니다. 그렇지만『서구』그룹의 모임에는 한 번도 간 적이 없었어요. 내가 미하이 버비치를 처음 만난 것도 훨씬 뒤인 1916년입니다. 에르빈 서보가, 전쟁 반대에 작가들을 어떻게 동원할 수 있을지를 토론하는 모임에 미하이 버비치, 벨러 벌라주, 언도르 가보르, 그리고 나를 초대했습니다. 그 후 그리 오래지 않아서, 즉 1916년인가 1917년 초에 칼 만하임의 주선으로 버비치와 함께 우리 셋이 저녁식사를 했습니다. 나는 식사 후 그와 잠깐 산책도 했지만 친해지지는 못했습니다.『서구』

그룹 전체 중에서 나는 오직 머르키트 커프커, 언너 레스너이, 그리고 벨러 벌라주와만 개인적인 교분이 있었습니다. 머르기트 커프커에 관해서는 할 말이 별로 없습니다. 우리는 좋은 사이였지만 아주 친한 사이는 아니었습니다. 그녀가 교사로 페스트에 와서 한참 뒤까지 교사생활을 했다는 이야기를 들었는지 모르겠네요. 그일에는 나의 부친도 시의회에서의 지위를 통해 큰 역할을 하셨습니다. 그녀가 페스트에 오도록 우리가 도왔다고 생각해요. 언젠가 그녀가 베를린에 있었을 때 나를 보러 왔습니다. 그러니까 우리는 아주 호의적인 관계를 가졌던 셈이지요. 언너 레스너이와는 일생 동안 지속된 진정한 우정으로 연결되었습니다. 그녀가 부다페스트에 체류했던 1965년과 1966년에도 우리가 자주 만났다는 것을 당신도 아시리라 생각합니다. 그녀의 소설이 탄생하는 것을 함께 체험하게 되어서 정말이지 매우 기쁩니다. 젊은 시절에 그녀는 시로만 알려졌지요. 그녀의 소설이 정말로 뛰어나다고 생각한다는 말을 그녀에게 전할 수 있었던 것도 기쁜 일입니다. 나는 그녀에게 제1권은 걸작이고 제2권은 훌륭한 소설이라고 생각한다고 말했지요. 거듭 말하건대, 이러한 우정이 일생 동안 지속된 게 내게는 큰 기쁨입니다.

Ⅱ. 전쟁과 혁명들

인터뷰어—전쟁이 발발한 1914년으로 화제를 옮기지요.

루카치—전쟁과 관련해서는, 내가 맨 처음부터 전쟁에 반대했다는
것 말고는 달리 말할 게 없습니다. 내 주변 사람들 중에서도 전쟁
에 어떤 식으로든 호의적 입장을 내비치는 사람들에 대해 나는 그
냥 있지 않았습니다. 예컨대 "가서 똑같이 고통을 겪어라!"고 한
벨러 벌라주처럼 전쟁을 바로 대놓고 옹호하지는 않은 경우를 보
더라도 참지를 못했습니다. 공개적으로 그랬던 것은 아니지만 그
에게 사적으로 내 생각을 아주 까칠하게 말했고, 특히 그가 쓴 책
의 결론을 반대했습니다. 그 책에는 그와 언너 레스너이 사이의
토론이 실려 있는데, 그 토론에서 그는 아무 거리낌 없이 오스트
리아-헝가리 군주국을 다민족으로 구성된 일종의 스위스와 같다
고 찬양했지요. 나는 이것을 정신 나간 아첨이라고 여겼는데, 이
문제에서 조국의 상황을 아주 안 좋게 생각했기 때문입니다. 따
라서 전쟁과 관련해서 말할 수 있는 것이라고는, 내가 전쟁에 아
주 격렬하게 반대한 사람이었다는 점뿐입니다. 전쟁에 대한 나의
이러한 입장을 이미 말했는지 모르겠지만, 아직 이야기하지 않았
다면 지금 이야기하겠습니다. 그 당시 나의 입장은 다음과 같았습
니다. "독일과 오스트리아의 군대가 러시아를 물리칠 것이며, 그
렇게 되면 로마노프 왕조는 붕괴할 것이다. 이건 좋은 일이다. 독
일과 오스트리아의 군대가 영국과 프랑스의 군대에 패하고, 합스
부르크 가(家)와 호엔촐레른 가도 붕괴되는 일이 있을 수도 있다.
이 또한 좋은 일이다. 하지만 그러면 누가 우리를 서구 민주주의

로부터 지켜줄 것인가?" 이러한 문제가 제기되었습니다. 여기에서 당신은 내가 실증주의를 반대한 데에는 정치적인 이유들도 있었다는 것을 알 수 있을 겁니다. 내가 헝가리의 상황을 전면적으로 거부한 것은 사실이지만, 그렇다고 해서 영국식 의회주의를 이상으로 받아들일 태세가 되어 있었던 건 전혀 아니었습니다. 하지만 그 당시에 나는 기존 질서를 대체할 수 있는 어떤 것도 알지 못했습니다. 이러한 관점에서 1917년 혁명은 정말 위대한 체험이었습니다. 사정이 다르게 될 수도 있다는 것이 갑자기 시야에 들어왔거든요. 사람들이 이 '다르게'에 대해서 어떤 입장을 가졌든, 이 '다르게'는 우리 모두의 삶을, 내 세대에 속하는 적지 않은 사람들의 삶을 변화시켰습니다.

인터뷰어─전쟁에 대한 입장과 관련해서 언젠가 지멜의 편지를 언급하셨는데......

루카치─사람들이 자신의 과거를 자기가 바라는 대로 꾸며대는 경향이 있지 않은가 하는 의심이 내게 아주 강하게 든다는 점과 관련해서만 지멜의 편지는 흥미롭습니다. 나는 어떤 의구심을 갖고서, 아니, 더 정확히 말해서, 비판적인 의심을 갖고서 과연 내가 전쟁이 터진 첫날부터 전쟁에 반대했던가를 자문하고 있었습니다. 그때에 언제가─정확한 날짜는 말할 수 없네요─막스 베버의 아내인 마리안네 베버(Marianne Weber)와 이야기를 나누었던 게 갑자기 생각났습니다. 이야기 중에 그녀는 [전쟁에서 이루어진] 영웅적 행동들의 도덕적 가치를 찬양했습니다. 이에 대해 나는 그 영웅적 행동들이 훌륭할수록 그것은 더 나쁜 것이라고 그녀에게 대꾸했습니다. 근래 우연히 지멜을 기념하여 출판된 책 한 권을 손에 넣게 되었습니다. 거기에는 그가 쓴 편지들 일부가 수록되어 있는데, 1914년 8월에 마리안네에게 보낸 편지도 포함되어 있더군요. 거기에서 지멜은 만약 루카치가 이 전쟁의 숭고함을 파악할 수 없다면 싹수가 노란 것이다, 이 전쟁은 오직 직관적으로 파악될 수 있을진대, 이에 대해 그와 이야기하는 것은 이 경우에도 전혀 무의미하다, 라고 썼더군요. 이것으로 보아 나와 마리안네가 8월 초에 대화를 나누었을 수 있다는 것이 증명됩니다. 마리안네가 지멜에게 나와 나눈 이야기를 전했고, 이것이 그에 대한 지멜의 답신이었습니다. 이것으로 내가 진짜 제대로 기억하고 있다는 게 확실히 확인되었습니다. 나는 이미 8월에 전쟁에 반대했던 것이지요. 이런 문제를 다룰 때는 매우 주의해야 합니다. 아시다시피 얼마 전에 불쌍한 데리가 예전에 글을 썼다는 사실을 망각한 탓에 러이크 사건으로 곤란을 겪게 되었잖아요.[23]

인터뷰어—전쟁의 숭고함은 직관적으로만 파악될 수 있다는 점에서는 지멜이 옳지요......

루카치—그 점에서는 그가 옳다고 인정합니다. 하지만 그 일이 내게 관심거리가 되는 것은, 마리안네 베버와 나눈 대화가 전쟁이 일어난 지 며칠 지나지 않아서 있었다는 것을 보여주는 객관적인 증거가 여기에 있어서일 뿐입니다.

인터뷰어—루카치 동지, 그때 베를린에 계셨습니까?

---

23 독일어본 번역자 주: 티보르 데리는 러이크 사건을 회상하는 글을 쓰면서, 그 자신이 [러이크가 처형된] 1949년에 러이크에 반대하는 글을 썼다는 사실을 잊어버렸다.

루카치─아닙니다. 당시 하이델베르크에 있었습니다. 1912년에 하이델베르크로 갔는데, 전쟁이 끝날 때까지, 내가 페스트로 돌아올 때까지 그곳에서 살았다고 말할 수 있을 거예요.

인터뷰어─정확히 언제입니까?

루카치─그러니까 그게 언제였나? 1917년 가을에 페스트로 갔다가 1918년 여름에 다시 하이델베르크로 왔습니다. 그해 8월, 이듬해 봄에 다시 하이델베르크로 오겠다는 생각을 하고 페스트로 돌아갔습니다. 물론 다시 하이델베르크로 가지는 못했지요.

인터뷰어─어떻게 군입대를 피하셨습니까?

루카치─그것은, 은행장의 아들은 자기가 원하지 않으면 군복무를 할 필요가 없었다는 사실과 관계가 있습니다. 물론 우리는 병영으로 끌려갔어요. 그곳에 가자마자 신체검사를 받게 될 것이라는 이야기를 들었습니다. 신체검사는 내가 심한 신경쇠약증에 걸려 있다는 것을 확인해주었습니다.

인터뷰어─그 병이라면 당신이 일생 동안 앓았던 병 중에서 당신과는 가장 거리가 먼 병이지요.

루카치─이 심한 신경쇠약증이 내 병이 되었습니다. 그 진단을 내린 사람이 샨도르 바론 코라니였다는 말을 덧붙여야겠군요. 헝가리의 부패상은 사람들이 흔히 생각하는 것보다 훨씬 더 광범위하고 심각했던 것으로 보아야 합니다. 누구의 청탁도 통할 수 없었던 코라니였지만 내 부친의 부탁은 통했거든요. 그 결과 나는 전쟁 동안에 [후방에서] 보조 근무병으로 복무했습니다.

인터뷰어―전쟁이 끝날 때까지 말입니까?

루카치―아닙니다. 이 이야기는 관련된 인물들 때문에라도 상당히 재미있기 때문에 꼭 해야겠는데, 나중에 내무부 장관이 되었던 학교 친구 이반 러코브스키(Iván Rakovszky)가 내 부친을 방문했을 때까지만 복무했어요. 그는 신용은행의 이사회 임원 자리를 얻기 위해 부친을 찾아왔습니다. 그래서 대화는 자연스레 조지 아저씨[루카치의 부친]에 의해 진행되었고, 그러자니 당연히 '게오르크는 무엇을 하고 지내는가'라는 질문도 나왔죠. 부친은 그 기회를 잡아서 내가 페스트에서 보조 근무병으로 지내고 있는데 불편한 게 많을 거라고 근심을 늘어놓으셨습니다. 그러자 곧바로 러코브스키는, 조지 아저씨, 두고 보세요, 아무 일도 일어나지 않을 테니까요, 쇼르슈[루카치]한테 의회로 나를 찾아오라고 일러주시면 둘이서 그 문제를 의논하게 될 거예요, 라고 말했습니다. 그리고 우리는 그 문제를 실제로 의논했지요. 4주 후에 나는 소집 해제되었고 군대와는 두 번 다시 어떠한 관계도 갖지 않았습니다. 러코브스키는 신용은행에서 한 자리를 얻었고요.

인터뷰어―그런 것을 사람들은 해피-엔드라고 부르지요.

루카치―우리가 청년기의 나의 발전과정을 살필 때 이런 계기를 빼놓아서는 안 됩니다. 내가 신용은행 은행장의 아들이었다는 사실이 문학적 영향력은 전혀 갖지 않았지만, 앞서 말한 일과 같은 생활상의 영향력들은 아주 중요하지요. 나한테 이런 연줄이 없었다면 러시아의 어느 막사에서 죽었을지도 모를 일입니다.

인터뷰어—하이델베르크에 계신 동안에는 어떻게 전쟁통에서 멀리 떨어져 계실 수 있었습니까? 당신이 쓰신 전기의 단편에는 "하이델베르크: 야스퍼스[24]의 (그 자신의 입장과는 아주 상반되는) 도움……"이라고 적혀 있는데요.

루카치—야스퍼스는 내게 의료진단서를 발급해주었습니다. 그는 전쟁을 지지했기 때문에 그의 신념과는 모순되는 일을 한 것입니다.

인터뷰어—그렇다면 그가 왜 그것을 발급해주었나요? 두 분은 친구였습니까?

루카치—우리 사이에는 모종의 우정이 있었는데, 내 생각에는 재치 있는 대답 덕분에 그의 도움을 얻었던 것 같습니다. 그 대답은 나중에도 효력을 냈습니다. 그는 내게 죽을까 봐 무서워서 전쟁에 참여하지 않는 거냐고 물었어요. 그래서 나는 그에게 "글쎄요, 내가 전쟁이 끝날 때 소집된다면 당신에게 의료진단서를 부탁하진 않겠지요"라고 말했습니다. 이 대답이 그의 마음을 움직이는 데 분명 도움을 주었습니다.

인터뷰어—그도 군대에 가지 않았는데, 아닌가요?

---

24 칼 야스퍼스(Karl Jaspers, 1883~1969)는 독일의 철학자이자 정신과 의사다. 막스 베버 서클의 일원으로서, 그곳에서 루카치를 만나게 되었다.

루카치—그는 아팠습니다. 소집되지 않았지요.

인터뷰어—당신이 전쟁 기간에 관해 말씀하실 때 당신의 첫 번째 부인인 옐레나 그라벵코[25]의 이름도 나오는데요.

루카치—그녀는 러시아인이었어요. 러시아에서 한때 사회혁명 운동에 가담했지만 진작 그 운동과 멀어졌습니다. 전쟁 중에는—이건 더 이상 흥미롭지 않은 개인사인데—우리는 떨어져 살았습니다. 다시 말해서 그녀는 남자 친구와 같이 살았어요. 그녀는 러시아인이고 수입이 전혀 없었기 때문에 내가 물질적 도움을 주었습니다. 1918년에 그녀는 남자 친구와 헤어졌는데, 그 이유는 모르겠습니다. 그 후 그녀는 페스트로 왔지요. 하지만 우리 사이의 부부관계는 이미 끝난 지 오래였습니다.

인터뷰어—전쟁 중에 그녀는 어디에서 살았습니까?

루카치—옐레나 그라벵코 말입니까? 처음에는 하이델베르크에 있다가 나중에 바이에른에 있었죠.

인터뷰어—헝가리 문학에서 그녀는 몇몇 작가에 의해 언급됩니다. 이를테면 베니 페렌치에 의해서라든지 아니면 에르빈 신코의 소

---

25 옐레나 그라벵코(Jelena Grabenko, 1889년 출생, 사망연도는 모름)는 러시아 출신의 화가이다. 1905년 러시아 혁명에 참여했으며, 이후 파리로 갔다가 독일 하이델베르크에서 루카치와 결혼하게 되었다. 하지만 두 사람은 곧 헤어졌는데, 루카치는 이혼 후에 출간한 『소설의 이론』을 그녀에게 헌정했다. 루카치와 그라벵코의 관계에 관해서는 김경식, 『루카치의 길—문제적 개인에서 공산주의자로』, 산지니, 2018, 1장 참조.

설에서……

루카치—그녀가 재능 있는 화가였다는 사실은 별도로 하더라도, 그녀는 극히 이지적인 사람이었습니다. 그녀가 부다페스트에 와서 벨러 쿤을 만났을 때, 그녀에게는 쿤이 보트랭[26]같다는 인상이 생겼어요. 나는 그것이 매우 재치 있고 훌륭한 소견이라고 생각했습니다. 그때에도 그렇게 그녀를 칭찬했어요. 그러한 소견만 보더라도 그녀가 아주 명민한 사람이었음에 틀림없다는 것이 분명해집니다. 부다페스트에서 그녀는 젊은 세대들과 친해졌습니다. 베니 페렌치 그룹, 요세프 레버이, 신코 등등과 말입니다. 그녀는 소비에트 회관에 살았는데, 그들은 점심과 저녁 먹을 때, 또 다른 일이 있을 때에 모였지요. 그녀는 공산당에 가입하지 않은 채로 그 무리에 속해 있었습니다. 이것은 빈에서도 계속되었는데, 예를 들면 그녀는 레버이와 좋은 관계를 계속 유지했습니다.

인터뷰어—그녀도 [빈에] 망명해 있었습니까?

루카치—그녀도 망명해 있었습니다.

인터뷰어—당신들은 하이델베르크에서 알게 되셨나요?

루카치—아뇨. 이탈리아의 어느 해수욕장에서 상면했습니다. 그녀

---

26 보트랭(Vautrin)은 『고리오 영감』, 『잃어버린 환상』 같은 발자크의 소설에 등장하는 인물이다. 그는 시대의 반항아로서 당대 자본주의와 관료주의의 본질을 꿰뚫어보는 예리한 지성을 가진, 그러면서 권모술수에 능한 야비한 인물로 그려진다.

는 파리에서부터 벨러 벌라주 쪽 사람들과 친하게 지냈는데, 그녀가 [이탈리아의 한 해수욕장에 있던] 그들을 방문했고, 그래서 우리는 알게 된 거죠.

인터뷰어―전시(戰時) 중에 나온 당신의 주요작품 『소설의 이론』을 어떻게 평가하시는지요?

루카치―『소설의 이론』은 피히테의 말을 빌려 이 시대 전체를 죄업이 완성된 시대(Zeitalter der vollendeten Sündhaftigkeit)라고 칭하고 있습니다. 소설을 다루는 그 책의 한 가지 특수성은 방법상 정신사적인 책이라는 점에서 찾을 수 있습니다. 하지만 내 생각에 그 책은 정신사적인 책 중에서 유일하게 우익적 경향을 띠지 않은 책일 겁니다. 도덕적으로 나는 시대 전체를 비난받아 마땅하다고 생각했고, 예술은 그러한 [시대의] 발전에 반대하는 한에서 훌륭한 것이라고 보았습니다. 나의 발전의 측면에서 볼 때 이 지점에서 러시아 리얼리즘이 중요해집니다. 톨스토이와 도스토옙스키는 문학에서 어떻게 체제 전체를 통째로 거부할 수 있는지를 우리에게 가르쳐주었으니까요. 그들의 작품에선 자본주의가 이런저런 결점이 있다는 말은 없어요. 톨스토이와 도스토옙스키의 생각에 따르면 체제 전체가 그 자체로 비인간적입니다.

인터뷰어―루카치 동지가 영국이 승리해도 나아질 게 없다고 보신 이유가 이러한 인식에 있었다고 할 수 있을까요?

루카치―나는 부르주아 민주주의에 대해서 언제나 회의적이었습니다. 가령 아나톨 프랑스(Anatole France)는 다리 밑에서 자는 것은 부자와 빈자(貧者)에게 똑같이 금지되어 있다고 종종 말했지요. 나는 이런 식의 평등 이념에는 늘 반대했습니다. 그러나 이것이 내가 어떤 구체적인 정치적 입장을 취했다는 뜻은 물론 아닙니다. 그 당시 나는, 이와 관련해 구체적인 정치적 형태가 있다는 것을, 리프크네히트[27]가 등장해 독일에서 그것을 분명하게 해주었을 때 알게 되었습니다.

인터뷰어─당신이 소설형식과 역사를 연결시킨 것은 그 당시에 획기적으로 새로운 것이었음에 틀림없습니다.

루카치─그 책에는 올바른 관찰들도 어느 정도 있습니다. 그러나 전체적으로 보아 그 책은 톨스토이와 도스토옙스키를 세계문학에서 혁명적 소설의 정점으로 보는 구상에 기초하고 있습니다. 그것은 잘못된 구상이지요. 어쨌든 그 책은─물론 아직은 부르주아 문학 내에서─혁명적인 소설의 이론을 논구하고 있어요. 그 당시에 그러한 연구는 선례가 없는 것이었습니다. 당시에 있던 것은 예술과 이데올로기 양 측면에서 똑같이 보수적이었던 정신과학적인 소설 개념이었습니다. 나의 소설 이론은 사회주의적 혁명주의의 의미에서는 혁명적이지 않았지만 당시의 문예학과 소설론에 비추어 보면 혁명적이었습니다. 궁극적으로 『소설의 이론』은 엔드레 어디에 관해 썼던 에세이의 속편에 다름 아닙니다. [그 에세이에 담긴 생각들을] 장르와 주제 면에서 국제적으로 일반화한 것

삶으로서의 사유

---

27 칼 리프크네히트(Karl Liebknecht, 1871~1919)는 독일의 정치가이자 법학자, 경제학자이다. 로자 룩셈부르크(Rosa Luxemburg)와 함께 독일공산당(KPD)을 창당했다. 독일어본 번역자 주: 칼 리프크네히트는 독일 제국의회에서 유일하게 전쟁에 반대하는 투표를 했다.

이지요.

인터뷰어─루카치 동지, 당신은『소설의 이론』이 오늘날 미치고 있는 영향을 보고 낙담하시나요, 기쁘게 생각하시나요? 제가 이것을 여쭙는 건, 당신이 다른 데서 그 책을 당신의 필생의 작업을 구성하는 부분으로 여기지 않는다고 천명하신 적이 있기 때문입니다.

루카치─그건 매우 복잡한 문제인데, 우리가 지금도 과도기에 살고 있기 때문입니다.『소설의 이론』같은 막간(幕間) 생산물은 막간 생산물로서 평가되어야 합니다.

인터뷰어─『소설의 이론』같은 생산물이 50년 이상 계속 살아서 영향력을 행사하고 있다면 그것은 과도기적 사안의 문제라고 하는 것으로는 의문이 부분적으로밖엔 해결되지 않는 느낌이 듭니다. 그 생산물에는 분명히 과도기적 가치들만 구현되어 있는 것이 아닙니다.

루카치─피히테의 말을 빌린 죄업이 완성된 시대란, 유럽이 1914년까지 사람들이 그 속에서 살아왔던 사이비 통합에서 벗어나 지금의 상태로 붕괴되고 말았다는 것을 뜻합니다. 따라서 이 죄업이 완성된 시대란 부정적인 측면에서는 완전히 진실에 부합합니다. 다만 여기에는 레닌이 이로부터 개진했던 것, 즉 사회 전체가 근본적으로 바뀌어야만 한다는 것은 물론 빠져 있습니다. 이것이『소설의 이론』에는 아직 없습니다.

인터뷰어—여하튼 당신이 그 책을 1914년에 쓰셨다는 건 흥미롭습니다. 하지만 전쟁이 끝나고 나서야 출판될 수 있었지요......

루카치—그것은 사실이 아닙니다. 『소설의 이론』은 전쟁 중에 『미학과 일반예술학지(誌)』(*Zeitschrift für Ästhetik und Allgemeine Kunstwissenschaft*)에 실렸습니다. 책의 형태로 나온 것이 전쟁 뒤지요.

인터뷰어—당신이 쓴 것에 대해 더 이상 동의하지 않게 되셨을 때죠.

루카치—그때는 **신조**의 일관성이 확신들의 통일성보다 우선했습니다.

인터뷰어—하이델베르크 수고(手稿), 즉 미완성 작품인 미학의 출간은 전혀 생각하지 않으셨는지요?

루카치—안 했습니다.

인터뷰어—그 작업은 미완성 작품으로 끝났나요?

루카치—완전히 미완성 작품으로 그치고 말았어요. 그중 한 장(章)이 『미학과 일반예술학지』 또는 『로고스』(*Logos*)에 발표되었는데, 어느 쪽인지는 기억이 나지 않습니다.[28] [그런 식으로 발표도 했지만] 나는 곧 『하이델베르크 미학』(*Heidelberger Ästhetik*)을 포기했습

---

28 『하이델베르크 미학』의 제3장인 「미학에서의 주체-객체 관계」("Die Subjekt-Objekt-Beziehung in der Ästhetik")를 『로고스』 제7권 1호(1917~18)에 발표했다.

니다. 1917년에 윤리 문제들에 관심을 갖기 시작했기 때문입니다. 그때 미학의 문제들은 이미 안중에도 없었어요.[29]

인터뷰어—발표된 장은 지금 출간되고 있는 전집에도 안 실렸지요?

루카치—『청년기 작품』[30]에 있습니다. 한 장이 실렸지요.

인터뷰어—수고 전체는 더 이상 존재하지 않습니까?

루카치—그중 일부가 있는데, 하지만 어디에 있는지 누가 가지고 있는지 나는 전혀 모릅니다.[31]

---

29 루카치의 회고와는 달리 1917년에도 미학 영역을 완전히 떠난 것은 아닌데, 하이델베르크 대학에서 교수직을 얻기 위한 연구를 했고, 그 산물은 『하이델베르크 미학(1916~1918)』이라는 제목으로 그의 사후(死後) 3년 뒤인 1974년에 출판되었다.

30 아마 헝가리어본 루카치 전집 중 한 권을 말하는 듯하다. 루카치의 청년기 작품들을 수록한 독일어본 루카치 전집 제1권은 최근에야 출간되었다. 독일 아이스테지스 출판사(Aisthesis Verlag)에서 두 권으로 나온 전집 제1권 제1분책인 *Georg Lukács Werke*, Band 1(1902~1918). Teilband 1(1902~1913)은 2016년에, 제2분책인 Teilband 2(1914~1918)는 2018년에 출판되었다.

31 루카치가 이 수고의 운명에 별로 신경을 쓰지 않는다는 사실은 자신의 청년기 작품에 대한 그의 관계를 아주 잘 보여준다. 루카치는 이 수고를 포함하여 하이델베르크 시절에 쓴 방대한 분량의 글을 담은 가방을 하이델베르크의 한 은행에 보관해두고 독일을 떠났는데, 그 이후 죽을 때까지 이 가방의 존재에 대해 그는 한마디도 한 적이 없었다. 이 가방은 1973년에, 그러니까 그의 사후 2년 뒤에 '운 좋게' 발견되었다. 하이델베르크 시절에 쓴 미학 관련 저작은 앞서 소개했듯이 『하이델베르크 예술철학(1912~1914)』과 『하이델베르크 미학(1916~1918)』으로 묶여 1974년에 출판되었다. 루카치가 자신의 청년기 작품을 어떻게 대했는지에 관해서는 『루카치의 길─문제적 개인에서 공산주의자로』 1장 참조.

인터뷰어—자서전 초안에서 당신은 이 시기와 관련해서 부다페스트 서클을 언급하시더군요. 이건 분명히 이른바 일요서클에 대한 언급이지요. 누가 거기에 속해 있었습니까?

루카치—*일요서클은 벨러 벌라주와 나를 중심으로 모였던 친구들로 결성된 것이었습니다. 우리는 세계대전 중에 서클을 만들었어요. 나는 1915년과 1916년 보조 근무병으로 부다페스트에 머물렀는데 그때에 그 모임이 결성되었습니다. 벨러 벌라주와 언너 레스너이가 첫 멤버였고, 그 뒤 가능한 모든 방면의 다른 사람들도 우리 모임에 가입했지요. 예를 들면, 벌라주의 아주 나이 많은 지인이었던 엠머 리토크가 참여했고, 이어서 일단의 젊은 이론가들, 이를테면 벨러 포거러시도 참여했습니다.

인터뷰어—*요세프 레버이도요?

루카치—*아니요. 레버이는 참여하지 않았습니다.

인터뷰어—*언너 레스너이는 레버이도 거론하던데요.

루카치—*말리[32]가 착각한 겁니다. 실제로 제일 처음 우리에게 합류한 사람은 러요시 퓔레프였는데, 나는 그와 전부터 친했어요. 그러고 나서 나중에 이탈리아 회화와 윌리엄 호가스[33]에 관한 글을 쓴 프레데릭 언털이 들어왔습니다. 젊은 시절의 칼 만하임과 아르

---

32 '말리(Máli)'는 언너 레스너이의 별칭이다.

33 윌리엄 호가스(William Hogarth, 1697~1764)는 영국의 화가이며 판화가. 18세기 영국 사회의 풍습과 세태를 풍자하는 다수의 작품을 그렸다.

놀트 하우저도 멤버였고 그 밖에도 많았습니다. 1918년 무렵 실제로 몇몇 젊은이가 모임에 참여했는데, 그중에는 후에 언너 레스너이의 남편이 된 샨도르 게르게이도 있었고, 특히 그들 중 가장 재능 있는 사람이었던 예술사가 샤를르 드 톨너이도 있었습니다. 하지만 레버이는, 내가 제대로 알고 있다면, 그들의 학교 친구였지 이 서클의 멤버는 아니었습니다.

인터뷰어─머르기트 커프커는요?

루카치─*잠시 동안 커프커도 우리 모임에 나왔어요. 하지만 곧 그녀는 벌라주의 동생 에르빈 바우어와 결혼했습니다. 벌라주와 바우어는 보통 자매가 서로 미워하듯이 그렇게 서로를 미워했지요. 그 때문에 커프커는 우리 모임에 나오지 않게 되었어요.

인터뷰어─[자서전 초안을 보니] 당신은 그 모임이 "이데올로기상으로는 매우 잡다"했다고 생각하고 계시네요.

루카치─전쟁에 대한 엔드레 어디의 입장이 모임 전체의 고유한 토대였습니다. 그러나 전쟁에 반대하는 생각들은 많이 달랐죠. 예컨대 나는 전쟁 일반에 반대하는 입장이 되었습니다. 만하임이나 하우저의 입장은 그렇게 멀리까지 가진 않았지요.

인터뷰어─*일요서클의 토론을 규정한 것은 무엇이었습니까?

루카치─*토론은 극히 혼란스럽고 상호 모순적인 자유주의적 견해들 사이에서 왔다 갔다 했습니다. 일요서클의 어떤 통일된 관점이 있었다고는 절대 주장할 수 없습니다. 예를 들어 모임의 전반적 분위기는 미하이 카로이 식의 서구 민주주의 쪽으로 기울어 있었습니다. 나 혼자만 다음과 같은 견해(다른 곳에서도 썼는데)를 내세웠지 않나 생각합니다. "그래 좋아, 오스트리아-헝가리와 독일이 러시아를 물리칠 수 있고, 그렇게 되면 로마노프 왕조는 붕괴할 거야. 이건 좋은 일이지. 독일과 오스트리아가 서구 제국(諸國)에게 지는 일이 일어날 수도 있어. 그렇게 되면 호엔촐레른 가(家)와 합스부르크 가가 붕괴하겠지. 이것은 바람직한 일이야. 하지만 그러면 누가 우리를 서구 민주주의로부터 지켜줄까?" 물론 일요서클에서 이것은 끔찍한 역설로 여겨졌지요. 나로 말할 것 같으면, 1917년의 러시아 혁명에서 그 질문에 대한 답을 받았습니다. 그것은 내가 이미 오래전부터 찾아왔던 제3의 가능성이었습니다. 우리의 공통된 입장을 말하자면, 헝가리 반동에 대해서는 어떠한 양보도 거부했으며 이러한 점에서는 『20세기』와의 협력에도 찬성했다는 식으로 표현할 수 있을 겁니다. 물론 세계관의 측면에서는 우리가 [『20세기』의] 자유사상풍의 실증주의와 첨예한 대립관계에 있었지만, 그 협력으로 1917년에 활동을 개시한 〈정신과학 자유학교〉(Freie Schule der Geisteswissenschaften)가 생겨나게 되었습니다. 러요시 퓔레프, 벨러 벌라주, 엠머 리토크, 그리고 만하임이 거기에서 강의를 했습니다. 나도 했고요. 이 기구는 오즈카르 야시 주변의 그룹과 공식적으로는 아무런 적대적 관계도 없었습니다. 예를 들어 에르빈 서보는 이 학교의 설립에 공감했고, 이것이 야시 그룹에 대한 대응이라고는 전혀 생각지 않았습니다. 물론 우리의 급진주의를 현대적 의미에서, 그리고 특히 볼셰비키적 의미에서 과대평가해서는 안 된다는 말을 덧붙여야겠네요. 나 자신도 일요서클의 멤버에서 공산주의자로 변화하기까지 모종의 위기들을 극복해야만 했거든요. 나중에 반혁명 측에서 가령 엠머 리토크 같은 이가 일요서클은 볼셰비키적 모임이었다고 주장했는데, 이는 전혀 사실에 맞지 않습니다. 내가 헤겔적 마르크스주의의 입장을 대변하기 시작한 유일한 사람이었다는 사실은, 일요서클 내부에 여러 입장이 있었다는 것을 특징적으로 잘 보여줍니다. [나를 빼고는] 프레데릭 언털만이 마르크스주의로 향하는 일정한 경향을 지녔어요. 러요시 퓔레프는 정신과학적 입장을 취했던 반면에 엠머 리토크는 기본적으로 보수적이었지요. 물론 언너 레스너이는 이런 방향 중 그 어디에도 집어넣을 수가 없습니다. 사람들은 일요서클을 전(前)볼셰비키적 모임으로, 혹은 심지어 볼셰비키적 모임으로 기능 전환시켰는데, 이는 사후(事後)에 멋지게 꾸며내기를 통해서만 이루어질 수 있는 일이었습니다.

인터뷰어—*『20세기』그룹과 당신의 관계에 대해서 몇 말씀 더하신다면······

루카치—*그 그룹은 이번 세기[20세기] 초 내가 대학생일 때 벌써 라슬로 바노치를 통해 알게 되었습니다. [라슬로 바노치의 여동생인] 머르기트 바노치(Margit Bánóczi)가 나중에 보도그 솜로의 부인이 된 것은 아실 겁니다. 그런데 그룹 구성원들은 모두 바노치 집안과 관계를 맺고 있었지요. 다른 사람들을 통해 나는 꽤 일찍이 에르빈 서보도 알게 되었습니다. 그 당시에는 그 그룹에 속하는 것이 당연하게 여겨졌습니다. 예를 하나 들지요. 1905년인가 1906년에 사회과학회에서 야시 그룹은 팔 볼프네르와 쥴러 언드라시 그룹을 축출하려고 했습니다.

인터뷰어─*1906년이었지요.

루카치─*그때 나는 타트라(Tátra)에서 휴가를 보내고 있었는데, 타트라 산맥에서 총회로 갈 여비를 마련하느라 곤란을 겪었던 일만 기억나는군요. 나는 팔 퍼르커시와 언드라시 진영에 대항해 야시 그룹 편을 들려고 총회에 가려 했습니다. 내가 이런 이야기를 하는 유일한 이유는, 처음부터 나는 『20세기』의 그런 유의 사회적 지향들을 지지했다는 것을 실례를 통해 설명하기 위해서입니다. 하지만 나는 야시의 실증주의에 대해서는 철학적으로 몹시 신랄하게 비난했어요. 사유할 수 있게 된 이래로 언제나 나는 실증주의에 반대했습니다. 덧붙이자면, 나는 늘 야시를 생각이 뒤죽박죽인 사람이라고 봤고, 이론 방면에 보잘것없는 재능을 가진 사람으로 여겼습니다. 반면에 쥘러 피클레르의 지성을 높이 평가했고 보도그 솜로의 학문적 능력을 존중했어요. 솜로하고는 개인적으로도 꽤 친하게 지냈지요. 요절한 에데 허르카니와도 아주 친했습니다. 그러니까 나는 사회과학회 멤버들과 몇몇 약한 끈으로 연결되어 있었고, 그렇지만 그 그룹의 프랑스·영국식 실증주의는 철학적 측면에서 항상 거부했던 것이지요. 야시는 가끔 만났습니다. 함께 이야기를 나누기도 했지만 그를 특별히 좋아하진 않았고 그도 나를 썩 좋아하지는 않았다고 생각합니다. 오슈바트와의 사이에서 생겼던 종류의 문제들은 야시와의 사이에서는 전혀 없었습니다. 내 기억에, 내가 준 글을 야시가 출판하지 않은 적은 없습니다. 아시다시피, 오히려 오슈바트가 엔드레 어디 관련 원고를 거부했고 야시는 그것을 실었습니다. 내가 그 그룹 전체에서 정말 존경한 사람은 에르빈 서보뿐이었습니다. 그 사람만이 유일하게 나의 발전에 정말로 영향을 끼친 사람입니다. 만약 당신이 내가 읽었던 야시의 글에 대해 지금 물으면, 몽땅 잊어버렸다고 대답할 수밖에 없습니다. 아무것도 남아 있는 게 없어요. 엔드레 어디를 포함한 많은 사람이 야시를 지도자로 여긴다고 말했습니다. 나는 그를 나의 지도자로 생각한 적이 한 번도 없었습니다.

인터뷰어—*야시의 미덕도 차라리 그의 도덕성에서 찾을 수 있지 않을까 싶은데요?

루카치—*아주 별나게 들릴지 모르지만, 야시를 저 웅숭깊은 체험과 비교하면, 다시 말해 엘레크 베네데크의 도덕성이 나에게 지녔던 의미와 비교하면, 야시의 도덕성은 내게 그에 훨씬 못 미치는 인상을 주었습니다. 그의 도덕성에는 어느 정도 감상주의적 요소가 있었는데, 그 점은 내 마음에 들지 않았습니다. 예를 들어 요제프 크리슈토피와 그의 친구들은 야시 그룹의 지원을 받았어요. 그래서 나는 나중에 이그나츠 더라니가 야시를 내각에서 축출한 것은 전적으로 이해할 만한 일이라고 생각했습니다. 내 생각에 그것은 논리적으로 아주 합당한 것이었습니다. 나는 야시 그룹과 야시 자신이 보인 도덕적 분노를 전혀 이해할 수 없었어요. 세상에 어느 누가 더라니한테 민주주의적 이해력을 기대할 수 있단 말입니까? 나는 그 당시에도 그런 사실을 이해하기에 충분할 만큼 현실주의적이었습니다. 게다가 내게는 독재 시기에 생겼던 야시에 대한 불쾌한 기억이 있어요. 독재가 시작된 후에 그는 나를 찾아와 사회과학회가 공산주의에 적극적인 이론가들을 이사회 멤버로 뽑자는 제안을 했습니다. 엘레크 볼가르, 벨러 포거러시, 그리고 나를 이사회 멤버로 뽑자는 것이었죠. 이 일이 그의 사람됨 전체를 보여주는 것인지는 모르겠지만, 어쨌든 이 일로 그가 좋지 않게 보였어요. 나는 그에게 "이보시오. 우리는 오랫동안 공적으로 활동해왔습니다. 당신네들이 지금까지 우리를 이사회 멤버로 뽑지 않았던 마당에 이제 와서 우리를 장관이나 그 밖에 무엇으로 뽑을 이유는 없지 않소"라고 대답했습니다. 그러자 야시는 『20세기』가 어떻게 되어야겠냐고 물었습니다. 나는 "『20세기』는 그냥 나오도록 놔두세요! 당신네들이 드러내놓고 반혁명을 도모하지 않는 한"—이건 내가 실제로 했던 말인데—"당신네들한테는 아무 일도 일어나지 않을 거요"라고 대답했습니다. 야시가 박해를 받았고, 그래서 나라 밖으로 도망갔다는 것은 동화 같은 이야기입니다. [한때 그의 아내였던] 언너 레스너이의 글에서조차 사실과 맞지 않다는 게 드러나요. 야시를 체포할 생각을 한 사람은 절대 없었어요. 그가 망명한 것은, 독재가 무너지지 않을까, 그랬을 때 반혁명 세력의 박해가 독재를 주도한 사람들에 그치지 않고 그 이상으로 나아가지 않을까 하는—정당한—두려움 때문이었습니다. 이 점에서는 야시가 완전히 옳았습니다. 하지만 독재하에서는 [국내에 있었더라도] 야시는 별 탈 없이 편히 지낼 수 있었을 거예요.

인터뷰어—*갈릴레이 서클(Galilei-Kreis)과의 관계에 대해 말씀해주시겠습니까?

루카치—*갈릴레이 서클과 특별한 관계는 없었습니다. 칼 폴라니를 잘 알고 있었고, 종종 갈릴레이 서클의 모임에 나가기도 했습니다. 아마 내가 거기서 강의도 했을 겁니다. 그러나 더 이상은 기억이 나지 않는군요. 어쨌든 우리 사이에 밀접한 관계는 생겨나지 않았습니다. 1919년이 되어서야 오토 코르빈 주위에 모였던 급진적인 갈릴레이 사람들을 알게 되었어요. 그들은 그 전에는 비합법 그룹이었는데, 그 때문에 부르주아 작가였던 나와는 관계를 가질 생각이 별로 없었던 것 같습니다. 내가 공산당에 입당했을 때 나는 코르빈뿐만 아니라 [갈릴레오 서클의] 더 젊은 대표자들, 이를테면 일로너 두친슈커(Ilona Duczynska)와 팔 칠러그(Pál Csillag), 그 밖에 다른 사람들도 만났습니다. 몇몇 사람, 예컨대 칠러그와는 아주 잘 지냈습니다. 하지만 갈릴레이 서클과는 현실적 관계가 전혀 없었습니다.

인터뷰어—갈릴레이 서클이 어느 정도 급진화되었을 때에도 진정한 관계가 없었습니까?

루카치—상당히 친한 친구들과의 관계를 제외한다면, 내가 처음 가졌던 진정한 관계는 공산당과의 관계입니다. 공산당 전에는 급진당이나 사민당 어느 쪽과도 관계가 없었습니다. 그 당들에서 무슨 일이 일어났는지 나는 전혀 모르고 있었습니다.

인터뷰어—칼 폴라니가 회고록에 쓰기를, 어디의 장례식에서 자신은 어디를 전투적인 반(反)군국주의적[34] 정신의 소유자로 높이 평가한 반면, 루카치 동지는 그를 전투적인 볼셰비키적 정신의 소유자로 평가했다고 하던데요.

루카치—1919년 2월 6일에 폴라니가 무슨 생각을 했는지를 지금 내

---

34 독일어 번역본에는 "반(反)유물론적"으로 옮겨질 수 있는 "antimaterialistisch"로 되어 있는데 오식으로 보인다. 영어 번역본에는 "anti-militarist"(53면)로 적혀 있다. 여기서는 영어 번역본을 따른다.

가 검사할 수는 없습니다. 또 내가 그 당시에 무슨 생각을 했는지도 정확히 검사할 수가 없습니다. 여기에서 당신은 문학사가로서한 작가[루카치 자신]의 발전 과정을 지나칠 정도로 면밀히 추적하고 있습니다. 정작 그 작가는 그런 일들이 일어났을 당시 그런 일들 대부분에 대해서 극히 무관심했는데 말입니다. 나는 평생 동안어디의 열렬한 숭배자였어요. 그래서 폴라니가 연설을 부탁했을때 당연히 응했습니다. 그런데 그 일이 나의 형성 과정이라는 관점에서 볼 때 어떤 의미를 지닌다거나, 내가 이런저런 것을 생각하고 있었다거나 하는 말들은 문학사적인 과장입니다.

인터뷰어—본주제로 돌아가지요. 아까 윤리 문제들에 관심을 갖기 시작했기 때문에 미학을 포기했다는 말씀을 하셨는데요. 이러한 관심의 결과로 어떤 작업이 이루어졌습니까?

루카치—글의 형태로 그 당시에 나온 작품은 없었습니다. 윤리에 대한 관심은 나를 혁명으로 이끌었습니다.

인터뷰어—그래도 윤리에 관한 글이 발표되었는데요. 예를 들어 「전술과 윤리」("Taktik und Ethik") 같은······

루카치—그것은 나중에 쓴 글입니다. 1919년에 나왔지요.

인터뷰어—그러나 그런 관심의 결과물이지요?

루카치—물론입니다. 그 글에서 나는 비윤리적이면서도 올바르게 행동하는 것이 어떻게 가능한가라는 윤리적 갈등의 문제를 제기했습니다.

인터뷰어―헤벨의 문제군요...... 유디트의 딜레마 말입니다......

루카치―"당신이 저와 저의 행동 사이에 죄를 심어놓으신다면 제가 누구라고 감히 그 일로 당신을 원망하고 당신으로부터 도망치려 하겠습니까?"[35]

인터뷰어―정말로 멋진 문장입니다. 그러나 유감스럽게도, 현명하고 아름다운 모든 문장이 그러하듯이, 이 문장도 오용될 우려가 있습니다.

루카치―오용될 우려가 없는 문장이란 존재하지 않습니다.

인터뷰어―당신의 이론적 활동은 미학으로 시작했습니다. 그러고 나서 윤리에 대한 관심이 나타났지요. 그 뒤에는 정치에 대한 관심이 따라왔고요. 1919년부터는 정치적 관심이 지배적입니다.

루카치―이러한 정치적 관심은 동시에 윤리적 관심이기도 했다는 점을 잊어서는 안 된다고 생각합니다. "무엇을 할 것인가?" 이것이 내게는 항상 주요한 문제였고, 이러한 질문을 통해 윤리적 문제들과 정치적 문제들이 서로 연결되었습니다.

---

35 이것은 프리드리히 헤벨(Friedrich Hebbel)의 드라마 『유디트』(*Judith*)에 나오는 말로서, 유디트가 홀로페르네스를 살해한 행동의 도덕성과 관련된 것이다. 번역은 『유디트/헤롯과 마이람네』, 프리드리히 헤벨 지음, 김영목 옮김, 문학과지성사, 2011, 46면에 따른 것임.

인터뷰어—미하이 카로이가 이끈 가을장미 혁명(Asternrevolution)[36] 동안 당신은 어떤 형태의 태도를 취하셨나요?

루카치—과거의 일을 나중에 멋지게 꾸며서는 안 됩니다. 나는 그 당시의 전체적 상황이 지속될 수 없다고 생각했던 광범위한 지식인층—독일 사람들은 이들을 동반자라고 부르지요—에 속해 있었습니다. 특징적인 사례로 이 자리에서 이야기하고 싶은 게 있는데, 나는 현수교에서 총격 사건이 벌어졌을 때도 현장에 있었습니다. 거기에는 사람들이 약 4, 5백 명 있었습니다. 나도 그중 하나였지요. 전체 일 중에서, 내가 뵈뢰슈머르티(Vörösmarty) 광장에서 라슬로 디에네시(László Dienes)의 아내와 함께 있었던 게 겨우 기억나네요. 그녀는 화학자로서 매우 지적인 여인이었는데, 내게 아주 호의적인 사람이었습니다. 우리는 함께 뛰기 시작해서 다뉴브 강변에 있는 아케이드 아래로 달려갔지요. 그 시위에서 나는 특별한 역할을 전혀 하지 않았습니다. 이것은 10월 혁명 전(前) 기간 동안 내가 취한 태도의 특징을 보여줍니다. 나는 10월 혁명을 정말로 지지했지만 그 속에서 적극적인 역할은 전혀 하지 않았습니다. 규모가 작았던 일요서클을 제외하고는 아무 관계도 갖지 않았기 때문에 그 혁명에서 전혀 적극적인 역할을 할 수가 없었지요. 나는 혁명이 승리를 거두고 난 뒤 공산주의자들의 등장과 관련된 문제들이 흥미로워지기 시작했을 때야 비로소 적극적으로 되었습니다. 나는 모종의 동요를 거친 후에 공산당에 가입했다는 것

36 헝가리의 1918년 10월 혁명을 '가을장미 혁명'이라고 한다. '가을장미(Astern)'는, 봉기한 병사들이 헝가리 정부군의 표장(標章)을 떼어내고 그 대신 모자에 '가을장미'를 붙임으로써 혁명의 상징이 되었다. 다른 한편, '가을장미 혁명'은 피를 흘리지 않았던 혁명의 성격을 가리키는 말이기도 하다.

을 고백해야겠군요. 이를 보여주는 기록도 있습니다. 별난 일이기는 하지만 현실에서는 그런 일이 일어납니다. 나는 역사에서 폭력 (Gewalt)이 하는 긍정적 역할에 대해 완전히 인식하고 있었고 자코뱅파에 대해 전혀 반대하지 않았는데도 막상 폭력의 문제가 대두하고 나 자신의 활동으로 폭력을 촉진하는 결정을 내려야 했을 때, 인간의 머릿속에 있는 이론이 실천과 꼭 일치하지는 않는다는 것이 드러나게 된 거죠. 내가 12월 중순에 공산당에 입당할 수 있기 위해서는, 11월에 [마음속의 갈등을 극복하는] 모종의 과정이 진행되어야만 했습니다.

인터뷰어—이때「전술과 윤리」가 나왔나요?

루카치—예, 그때「전술과 윤리」가 나왔습니다. 그 글은 [1919년] 1월에 발표되었지요. 그 글은 나의 공산당 입당을 가능케 한 내면적 결산이었습니다.

인터뷰어—[1918년 12월 중순에 이루어진] 공산당 입당으로 내면의 이데올로기 투쟁이 확실히 종료되지 않았던 것입니까?

루카치—내가 지니고 있었던 전쟁 및 실증주의에 대한 적대적 입장—이에 관해서는 간략히 말한 바 있지요—에도 불구하고 이전에 나는 운동과 아무런 관계가 없었고, 여하한 종류의 구체적인 정치적 입장도 갖지 못했습니다. 저항의 구체적인 정치적 형태가 가능하다는 것은, 독일에서 리프크네히트의 등장을 통해 그것이 명백해졌을 때에야 비로소 알게 되었어요. 그런데 오늘날 결코 잊어서는 안 될 사실이 있습니다. 바로 전쟁과 관련되어 있는 자본주의를 전복하는 것이 노동자 계급의 임무임을 천명함으로써 인 터내셔널의 명예를 구해낸 것은 거의 전적으로 레닌의 업적이라 는 사실입니다(레닌의 이론과 레닌의 실천에 대해 어떻게 생각하든—오 늘날에는 아주 많은 사람이 레닌의 이론과 실천에 대해 부정확하고 안 좋 게 생각하고 있지요—이것은 전기적인 사실이 아니라 보편타당한 사실입 니다). 우리가 그러한 인식에 접근할 수 있었던 것은 전적으로 레 닌 덕분이었습니다. 물론 이러한 접근이 위기들 없이 이루어진 건 아니었습니다. 나의 발전과정에서도 동요의 시기가 있었다는 것 을 부인하지 않겠습니다. 그 시기가 단지 2~3주 지속되었을 뿐이 었지만, 어쨌든 그런 시기가 있었던 것은 사실입니다. 이를 잊어 서는 안 되는데, 다행히 우리에게는 이를 위해 사용할 수 있는 꽤 좋은 기록이 있습니다. 에르빈 신코의 소설인 『낙천주의자들』(*Die Optimisten*)이 그것인데, 그 당시에 지식인이 공산주의와 얼마나 혼란스러운 이데올로기적 관계를 구축했는지가 그려지고 있지요. 내가 비교적 사태를 명확하게 보았던 사람 중 한 명이었다는 사실 이 이러한 혼란의 성격을 잘 보여줍니다. 이것은 자화자찬하려는 게 아니라, 다만 일반적 분위기의 특색을 나타내기 위해서 하는 말입니다. 마르크스를 읽었던 나 같은 사람들조차도 마르크스주 의적 교양은 보잘것없었습니다. 운동의 경험이나 더욱이 혁명의 경험을 갖고 있는 사람은 아무도 없었습니다. 정통적 관점에서 벗 어나는 말이긴 하지만 그래도 덧붙이자면, 모스크바에서 온 사람 들의 정치적 성숙성이 사람들에 의해 끔찍할 정도로 과대평가되 었습니다.

인터뷰어—당 성립기인 당시에 벌써 당은 모스크바를 지향하는 방 향과 그렇지 않은 방향으로 분열되었습니까?

루카치—아닙니다. 그 당시 상당히 혼란스러운 상황이었습니다. 그래서 우리는 모스크바에서 온 모든 사람을 정말로 반겼어요. 그들이 효과적인 정보들을, 다시 말해서 '바깥'[모스크바] 상황이 어떤지, 그곳에서 일어난 사건들이 어떤 이론적 의미를 갖는지에 관한 어떤 상(像)을 줄 수 있지 않을까 기대하면서 말입니다. 나는 모든 시도를 다해봤는데, 이때 개인적 관계의 도움도 받았습니다. 가령 오랜 친구인 에르뇌 셰이들레르 같은 이의 도움을 받았지요. 하지만 우리는 모스크바에서 온 사람들로부터는 그런 일들에 관해 어떤 합리적인 말도 듣지 못했다고 주장해도 무방합니다.

인터뷰어—토론들은 당신이 개인적으로 하신 것인지 아니면......

루카치—토론들 중 일부는 일요서클에서 진행되었습니다. 그러고 나서 나는 공산당 아카데미에서 대규모 강연을 했습니다. 내가 제대로 기억하고 있다면, 바로 폭력 문제에 관한 강연이었습니다. 토론과 대담들은—신코는 그것도 정확하게 묘사하고 있어요—비셰그라디(Visegrádi) 가(街)[37]에서도 계속되었습니다. 내가 사태를 명확하게 볼 수 없었던 유일한 사람은 아니었습니다. 상황은 매우 복잡했습니다. 한편으로 우리는 이것이 헝가리뿐만 아니라 인류 전체를 위해 그 당시의 상황에서 빠져나올 수 있는 유일한 출로라고 확신했습니다. 다른 한편 우리는 이러한 출로의 이론적 근거와 그 각각의 단계에 대해서는 전혀 알지 못했습니다. 오늘날 이루어지고 있는 당의 역사서술에서는 당원이 어떤 일에 대해서 알지 못한다는 것을 상상할 수 없는 일로 봅니다. 그래서 이런 상황

---

37 헝가리 공산당 본부가 있던 곳.

이 당사(黨史)에는 존재하지 않는 거죠. 당사에는 마치 쿤과 그의 동료들이 레닌주의적 지식을 갖고 부다페스트에 도착해서 그 지식을 적절한 통로를 통해 다른 사람들에게 나누어주기나 한 것처럼, 그리고 일정한 시간이 지난 후에는 이미 일급의 지식을 가진 사람, 그보다 못한 지식을 가진 사람 등등이 있었던 것처럼 그렇게 서술되어 있지요. 고백건대 내가 레닌의 진정한 이론적 의의에 대해 이해하기 시작한 것은 빈에 망명해 있을 때였습니다. 벨러 쿤이나 티보르 서무에이는 물론이고 러시아에서 온 다른 그 누구한테서도 그것에 대해 진지하게 받아들일 만한 정보를 얻을 수 없었습니다.

인터뷰어—그때 사람들은 레닌의 어떤 저작도 읽을 수 없었습니까?

루카치—당시에는 『국가와 혁명』만 번역되어 있었지요. 물론 『국가와 혁명』은 잘 쓴 책이지만, 비(非)전문가와 마르크스주의에 대한 지식이 없는 사람은 그 책을 이해할 수 없었다는 말을 덧붙여야겠습니다. 그러한 독자는 자신이 어떤 마르크스-문헌학과 관계하고 있다는 생각을 할 테니까 말입니다. 『국가와 혁명』은 이 주제[국가와 혁명이라는 주제]에 속하는 마르크스의 논의를 전부 다 다루고 있어요. 그래서 그런 인상이 생겨날 수 있는 겁니다. 고백건대 나도 나중에야 비로소 이 책의 막중한 이론적 의의를 이해했습니다. 나로 말하자면, 전혀 준비가 안 된 상태에서 입당했고, 그러한 면에서는 당에서 배운 게 하나도 없었다고 말할 수 있습니다. 강행된 진정한 수업시대는 독재 와중에, 그리고 독재가 붕괴되고 난 후에 시작되었습니다. 그때 일부 공산주의자들이 공산주의적 의미에서 이해된 마르크스주의를 알게 되고 전유하기 시작했습니다.

인터뷰어—루카치 동지, 이전에는 공산당과 연결된 어떤 집단에 가담하신 적이 전혀 없었습니까?

루카치—예.

인터뷰어—그렇다면 당신이 비교적 빨리 인민위원이 된 것은 어떤 연유에서였는지요? 당신의 명성 덕분이었나요?

루카치—부분적으로는 쿤과 서무에이가 그런 면에서는 노련한 사람들이었기 때문입니다. 어쨌든 나는 제1급의 작가는 아닐지라도 이른바 유명작가였습니다. 그들은 이 점을 긍정적인 것으로 평가했어요. 내가 명성이 없었더라면 일련의 대규모 강연 중 하나로 열렸던 나의 첫 강연도 허락되지 않았을 거라고 확신합니다. [1919년] 2월에 벨러 쿤이 체포된 뒤에 제2차 중앙위원회가 세워졌고 그 중앙위원회의 지도 아래『적색신문』(Vörös Ujság)이 발간되었는데, 이게 두 번째 이유였던 것 같습니다. 그때 우리는 좌익 사민주의자 그룹, 런들레르파(派) 및 그에 가까운 사람들의 그룹에서 어느 정도 명망을 얻는 데 성공했습니다. 공산당 최고 지도부 전체가 체포된 뒤에도『적색신문』이 계속 발간된 데다가 그것이 그들이 보기에나 일부 여론에 따르더라도 예전보다 더 나아져서 그들이 놀랐거든요.『적색신문』이 더 나아졌는지를 내가 판단할 수는 없지만, 그와 관련된 일화가 생각납니다. 내가 그런 문제들에 대해 당연히 함께 이야기해본 적이 없었던 아버지는 당시 일종의 사회정책적 의도를 지닌, 자본가 및 개인의 피고용인들 연합의 의장 혹은 그와 비슷한 직책을 맡고 계셨는데요, 그분이 어느 날 어떤 사람을 만났는데, 그 사람은 놀랍게도 "은행장님, 정말 대단합니다. 당신 아드님이 편집을 맡고부터 『적색신문』이 예전보다 훨씬 좋아졌어요"라고 말했습니다.

인터뷰어—루카치 동지, 당신은 그 신문의 편집위원이셨나요 아니면 편집위원장이셨나요?

루카치—그 신문은 한 그룹이 편집했습니다. 편집자라는 공식 직함을 가진 사람은 페렌츠 라코시(Ferenc Rákos)였지만 그는 그 그룹에 속하지 않았습니다. 쥴러 얼파리(Gyula Alpári), 엘레크 볼가르, 요세프 레버이, 그리고 내가 그 그룹에 있었고, 그 신문을 실제로 편집했습니다. 왜 내가 편집자로 널리 알려졌는지는 다른 문제지요. 아마도 그건 그 그룹 전체에서 내가 가장 유명한 사람이었다는 사실과 또다시 관계가 있을 겁니다.

인터뷰어—공산당과의 조직적 관계는 어떻게 시작되었습니까?

루카치—나는 에르뇌 셰이들레르와 오랜 친분이 있었는데, 그가 공산당 지도부에 있었습니다. 그는 쿤 일당보다 먼저 부다페스트에 들어왔고 이러한 문제들에 대해 나와 많은 이야기를 나누었지요. 내가 처음부터 러시아 혁명에 공감했고 [헝가리에서] 평의회 공화국을 선포하는 데에도 찬동했다는 말을 이미 한 적이 있지요. 하지만 궁극적으로 나는 부르주아적 편견들 아래에서 성장한 사람이었습니다. 그래서 프롤레타리아계급의 독재라는 구호는 내 안에서 일종의 이데올로기적 위기를 야기했습니다. 이러한 위기의 산물이 『자유사상』(*Szabadgondolat*) 지면에 실렸는데, 그 글에서 나는 독재에 반대하는 입장을 취했습니다.[38] 1918년 12월에 이 위기가 해소되고 난 후에 셰이들레르는 나를 쿤과 서무에이에게 데려갔고, 그래서 그들과 이야기를 나눌 수 있었습니다.

인터뷰어—그 시점에 이미 공산당은 설립되어 있었지요.

루카치—공산당은 11월 중순에 세워졌습니다. 다시 말해서 나는 공산당의 창당 멤버는 아닙니다.

인터뷰어—루카치 동지, 당신은 1차 지도부가 체포되고 난 뒤에 지도부에 참가하시게 된 건가요?

루카치—예, 맞습니다. 입당했을 때 쿤과 서무에이는 내가 이론지의 편집위원회에서 일하기를 원했습니다. 나는 그것을 수락했고, 기억이 맞다면, 내 글 한 편도 『인터내셔널』(*Internationale*)에 실렸습니다. 쿤과 그의 동료들이 체포되었을 때 몇몇 동지들이 어떤 공산주의자가 임시 지도부를 맡을 것인지 살피기 시작했습니다. 누군가가—그가 누군지는 모르겠네요—나를 비합법 중앙위원회에 합류시켰지요. 당시 당에는—이에 대한 역사적 흔적들이 있을 것 같지는 않은데—두 가지 조류가 있었다는 점을 지적해야겠습니다. 첫 번째 조류는, 체포와 쿤 일당이 패퇴했다는 사실로 인해 상당히 겁에 질린 채, 헝가리에서 극단적인 반동적 경향이 권력을 잡게 되지 않을까 두려워했습니다. 그들은 우리가 일종의 에르빈

---

38 1918년 12월에 출간된 『자유사상』 제10호에 수록된 「도덕적 문제로서의 볼셰비즘」("A bolsevizmus mint erkölcsi probléma").

서보 그룹 같은 것으로 조직을 개편하고 순수하게 이론적·이데올로기적인 지반 위에서 활동을 계속해야 한다는 입장이었습니다. 두 번째 조류는—여기에 나도 속했는데—1차 지도부의 사업이, 필요하다면 비합법적으로, 그럴 필요가 없다면 합법적으로, 계속되어야만 한다고 생각했습니다.

인터뷰어—누가 첫 번째 그룹에 속했습니까?

루카치—지금 그것을 말할 수는 없을 것 같네요.

인터뷰어—그러면 두 번째 그룹에는요?

루카치—예를 들어 그 당시 지하로 들어가 있었던 티보르 서무에이가 두 번째 그룹에 속했지요. 그는 두 번째 그룹을 열렬히 지지했습니다. 지금 두 그룹에 속했던 사람들을 전부 다 열거할 수는 없을 것 같습니다. 또 그렇게 하는 것이 아주 중요하지도 않습니다. 왜냐하면 여기에서 문제가 되었던 것은, 외적인 결과들은 없었던 내부적 협의였으니까요. 공산당은 존속했고, 보강된 지도부가 이전의 정책을 계속 실행했습니다. 다만, 한 가지 사소한 차이가 있었는데, 거기에 나도 한몫했다고 말할 수 있어요. 쿤은 런들레르와 개인적으로 좋은 관계를 유지해왔습니다. 노련한 설득과 권유를 통해 런들레르의 사민주의 좌파 그룹을 당으로 끌어들이기 바라면서 말이지요. [이와 달리] 지도부에 있었던 우리 중 몇몇 사람은, 런들레르 그룹이 지금 두 입장 사이에서 동요하고 있는데, 우리가 그러한 동요를 비판하면 런들레르 일당이 공산당 쪽으로 다가오는 것을 촉진시킬 것이라는 입장을 대변했습니다. 그들을 비판하면 우리 사이에 골이 생길 것이라는 주장은 맞지 않다고 생각했던 것이지요. 독재 중에 이 문제에 대해 런들레르와 이야기를 나누었는데, 그때 런들레르 스스로 공산주의 신문이 두 당 사이에서 동요하던 자신을 날카롭게 비판함으로써 뒤에 그가 입장을 취하는 데 영향을 주었음을 시인했다는 말을 덧붙여두겠습니다.

인터뷰어—독재 기간에 지도부는, 예컨대 토지개혁 같은 극히 중요한 문제들에서 의견을 같이했습니까?

루카치—토지개혁 문제에서 우리는 유감스럽게도 모두 의견이 똑같았지요. 이러한 의견 일치는, 일부는 사민주의의 영향을 받아서, 일부는 우리 중 몇몇이 토지 분배는 어차피 과도기적 조치일 뿐이라고 생각했기 때문에 생긴 것이었습니다. 헝가리는 러시아보다 자본주의 발전이 더 진척되어 있기 때문에 우리는 그런 과도기적 조치를 필요로 하지 않는다, 대토지 소유를 생산협동조합으로 바꾸면 우리는 부르주아 혁명 단계를 거치지 않고 곧장 사회주의로 나아갈 것이다, 라고 생각했던 것입니다. 이것이 우리 모두가 빠져든 오류였습니다. 나는 문화 영역에서는 진정한 혁명적 변화를 수행하기 위해 부르주아의 혁명적 요소들에 의지해야 한다는 신념을 충분히 갖고 있었지만, 토지 문제에서는 내가 정치가도 아니었고 그 문제를 깊이 파고들지도 않았기 때문에 당의 입장을 순순히 받아들였습니다. 이런 점은 나와 관련해서 눈여겨봐야 할 대목이라고 생각합니다. 그때의 일을 그럴듯하게 얼버무리고 싶지는 않습니다. 정치위원으로서 군대에 갔을 때 농민들이 토지 분배가 실시되지 않았기 때문에 우리를 불신한다는 것을 여러 차례 경험했는데도 나는 당의 입장에 반대하지 않았습니다.

인터뷰어─독재 기간 동안 당 지도부가 의견의 분열을 보인 문제들이 있었나요?

루카치─사소한 문제들에서 의견이 갈린 적이 있었습니다. 어지간히 빈틈없는 전술가였던 쿤이 [사민주의 우파였던] 여컵 벨트네르(Jakab Weltner) 및 빌모시 뵘과 아주 좋은 관계를 유지하면서 모든 문제를 그들과 먼저 논의하는 모양새를 취했기 때문에 벌어진 일이었습니다. 우리 가운데 몇몇은 쿤이 당의 전술을 너무 벨트네르 일당이 허락하는 방향에서 정하고 있는 건 아닌가 하는 생각을 피력했습니다. 그래서 생긴 쿤의 반대파가 있었는데, 티보르 서무에이도 이들과 의견을 같이했습니다. 오토 코르빈, 쥴러 렌젤, 라슬로 루더시, 그리고 엘레크 볼가르가 여기에 속했고, 나도 같은 편이었습니다. 이 지식인 반대파는, 당시 우리가 말했던 식으로 표현하자면, 벨러 쿤을 조금 더 왼쪽으로, 공산주의자들 쪽으로 움직이려고 시도했습니다. 물론 이 반대파가 하나의 순수한 분파나 노선으로 확립될 정도는 전혀 아니었습니다.

인터뷰어─하지만 당신은 두 노동자당[공산당과 사민당]의 통합에 찬성하셨지요?

루카치─권력이 우리 손에 있었던 까닭에, 우리는 전반적으로 통합을 주창하는 데 너무 큰 비중을 두었습니다. 내 경우 이런 점은 특수한 개인적 상황에서 자연스레 귀결되었지요. 내 안에는 에르빈 서보의 생디칼리즘의 잔재가 계속 살아 있었습니다. 그래서 나는 두 당의 통합으로부터 생디칼리즘적 경향이 분출되기를, 그리하여 프롤레타리아계급을 독재로 이끄는 그런 조직들이, 두 당이 있었을 때보다 더욱 발전되기를 희망했습니다. 「당과 계급」("Partei und Klasse")이라는 나의 글은 에르빈 서보에 의해 각인된 생디칼리즘의 마지막 물결로 이해되어야지, 가령 나의 발전의 중요 원리로 이해되어서는 안 됩니다. 그도 그럴 것이, 독재의 실제는 내게 그런 관점이 유지될 수 없다는 것을 금방 보여주었으니까요.

인터뷰어—당신은 지금도 쿤과 사민주의의 관계가 너무 가까웠다고 생각하십니까?

루카치—쿤으로서는 사민주의자들과의 그러한 관계를 일정한 범위 안에서 유지하는 것이 불가피했습니다. 다른 한편, 우리는 독재가 지상의 천국(우리는 공산주의가 그것이라고 생각했지요)을 성큼성큼 창조해내지 않아서 불만이었습니다. 내가 말하는 지상의 천국은, 아주 종파적·금욕적인 방식의 것으로 이해되어야 합니다. 문제는 젖과 꿀이 흐르는 놀고먹는 세상이 아니라, 삶의 결정적 문제들을 바꾸는 것이었습니다. 그런 분위기는 독재 때 현저했으며, 특정한 구체적 문제들, 구체적으로 말하자면 내 생각에 반대파가 옳았던 그런 문제들에서도 나타났습니다. 그런 문제 중 하나는 클레망소[39] 각서 사건이었는데, 우리의 위대한 정치가 쿤조차도 속아 넘어갔지요. 체코 국경에서 우리 군대를 철수시키면 루마니아 군대도 물러갈 것이라는 클레망소의 말을 그가 믿었던 거죠. 벨러 쿤은 클레망소에게 간단히 속았지만 반대파에 속했던 우리

---

39 조르주 클레망소(Georges Clemenceau, 1841~1929)는 프랑스의 언론인이자 정치가이다. 1906년 내무부 장관으로 입각했고 1906~9년 총리를 역임했다. 1차 세계대전 중인 1917년부터는 당시 프랑스의 대통령이었던 레이몽 푸앵카레의 요청에 의해 전시 내각을 이끌었다(1917~20). 전후에는 파리 평화회의 의장으로 베르사유 조약의 골격을 구성하는 데 큰 역할을 했다.

는 그것이 그저 함정일 뿐, 그 각서를 받아들여서는 아무것도 얻지 못하리라는 것을 알고 있었어요. 그런 한에서 우리는 쿤보다는 영리했습니다. 그러나 이 모든 것이, 여기에서 우리가 어떤 의미에서 하나의 분파를 말할 수 있을 근거는 전혀 못 됩니다.

인터뷰어—인민위원으로서 당신의 활동에 대해 말씀해주시겠습니까?

루카치—그것에 관해서는 말할 게 거의 없습니다. 우리는 자본주의와 그것의 모든 형태를 아주 강력히 증오했어요. 우리는 어떤 대가를 치르더라도, 될 수 있는 대로 빨리, 그것을 파괴하고자 했습니다. 이것이 당의 문화정책에 영향을 끼쳤다는 것은 의심할 여지가 없습니다. 근본적으로는 옳았지만 실행은 순진한 방식으로 이루어졌던 시도들, 즉 예술작품의 상품적 성격을 제거하고 예술작품을 상품교환에서 빼내려는 시도들이 있었습니다. 말하자면 우리는 자본주의에 특징적인, 예술가와 예술의 상품적 성격을 제거하려고 했던 것이죠. 이른바 작가·예술가 등록은 그러한 목적을 위한 것이었습니다. 우리는 예술가들이 자기 작품의 판매 여부로부터 물질적으로 독립되게 하려고 했습니다. 그것이 순진한 짓이었다는 것은 분명하며, 독재 직후 우리도 그 사실을 아주 분명하게 알게 되었죠. 이것을 공산주의적 조처라고 변호하는 것은 우스꽝스러운 일이 될 것입니다. 다른 한편 우리의 정책은 문학이사회나 예술이사회를 통해서 문학과 예술에 대한 지도를 예술가들 자신의 손에 맡기는 매우 긍정적인 측면도 지니고 있었습니다. 이런 긍정적인 면모는 진정한 의식적 예술가들이 지도적인 위치에 올랐던 영역에서 가장 분명하게 드러났지요. 구체적으로 말해서, 버르토크, 코다이, 도흐나니로 구성되었던 음악이사회는 음악 영역에서 독재를 행사해서 버르토크-코다이 노선이 승리하도록 만들었습니다. 독재 동안에 헝가리어로 처음 베르디(Verdi)의 『오셀로』(Othello) 초연이 대대적으로 이루어졌다는 사실에서도 입증되듯이, 그들은 오페라 개혁도 단행했습니다. 음악 영역처럼 아주 인상적인 방식은 아니었지만 조형예술 영역에서도 상황이 비슷했습니다. 그 분야에서는 베니 페렌치(Béni Ferenczy), 노에미 페렌치(Noémi Ferenczy), 네메시 럼페르트(Nemes Lampérth) 같은 사람들이 지도적 역할을 맡았지요. 이들에게 칼만 포가니(Kálmán Pogány), 야노시 빌데(János Wilde), 그리고 나중에 이름을 떨친 프레데릭 언텔 같은 매우 재능 있는 젊은 예술사가들이 합세했습니다. 이들의 도움을 받아 그들은 사적으로 소유되어 있던 예술작품들을 사회화했습니다. 이러한 사회화의 결과, 1919년 여름 전 세계에 필적할 만한 것이 없었던 전시회가 열렸습니다. 이 점은 드보락[40] 같은 진정한 전문가가 확인해주었는데, 그는 이 전시회야말로 진정 본보기가 될 만한 위대한 것이라고 말했습니다. 정치적으로 드보락은 보수주의자였지만 그럼에도 수집가들로부터 그림들을 몰수해서 박물관에 갖다 놓은 게 그의 마음에 들었던 거죠. 훨씬 더 미약한 형태로나마 그러한 모든 일이 문학영역에서도 있었습니다. 나는 문학정책의 특징을 보여주기 위해 한 가지 계기를 더 언급하고자 합니다. 독재 직전에 교사들 사이에서, 특히 김나지움 교사들 사이에서 급진적 운동이 펼쳐졌습니다. 교육인민위원회는 교육부 비서급 이상의, 구(舊)정부의 모든 지도적 인사들을 해고하

---

40 막스 드보락(Max Dvořák, 1874~1921)은 오스트리아의 예술사가로서 빈 예술사학파의 대표자 중 한 사람이다. '정신사로서의 예술사' 개념을 주조했다.

는 데 성공했습니다. 그리고 우리는 대학 분과들의 지도부 전체에서 그들이 차지하고 있었던 자리에 급진적인 교사조합운동의 지도자들을 대신 앉혔습니다. 곁들여서 하는 말인데, 이 일에서 지그몬드 쿤피에 맞서 하룻밤 사이에 내 주장을 관철시켰습니다. 내가 그 사람보다 신경이 더 강했으니까요. 새벽 3시 무렵에 쿤피의 신경은 더 이상 버티지를 못했고, 결국 그 일에 찬성했습니다. 이런 점에서 볼 때 여기에 실제로 모종의 변화가 있었습니다. 물론 그것은 우리가 처음부터 한 가지 중대한 프로그램을 완성하는 일에 종사했다는 것을 의미할 따름이지만 말입니다. 그 프로그램이 1945년 혁명을 통해 실현되었다는 점을 여기에서 꼭 언급해야겠네요. 8년간의 의무교육과 4학년으로 된 김나지움, 김나지움과 연계된 대학, 이 모든 것은 독재의 개혁 프로그램 속에 이미 다 들어 있었던 것입니다.

인터뷰어—그 당시 작가들과는 어떤 관계를 맺고 계셨습니까?

루카치—작가들도 자기들의 작가이사회가 있었지요……

인터뷰어—커사크도 거기에 속했습니까?

루카치—커사크도 멤버였지요. 심지어 데리도 속해 있었습니다. 오슈바트에서부터 데리와 커사크에 이르는, 거의 모든 방향의 의견들이 대변되었습니다.

인터뷰어—버비치는?

루카치—물론 그도 이사회 멤버였습니다. 의장 자리까지 맡았어요.

인터뷰어—거기에 대해 당신은 아무런 반대도 하지 않았습니까?

루카치—예, 반대하지 않았습니다. 우리가 이른바 강제력을 행사했다는 이야기가 있는 것으로 압니다. 하지만 도대체 누가 어떤 사람에게 의장직을 맡도록 강요할 수 있겠습니까? 그보다 더 유쾌하지 못한 것은 커사크가 자서전에서 적은 것인데, 내가 권총을 들이대면서 그를 강제로 전선에 내보내려 했다는 것입니다. 그건 도무지 말도 안 되는 소리입니다. 만약 커사크가 우연히 정치위원으로 전선에 나와 있다가 내가 근무하던 지역에 머물렀다면, 나는 그를 집으로 돌려보냈을 거예요. 어떤 경우든 분명히 나는 그를 전선으로 보내지 않았을 겁니다. 그것은 나의 정치적 확신과 관계된 것인데, 나는 전선에 나가는 것은 공산주의자나 비당원에게 매우 큰 영예라고 생각했으니까요. 누군가를 무력으로 위협해서 전선으로 보낸다는 것은 나한테는 전혀 맞지 않는 행동이었을 겁니다. 게다가 커사크가 전선에 있었더라면 그는 아주 중대한 문제들을 야기했을 거예요. 내가 전선에 갔을 때—이 점은 내가 증거로 내세울 수 있는 사실입니다—그곳은 커사크와 같은 극좌 공산주의자들이 우글거리고 있었습니다. 나는 그들을 모두 예외 없이 집으로 돌려보냈습니다. 내게 그들은 필요가 없었어요. 나는 군대에 있는 훌륭한 공산주의자 노동자 중에서 내 부하를 뽑았습니다. 한데 커사크만 그 시기에 일어난 일에 대해 거짓말을 늘어놓았던 건 아닙니다. 예컨대 미하이 버비치의 경우도 있지요. 그는 쿤과 그의 동료들이 체포됐던 시기인 1919년에 벨러 벌라주와 내가 자기에게 입당을 권유했다고 주장하고 있습니다. 물론 그것은 완전히 웃기는 소리죠. 아무 근거도 없는 주장입니다.

인터뷰어─인민위원으로서 당신은 총을 갖고 있지 않았나요?

루카치─독재 훨씬 전부터 호주머니에 넣고 다니던 소형 권총 한 자루가 있었는데, 여행 때도 가지고 다녔습니다. 독재기간 동안에 딱 한 번 그 권총을 빼 들었는데, 특이한 상황에서 큰 성공을 거두었지요. 부다페스트에는 아나키스트들이 있었는데, 우리는 그들과 앙숙처럼 지내고 있었습니다. 한번은 그들이 제8구역에서 너무 많은 집을 접수했어요. 젊은 노동자들이 나한테 불만을 털어놓았고, 그래서 나는 그 아나키스트들을 내쫓고 젊은 노동자들을 그 집들에 들어앉혔어요. 그 일이 있고 난 뒤 어느 화창한 날 아나키스트 대표단이 우리에게 왔습니다. 대기실에서 그들은 비서를 밀어제치고는 집무실에 요즘 독일 사람들처럼 쳐들어와서 고래고래 소리치기 시작했습니다. 누군가가 루카치 동지가 하는 짓은 총살당해 마땅하다고 소리쳤습니다. 이 소리를 듣고 나는 바지 주머니에서 권총을 꺼내 탁자 위에 놓았습니다. "해 보시오!" 이어서 무거운 침묵이 흘렀지요. 5분 후 그 아나키스트들은 자리에 앉았고, 우리는 모든 일을 평화적으로 토의했습니다. 그 점에서 나는 독재 때 큰 성공을 거두었다고 말할 수 있을 겁니다.

인터뷰어─커사크와 불화는 없었습니까?

루카치─내가 그를 좋아하지 않았던 것과 똑같이 그도 나를 좋아하지 않았을 겁니다. 내가 그랬던 건 이유가 있습니다. 나는 커사크의 문학작품에 대해 특별한 존경심을 느껴본 적이 없었어요. 한데 내가 당에 입당했을 때 커사크는 당에서 이미 전문가 행세를 하며 큰소리치고 있었습니다. 그래서 나는 그를 정말 공산주의 작가라고 생각하고 받아들였지요. 그런데 2월에 쿤과 그의 동료들이 날라 갔습니다. 그러자 갑자기 커사크가 주관하는 잡지에 글 한 편이 발표되었습니다. 그들이 공산주의자라는 건 중상모략이며, 커사크는 영구혁명의 지지자로서 모든 파당이나 인맥 집단으로부터 독립해 있다고 주장하는 글이었습니다. 이에 대해서는 이미 내나름의 생각이 있었습니다. 3월 21일에 커사크가 다시 공산주의의 공식 궁정시인이 되고자 했을 때, 그건 나의 급진적인 부르주아 위장이 소화하기에는 너무 과한 것이었습니다. 그때부터 나는 커사크를 불쾌한 사내라고 경멸했습니다. 언제나 그의 야망은 코뮌의 공식 시인이 되는 것이었지만, 나는 항상 이에 반대했습니다. 코뮌은 공식 시인을 필요로 하지 않는다는 게 내 생각이었어요. 공산주의에서 관용될 수 있는 모든 방향의 의견은 자유롭게 글로 씌어져야 하며, 스스로를 관철시킬 수 있는 이데올로기는 관철되어야 합니다. 다른 한편, 사민주의자들과 조합 관료들이 커사크와 그의 동료들에게 재갈을 물리려 선전하고 그들을 벽으로 몰아붙이려 했을 때는 나는 늘 그들을 방어해주었습니다. 그들의 입에 재갈이 물려지는 것을 나는 허락하지 않았습니다. 그러나 그들을 공식 예술가로 인정하는 것도 참지 않았습니다. 말이 나온 김에 하는 얘긴데, 공산주의자들을 끌어들여서 자신의 위치를 공식적으로 굳히려는 시도들이 있었습니다. 그런 시도는 커사크와 그의 동료들만 한 것이 아니었습니다. 사민주의자들도, 야시와 그의 동료들도 부단히 그런 시도를 했습니다. 야시와 관련해서는 이미 이야기한 것 같은데, 쿤피와 관련해서도 동일한 문제가 나타났습니다. 사민주의자들이 『새로운 시대』(Uj Idök)를 접수했을 때 쿤피는 내게 편집위원회에 참가할 것을 제안했습니다. 나는 그들이 『새로운 시대』를 떠맡았으면 그들이 원하는 대로 그것을 만들어야 하며 나는 거기에 낄 생각이 없노라고 말하고 거절했지요. 나는 커사크 일당에 대해서도 그와 같은 식의 관계를 가졌습니다.

인터뷰어—벌라주와의 우정은 코뮌 동안에도 변하지 않았습니까?

루카치—예. 하지만 벌라주가 특권적인 지위를 누렸다는 이야기는 모두 사실이 아닙니다. 그는 인민위원회에서 일했고 전선에도 잠시 나가 있었습니다.

인터뷰어—루카치 동지, 당신이 당신의 책 『벌라주 벨러와 그를 싫어하는 사람들』(*Balázs Béla és akiknek nem kell*)에서 그를 너무 과대평가했다는 게 일반적인 견해인데, 그래서 그런 이야기들이 명맥을 유지했던 게 아닐까 싶은데요……

루카치—*사정은 이래요. 그의 경우에 반자본주의적 입장이 나보다 사회적으로 아직 덜 정당화되어 있었지만 그에게도 어떤 낭만주의적 반자본주의가 있었습니다. 그리고 나는 『20세기』류의 자유사상과 오토카르 프로하스커에 반대하면서 내가 내세웠던 제3의 길을 벌라주의 작품에서도 재발견했습니다. 그의 시와 드라마들에서 발견했던 것이지요. 그 당시에 내가 그의 작품들을 어느 만큼 과대평가했는지에 대해 판결을 내릴 생각은 없지만, 내가 벨러 벌라주의 성취를 지나치게 높이 평가했다고 요즈음 강하게 주장되고 있다면, 그것은 내 생각에 1918년 이전에 나온 그의 서정시의 의미가 과소평가되고 있는 것과도 관계가 있습니다. 그 시기에 서정 시인으로서 벨러 벌라주는 요즈음 운위되고 있는 것보다는 더 큰 역할을 했습니다. 문학사에서 차지하는 비중이 왜곡된 특징적인 예로 오늘날 쥴러 유하스가 위대한 시인으로 둔갑하는 일을 들 수 있습니다. 계속해볼까요. 아르파드 토트조차도 1918년 이전보다는 1919년 이후에 더 좋은 시인이었다는 것이 내 개인적인 생각입니다. 그리고 버비치의 『요나의 서(書)』(*Jónás könyve*)는 그의 초기작보다 비교할 수 없을 정도로 뛰어난 작품이고요. 이런 사례를 더 들 수 있는데, 그 말인즉슨 우리가 이 사람들을 제대로 평가하려면 문제가 되는 시기를 넘어서서 1919년 이후에 이루어진 그들의 발전도 고려해야만 한다는 것입니다. 당연히 여기에서 벨러 벌라주 문제의 실제로 문제적인 지점이 생깁니다. 그가 1919년 혁명에 열광적이고 헌신적으로 동참했고 그 후에도 그 혁명에 대한 충절을 지켰다는 것은 인간적으로 지극히 존경할 만한 것이었습니다. 그러나 어느 정도는 그것이 그에게는 불운이기도 했습니다. 그도 그럴 것이 공산주의로 말할 것 같으면, 사람들이 "교황에게서 나온 것을 먹는 사람은 그것으로 죽는다(qui mange du pape, en meurt)"[41]고 말하곤 했던 것과 다소 비슷한 것이기 때문입니다. 마르크스주의는 시식(試食)할 수 있는 게 아닙니다. 마르크스주의로 실제로 들어가야 합니다(그게 쉬운 일이 아니라는 것을 잘 알고 있습니다. 내가 마르크스주의로 들어가기까지는 12년이 걸렸습니다). 아니면, 좌익 부르주아의 관점에서도 세계를 아주 잘 고찰할 수 있습니다. 벌라주의 경우에는 피상적인 마르크스주의와 계속된 그의 옛 문학적 지향 사이에서 나쁜 혼합물이 생겨났습니다. 내 생각에 그는—『남성 합창곡』(*Férfi-ének*)에 실린 실로 아름다운 몇몇 시를

---

41 미워하는 사람들을 음식에 독을 넣어 제거했던 교황 알렉산더 4세 시대에 생긴 프랑스의 속담이다.

제외하고는—언급할 가치가 있는 것을 더 이상 창조하지 않았습니다. 그 지점에서부터 벨러 벌라주는 자기 길을 잃어버린 작가였습니다. 따라서 1920년대에 우리가 결별했던 것은 우연이 아닙니다. 언너 레스너이의 경우를 앞서 언급해서 잘됐네요. 거기에서 내 판단이 그 어떤 공산주의적 종파주의와도 아무 관계가 없다는 것이 분명해지니까요. 언너 레스너이의 시가 벨러 벌라주의 시보다 언제나 공산주의에서 더 멀리 떨어져 있었다는 건 의심의 여지가 없습니다. 그럼에도 불구하고 나는 내가 공산주의자였던 시절에도 언너 레스너이의 시를 레스너이의 시로 받아들였습니다. 그 시가 나의 사회적 확신들과는 거리가 멀다는 것을 알고 있었는데도 말입니다. 벌라주가 만들어낸 어정쩡한 혼합물을 내가 받아들일 수 없었던 것은, 그것이 피상적으로만 공산주의적이었기 때문이 아니었습니다. 내가 반대했던 것은 그것의 어정쩡함, 바로 그것이었습니다. 그러한 어정쩡함이 시인으로서의 그의 성취에도 영향을 주었습니다. 그러니까 나와 벌라주의 관계는 사실상 『서구』 시절까지만 지속되었을 뿐이며, 내가 그에 관해 쓴 글 모음은 우리의 협력의 시작이 아니라 그것의 종료이자 끝이었던 셈입니다.

인터뷰어—다른 작가들 중 공적인 요청이 있어서 인민위원회에 찾아온 사람이 있었습니까?

루카치—거의 모든 작가가 인민위원회로 찾아왔지요. 예를 들어 데죄 코스톨라니는 『자본』을 번역할 집단을 만들기를 원했습니다.

인터뷰어—코스톨라니가 『자본』을 번역했다면 나쁘지는 않았을 텐데요.

루카치─헝가리어의 측면에서는 나쁘지 않았을지도 모르지요. 한데 이데올로기상에서 내가 헝가리 작가들로부터 받았던 한없이 깊은 경멸이 마르크스보다는 헤겔과 더 관계가 있었다는 점을 잊지 마세요. 지금 나는 그냥 한 작가가 아니라 칼 폴라니를 예로 들겠는데, 이 일은 독재 이전 시절 여론의 특징을 상당히 잘 보여줍니다. 언젠가 폴라니는 내가 참석했던 한 세미나에서 헤겔의 『정신현상학』의 한 구절을 마치 익살집을 읽듯이 소리 내어 읽은 적이 있습니다. 그가 긴 문장을 소리 내어 읽고 나니까 커다란 웃음이 터지더군요. 다시 긴 문장을 읽자 또다시 요란한 웃음이 터져나왔고요. 한 마디로 말해, 마르크스가 헤겔과 맺고 있는 문체상의 관계를 코스톨라니가 헝가리어로 제대로 옮길 수 있었을지 심히 의심스럽습니다.

인터뷰어─하지만 제가 『자본』에서 인용하려 했을 때 라슬로 루더시와 터마시 너지(Tamás Nagy)의 번역본에서도 써먹을 수 있는 문장이 하나도 없다시피 했다는 점을 말씀드려야겠네요. 이 번역은 내용상으로도 안 좋습니다.

루카치─그럴 수 있지요.

인터뷰어─코스톨라니의 텍스트라면 최소한 좋은 대중적 읽을거리는 되었을 것 같은데요.

루카치─하지만 마르크스의 원래 내용 중 남아 있는 게 있었을지

심히 의심스러워요.

인터뷰어─루카치 동지, 교육 외에 군사적 직무도 맡으셨는지요?

루카치─예. 6주 동안 맡긴 했지만 그것은 하나의 에피소드에 불과했습니다.

인터뷰어─어떤 직책을 맡으셨는지요?

루카치─나는 5사단의 정치위원이었습니다. [1919년] 4월에 체코와 루마니아 군의 공격이 시작되었을 때 인민위원회는─내가 제대로 기억하고 있다면─인민위원 절반이 비교적 규모가 큰 군부대에 정치 지도원 자격으로 가야 한다는 결정을 내렸습니다. 그 무렵에 벨러 바고(Béla Vágó)와 요제프 포가니(József Pogány)가 군단장이 되었고, 런들레르는 좀 더 뒤에 총사령관이 되었습니다. 그것은 정치적 직무가 아니라 군사적 직무였습니다. 그런데도 공산주의자들이 수많은 부대에 정치위원으로 갔습니다. 나는 이 일에 자원했고, 그래서 티서퓌레드(Tiszafüred)로 보내졌는데, 그곳은 우리가 방어하는 위치에 있는 곳이었습니다. 티서퓌레드 방어는 실패했어요. 부다페스트의 붉은 군대 병사들이 총 한 방 쏘지 않고 도망쳐버렸거든요. 그 때문에 티서퓌레드를 잘 지킬 태세가 되어 있었던 다른 두 대대도 진지(陣地)를 고수할 수 없었습니다. 그리하여 루마니아인들이 전선을 뚫고 들어와 티서퓌레드는 함락되고 말았지요. 그때 나는 아주 열성적으로 규율을 다시 세우려고 했습니다. 말하자면, 우리가 강을 건너 포로슬로(Poroszló)로 갔을 때, 비상 군법회의를 열어 도망쳤던 대대원 여덟 명을 시장터에서 총살시켰습니다. 이런 식으로 해서 그곳에서 규율은 어느 정도 회복되었습니다. 나중에 내 임무는 5사단 전체를 담당하는 정치위원으로 바뀌었습니다. 우리는 함께 리머솜버트(Rimaszombat)까지 진격해서 체코 군과 싸웠는데, 리머솜버트를 점령했을 때 나도 거기에 있었습니다. 그러고 나서 부다페스트로 돌아오라는 명령을 받았고, 그것으로 내가 붉은 군대와 맺었던 관계는 끝났습니다.

인터뷰어―그동안에는 누가 인민위원회를 이끌었습니까?

루카치―각 부의 책임자들이었지요. 전투가 없는 어느 날, 나는 기관차와 3등 객차로 된 특별기차를 마련했습니다. 참모본부의 평가에 따라 24시간 쉴 수 있는 시간이 생기면, 나는 저녁에 내 기차를 타고 부다페스트로 갔다가 다음 날 오후에 다시 그 기차로 돌아왔지요.

인터뷰어―우리가 이렇게 작은 나라인 게 잘된 셈이네요. 러시아에서라면 그렇게 하기가 어려웠을 거예요.

루카치―하지만 이곳 헝가리에서는 그렇게 할 수 있었습니다.

인터뷰어―당신은 군사적인 일들에는 어떤 영향력을 가졌습니까?

루카치―군사적으로는 물론 극히 분명한 상황에만 통제권을 행사할 수 있었습니다. 이와 관련해 나는 내게 좋은 방법을 고안했습니다. 내가 그 방법을 적용할 때마다 우리의 매우 반(反)혁명적인 참모장께서는 분통을 터뜨리곤 했지요. 나는 그에게 이렇게 말했습니다. "이보세요. 당신은 군인입니다. 내 나름의 철학자의 언어가 있는 것처럼 당신은 당신 나름의 군인의 언어가 있어요. 그런데 나는 군사적인 사안들에 관해서는 아무것도 모릅니다. 당신이 이 대대는 여기에서 저기로 파견되어야 한다는 걸 말할 때 부대편제나 부대집중, 있을 수 있는 모든 전문적 문제에 대해서 내게 이야기 안 하셔도 됩니다. 나는 그런 것에는 무지하니까요. 하지만 평범한 사람인 내가 왜 당신이 다른 식이 아니라 이런 식으로 그 일을 하는지를 이해할 수 있도록 내게 사태를 설명해주시길 바랍니다." 사단 참모장은 예전에 대위였거나 아니면 소령이었던 사람으로 키가 작았습니다. 물론 그는 굉장한 분노를 터뜨렸지요. 그 사람이 실제로 태업을 했기 때문인데다, 그것을 민간언어로 설명하는 건 사실상 불가능했기 때문이었죠. 나는 심각한 군사 계획을 민간언어로 잘 설명할 수 있다는 건 클라우제비츠(Clausewitz)를 읽어 알고 있었습니다. 하지만 태업을 설명하는 것은 당연히 불가능했습니다.

인터뷰어—루카치 동지, 상당히 오래전, 그러니까 1956년 전에 말씀하시기를, 당신은 부대에 들를 때마다 항상 취사장을 방문했다고 하셨던 것 같은데요······

루카치—나는 전선을 정기적으로 순시했지요. 그런데 그럴 때에는 전선에서 2~3km 떨어진 곳에 차를 세워 수풀에 차를 숨기고는 아무런 예고 없이 병사들 앞에, 그것도 맨 먼저 취사장에 불쑥 나타나곤 했습니다. 취사장에서 나는 곧바로 그들이 요리하고 있는 것을 달라고 했습니다. 취사병들은 내 앞에서 벌벌 떨었지요. 내가 취사장에 언제 나타날지 확실히 모르니까 그들은 더 이상 아무것도 빼돌릴 수 없었을 겁니다.

인터뷰어─취사장에서 시작해야 한다는 것이 사단 위원회 수준에서 이루어진 유물론의 실천적 결과인 셈이군요.

루카치─사람들 생각에는 두 가지 일이 중요했습니다. 하나는 취사장이요, 다른 하나는 우편, 즉 편지를 제때에 받는 일이었습니다. 나 자신을 뛰어난 군사조직가라고 생각하진 않지만, 나는 사단에서 이 두 가지 일이 제대로 돌아가도록 만들었습니다. 병사들은 적당한 식사를 하게 되었고 편지를 매일 받았습니다.

인터뷰어─슈트롬펠드와 뵘 같은 상급 군사 지휘관과는 접촉이 없었는지요?

루카치─대체로 우리는 수령한 명령들을 수행했습니다. 내가 지시를 고의로 어긴 적이 딱 한 번 있었는데, 그것은 5월 1일 전 루마니아 군의 대공세가 있었던 때였습니다. 우리 사단은 티서퓌레드-에게르(Tiszafüred-Eger) 선을 따라 지키고 있었지요. 더 큰 규모의 헝가리 부대는 아직 솔노크(Szolnok)에 있었고 그 사이에는 키시쾨레(Kisköre)의 타이스(Theiß) 강 위로 무방비 상태의 다리가 있었습니다. 나는 부대 지휘부에 다리 방어를 조직하거나, 그럴 수 없으면 폭파시켜달라고 요청했습니다. 그렇게 하지 않으면 체코 군이 우리와 솔노크 사이로 그냥 걸어 들어올 수 있을 것이고, 그렇게 되면 끝장이니까요. 슈트롬펠드는 온갖 군사적인 이유를 들어 어느 쪽도 하려고 하지 않았지요. 그래서 나는 그의 동의 없이 다리를 폭파시켰습니다.

인터뷰어―그 때문에 처벌받지는 않았습니까?

루카치―예. 나중에 슈트롬펠드는 내가―군사적으로―옳았다는 것을 인정했습니다.

인터뷰어―그를 잘 아셨습니까?

루카치―아닙니다. 나중에, 그가 이미 공산당에 입당해 있었을 때 친해졌습니다.

인터뷰어―가보르 거알과의 친분도 전선에서 생긴 겁니까?

루카치―그렇습니다. 나는 국방부에 공산당원으로서 부관으로 쓸 수 있는 예비역 장교를 한 사람 보내달라고 요청했습니다. 가보르 거알이 추천되었더군요. 그와 함께 전선으로 갔고, 내가 전선에서 보냈던 그 6주(혹은 그 기간이 얼마였든지 간에)를 그와 함께 있었습니다. 그때부터 가보르 거알을 안 거죠. 그는 아주 좋은 인상을 주었고, 우리 사이에 개인적인 우정이 생겨났습니다.

인터뷰어―나중에도 그 관계가 어떤 형태로든 계속되었습니까?

루카치―빈에서 우리는 친하게 지냈습니다. 그러다가 가보르 거알이 빈을 떠났는데, 당시에 개인적인 서신 왕래는 거의 없었습니다. 그래서 우리는, 소원해졌다고는 말할 수 없어도, 사실상 서로 헤어진 셈이었죠. 그가 한 일은 수년 동안 언론을 통해서만 알았습니다. 그가 독일과 헝가리의 신문, 그리고 러시아 신문으로부터도 내가 발표한 글을 넘겨받았다는 걸 알고 있습니다. 내가 쓴 글의 상당량을 그가 출판했다고 생각합니다.

인터뷰어─루카치 동지, 그에게 직접 글을 보내신 적은 없습니까?

루카치─어느 누구한테도 내 글을 직접 보낸 적은 없습니다. 나는 당의 해당 부서에 내 글을 넘기지요. 그러면 그 당 부서가 출판을 책임졌습니다. 어디에 그 글들이 실렸는지에 관해서는 지금은 더 이상 대답할 수 없을 것 같네요.

인터뷰어─독재가 무너진 뒤에 루카치 동지 당신과 코르빈은 부다페스트에 남으라는 명령을 벨러 쿤으로부터 받으신 걸로 알고 있습니다.

루카치─그렇습니다.

인터뷰어─당신은 어떤 지시를 받았습니까?

루카치─우리가 공산당을 조직해야 한다는 것이었습니다. 루마니아 군이 왔을 때 나는 전선에 있었지요. 그곳에서 나는 5사단을 가능한 한 정상화시키는 임무를 맡고 있었습니다. 그 당시 그 일은 성공하지 못했어요. 어느 날 저녁 늦게 나는 차를 타고 가서 거기에 있던 동지들에게 당의 의견을 물었습니다. 당의 의견은 코르빈과 내가 헝가리에 남아 비합법 운동을 존속시키고 지도해야 한다는 것이었습니다. 나는 이데올로기 지도를 맡고 코르빈은 조직 지도를 맡아야 한다는 것이었죠. 그 당시에도 나는 코르빈과 내가 그 과업에 가장 적합한 인물인지 의심을 품었습니다. 세간에 잘 알려진 공산주의자들이 있다면 우리가 바로 그런 사람들이었기 때문이지요. 게다가 코르빈의 경우에는 외모도 장애가 되었습니다. 그는 곱사등이었거든요.

인터뷰어—당신은 이 임무를 당신에게 품은 적의가 드러난 것이라고 생각하셨습니까?

루카치—증명될 수는 없는 일입니다. 당사(黨舍)에는 쿤과 네다섯 명의 공산주의 지도자들이 앉아 있었어요. 내가 전선에서 돌아왔을 때 이미 내려진 결정이 나를 기다리고 있었습니다.

인터뷰어—"쿤에 대한 짐작", 당신의 자서전 초안에 나오는 이 말의 의미는 무엇입니까?

루카치—자, 보세요. 나와 쿤 사이의 관계는 이미 독재 동안에 상당히 나빴습니다. 내 첫 번째 아내가 한 말은 이 나쁜 관계를 잘 보여주는데, 그건 이미 인용했지요. 아내가 쿤을 보았을 때, 그녀는 쿤이 보트랭을 닮았다는 인상을 받았습니다. 나는 이것이 매우 재치 있고 훌륭한 소견이라고 생각했으며, 그 당시에도 그녀의 말에 동의했습니다. 이미 그 무렵에 우리 사이에는 점점 첨예화되는 의견 충돌이 있었습니다. 당시에는 [공산주의] 운동의 도덕적 문제들에 국한된 것이었지만 말입니다. 그러니까 나는 이러한 지시에 대해 아주 냉소적인 생각을 가지고 있었습니다. 당시 나는 코르빈과 내가 순교자가 되기에 적격이라는 식으로 그것을 표현했지요.

인터뷰어─코르빈도 쿤과 불화가 있었나요?

루카치─예. 코르빈의 날카로운 계급투쟁적 입장이 쿤의 타협주의와 아주 자주 부딪쳤거든요. 코르빈이 어떤 중앙파 사민주의자들의 태도 때문에 살짝 이탈적인 견해를 표명했을 때, 벨트네르 일당은 당연히 사민주의자들을 지원했고, 쿤도 코르빈을 받쳐주지 않았습니다.

인터뷰어─코르빈이 체포된 뒤 무슨 일이 일어났습니까?

루카치─[헝가리에 남은 지] 약 일주일 뒤 코르빈이 체포되었습니다. 당연하고도 현명하게 그는 나에게 자기 쪽 사람들과 동료들의 이름과 주소를 알려주지 않았었지요. 때문에 나는 완전히 고립된 상황에 빠졌습니다. 그런 상황에서 부다페스트에 머무는 것은 아무 의미도 없었습니다. 내가 몸을 숨겼던 곳은 벨러 절러이(Béla Zalai)의 미망인인 올거 마테(Olga Máthé)의 집이었는데, 그녀의 집이 있었던 건물에 사는 누군가의 신고로 한 장교의 인솔하에 가택 수색이 벌어졌어요. 내가 검거되지 않았던 것은 내 삶의 특징을 보여주는 운 좋은 상황에 속하는 일입니다.

인터뷰어─가택 수색에서 빠져나올 수 있다는 것은 거의 상상할 수 없는 일이지요.

루카치─이 일은 사람들이 생각하는 것보다 훨씬 더 간단합니다. 여기에는 내 공도 있었다는 말을 덧붙여야겠군요. 올거 마테는 사진작가로서 아주 용감한 여성이었지요. 그녀의 집은 그녀가 딸과 지내는 작은방과 큰 식당방, 그리고 다락으로 통하는 작업실로 되어 있었어요. 작업실에는 누울 수 있는 긴 의자가 있어서 나는 거기에서 잤습니다. 마테는 내게 기어이 침대를 만들어주고 싶어 했지만 나는 거기에 반대했는데, 밤에 현관 벨이 울리면 바로 다락으로 올라갈 수 있을 거라고 생각했거든요. 그 문제로 우리는 매일 티격태격했습니다. 나는 다락을 훤히 알고 있었습니다. 다락에는 사람이 몸을 숨길 수 있는 커다란 궤짝이 있었다는 것을 생각해냈지요. 정돈되지 않은 상태의 긴 의자를 본다면 누군가가 작업실에 숨어 있으리라는 생각은 아무로 못 할 거라고 설득해서 간신히 올거 마테와의 다툼에서 이길 수 있었습니다. 어느 날 새벽, 세 시쯤 되었을까 실제로 벨이 울렸고, 멋지고 정상적인 가택 수색이 벌어졌습니다. 나는 궤짝 뒤에서 벌어지는 일에 귀를 기울였습니다. 신고는 벨러 쿤이 올거 마테를 방문한 적이 있고 그녀가 그의 사진을 찍었다는 명목으로 이루어진 것이었지, 누군가가 그녀 집에 숨어 있다는 것과는 무관한 것이었기 때문에 그들도 샅샅이 수색하지는 않았습니다. 나는 오후에 아무 짐도 들지 않고 그녀 집에 올라갔습니다. 사진사에게 사람들이 계속 오는 것은 당연한 일이었습니다. 나를 승강기로 태워 올려준 관리인의 눈으로 볼 때, 한 신사가 올거 마테를 만나러 올라가는 사실은 전혀 특별한 일이 아니었어요. 매일 오후에 다섯 명이나 심지어 열 명이 거기로 갔으니까요. 그래서 거기에 누군가 숨어 있을 수도 있다는 생각은 아무도 못했습니다. 물론 그 사건 뒤, 그 집에 머물러 있을 수는 없었지요. 또 한 번 가택 수색을 당하는 위험을 무릅써서는 안 되었으니까요. 그곳에 있는 동지들과 의논한 결과, 안전한 망명을 위해 나는 빈으로 가야 한다는 결정이 내려졌습니다. 8월 말 아니면

9월 초에 나는 빈으로 갔습니다. 그즈음 부다페스트는 마켄젠[42]의 군대가 점령하고 있었는데, 그 부대의 장교들은 부다페스트와 빈 사이를 왔다 갔다 했어요. 독재 시절에 그들은 백색 분자들을 나라 밖 빈으로 데려갔는데, 독재 뒤에는 적색 분자들을 상당한 돈을 받고 빈으로 데려갔습니다. 내 가족은 마켄젠 군대의 중위 한 명을 매수했습니다. 그와 함께 나는 그의 운전병으로 변장해 나라를 떠났습니다. 그런데 내가 운전을 할 줄 몰랐기 때문에 마치 도중에 사고가 났던 것처럼 팔에 붕대를 감았고, 운전은 그 장교가 했습니다. 실제로 그 일은 순수한 거래였습니다.

---

42 아우구스트 폰 마켄젠(August von Mackensen, 1849~1945)은 독일의 장군으로서 1차 세계대전에서 전략가로 명성을 날렸다. 1916년 오스트리아-헝가리군과 함께 루마니아 왕국을 정복, 종전 때까지 루마니아 군정(軍政) 총독으로 있었다.

III. 망명지에서

인터뷰어—빈에는 언제까지 계셨는지요?

루카치—헝가리를 떠났던 1919년 8월 말, 9월 초부터 [헝가리 공산당] 2차 당 대회까지, 그러니까 1930/31년까지 빈에 있었다고 할 수 있겠네요.[43]

인터뷰어—그 무렵에 부인 게르트루드와 같이 살기 시작하셨습니까?

루카치—망명해서 같이 살기 시작했죠. 물론 우리는 그전부터 알고 있었습니다. 나는 그녀를 이미 오래전부터 알고 있었는데, 하지만 우리 사이의 관계가 더 밀접하게 된 것은 내가 1918년에 가졌던 윤리학 강의 이후에야 이루어진 일입니다.[44] 내가 한 윤리학 강의에 대한 대화와 토론을 통해 우리 사이에 정신적·도덕적 유대가 생겨났습니다. 그 유대는 그때부터 내 삶에서 주도적이고 지배적인 역할을 했습니다. 내가 그렇게 친밀한 관계를 맺을 수 있었던 여성을 그 전에는 결코 만난 적이 없었습니다.

---

43 루카치는 "1930/31년까지 빈에 있었다"고 하지만, 그는 1930년 헝가리 공산당 2차 당 대회에 참석하기 위해 모스크바로 갔고, 그 후 베를린으로 떠나기 전인 1931년 여름까지 그곳에 쭉 머물렀다.

44 부다페스트에서 친구들과 함께 1917년에 개설한 〈정신과학을 위한 자유학교〉(Freie Schule für Geisteswissenschaften)에서 루카치는 "윤리학(Ethika)"을 강의했다.

인터뷰어—빈에서는 무엇으로 생계를 꾸려갔습니까?

루카치—글을 썼고, 헌 물건들을 팔았지요. 그리고 이것저것 아직 가진 게 있었고…… 그리저리 살았습니다.

인터뷰어—그 당시에 당에서 주는 봉급은 없었는지……

루카치—처음 아주 잠시 동안은 근근이 살았다고 할 수 있을 겁니다. 그 후 3년 동안은 한 달에 백 달러를 받고 러시아 대사관의 교역잡지인 『무역 공보』(*Torgowü Bülten*)를 편집했어요. 그것으로 우리는 잘살 수 있었습니다. 1928년에 아버지가 돌아가셨고, 이런저런 복잡한 절차를 거친 끝에 유산을 손에 넣었지요. 내가 러시아로 떠날 때까지는 그것으로 살았습니다.

인터뷰어—그 시절에 저술활동으로 번 돈은 없었나요?

루카치—글을 썼지만, 그 당시 공산주의 저술가, 이론 저술가가 원고료로 살아가는 건 불가능했습니다. 그때도 크게 성공한 베스트셀러가 있긴 했지만 말입니다.

인터뷰어—오스트리아 당국이 당신을 건드리지 않고 그냥 놔두었나요?

루카치—이와 관련해서는 [시기에 따라] 정도 차이가 있었습니다. 처음에는 경찰이 우리가 도망 중인 살인범인지 미래의 장관인지를 아직 몰랐기 때문에 나를 중요한 인물로 대우했습니다. 게다가 나는 개인적으로 특히 운이 좋게도 하이델베르크에서 온 사민당 출신 이론가 몇 명을 알고 있었어요. 경찰이 나를 함부로 대했을 때―그런 일이 한 번 있었지요―나는 그들 중 한 명에게 가서 불만을 털어놓았어요. 그러자 그는 칼 레너[45]에게 그 사실을 알렸고, 레너는 경찰 총장에게 전화를 걸어 그렇게 하면 곤란해진다고 설명했어요. 그 후 6개월 동안 그들은 다시 지극히 우호적이었습니다. 상황이 반동적으로 급변했을 때에도 그들은 우리를 가만히 내버려두었는데, 헝가리의 인도(引渡)조약은 우리뿐만 아니라 사민주의자들에게도 적용되는 것이었기 때문입니다. 그들이 우리를 헝가리에 인도하기로 결정하면, 어쩔 수 없이 [사민주의자인] 뵘과 쿤피 등도 넘겨줘야 할 판이었어요. 그래서 우리는 뵘과 그의 동료들의 그림자 속에서 편안히 지냈던 거지요. 이러한 상황은 점점더 나빠졌습니다. 하지만 나는 오스트리아 공산주의 운동에는 연루되지 않았고 오로지 헝가리 공산주의 운동에만 관여하고 있었습니다. 게다가 그것은 아주 은밀하게 진행된 일이어서 내게 불리한 어떤 것을 입증하기란 도대체가 불가능했습니다.

인터뷰어―저는 토마스 만이 자이펠 수상[46]에게 보낸 편지를 알고 있는데……

---

45 칼 레너(Karl Renner, 1870~1950)는 오스트리아의 정치가이다. 1차 세계대전 후 오스트리아 공화국이 성립되자 임시 정부 수상(1918년)이 되고, 이어서 수상 겸 외무부 장관에 취임했다(1919~22년). 총선거에서 소속 사민당이 패배하자 사임, 국회의원으로 일했다. 2차 세계대전 후 초대 대통령에 선출되었다.

46 이크나츠 자이펠(Ignatz Seipel, 1876~1932)은 1926에서 29년까지 오스트리아 연방 수상으로 재임했던 보수주의적 정치가이다.

루카치—예, 쿤이 1928년에 빈에서 체포되었을 때, 그들은 나를 추방하려 했죠. 그래서 내 친구들이 토마스 만에게 편지를 썼고, 그는 나의 추방에 반대하는 편지를 [자이펠 수상에게] 써 보내게 된 것입니다.

인터뷰어—[부친의 유산을 상속받게 된] 1928년까지 당신은 헝가리로부터 재정 지원은 전혀 받지 않았습니까?

루카치—다행스럽게도 게르트루드와 나는 편견이 거의 없었습니다. 우리는 이미 같이 살고 있었지만 결혼은 하지 않기로 결정했어요. 게르트루드가 [헝가리] 공무원의 미망인으로서 연금과 자녀 양육비를 받고 있었기 때문이었죠. 우리가 그 돈을 포기할 이유는 전혀 없었습니다. 1923년에 내가 [독일의] 예나 대학의 교수로 임명될 듯이 보였을 때 우리는 결혼하지 않을 수 없었습니다. 미혼의 남자가 아내와 아이들을 데리고 예나로 갈 수는 없었거든요. 그래서 우리는 빈에서 결혼식을 올리게 되었습니다. 예나의 계획이 몇 주일 뒤 실패로 드러났을 때 게르트루드는 아주 용기 있는 모습을 보여주었는데—그건 정말 멋지고 용감한 행동이었습니다—그녀는 결혼한 적이 없는 척 행동했어요. 그리고는 곧바로 헝가리 대사관에서 그녀의 미망인 여권을 갱신했지요. 그리하여 우리는 러시아로 갔을 때인 1933년까지는 부부가 아닌 것으로 되어 있었습니다.

인터뷰어—예나의 교수직은 왜 무산되었습니까?

루카치—작센(Sachsen)과 튀링엔(Thüringen)에서 사민주의 좌파와 공산주의자들 간에 제휴가 있었는데, 사민주의 좌파에 가해진 압력 탓으로 그 제휴가 결렬되어버렸기 때문이었죠.[47] 사민주의자들이 작센과 튀링엔을 차지했고, 그래서 예나와 라이프치히 대학에서 그러한 개혁을 실시할 가능성이 없어져버렸습니다.

인터뷰어—빈에서는 어디에서 사셨나요?

루카치—게르트루드는 휘텔도르프(Hütteldorf)에 있는 언니 집에서 살았는데, 나도 그 집에서 방 하나를 얻어 살았습니다. 우린 그 기간 내내 같이 살았죠. [1931~33년에 체류했던] 베를린에서는 게르트루드가 집을 하나 얻고 나는 그 집의 방 하나에 세 드는 식으로 해서 살기까지 했습니다. 우리는 헝가리 정부가 게르트루드의 생계비를 연금과 자녀 양육비 형태로 지불해서는 안 될 까닭이 전혀 없다고 생각했기 때문에 결혼을 하지 않았습니다.

인터뷰어—[결혼하지 않고 그렇게 살아서] 오스트리아 당국과 마찰은 없었습니까?

루카치—그 집[게르트루드의 언니 집]은 품행이 단정한 부르주아 가정이었기 때문에 어떠한 마찰도 없었습니다. 집주인이 여동생에게 집의 한 층을 내주고 그곳에서 그녀의 아이들도 살았다는 건 눈에 띌 특별한 일이 전혀 아니었습니다. 그리고 게르트루드가 방 하나를 누군가에게 세를 준다는 것도 전혀 이상할 것이 없었죠.

---

47 독일 사민당 지도부가 가한 압력에 관해 언급한 것이다. 사민당 지도부는, 독일 사민당과 공산당의 연합을 강압적으로 붕괴시키려는 중앙정부의 탄압에 맞섰던 두 당의 공동 투쟁을 거부했다.

인터뷰어—어틸러 요제프도 빈에서 알게 되셨죠?

루카치—예, 그렇습니다.

인터뷰어—일시적인 친분이었습니까?

루카치—어틸러 요제프가 빈에 아주 잠깐 있었을 뿐이었으니까 그런 셈이죠. 내 기억이 맞다면, 나는 그를 언너 레스너이를 통해 만나게 되었습니다. 나는 처음부터 어틸러 요제프를 아주 높게 평가했습니다. 당에서도 나는 그런 생각을 전혀 숨기지 않았습니다.

인터뷰어—어틸러 요제프가 [여동생인] 욜란 요제프(Jolán József)에게 보낸 편지가 있는데요....

루카치—그의 시에 대해서 내가 얼마나 호의적이었는지를 적은..... 예, 그런 것에 관해 어틸러 요제프가 그 당시 빈에서 쓴 편지가 있지요.

인터뷰어—당내에서 어틸러 요제프가 겪었던 갈등과 그에게 내려진 출당 조치에 대해서 그 당시에 아셨습니까?

루카치—이보세요, 내가 당의 모든 일을 알고 있는 열성 당원이었던 것은 1930년까지였다는 사실을 잊어서는 안 돼요. 1929년, 「블룸-테제」("Blum-Thesen")[48] 뒤에 나는 헝가리 운동을 떠났습니다.

---

48 1928년에 '블룸'이라는 가명으로 작성한 문건. 이와 관련해서는 대담 뒷부분 참조.

당과 어틸러 요제프 사이에 갈등이 있었을 때, 나는 헝가리 운동과는 더 이상 아무런 관계도 없는 상태였습니다.

인터뷰어—독일 공산당으로 조직을 옮기셨나요?

루카치—아닙니다. 1930년까지는 오스트리아당 소속이었다가 [1930~31년] 러시아에 있었을 때는 소련 당에 소속되었습니다. [독일에 있었던] 1931년부터 1933년까지는 독일당 소속이었는데, 1933년 러시아로 되돌아갔을 때, 망명한 독일 당원은 독일 당원으로 남아 있어야 하지 러시아당이 넘겨받아서는 안 된다는 일반 결정이 내려졌습니다. 그래서 내가 1945년까지 독일 당원으로 있게 된 거죠.

인터뷰어—그 사이에 당신은 한 헝가리 잡지의 편집위원이셨지요?

루카치—예, 맞아요. 『새로운 목소리』(*Uj Hang*)의 편집위원이었습니다. 독일인들은 내가 헝가리인이어서 그 일에 참여한다고 알고 있었기 때문에 별 신경을 쓰지 않았습니다.

인터뷰어—당신은 「블룸-테제」 때조차도 헝가리당 소속이 아니었습니까?

루카치—공식적으로는 오스트리아당 소속이었습니다. 헝가리당은 비합법조직이었기 때문에 오스트리아에서 헝가리 공산주의자로 살았던 사람은 모두다 오스트리아당의 당원이 되어야 했습니다.

인터뷰어—그러면 공식적으로는 오스트리아당 소속이지만 조직 활동은 헝가리당의 일원으로서 하셨던 건가요?

루카치—그렇습니다.

인터뷰어—어틸러 요제프를 언너 레스너이의 모임에서 만나셨나요?

루카치—우리는 다른 때에도 만났습니다. 다만 언너 레스너이를 통해 그를 알게 된 거죠. 파리에서 헝가리로 돌아가는 길이었던 쥴러 이예시도 나를 만나러 왔습니다. 그와도 상당히 오래 이야기를 나누었습니다. 러요시 너지도 빈에서 나를 방문했고, 그와도 꽤 긴 얘기를 나눴지요. 당시 나는 글을 쓰지 않았지만 그래도 몇몇 헝가리 작가와 이렇게 관계를 유지했습니다.

인터뷰어—공산주의자가 아닌 망명객들과도 관계가 있었습니까?

루카치—예. 커사크와는 관계가 나빴습니다. 샨도르 버르터와는, 그와 그의 동료들이 왼쪽으로 경도되었을 때 관계가 좋게 발전했습니다.

인터뷰어—망명 중 당내의 분파투쟁은 어떻게 일어났습니까?

루카치—분파투쟁이 벌어진 이유는 다양해요. 망명 시초부터 망명자 일부는 런들레르 주위에, 다른 일부는 쿤 주위에 모였죠. 이 상황은 명백히 유동적인 상태에 있는 것이었습니다. 그도 그럴 것이 런들레르가 카를슈타인(Karlstein)에 구금되어 있다가 돌아온 후—

아마 1919년 12월경이었지 싶은데—그와 대화를 나눈 적이 있는데, 그 대화에서 그가 내게 쿤에 대항하는 일종의 동맹을 제안한 것이 기억나거든요. 그때 내가 원칙적인 대답은 전혀 하지 않았다는 사실만은 이 자리에서 분명히 말할 수 있습니다. 나는 런들레르에게 그의 주변에 있는 요제프 포가니(József Pogány)를 비롯한 다른 사람들이 쿤의 주변 사람들보다 조금도 더 낫지 않다고 말했습니다. 나는 [벨러 쿤 쪽 사람인] 벨러 바고(Béla Vágó)와 함께 일하고 싶지 않듯이 포가니와도 같이 일할 마음이 별로 없다고 말했습니다. 그 상황의 특징을 보여주기 위해, 당신도 아마 아시겠지만, 포가니가 나중에 쿤 쪽으로 넘어가버렸다는 걸 말해야겠습니다. 다른 종류의 분화도 생겨났는데, 물론 그것은 빈에서 활동 금지 상태에 있었던 망명 지도층이 모종의 방향 설정과 조직 개편에 시간을 썼기 때문에 더 촉진되었죠. 여기에서는 벨러 쿤의 방법들에 대한 의문이 아주 본질적인 출발점입니다. 그도 그럴 것이 쿤의 방법들은, 내가 나중에 알게 된 것처럼, 비록 그가 레닌을 한두 번 만나긴 했지만 레닌과 공유하는 게 지독히도 적다는 것을 보여주었거든요. 근본적으로 보자면 쿤은 지노비예프[49]의 사기꾼학교(Bartmacherschule)(?)[헝가리어 텍스트에도 의문 부호가 달린 독일어 "Bartmacher"로 적혀 있다—독일어 번역자]를 다녔어요. 그는 흑색선전과 폭력, 필요하다면 매수를 해서라도 파당과 명성을 만들었던 전형적인 지노비예프 제자였습니다. 그랬기 때문에 최초의 갈등은 뇌물 관련 일 때문에 일어났습니다. 이른바 황금 사건이었죠. 쿤이 1920년 여름에 모스크바로 가고 난 후 어느 날 일이 벌어졌어

---

49   그리고리 지노비예프(Grigori Sinowjew, 1883~1936)는 소련의 정치가이다. 1921~26년에 소련 공산당 정치국의 일원이었다. 원래 스탈린과 밀접한 관계를 가지고 있었으나 스탈린의 대숙청 시기에 처형당했다.

요. 그 이유는 모르겠지만, 나는 소련 대사관 사람 몇 명과 우연히 개인적으로 만났는데, 누군가 내게 소포 하나가 바고의 주소로 왔는데 소포 크기에 비해 무게가 너무 많이 나간다고 알려주었죠. 나는 런들레르에게 이 사실을 전했습니다. 우리 모두는 쿤이 대여섯 명의 지도적 동지들의 수중에 러시아 쪽에서 나오는 지원금이 들어가도록 하기 위해 그의 지지자들에게 돈을 보낸 게 아닐까 의심했습니다. 지금 세세한 일들을 다 나열할 순 없지만 어쨌든 우리는 라슬로 루더시도 돈을 받은 사람 중 하나가 아닐까 의심했어요. 그래서 나는 루더시를 위협해보기로 했는데, 그는 상상할 수 있는 최고의 겁쟁이 중 하나였으므로 그건 전혀 어려운 일이 아니었습니다. 당시 나와 그는 공교롭게도 같은 집에 세 들어 살고 있었어요. 나는 그 일로 어떤 나쁜 결과들이 일어날 수 있는지를 말하면서 당에서 그를 쫓아낼 수도 있을 것이라는 등의 말을 함으로써 그를 공포로 몰아넣었지요. 한마디로 말해 루더시는 나에게 완전히 속아 넘어갔는데, 내 기억이 맞다면, 그는 주화 형태로 된 5킬로그램의 금이 도착했고 바고가 쿤이 작성한 명단에 따라 그것을 나누어주었다고 자백했습니다. 루더시는 내게 자기 몫을 보여주기까지 했어요. 런들레르와 함께 우리는, 정직한 공산주의자로서 그런 문제들에 연루되지 않겠다는 이유를 대고 바고에게 돈을 되돌려주라고 루더시를 설득했습니다. 이로써 그 사건은 일단 형식적으로 종결되었지만, 그 일로 바고와 루더시 사이에 치명적인 불화가 생겨났지요. 그 불화는 언젠가 망명 중 한 회의석상에서 폭발하게 되었어요. 언쟁 중에 그들은 금 이야기로 서로를 비방했고, 그 결과 위원회가 구성되었고, 결국 바고가 출당되는 등등의 일이 있었습니다. 이 일의 전모는 코민테른에 보고되어야 했습니다. 1921년 초에 보고가 이루어졌는데, 코민테른 3차대회 참석을 위해 갔던 헝가리 대표단은 어떤 형태로든 이 문제를 해결하라는 지시를 받았습니다. 그 일은 코민테른이 다룰 사안이 되었는데, 코민테른에서 조사위원회는 쿤에게 불리한 것들은 흐지부지 뭉개버렸습니다. 코민테른은 네 명의 쿤 지지자와 세 명—런들레르와 야노시 히로시크(János Hirosik), 그리고 나—의 런들레르파로 구성된 중앙위원회를 임명했습니다. 이 중앙위원회에서 쿤의 가장 중요한 인사는 요제프 포가니였는데, 그는 헝가리 정치를 지노비예프식 급진주의와 온갖 사이비 활동을 통해 만들려고 했습니다. 쿤이 지노비예프와 맺은 오랜 관계는 분파들의 발생에 큰 역할을 했습니다. 우리가 갈라지게 된 문제가 다름 아니라 망명지에 어떤 역할이 있다고 생각할 것인가 하는 [망명지의 역할과 관련된] 문제였거든요. 지노비예프와 생각을 같이하는 쿤은 망명지에 아주 큰 역할을 부여했습니다. 망명해 있는 사람들을 대규모로 다시 [본국에] 되돌려 보내야 한다는 말까지 있었어요.[50] 이와 관련해 런들레르는 아주 회의적인 입장을 취했습니다. 진짜 운동은 헝가리에서 진행되어야 하며, 망명지는 [외국의] 상대적으로 더 높은 이데올로기적 발전 상태를 고려하는 가운데 외국에서 헝가리 운동을 이데올로기상으로 지원하는 것 말고는 달리 할 수 있는 게 없다고 주장했습니다. 런들레르 분파가 보기에 망명지는 항상 고국의 운동에 종속되어 있었던 것입니다.

인터뷰어—근본적인 갈등은 어디에 있었습니까?

루카치—그건 노동 조합비 문제라는 매우 중요한 문제를 둘러싸고

---

50 망명객들이 운동의 차원에서 더 앞서 있으므로 본국으로 들어가 본국의 운동을 지도해야 한다는 발상에 따른 것이었다.

발생했습니다. 아마 당신도 아시겠지만, 이전의 사민당에서는, 조합비가 당비도 포함하고 있어서 실제로 조합에 가입한 사람은 모두 사민당에 당비를 납부하는 셈이었죠. 쿤과 그의 동료들은 조합원을 이런 식으로 자동적으로 사민당원으로 만드는 체계는 원칙적으로 잘못된 것이라고 선언했어요. 그들은 공산주의자들은 이런 협약을 해약하고 사민당에 당비를 납부하는 것을 거부해야 한다고 주장했습니다. 총명한 사람답게 런들레르는 그것이 헝가리에 있는 비합법 공산주의자들을 활동이 불가능한 상태로 몰아갈 것이라는 이유로 그런 주장에 즉각 반대했습니다. 비합법 공산주의자들의 경우, 두 가지 이유로 사민당에 당비 납부를 거부할 수 있을는지 모르죠. 그들은 공산주의자이기 때문에 거절한다고 하거나 혹은 "어용"이기 때문에 거절한다고 할 수 있을 겁니다. 전자의 경우라면 그들은 즉시 감옥에 가게 될 것이고, 두 번째 경우라면 당에서 그들의 입지는 불가능해질 겁니다. 우리는 헝가리 공산주의자가 노동운동 안에서 합법적으로 활동하려고 한다면 이런 가입비를 지불해야 한다는 견해를 옹호했습니다. 포가니가 수단방법을 가리지 않고 이 종파적이고 적절치 못한 조치를 관철시키려고 했을 때 런들레르와 히로시크, 그리고 나는 중앙위원회 회의석상에서 나와버렸습니다. 우리는 중앙위원회에서 탈퇴한다고 발표했고, 빈 당에 그 문제를 제출했지요. 이것이 바로 당 분열의 본질이었습니다. 쿤과 그의 동료들이 그 결정이 신문지상에 공개되어야 한다고 요구했을 때, 런들레르 분파는 탈퇴해서 곧 반대 입장의 신문을 만들었지요.

인터뷰어─런들레르 분파는 그 당시 자신들의 조직적 틀을 가졌고 지도부가 있었......

루카치─물론입니다.

인터뷰어─아주 흥미롭네요, 그렇게 중요하고 완전히 실천적인 문제로 분파들이......

루카치─런들레르는 자신을 공산주의자들의 지도자로서 세상에 선전할 수 있는 어떤 프로그램도 만들지 않았습니다. 런들레르는 헝가리의 운동을 소생시킬 수 있는 실천적 가능성들에만 전적으로 주의를 기울였어요. 이런 점에서 그는 쿤과는 다른 인물이었으며, 그 점이 내가 그의 충실한 지지자가 된 이유지요. 런들레르의 그런 태도는 내게 매우 깊은 인상을 주었고, 그때부터 나는 모든 문제에서 런들레르의 열렬한 지지자가 되었습니다.

인터뷰어─쿤이 어떻게 금을 가질 수 있었습니까? 코스톨라니가 그의 소설 『사랑스러운 안나』(Anna édes)의 시작 부분에서도 그것을 암시했다는 소문이 있었어요. 쿤이 헝가리로 넘어갔을 때......

루카치─아뇨, 아닙니다. 그런 동화 같은 이야기는 나중에 생긴 것입니다. 그들은 러시아 혁명 중에 징발을 통해 금을 얻었습니다. 즉, 쿤의 지지자들 혹은 그들 중 한 그룹이 그 어딘가에서 금을 징발한 다음엔 그걸 간단히 훔쳤던 거죠. 한마디로 말해서 2.5kg의 금이 쿤이 사적으로 처분할 수 있게 그의 수중에 있었던 겁니다. 나는 러시아 빨치산들도 약탈하고 도둑질했다고 확신합니다. 모든 것을 항상 넘겨주기만 하는 빨치산이란 전 세계에 존재하지 않습니다.

인터뷰어—그 무렵에 출판되었던 『역사와 계급의식』과 그 책에 대한 국제적 평판은 헝가리당의 분파투쟁에 아무런 영향도 미치지 않았습니까?

루카치—글쎄요, 지노비예프와 쿤이 당내의 내 위치를 깎아내리려고 그 책에 대한 논의를 이용했다는 점에서는 영향을 미쳤다고 할 수도 있겠네요. 그렇지만 헝가리 운동 내에서 그 일에 신경 쓴 사람은 없었어요. 그래서 『역사와 계급의식』은 헝가리 운동 노선의 측면에서 보자면 내게 아무런 심각한 결과도 가져오지 않았습니다. 물론 루더시가 그 책을 공격하는 글을 썼다는 점에서는 영향이 있었지만요. 그런 식으로 비판은 분파적 성격을 띠었습니다. 모든 쿤 지지자들은 그 책을 공격하는 것을 자신들의 의무로 여겼습니다. 모스크바 시절에 생긴 아주 기분 좋은 일화가 하나 있어요. 모스크바에서 열린 헝가리인들의 한 모임에서 루더시와 그의 동료들은 『역사와 계급의식』에다 날카로운 공격을 퍼부으면서, 루카치 동지는 관념론자라고 말했습니다. 그때 런들레르 분파에 속했던 빈 출신 제철 노동자가 일어서서, 물론 루카치 동지는 루더시 동지처럼 자기 육신의 안락만을 생각하지 않는다는 점에서 관념론자이지요, 라고 말했습니다. 그것이 [논쟁의] 수준이었습니다. 후세에 전해줄 만한 가치가 없어요.

인터뷰어—쿤 분파는 모스크바에, 런들레르 분파는 빈에 모였습니까?

루카치—런들레르 분파는 처음엔 빈에만 있었죠. 나중에 빈에서의 망명이 불가능하게 된 뒤엔 예컨대 예뇌 함부르거는 모스크바에,

줄러 렌젤은 베를린에 정착했고, 그래서 거기에서도 그런 중심들이 생겨났죠. 그러나 쿤 분파의 본거지는 당연히 모스크바에 있었습니다.

인터뷰어—루카치 동지, 이런 분파 투쟁이 당신의 삶과 창작에 얼마나 영향을 미쳤나요?

루카치—내가 본질적이라고 생각하는 것은, 우리 모두가 메시아주의적인 종파분자들이었다는 점입니다. 우리는 임박한 세계혁명을 믿었습니다. [하지만] 헝가리의 활동은 실제 존재하는 헝가리의 문제들을 중시하는 런들레르의 현실주의에 의해 규정되었습니다. 이로 인해 일종의 이원론이 생겨났어요. 우리는 국제적으로는 메시아주의적 종파분자들이었던 반면에 헝가리의 관심사에서는 현실주의 정치가들이었죠. 이런 이원론은 「블룸-테제」에서 헝가리의 현실주의가 승리함으로써 마침내 끝났습니다.

인터뷰어—쿤 분파는 순수하게 메시아주의적인 관념을 갖고 있었습니까?

루카치—쿤 분파와 더불어—이건 물론 복잡한 문제인데—일반적인 종파주의가 시작되었습니다. 그것은 일종의 메시아주의적 종파주의였습니다. 여기에는 가령 롤랜드 홀스트[51] 같은 사람들이 속했지요. 모스크바에서, 코민테른에서 지노비예프와 더불어 관

---

51 아마도 네덜란드의 시인이자 공산주의 혁명가였던 헨리에터 롤랜드 홀스트 (Henriette Roland Holst, 1869~1952)를 말하는 듯하다. 네덜란드 공산주의 운동의 터전을 닦은 그녀는 1930년부터는 '종교적 사회주의'로 전향했다.

료주의적 종파주의가 형성되기 시작했습니다. 그리고 이 종파주의가 전반적으로 쿤 분파에 의해 대변되었습니다. 예를 들면, 당시 러시아 도처에서 흩어져 살고 있었던 모든 전쟁 포로를 일제히 헝가리로 되돌려 보내서 비합법 당의 토대로 이용해야 한다는 계획이 있었어요. 모스크바에서 돌아온 모든 사람은 엄격한 경찰 감시를 받아야 했으므로 그 계획은 말도 안 되는 것이었습니다. 그것은 대중정당을 천천히 차근차근 만드는 게 아니라 단숨에 만들 수 있다는 전제에서 나온, 터무니없는 관료주의적 구상이었습니다.

인터뷰어—인터내셔널은 그런 계획들에 얼마나 관여했습니까?

루카치—인터내셔널에서 쿤은—그 당시 인구(人口)에 회자되곤 했던 대로—지노비예프의 사환이었습니다. 그리고 지노비예프는 모든 면에서 쿤을 지원했고요.

인터뷰어—그러면 런들레르 분파의 활동이 가능했던 것은 어떤 연유에서인지요?

루카치—거기에는 런들레르 분파가 옳았다는 유감스러운 사정이 있었지요. 당시의 코민테른에서 이 점은 모종의 역할을 했습니다. 그 결과, 원칙상의 결정들에서는 런들레르 분파가 늘 정당성을 인정받았지만 중앙위원회에서는 쿤과 그의 일파가 이기는 일이 벌어졌습니다. 이 영역에서 지노비예프식 정치는 그런 모양이었지요.

인터뷰어—루카치 동지, 『역사와 계급의식』과 관련해서 오늘날 현안이 되는 질문을 해도 되겠지요. 현재 이 책이 미치고 있는 국제적 영향에 대해서 어떻게 생각하시는지요?

루카치—그 책은 어느 정도는 가치가 있어요. 그 책에는 당시 마르크스주의가 회피했던 문제들도 제기되어 있으니까요. 소외 문제가 그 책에서 처음으로 제기되었고, 레닌의 혁명이론을 마르크스주의의 전체 구상에 유기적으로 통합시키려는 시도를 하고 있다는 점은 일반적으로 인정된 것입니다. 그 책 전체의 기본적인 존재론적 오류는, 내가 사회적 존재만을 존재로 인정하고 있다는 점, 그리고 자연변증법을 거부한 까닭에 무기적 자연에서 유기적 자연을 도출하고 유기적 자연에서 노동을 거쳐 사회를 도출하는 마르크스주의의 저 보편성이 『역사와 계급의식』에는 완전히 결여되어 있다는 점입니다. 우리가 앞서 얘기한 메시아주의적 종파주의가 전체 사회적·정치적 견해 속에서 커다란 부분을 차지하고 있다는 점도 덧붙여 말해야겠지요.

인터뷰어—이 책이 현재 다시 큰 영향력을 갖게 된 것은 이 후자 덕분일까요?

루카치—그렇다고 생각합니다. 하지만 마르크스주의의 철학적 문헌이 거의 없다는 사실이 이 책이 영향력을 갖는 이유의 일부일 수 있습니다. 『역사와 계급의식』에 담긴 그 모든 오류에도 불구하고 그 책은 요즈음 부르주아 측에서 마르크스에 대해 멋대로 휘갈겨 쓴 다른 수많은 글보다 여전히 더 지적이고 더 훌륭합니다.

인터뷰어—프랑스에서 68년 사태 후에 아주 많은 대학생이 『역사와 계급의식』을 읽는 것을 보았습니다. 학생 지도자 중 한 사람은 자신이 가장 좋아하는 세 권의 책 중 하나가 『역사와 계급의식』이라고 고백하기도 했습니다. 『역사와 계급의식』은 혁명 의지 속에서 구체적인 정치적 힘들을 거부할 때 표현되는 것과 같은 심리에 잘 어울립니다.

루카치—계급의식의 문제를 다루는 곳에서 관념론적 요소도 나타나고, 이에 따라 마르크스주의의 존재론적 유물론이 나의 이후 작업들에서보다 희박합니다. 그래서 부르주아 독자도 자연스럽게 그 책에 접근할 수 있는 것이겠지요.

인터뷰어—「블룸-테제」는 어떻게 쓰시게 된 건지요? 왜 「블룸-테제」라고 불립니까?

루카치—블룸은 당시 운동에서 나의 가명이었습니다.

인터뷰어—「블룸-테제」를 쓰게 된 배경은 무엇이었습니까?

루카치—[헝가리 공산당] 2차 당 대회가 준비되고 있었을 때에 당의 정치적·사회적 전략을 정식화하라는 임무를 받았습니다. 그래서 「블룸-테제」를 썼습니다. 알다시피 이 테제는 당시 쿤에 의해 아주 확실하게 거부당했습니다. 마누일스키[52]와 관련된 아주 재미난

---

52 드미트리 마누일스키(Dmitri Manuilski, 1883~1959)는 1921~23년 우크라이나 공산당 제1서기로 활동했으며, 1929년부터 1934년까지 코민테른을 이끌었다.

일화를 이미 말했는지 모르겠습니다만, 그 일화는 코민테른이 당시 어떤 원칙적 수준에 있었는지를 분명하게 보여줍니다. 내가 비합법 임무로 부다페스트에 머물러 있었을 때 베를린에서 집행위원회 회의가 소집되었어요. 그 회의에 레버이도 참석했는데—내 정보는 레버이에서 나온 것입니다—거기에서 마누일스키가 개회사를 하면서 헝가리 당의 업적을 강조하지 않을 수 없다고 말했답니다. 코민테른은 6차 대회에서 민주주의 독재의 문제를 건성으로 제기했는데, 헝가리 당은 이를 위한 진지한 결정을 이미 내린 바 있다고 말입니다. 다음 날 아침 회의석상에서 마누일스키는, 「블룸-테제」와 같은 그런 청산주의적인 수정주의적 경향이 우리에게 유포된다면 끔찍한 일이라고 말했어요! 그 사이에 모스크바로부터 전보를 받았던 게 분명했지요.

인터뷰어—전보를 통해 조종하는 건 꽤 유구한 전통을 지닌 듯이 보이네요.

루카치—전적으로 맞는 말입니다. 그 당시의 헝가리 지도자들은 레닌의 제자들이었다고 하는 완전히 추상적인 범주에서 출발하기 때문에 우리가 항상 잊게 되긴 하지만, 잊어서는 안 될 게 있지요. 실제로는 헝가리에 레닌의 제자가 단 한 명도 없었다는 사실 말입니다. 쿤과 그의 추종자들은 지노비예프 주변 사람이었고, 지노비예프의 인터내셔널에서는 나중에 스탈린도 넘겨받게 되는 어떤 경향들이 이미 작동하고 있었죠. 마누일스키 일화에서 분명히 드러나는 그런 일처리 방식은 지노비예프와 쿤 일파의 특징적 면모를 보여줍니다. 쿤을 레닌의 제자라고 보는 것은 우스운 일입니다. 레닌은 쿤을 극히 안 좋게 생각했고, 그에게 큰 관심도 없었어요. 공평하려면, 레닌은 나도 아주 안 좋게 생각했다는 말을 지금 해야겠지요. 여기서는 어떤 것도 꾸며서는 안 됩니다. 레닌은 의회주의를 다룬 내 글에 대해서 아주 혹독하게 자신의 의견을 말했습니다. 레닌은 쿤을 지노비예프의 제자로 보았던 반면, 나를 단순한 극좌파로 여겼습니다.[53]

인터뷰어─레닌이 헝가리 당원 중 특별히 쳐준 사람이 있었나요?

루카치─내가 알기로는 없습니다.

인터뷰어─레닌이 죽은 뒤에 소련 당에서 시작된 분파 투쟁이 헝가리 당의 논의에도 어떤 영향을 미쳤습니까?

루카치─별로 그렇지 않았어요. 쿤이 지노비예프파였기 때문에, 헝

163 삶으로서의 사유: 게오르크 루카치와의 대담

---

53 1920년에 작성한 「공산주의」("Kommunismus")라는 제목의 글에서 레닌은, 헝가리의 공산주의자 "G. L."(=게오르크 루카치)과 "B. K."(=벨러 쿤)가 잡지 『공산주의』에 실은 글을 비판했다. 그 글에서 레닌은 그 잡지가 "공산주의에서 나타나는 '좌파 급진주의'의 소아병"(153면)을 앓고 있다고 비판하면서, 루카치가 『공산주의』 6호(1920년 3월 1일)에 발표한 「의회주의 문제에 관하여」("Zur Frage des Parlamentarismus")에 대해 다음과 같이 논평한다. "G. L.의 논설은 아주 급진적이고 아주 나쁜 논설이다. 거기에서 마르크스주의는 말로만 마르크스주의(ein Marxismus der bloßen Worte)다. (…) 매우 특정한 역사적 상황에 대한 구체적 분석이 빠져 있으며, 가장 본질적인 것이 (…) 고려되지 않은 채 있다"(153~4면). 이어서 헝가리 공산당의 지도자였던 벨러 쿤을 비판하는데, 그 과정에서 "그[벨러 쿤-인용자]는 마르크스주의의 가장 내적인 본질이자 살아 있는 영혼, 즉 구체적 상황의 구체적 분석을 회피한다"(154면)고 지적한다. 인용한 곳은, W. I. Lenin, "Kommunismus"(1920), *Lenin Werke*, Band 31, Berlin/DDR: Dietz 1978(7쇄), 153~155면. 인터넷 문서로는 http://theoriealspraxis.blogsport.de/andere/lenin-ueber-lukacs-und-bela-kun/ 참조.

가리 당에서 스탈린에 대한 모종의 호감이 생겼던 정도였습니다. 내게도 그런 호감이 생겼다는 말을 덧붙여야겠네요.

인터뷰어—그 당시에는 스탈린과 지노비예프가 연합해서 트로츠키에 맞섰지요. 그렇지 않습니까?

루카치—예. 그들은 반(反)트로츠키 전선에 같이 있었지요. 그렇지만 그 당시에 벌써 스탈린과 지노비예프 사이에 갈등의 조짐이 보였습니다. 내가 스탈린이 도모한 반(反)지노비예프 노선을 어느 정도 공감하면서 따랐을 때 쿤에 반대하는 내 입장이 모종의 역할을 했다는 것을 말해야겠군요.

인터뷰어—헝가리 당에는 트로츠키의 중요한 지지자가 없었습니까?

루카치—트로츠키주의는 헝가리 당에서는 아주 미미했어요. 트로츠키 분파는 없었습니다.

인터뷰어—「블룸-테제」의 운명이 소련 당과 지노비예프가 이끈 인터내셔널 사이의 갈등에 의해 영향을 받았습니까?

루카치—그랬다고는 생각하지 않습니다. 레버이가 쿤에게 보낸 편지가 그 상황의 특징을 아주 잘 보여준다고 생각합니다. 그 편지에서 레버이가 「블룸-테제」에 관해 설명하기를, 자신은 「블룸-테제」에 동의하지 않지만 그 테제는 쿤의 노동조합 테제를 거부한 뒤 헝가리 사회주의 노동당(USAP)을 건설했던 런들레르의 정책을 이로정연하게 표현했다고 했어요.[54] 「블룸-테제」는 런들레르 노선의 이론적 요약으로 간주되어야 한다는 말이었지요.

인터뷰어―레버이가 「블룸-테제」에 동의하지 않았던가요? 그는 런들레르 분파에 속했잖아요.

루카치―그는 런들레르 분파의 일원이었습니다. 그러나 런들레르는 1928년에 죽었죠. 그의 죽음 후 「블룸-테제」가 런들레르 분파의 소멸을 가져왔다고 말할 수 있을지도 모르겠네요. 분파의 이론가들―레버이와 다른 동지들―은 헝가리 운동이 헝가리 사회주의 노동당 노선 위에서 이루어져야 한다는 견해에 반대했습니다. 그들은 위로부터, 즉 모스크바의 직접 지도에 따라 운동을 하려했던 쿤의 노선으로 넘어가버렸어요. 그리하여 레버이와 당시 아주 재능 있는 젊은이였던 율리우시 하이가 런들레르 분파를 떠났던 겁니다.

인터뷰어―레버이가 런들레르 분파와 갈라설 것이라는 조짐이 그 이전에도 있었습니까?

루카치―레버이 같은 사람의 경우에는 정확하게 언제 어디서 갈라서게 될지 말하기가 아주 어렵습니다.

인터뷰어―그때부터 당신은 모스크바에 있던 레버이와 관계를 끊

---

54 1924년 11월, 빈에 있던 헝가리 공산당의 결정에 따라 헝가리 사회주의 노동당이 1925년 4월 14일에 세워졌다. 이 노동당은 빈에서 활동하던 비합법 공산당과 활동을 같이하는 헝가리 내의 합법적 동반자 당이 되었다.

었습니까?

루카치―관계가 끝나지는 않았지만, 완전히 변해버렸죠.

인터뷰어―혹시 레버이-비극이 여기에서 시작된 겁니까?

루카치―한편으로 레버이는 아주 극단적인 관점을 지니고 있었어요. 『역사와 계급의식』을 충분히 급진적이지 않다는 이유로 비판한 단 한 명의 평자가 있었는데, 그가 바로 레버이였음을 기억하신다면 알 수 있는 일이죠. 그 평문은 『그륀베르크-문서고』(Grünberg-Archiv)[55]에 실려 있어요. 다른 한편, 자신은 헝가리의 상황이 어떻게 변하든 간에 헝가리 당의 지도부에 있어야 할 헝가리 정치가가 되기로 하늘이 점지했다는 의식이 그 시기 레버이에게 자라났습니다. 그래서 그는 아무리 큰 희생이라도 감수해야 한다고 믿었는데, 여기에 레버이-비극이 있는 거죠.

인터뷰어―그렇다면 여기에서 그의 비극이 시작된다고 한 제 말이 크게 틀리진 않았군요. 외부의 통제를 받는 망명 당을 건설해야 한다는 노선으로 넘어가자마자, 그는 이후의 자신의 역할이 외부에서, 위에서 조정하는 것이라고 생각했던 것이지요.

---

55 정확한 제목은 『사회주의와 노동운동의 역사를 위한 문서고』(Das Archiv für die Geschichte des Sozialismus und der Arbeiterbewegung)이다. 칼 그륀베르크(Carl Grünberg)가 창간, 1910년부터 1930년까지 발간되었다. 1923/24년부터는 〈사회조사연구소〉(Institut für Sozialforschung)의 잡지이기도 했는데, 이 역할을 1932년부터 막스 호르크하이머(Max Horkheimer)가 프랑크푸르트에서 발간한 『사회조사지』(Zeitschrift für Sozialforschung)가 계승했다. 이른바 프랑크푸르트 학파의 활동이 이와 더불어 본격화되었다.

루카치―정확합니다. 바로 그렇습니다.

인터뷰어―당신과 레버이의 개인적 관계는 아직 헝가리에 계셨을 때에 시작......

루카치―독재 전에, 특히 쿤이 체포된 뒤에 2차 중앙위원회가 구성되었을 때입니다. 레버이와 나는 『적색 신문』(*Vörös Ujság*)의 편집위원이었고, 여기에서 늘 같이 일했습니다. 그러다 보니 이미 독재 시절에 우리 사이의 개인적 관계는 아주 좋았지요.

인터뷰어―레버이가 어떤 이론적인 문제로 토론을 시작했고, 토론이 진행되는 과정에 루카치 동지에 의해서 "회심(回心)"하게 됨으로써 두 사람의 관계가 시작되었다는, 에르빈 신코의 소설에 나오는 그 일화는 사실에 근거한 것입니까?

루카치―예. 레버이가 무언가를 말했는데, 그게 뭔지는 지금 더 이상 잘 기억나지 않네요. 다만 내가 그에게 이렇게 대답했다는 건 압니다. "이봐요. 그것은 내 말이 아닙니다. 그것은 마르크스가 『정치경제학 비판을 위하여』 「서론」에서 한 말이에요." 레버이가 다음 날 찾아와서 "당신이 옳습니다"라고 말하더군요.

인터뷰어―런들레르 분파의 와해로 얘기를 되돌릴까요?

루카치―런들레르 분파가 무너진 뒤 일류급 인사들이 쿤 쪽으로 방향을 돌렸어요. 그 당시 헝가리 당 내에 샨도르 세레니를 중심으로 한 분파가 생겨났기 때문이었죠. 쿤 쪽으로 이렇게 향했다가 그로부터 일종의 이행기가 생겨났는데, 그 이행기는 제7차 코민 테른 대회 및 거기에서 나온 정책과 더불어 끝이 났습니다. 이를 통해 「블룸-테제」가 옳았다는 게 완전히 확인되었지요.

인터뷰어—샨도르 세레니가 대변한 입장은 무엇이었습니까?

루카치—그는 쿤에게 적대적이었습니다. 그는 순전히 헝가리의 상 황에만 근거를 둔, 결코 유지될 수 없는 입장을 주장했습니다.

인터뷰어—그 분파는 심각하게 대해야 할 만한 것이었나요?

루카치—심각하게 대해야 할 분파였습니다. 그 분파는 [코민테른] 3 차 대회 후에 권력을 넘겨받았고, 권력을 잡고는 온갖 짓을 다했 어요. [그래서] 가령 레버이는 세레니에게 복종하느니 호르티[56]의 감옥에 갇히는 게 낫다고 주장했는데, 게르트루드에게도 그런 말 을 한 적이 있었어요. 그 후 그는 헝가리로 갔고, 발각되어 감옥에 서 약 2년 반을 보냈죠.

인터뷰어—루카치 동지, 「블룸-테제」 이후의 상황이 당신의 이력에 미친 영향은 어느 정도였나요?

루카치—「블룸-테제」까지 나는 헝가리 당의 당원이었습니다. 따 라서 그러한 처지가 나의 과제영역을 폭넓게 규정했습니다. 진 정한 혁명이 문제인 한에서는 프롤레타리아 혁명과 부르주아 민

---

56 당시 헝가리는 해군 제독이었던 미클로시 호르티(Miklós Horthy)가 섭정(攝 政)으로 통치하는 체제였다.

주주의 혁명이 만리장성에 의해 분리되지 않는다는 사실[57]—이것이 「블룸-테제」에서 본질적인 것입니다—을 깨달았던 「블룸-테제」 이후에 나는, 내가 자유롭게 움직일 수 있었던 분야, 윤리적으로 이러한 민주적 영역이 주어져 있었던 분야에 발을 들여놓았습니다. 한 가지 사실을 털어놓아야겠군요. 「블룸-테제」를 작성한 뒤에 나는 한편으로는 내가 정치가가 아니라는 것을 깨달았어요. 정치가라면 그런 시절에는 「블룸-테제」를 쓰지 않았거나, 적어도 발표는 하지 않았을 것이기 때문입니다. 다른 한편으로는 프롤레타리아 혁명이 고립된 사건이 아니라 역사적인 과정의 완성임을 그 테제를 쓰면서 파악하게 되었지요. 그런 점에서 「블룸-테제」에는 좋은 측면이 있어요. 그것은 민주주의로 향한 이데올로기적 발전의 길을 연 것이니까요. 중요하게 인식된 이 문제에서 재량권을 갖기 위해 나는 헝가리 노선에 완전히 굴복했습니다. 나는 「블룸-테제」와 관련해서 벨러 쿤에게 승리를 베풀어 주고 싶진 않았어요. 그는 「블룸-테제」를 국제적인 문제로 만들 수 있었는데, 그렇게 되는 것을 나는 원치 않았습니다. 결국 그 사건은 헝가리의 문제로 축소되었던 반면, 나의 전체 철학의 내용은 변했습니다. 나는 헝가리 노선에서 독일 내지는 러시아 노선으로 넘어갔습니다.

인터뷰어—『청년 헤겔』은 「블룸-테제」의 연속이다, 라고 하면 좀 과장된 말일까요?

루카치—내 경우에 모든 것은 무언가의 연속입니다. 나의 발전에는

---

57 레닌이 「프롤레타리아 혁명과 배반자 카우츠키」(1918)에서 처음 제기한 것이며, 루카치의 「블룸-테제」는 이를 이어받았다.

비유기적 요소란 없다고 생각합니다.

인터뷰어―자본주의 사회의 혁명적 시기에 관한 당신의 연구가 프롤레타리아 혁명과 부르주아 혁명 사이에 만리장성이 없다는 인식과 관련이 있을 수 있다는 것을 말하려 했을 뿐입니다.

루카치―그렇습니다. 그 점에서 당신 말은 전적으로 옳습니다. 나는 그 문제의 이데올로기적인 측면을 탐구하기 시작했는데, 그게 나중에 내 연구의 중심이 되었지요.

인터뷰어―이 기간 중에도 비합법적으로 헝가리에 계신 적이 있다고 전에 말씀하셨는데요.

루카치―1929년입니다.

인터뷰어―어떤 임무를 맡으셨는지요?

루카치―나는 운동을 지도해야 했습니다. 외무위원회 위원은 3개월씩 교대로 헝가리에 가서 운동을 직접 지도했어요. 쿤이나 런들레르만이 여기에서 예외다, 그들은 헝가리로 가면 안 된다, 는 생각이 망명자들 사이에서 전반적으로 만연해 있었죠. 나도 그렇게 예외로 취급되기를 바라는 그룹이 망명지에 있었어요. 그러나 그렇게 하면 쿤 쪽의 큰 저항에 부딪혔을 것이기 때문에 나는 이 문제에서 내 친구들의 생각에 동의할 수 없었습니다. 한편으로 나는, 충분히 주의하고 우연히 첩자와 마주치지 않는다면 체포되지 않을 수 있을 거라고 생각했습니다. 다른 한편으로, 설사 체포되더라도 내 경우에는 수많은 국제적 저항이 있어서 사형은 당하지 않을 것이라고 생각했습니다.

인터뷰어─헝가리에서 3개월을 보냈죠?

루카치─예. 3개월입니다.

인터뷰어─비밀 숙소와 그 밖의 것을 빈에서 준비해주었습니까?

루카치─예. 모든 것은 빈에서 준비해주었습니다. 하지만 모든 것이 안 좋게 준비되었어요. 가령, 숙소의 시설은 아주 좋았습니다. 하지만 그것은 도심에 위치해 있었는데, 『서구』의 편집실에서 엎어지면 코 닿을 만한 거리밖에 되지 않았습니다. 결국 나는 거기에 있을 수가 없었어요. 여기에 나의 여사촌으로 위장한 접선책이 있었습니다. 세게드(Szeged)에서 그녀 삼촌의 유언장과 관련해 지저분한 일들이 벌어져 그녀 어머니가 완전히 낭패 났다, 세게드에 가서 그 문제를 해결할 수 있는 사람은 나밖에 없다, 는 소식을 가지고 완전히 흥분한 채 오후에 내게 오라고 그녀에게 지시했지요. 나는 그런 사정을 집주인에게 이야기했고, 만반의 준비를 위해 한달치 방세를 미리 주었습니다. 그래서 다음 날 사촌이 나를 데리러 와서 세게드로 가는 기차를 타는 데까지 나와 동행할 것이라는 이야기를 완전히 믿도록 했죠. 물론 그 사이에 작은 사고도 있었어요. 그 상황에서 내가 냉정을 잃지 않았던 것에 자부심을 느끼므로 그 얘기를 하도록 하지요. 저녁에 집주인이 내 방에 와서 말하길, 같이 살았던 조카가 그녀의 장롱을 뒤져서 이러저러한 액수의 돈을 훔쳤다, 그래서 이미 경찰에 알렸다는 거예요. 아주 재미있는 일이었죠. 더 웃기는 것은, 집주인이 우연히도 쉬바이니처[58]의 사촌이었고, 따라서 자연스레 쉬바이니처에게 갔다는 거예요. 집주인은 내가 자기 조카에게서 수상쩍은 점을 눈치 채지 못했느냐고 물었어요. 그래서 나는 그녀에게 다음과 같이 대답했습니다. "부인, 도대체 우리가 어떤 세상에 살고 있는 겁니까? 저는 여기 부인 집에 들어와서 하녀가 믿을 만한지 아닌지 여쭈어본 적이 없습니다. 당신이 보시다시피 저는 장롱에 열쇠를 꽂아둡니다." 나는 장롱 쪽을 가리켰죠. "부인, 당신이 누군가를 믿을 만하다고 말씀하시면 저는 그 사람을 완전히 믿기 때문에 열쇠를 꽂아두는 겁니다. 그런데 이제 와서 제가 부인 조카에 대해 의심을 가져야 한다고 하시는 건가요? 도대체 우리가 어떤 세상에 살고 있는 겁니까?" 그러자 그녀는 한탄했고, 그다음에는 만사가 순조로웠습니다. 그 일을 그렇게 잘 처리한 것을 자랑스럽게 생각합니다.

인터뷰어—당은 당신이 일등차로 여행하기를 원했다고 예전에 말씀하신 적이 있었는데요.

루카치—그건 완전히 멍청하고 바보 같은 짓이었어요. 무조건 그렇다는 건 아니지만요. 졸탄 산토 같은 사람들은 아무 일도 없이 빈에서부터 침대차로 태연히 여행할 수 있었으니까요. 그러나 내가 침대차를 탔더라면 나를 당장 알아볼 옛날 학교친구나 그 비슷한 사람을 언제 만날지 알 수 없어 조마조마했을 겁니다.

---

58 쉬바이니처(Schweinitzer)는 당시 부다페스트 경찰국의 부국장이었고 정치 담당 책임자였다.

인터뷰어—그래서 삼등차가 더 나았다는 말입니까?

루카치—난 프레스부르크(Preßburg)에 갔고 거기서부터 집까지 베를린-부다페스트 급행열차의 삼등차를 탔습니다.

인터뷰어—그곳에서 처리한 일은 무엇이었나요?

루카치—나는 여러 그룹의 지도자를 8~10명쯤 만났습니다. 그 지역 중앙위원회 회의들에 참석했고, 그곳에 있었던 그 3개월 동안 그곳의 일들을 실제로 지도했습니다.

인터뷰어—따라서 그 체류는 어떤 의미가 있었군요.

루카치—어떤 의미가 있었지요. 그리고 비합법 활동이 사람들에 의해 물신화(物神化)되지 않았던 점도 유익한 일이었죠. 사실 비합법 활동에서 주도면밀하게 행동하면 일들을 완벽하게 처리할 수 있었습니다(물론 모든 곳에서 그렇게 되는 것은 아니었는데, 부다페스트에서는 그렇게 될 수가 없었거든요). 전부터 내가 알던 사람이 바로 그 순간에 불쑥 나타날 확률은 낮아요, 1000분의 1정도의 확률이지요. 물론 이런 가능성을 배제할 수는 없습니다. 하지만 부다페스트에는 백만 명 이상이 살고 있어서 그렇게 만날 확률은 극히 낮았습니다. 부다페스트에 머물렀을 때 대규모 체포가 벌어진 시기가 있었어요. 그때에는 정상적인 접촉을 가질 수가 없었습니다. 그래서 나는 그 당시 신문을 제작하던 임레 설러이에게 이러저러한 날 10시 5분에 이러저러한 거리 모퉁이에서 만나 원고를 주겠다고 전했습니다. 10시 5분에 그 길 모퉁이에서 설러이를 만나 그에게 파일을 넘겼죠. 그리고 나서 그는 오른쪽으로 가고 나는 왼쪽으로 가면 아무도 의심하지 않았습니다. 그런 식으로 만나는 데에는 기술적인 문제가 있습니다. 설러이가 늦으면 체포될 위험은 열 배 이상으로 커지는 거죠. 내가 그곳에서 어슬렁거리다가 누구에게 뭔가를 건네주게 되면 눈에 확 띄게 되죠. 그런 가능성들을 고려해야 합니다. 비합법 활동가들 사이에는 또 다른 기류도 있었는데, 기차를 타려면 큰 역에 와서 타지 말고 비교적 작은 역을 이용해야 한다는 것이었죠. 나는 작은 역이 훨씬 위험하다고 생각합니다. 괴될뢰(Gödöllö)에서 빈행 급행열차를 타는 사람들이 얼마나 되겠습니까? 괴될뢰 기차역에서 빈행 급행열차를 기다리는 것만으로도 의심받기에 충분하지요. 반면에 가령 동부역에서 기차를 탄다면...... 예컨대, 나는 다음과 같은 방법을 썼지요. 나는 역 개찰구에서 차표를 미리 보여주지 않고 기차 입장권을 사서 보여줍니다. 그러면 마찬가지로 입장권을 가지고 있는 다른 동지가 내 가방을 들고 기차에 올라타서 2분 간 머물러 있습니다. 그 후 나도 기차에 탑니다. 그런 장면은 기차가 떠날 때마다 동부역에서 백 번은 일어나는 일이기 때문에 아무도 주목하지 않았어요. 모든 일이 될 수 있는 대로 눈에 띄지 않게 이루어지도록만 주의하면 됩니다. 그럴 경우에 체포될 가능성이 아주 적으니까요.

인터뷰어—1929년에 헝가리에서 만났던 공산주의자들의 이름을 말씀해주실 수 있는지요?

루카치—글쎄요, 그들은 이제 관심을 끄는 인물이 아니에요. 오늘날에도 중요한 사람 중엔 가령 샨도르 세레니를 알았어요. 좀 더 나은 다른 예를 들자면 이슈트반 프리시가 있는데, 당시 젊었을 때 비합법 신문의 편집자였지요.

인터뷰어—프롤레타리아계급의 독재가 붕괴된 것과 관련해서 우리는 순교자를 만들어낼 때 쿤이 한 역할을 얘기했습니다. 그런 활동은 그 시기 전체의 특징이었나요?

루카치—아닙니다. 나는 쿤 측에서 암시조차 하지 않았던 어떤 것을 쿤이 했다고 의심하고 있는 겁니다. 그러나 그런 생각이 쿤의 마음 뒤편에 숨어 있었다고 나 개인적으로는 확신해요.

인터뷰어—지금 율리우스 하이의 전기 한 권이 출판되어 있습니다. 나는 그 책을 읽지는 않았지만, 그 전기에는 쿤이 정치적 적수를 헝가리로 보내서 체포되어 죽게 하려 했다는 율리우스 하이의 주장이 담겨 있다고 들었어요.

루카치—전혀 있을 수 없는 일은 아닙니다. 벨러 쿤에 대해 어떤 도덕적 진술을 할 생각은 없지만, 내가 쿤의 성격을 아는 한에서 보자면…… 내 첫 아내가 그를 보고 아주 적절하게도 보트랭 같은 사람이라고 말한 것을 이미 언급했지요.

인터뷰어—그렇다면 기록이나 자료는 없고 추측만 있는 건가요?

루카치—그것은 입증될 수 없는 일입니다. 결국 나도 부다페스트로 갔고, 거기에서 무사히 돌아왔습니다. 따라서 난 그가 그렇게 고약한 짓을 했다는 게 입증되었다고는 생각지 않았습니다. 내가 고약하게 생각했던 건 쿤 자체, 도덕적 인격체로서의 쿤이었습니다.

그러나 그 사업과 관련해서는, 나 자신이 부다페스트로 가려고 애썼으니까······

인터뷰어─루카치 동지, 당신이 무사히 돌아왔다는 사실이 쿤의 호의를 입증하는 건 전혀 아니죠. 어쨌든 간에 당신은 첫날부터 숙소를 바꿔야만 했고······

루카치─우연이었습니다. 내 숙소와 관련해서 있었던 우연은 쿤의 탓으로 돌릴 수 없어요. 숙소를 정한 것은 그 지역의 사람들이었고, 그들은 나와 『서구』사이에 어떤 긴밀한 관계가 있었는지 알 수 없었을 테니까요.

인터뷰어─한마디로 율리우스 하이의 주장은 참일 수도 있고 아닐 수도 있는 거군요.

루카치─그 주장을 증명된 것으로 볼 수는 없어요. 쿤이 이른바 껄끄러운 사람들의 비합법 활동에 별로 신경을 쓰지 않았다는 것, 이것 하나는 확실해요. 그러나 그것이 정치적 확신에서 벌어진 일인지 아니면 태만이나 악의에서 벌어진 일인지를 가려낼 만한 증거는 전혀 없어요.

인터뷰어─하이가 이 이야기를 설러이와 관련해서 말한 것으로 생각됩니다.

루카치─그런 추측은 설러이와 관련해서만 정당한데, 독재 동안에 설러이는 오토 코르빈의 대리인이었기 때문이죠. 따라서 그가 체포될 경우 교수형에 처해질 것은 아주 분명했습니다. 당연히 그런 위험을 무릅써서는 안 되었습니다. 다른 한편, 셸러이가 한사코 헝가리로 가고자 했다는 것도 사실입니다. 그는 파견되었던 게 아닙니다. 지도적인 위치에 있는 사람이 헝가리에 한 번도 가지 않았을 경우 결국 헝가리 당에서 아무런 역할도 할 수 없었던 특수한 상황이 있었습니다. 내가 알기로 쿤과 런들레르만이 여기에서 예외였지요.

인터뷰어—하이의 이름이 나온 김에 말씀드리는 건데, 당신과 하이의 관계는 어땠습니까?

루카치—처음에는 하이와 우호적인 관계를 가졌습니다. 그의 첫 드라마인 『신과 황제, 그리고 농부』(Gott, Kaiser und Bauer)와 『소유』(Haben)가 내 맘에 썩 들었으니까요. 그 뒤 하이는 출세에 급급한 연극인이 되었고, 우리 관계는 완전히 냉각되었지요.

인터뷰어—그를 처음 만난 곳은 어디입니까?

루카치—모스크바입니다.

인터뷰어—1945년 이후엔 어떤 친교도 없었습니까?

루카치—1945년 이후 아무런 관계도 없었어요. 하이는 완전히 출세주의자가 되었습니다.

인터뷰어—모어(母語)가 없었고, 제대로 구사할 수 있는 언어가 없었던 그의 불운은 철학자라든가 어떤 다른 분야에서는 언제나 비극적인 건 아니지만 작가에게는 큰 타격이었을 것 같은데요. 그는 헝가리어보다 독일어를 약간 더 잘할 수 있었습니다. 하지만 무대 언어에 필요한 함축성과 광채는 하이에게 전혀 없었어요. 초기 극들에서조차 그랬습니다.

루카치─하지만 그의 초기 극들은 실제적인 갈등을 담고 있었어요. 『소유』에 진지한 갈등이 있는 것은 분명합니다. 당신은 그 당시에 헝가리의 드라마가 어떤 지경이었는지 잊어서는 안 됩니다. 하이의 작품은 당시에는 굉장한 것이었어요.

인터뷰어─지금도 굉장한 것일지 모르지요. 오늘날 극작품들에도 갈등이 빈약합니다.

루카치─헝가리의 극작품에는 갈등이 없어요. 그 당시 하이의 등장은 헝가리 드라마의 상황에서 하나의 진정한 전환점을 의미했어요.

인터뷰어─헝가리에 불법적으로 갔다 온 뒤에는 어디에서 사셨습니까?

루카치─「블룸-테제」 뒤에 [헝가리 공산당] 2차 당 대회에 참석하기 위해 모스크바에 갔다가……

인터뷰어─모스크바를 처음 방문한 것은 언제였습니까?

루카치─1921년에 열린 코민테른 3차 대회 때 처음 모스크바에 갔습니다. 물론 대회가 열렸던 몇 주 동안만 있었죠. 그러나 [헝가리 공산당] 2차 당 대회 뒤에는 일 년 이상 그곳에 머물렀어요. 거기서 나는 독일로 갔고 히틀러가 권력을 잡은 뒤에 다시 소련으로 돌아와서 해방이 될 때까지 머물렀지요.

인터뷰어—모스크바에 처음 꽤 오래 머무르셨을 때는 어디서 일하셨나요?

루카치—〈마르크스-엥겔스 연구소〉에서 일했습니다. 헝가리와 관련된 「블룸-테제」에 대해서는 이미 얘기했지요. 그런데 그 결과로 아주 흥미로운 발전이 이루어졌습니다. 지금 스탈린 시대를 고찰한다면, 현재 통상적으로 이루어지는 것보다 훨씬 더 엄격하게 스탈린주의의 실제 잔재들을 조사하고 청산해야 하는 게 당연합니다. 그러나 다른 한편으로, 스탈린이 말했던 것은 전부 잘못된 것이고 반(反)마르크스주의적인 것이었다고 생각한다면 그것은 편견입니다. 이 점을 내가 소련에 처음으로 꽤 오랫동안 머물러 있었을 때인 1930년에 일어난 논쟁, 즉 스탈린이 데보린[59]과 그 학파에 반대해 개시했던 이른바 철학논쟁과 관련지어 지금 말하겠습니다. 물론 나중에 분명해진 스탈린주의의 수많은 특징도 이 논쟁에서 모습을 드러냈지만, 그럼에도 불구하고 스탈린은 나의 발전

---

59 아브람 데보린(Abram Deborin, 1881~1963)은 소련의 마르크스주의 철학자이다. 볼셰비키와 멘셰비키 사이를 오가다가 1928년부터 공산당원이 되었다. 1926~30년, 잡지 『마르크스주의의 깃발 아래로』의 편집 책임자로 일하면서 기계적 유물론을 비판했지만, 철학을 실천과 분리하고 마르크스주의 철학의 레닌적 단계를 과소평가했다는 등의 이유로 비판받게 된다. 1931년 1월 『마르크스주의의 깃발 아래로』에 대한 당 중앙위원회의 결의에 기초하여 데보린과 그 집단에 대한 비판이 행해졌다.

에서 아주 긍정적인 역할을 했던 지극히 중요한 입장을 대변했습니다. 스탈린은 그 당시 러시아에서 아주 중요했던 이른바 플레하노프[60]의 정통성을 공격했거든요. 그는 플레하노프를 마르크스의 매개자인 위대한 이론가로 보아야 한다는 주장에 반대했습니다. 스탈린은 오히려 마르크스주의의 마르크스·레닌 노선이―그리고 암암리에는 스탈린의 노선도―타당하다고 주장했습니다. 이 논쟁에서 스탈린이 노린 주된 목적을 생각해보면 그것은 당연히 스탈린주의적인 사고이지만, 그 사고가 내게는 아주 중요한 결과를 낳았어요. 즉, 플레하노프에 대한 스탈린의 비판을 보면서 프란츠 메링[61]도 그렇게 비판할 수 있겠다는 생각을 하게 되었습니다. 플레하노프와 메링은 사회·경제적 문제들 이외의 것이 논의되는 한 마르크스를 보충하는 게 필요하다고 생각했으니까요. 메링은 칸트 미학을, 플레하노프는 본질적으로 실증주의적인 미학을 마르크스 이론과 접합했다는 것을 당신은 기억하실 겁니다. 나는 플레하노프-정통성에 맞선 스탈린의 투쟁을, 마르크스주의는 다른 것들도 나란히 자리 잡고 있는 사회·경제적 이론이 아니라 하나의 보편적 세계관이라는 관점을 함축하고 있다고 해석했습니다. 이에 따라 마르크스주의가 칸트나 다른 곳에서 가져오지 않은 독자

---

60 기오르기 플레하노프(Georgi Plechanow, 1856~1918)는 러시아 마르크스주의의 이론적 토대를 닦은 혁명가이자 철학자이다. 레닌과 함께 혁명적 마르크스주의 신문 『이스크라』를 발간했으나 이후 멘셰비키에 가담함으로써 레닌과 갈라선다.

61 프란츠 메링(Franz Mehring, 1846~1919)은 독일의 좌파 언론인이다. 1880년대에 마르크스 저술에 대한 연구를 통해 마르크스주의자가 되고, 1891년 사민당에 입당하여 사민당의 주간지 『신시대』에 많은 글을 발표했다. 이후 모스크바 사회과학학술원 회원으로 선출되고 독일 공산당 창당에 참여했다. 메링은 본업이 언론인이지만 활발하게 저술활동을 펼쳐서 역사, 철학, 문학 등 여러 분야에 걸친 방대한 저술을 남겼다. 그의 주저로 꼽히는 『레싱 전설』이 번역되어 있다.

적인 마르크스 미학도 반드시 존재한다고 생각했지요. 이런 생각을 미하엘 리프쉬츠[62]와 내가 그 당시에 함께 다듬어냈어요. 그때 난 〈마르크스-엥겔스 연구소〉에서 리프쉬츠와 같이 일하고 있었습니다. 이후에 이루어진 우리의 발전 전체는 이런 생각을 다듬는 것으로 이루어졌어요. 오늘날 철학사에서 통용되는 단언은 아니지만, 우리가 마르크스적 체계를 보충하는 이런저런 미학이 아니라 특수하게 마르크스적인 미학을 말한 첫 번째 사람들이었던 건 사실입니다. 미학이 마르크스적 체계의 유기적 부분을 이룬다는 생각은 마르크스와 라쌀[63] 사이에 벌어진 지킹엔 논쟁에 관해 쓴 내 글[64]에 담겨 있으며, 리프쉬츠가 청년 마르크스에 관해 쓴 초기 작품[65]에도 담겨 있습니다. 이러한 기반 위에서 우리는 마르크스적 미학이 존재한다는, 그리고 이러한 미학을 발전시킬 때 마르크스에서 출발해야 한다는 생각을 확대·발전시키기 시작했습니다. 우리의 다른 사안들과는 달리 이 생각은 흥미롭게도 러시아에서

---

62 미하엘 리프쉬츠(Michail Lifschiz, 1905~1983)는 독일 고전 미학의 연구와 마르크스·레닌의 예술론을 재구성하는 데 두드러진 업적을 남긴 소련의 문예 이론가·철학자이다. 1929년부터 모스크바의 〈마르크스-엥겔스 연구소〉에서 문예학과 미학 및 철학을 연구하면서, 루카치와 함께 속류사회학에 맞선 투쟁을 지속적으로 전개했다. 루카치는 자신의 1930년대 대표작 중 하나인 『청년 헤겔』을 리프쉬츠에게 헌정했다.

63 페르디난트 라쌀(Ferdinand Lassalle, 1825~1864)은 독일의 사회주의자 및 혁명사상가로 독일 사민당의 전신인 전 독일 노동자협회의 창설자이다.

64 『국제문학』(Internationale Literatur)(1933년 3권 2호)에 발표한 「마르크스·엥겔스와 라쌀 사이의 지킹엔 논쟁」("Die Sickingendebatte zwischen Marx-Engels und Lassale"). 이 글은 『맑스주의 문학예술논쟁』(맑스·엥겔스·라쌀 레 외 지음, 조만영 엮음, 돌베개, 1989)에 「지킹엔 논쟁과 유물론 미학의 성립」이라는 제목으로 수록되어 있다.

65 러시아어로 1933년에 출판된 『칼 마르크스의 예술철학』을 말하는 듯하다. 이 책은 『마르크스의 예술철학』(이용대 옮김, 화다, 1988)이라는 제목으로 국역되어 있다.

아주 널리 퍼졌어요. 그렇게 빨리 퍼진 이유는, 애초에 리프쉬츠와 내가 이러한 방향전환을 만들어냈다는 사실을 아무도 몰랐기 때문입니다.

인터뷰어─리프쉬츠를 어떻게 생각하시는지 뭉뚱그려 말씀하신다면?

루카치─그는 무엇보다도 순수하게 문학의 층위에서는 그 시절에 살았던 가장 재능 있는 사람 중 한 명이었다고 생각합니다. 그는 리얼리즘 문제에 대해 환했지만 그 문제를 문화의 다른 부분들로 확장하지는 않았습니다. 내가 1930년대에 헤겔을 다룬 책[『청년 헤겔』]을 썼다는 것을 잊지 마세요. 물론 그 책은 전체적인 공식노선에 반(反)하는 것이었습니다. 즈다노프[66]는 헤겔이 프랑스 혁명에 대한 낭만주의적 비판자 중 한 사람이라는 입장을 내세웠거든요. 그 무렵에 『이성의 파괴』 작업도 시작했는데, 이에 관해서는 말하지 않겠습니다. 이 책에서도 나는 근대철학이 전적으로 유물론과 관념론의 대립에 근거를 두고 있다는 도그마에 반대하고 있어요. 여기에서 나는 유물론 형태를 띤 것이든 관념론 형태를 띤 것이든 간에 합리주의와 비합리주의 양자 모두에 대립되는 입장을 취했습니다. 이것은 내가 그 당시에도 이미 주제상 리프쉬츠의 노선을

---

66 안드레이 즈다노프(Andrei Zhdanov, 1896~1948)는 소련의 정치인이다. 1934년에 열린 제17차 소련 공산당 대회에서 당 중앙위원회 위원장 겸 정치국 후보위원으로 선출되면서 중앙당에서 영향력을 행사하기 시작했다. 특히 당 조직 개혁 사업을 주도했고 소련의 문화예술계에 '사회주의 리얼리즘'을 구현하는 데 앞장섰다. 스탈린의 대숙청에 적극 가담했으며, 2차 세계대전 후에는 스탈린의 지시로 문화 부문에 강한 영향력을 행사, '사회주의 리얼리즘' 노선을 대대적으로 밀어붙였으며, 그 과정에서 문화계 숙청 작업을 주도했다.

홀쩍 넘어섰다는 것을 의미합니다. 가련한 리프쉬츠는 러시아에 머물러 있었지요. 그가 그랬다고 나무라는 건 결코 아니지만, 그가 러시아에서 무엇을 할 수 있었겠습니까? 그는 현대적 문학은 안 좋다고 보는 노선을 지지했습니다. 그의 관점은 완전히 보수화되었어요. 이것이 우리의 우정에 종말을 가져왔다고 말하고 싶진 않습니다. 물론 나는 리프쉬츠가 오늘날까지도 넘어서지 못한 문제들을 이론적으로 훌쩍 넘어섰어요.

인터뷰어—그렇더라도 1945년 이후에 헝가리에서 그의 이름이 거의 언급될 수 없었던 것을 보면 그에게 뭔가 문제가 있었던 건 아닐까요?

루카치—예, 맞습니다. 그건 유대인 문제와 관계가 있었어요. 유물론 철학만이 리얼리즘 예술론과 조응할 수 있다고 본 점에서 그는 처음부터 언제나 아주 정통파적이었습니다.

인터뷰어—당신들 사이에 대립이 나타났던 현대적 문학현상들은 무엇이라고 보시는지요? 루카치 동지, 따지고 보면 당신도 많은 현대적 현상을 거부하시잖아요. 가령 이오네스코(Ionesco)나 베케트(Beckett)의 드라마 같은 것 말입니다. 루카치 동지 당신은 받아들이고 리프쉬츠는 단호히 거부한 현대적 현상들은 어떤 것입니까? 그 현상들은 어떤 종류의 것인지요?

루카치—현대적 드라마에서는 확실히 비극성의 흔적이나 단초들이 나타납니다. 나는 지대한 관심을 갖고 이런 흔적이나 단초들을 관찰해왔는데, 왜냐하면 이런 것들이 비록 미약하고 문제적이긴 하지만 오늘날에도 아직 존재한다는 것을 지적해야 한다고 생각했기 때문입니다. 리프쉬츠는 이런 현상에 대해서 완전히 등을 돌렸어요.

인터뷰어—루카치 동지, 비극성의 이러한 발생을 어떤 작가들의 작품에서 목도하셨는지요?

루카치—예컨대 뒤렌마트(Dürrenmatt)의 『노(老)부인의 방문』(*Der Besuch der alten Dame*)에는 이런 연관관계가 분명히 있어요. 뒤렌마트의 후기의 발전에 대해서는 매우 비판적으로 추적하고 있지만 그의 첫 드라마는......

인터뷰어—조형예술에서도 리프쉬츠와 루카치 동지 사이에 대립이 있었습니까?

루카치—나는 세잔느와 반 고흐의 작품을 현대적 회화의 정점으로 본 반면에 리프쉬츠는 과거로 훨씬 더 거슬러 올라가서 그런 정점을 잡았습니다. 그런 점에서 대립이 있었지요.

인터뷰어—어느 시대였나요?

루카치—르네상스 시대였습니다.

인터뷰어—멀리도 거슬러 올라갔군요. 음악에서도 그런 불일치가 있었습니까?

루카치—그때에는 음악이 그리 중요하지 않았습니다. 그도 그럴 것이 내가 버르토크 문제와 대면하게 되었을 때에야 음악 문제가 내게 중요하게 되었으니까요.

인터뷰어—루카치 동지, 그 후 [1931년에] 베를린으로 가시게 된 동기는 무엇이었습니까?

루카치—아주 단순합니다. 난 모스크바를 떠나고 싶었어요.「블룸-테제」일이 있고 난 후 랴자노프[67]의 사무실에 가서 나의 [모스크바] 도착을 알렸을 때 그는 재치 있는 말을 했어요. "아하, 당신은 코민테른화 되셨군요!(Ah, Sie sind kominterniert!)"라고요[헝가리어 텍스트에도 독일어로 되어 있음—독일어 번역자]. 유감스럽게도 이 말을 [헝가리어로] 번역할 수가 없군요.

인터뷰어—랴자노프는 어떻게 되었습니까?

루카치—랴자노프는 〈마르크스-엥겔스 연구소〉의 소장이었습니다. 그는 예전에 방대한 규모의 마르크스·엥겔스 전집을 간행했던 유명한 마르크스주의자였습니다. 별쭝난 사람이었지만 비상한 교양을 가졌고 진정한 마르크스 전문가였습니다. 내가 모스크바에 있을 때 벌써 그는 당국과 모종의 마찰이 있었고, 그 때문에 지방으로 좌천되었습니다. 대재판 시절에 그는 결국 사라져버렸어

67　다비드 보리소비치 랴자노프(Dawid Borissowitsch Rjasanow, 1870~1938)는 소련의 마르크스주의자이고 문헌학자이다. 1920년에 〈마르크스-엥겔스 연구소〉(1930년에 〈마르크스-엥겔스-레닌 연구소〉로 이름을 바꿈)를 창설하여 마르크스와 엥겔스의 미발간 작품들을 출판하고 전집을 간행하는 작업을 했다. 1930년에 노동수용소로 추방되었다가 스탈린 대숙청 시기에 처형되었다.

요. 자세한 것은 알려져 있지 않습니다.

인터뷰어―왜 하필이면 베를린으로 가겠다고 결정하셨나요?

루카치―내가 빈에 관심이 있었던 유일한 이유는 그곳이 헝가리 당 활동의 중심이었기 때문이었습니다. 그러나 헝가리 당, 즉 쿤과 그의 일파가 반대할 것이기 때문에 빈으로 갈 수는 없었어요. 그래서 나는 독일 당에서 진지하게 일할 수도 있겠다는 아주 제대로 된 생각을 갖고 베를린을 선택했던 겁니다. 베를린에 있었던 2, 3년 동안 나는 전적으로 독일과 관계된 일만 했습니다.

인터뷰어―언도르 가보르는 빈에 남아 있었습니까?

루카치―아닙니다. 그는 이미 1920년대에 베를린으로 갔어요.

인터뷰어―벨러 벌라주는요?

루카치―벌라주도 마찬가지로 베를린으로 갔다가 모스크바로 갔죠. 하지만 벨러 벌라주와는 망명 중에 완전히 갈라섰어요.

인터뷰어―왜 그랬습니까?

루카치―그 일에 관해서는 우리가 이미 얘기를 했습니다. 벌라주는 정치적으로 좌파였어요. 그러나 그는 세계관상의 변화를 겪었습니다. 다시 말해서, 자신의 옛 세계관을 공식적 공산주의 속에 끼워 넣었던 것이지요. 이로 인해 모종의 이원성이 생겨났는데, 그것을 나는 이론적으로도 예술적으로도 받아들일 수 없었어요. 그의 첫 시집인 『남성합창』만 빼면 망명 중에 썼던 그의 작품은 모두 다 이러한 이원성으로 병들어 있었고, 그래서 우리 사이는 점차 소원해졌어요. 여기서 어떤 종파주의가 문제가 됐던 게 아닌가 하고 당신이 오해하지 않도록 한마디 덧붙이겠습니다. 나는 항상 벌라주에게 입당하지 말라고 설득했어요. 그가 공산주의자들에게 공감하는 부르주아 작가로 남아 있으면 이런 세계관적 문제가 그렇게 첨예하게 나타나지는 않으리라고 생각했던 것입니다. 그러면 아무도 그에게 마르크스주의의 의무를 지우지 않았을 터이고, 그는 좌파 부르주아 작가로 남아 있을 수도 있었을 거예요. 그러나 그는 어떤 대가를 치르더라도 입당하고자 했어요.

인터뷰어—벌라주의 영화이론상의 업적에 대해서도 그런 부정적인 생각을 가지고 계십니까?

루카치—영화와 관련해서는 벌라주가 운이 좋았습니다. 영화에 대한 마르크스주의 이론이 없었잖아요. 그래서 그는 영화에 대해서는 마음대로 쓸 수 있었고, 이런 이원론이 효력을 발휘하지 않았습니다. 코다이가 1945년 이후에 음악으로까지 만들었던 『친커 퍼너』(Cinka Panna)를 보셨는지 모르겠는데, 그것은 아주 끔찍했어요. 한편으로 그는 여하튼 간에 마르크스주의 연구자로 나서고 싶어 했죠. 그래서 그가 한 일이 라코치(Rákóczi)와 베르체니(Bercsényi)를 기회주의자로 만들고, 라슬로 오치커이(László Ocskai)가 그들에게 맞서서 평민 민주주의 노선을 대변하게 한 것입니다.[68] 이것 자체만으로도 이미 바보스럽기 그지없는 것이었지만, 그는 한 발 더 나아가 다음과 같은 것을 생각해냈지요. 즉, 베르체니의 밀사가 전투 계획을 들고 오치커이에게 갑니다. 여기에서 특별한 것은 그 전투 계획이 오치커이의 원래 전투 계획과 정확하게 일치한다는 것이지요. 그러나 그 계획이 베르체니가 보낸 계획이기 때문에 오치커이는 그것을 실행하려 하지 않습니다. 작품 전체가 이런 식의 단순성으로 꽉 차 있습니다. 당연히 나는 이미 모스크바에 있었을 때에 벌라주에게 원고를 태워버리라고 말했습니다.

인터뷰어—언도르 가보르의 세계관 변화는 얼마나 깊게 이루어졌는지요?

루카치—언도르 가보르는, 1919년 이후 생겨나 헝가리 쪽에서 호르티와 그 일파에 대한 격렬한 증오로 표현되었고 빈에서는 종파주의적 성격을 전혀 띠지 않았던 그런 메시아주의적 종파주의를 아주 쉽게 받아들였습니다. 그 후 스탈린으로 넘어가는 바로 그 국면에서 가보르는 깊은 환멸에 사로잡혔고, 그래서 그 노인은 몰락하고 말았습니다. 내가 이렇게 말하는 까닭은, 그의 후기 작품을 읽을 사람은 이 세상에 아무도 없다고 생각하기 때문입니다. 그런데도 가보르의 아내가 그것을 10권의 책으로 베를린에서 내놓은 것은 불행한 일입니다. 그가 빈에서 쓴 시들과 『빈의 헝가리 신문』(Bécsi Magyar Ujság)에 실린 팸플릿 유의 글들은 언급할 만합니다. 그 글들은 수준급입니다. 최고의 헝가리 팸플릿에 들어가지요. 내 생각에 나를 제외하고는 스탈린 시대에서 아무 탈 없이 빠

---

68 벨러 벌라주의 작품 『친커 퍼너』에 등장하는 역사적 인물들.

져나온 헝가리 작가는 단 한 명도 없다고 말할 수밖에 없어 유감입니다. 하이에 대해서는 우리가 이미 말했지요. 따라서 레버이가 헝가리에서 열린 당 대회에서 망명문학을 옹호했을 때 그는 아주 잘못된 관점을 대변한 것입니다. 헝가리에 남아 있었던 작가들이 그의 관점을 거부한 것은 전적으로 옳았습니다. 벌라주, 가보르, 율리우스 하이 등등 [망명 작가 중] 그 누구도 성하지 못했습니다.

인터뷰어―벨러 일레시는 말할 것도 없고요.

루카치―벨러 일레시, 샨도르 게르게이......

인터뷰어―벨러 일레시는 그의 첫 책이 아주 빈약하지는 않았기 때문에 심지어 더 나빠질 수 있었......

루카치―『카르파턴 랩소디』(*Karpaten-Rhapsodie*)는 여전히 읽을 만한 책이지만 그가 그 후에 쓴 것은 끔찍합니다.

인터뷰어―이제 베를린 시기로 넘어갈 수 있겠군요. 언제 베를린에 도착하셨습니까?

루카치―1931년 여름입니다.

인터뷰어―히틀러가 권력을 잡을 때까지 거기에 계셨던 건가요?

루카치―히틀러는 [1933년] 1월에 권력을 잡았고, 나는 3월에 모스크바로 떠났습니다.

인터뷰어—반혁명이 승리한 후에 루카치 동지가 사건 현장에서 두 달 더 머무는 것이 전래의 관습이었던 것처럼 보이네요.

루카치—글쎄요, 내가 지식인 조직들을 비합법 조직들로 바꾸어놓아야 한다는 아주 잘못된 생각을 당이 지지했기 때문에 베를린에 남아 있었던 겁니다. 그런 생각은 물론 순진한 것이었어요. 히틀러 치하에서 비합법 조직이라는 것이 어떠할지 당시에는 아무도 몰랐거든요. 그러나 어쨌든 간에 나는 히틀러가 권력을 잡은 뒤 약 3월 중순까지 남아 있었습니다.

인터뷰어—베를린에서 무슨 일을 하셨나요? 글을 쓰셨습니까?

루카치—베를린에서는 주로 글을 썼습니다.

인터뷰어—신문이나 잡지에서 일하셨습니까?

루카치—계약은 없었지만, 예컨대 『좌선회』(Linkskurve)와 다른 공산주의 간행물들을 위해 계속 일했습니다.

인터뷰어—『좌선회』에 비교적 많은 글을 쓰셨는데, 모두 그 시기에 쓴 것인가요? 아니면 이미 빈에서 썼던 글들도 『좌선회』에 보내셨는지요?

루카치—아닙니다. 그 글들은 모두 베를린에서 쓴 것입니다. 그것들은 지금 출판되어 있어요. 내 전집 제4권에 수록되어 있습니다.

인터뷰어—독일 작가연맹에서 어떤 역할을 맡으셨는지요?

루카치—독일 작가연맹에서는 규모가 큰 좌파 그룹이 활동했는데, 그중 한 부분이 공산주의자들이었습니다. 나는 그 그룹 내 공산주의자 부분의 지도부에 속했습니다.

인터뷰어—그 당시 독일에서 자신을 공산주의자라고 공개적으로 밝힐 수 있었나요?

루카치—내가 공산주의자라는 사실을 숨기는 건 불가능했어요. 그런데 나만 그랬던 것이 아니라 당시 중요한 역할을 했던 칼 비트포겔(Karl Wittfogel)과 요하네스 R. 베혀(Johannes R. Becher)의 경우에도 그랬습니다. 그들이 공산주의자라는 건 모든 사람이 알고 있었어요.

인터뷰어—루카치 동지, 당신이 망명한 공산주의자인데다가 그렇게 조직 활동을 하셨기 때문에 처지가 더 어려워지지는 않으셨는지요?

루카치—히틀러가 오기 전에는 그 때문에 생긴 문제는 없었어요. 다른 사람들의 경우에도 그랬는지는 잘 모르겠습니다. 그런데 나는 독일에서 꽤 유명한 저술가였어요. 지금 공산주의 저술가로서 그랬다고 말하는 게 아닙니다. 나는 토마스 만과 다른 이들이 나에 대해 글을 썼던 그런 저술가였어요. 그러니까, 이른바 엘리트 저술가에 속했던 것이지요. 그래서 사람들은 내가 공산주의자라는 것을 관대히 봐주었습니다.

인터뷰어—이 시기에, 그러니까 당신의 독일 망명기가 끝난 때인 1933년까지, 당신이 지금도 견지하는 당신의 마르크스주의적 견해가 대체적으로 형성되었다고 말할 수 있을까요?

루카치—그러한 견해의 출발점들이 이 시기에 발견됩니다. 독일 공산주의의 공식 노선이 브레델(W. Bredel)을 위대한 프롤레타리아 [문학의] 대표자로 본 반면에 내가 『좌선회』에서 브레델의 자연주의를 비판한 데에서 그 점이 특히 분명하게 드러납니다.[69] 나는 그러한 자연주의적 공산주의자이기(Kommunistsein)를 예술적으로 언제나 거부했습니다.

인터뷰어—브레히트(B. Brecht)를 알게 된 것도 이 시기입니까?

루카치—예.

인터뷰어—당신과 브레히트의 관계에 대해서 지금 동독에서는 아주 많은 글이 발표되고 있어요. 심지어 비방도......

루카치—나는 당시 베를린에서 브레히트를 종파적이라고 생각했습니다. 그의 초기극들, 즉 학습극들(Lehrstücke)이 강력한 종파적 성격을 띠고 있다는 것은 분명한 사실입니다. 그래서 브레히트의 방향에 대해 어느 정도 비판적인 입장을 취했던 것인데, 이후 그

---

69 「빌리 브레델의 소설들」("Willi Bredels Romane", 1931), 「경향성이냐 당파성이냐?」("Tendenz oder Parteilichkeit?", 1932) 등이 여기에 해당하는 글이다. 이 두 편의 글은 『루카치의 문학이론』(게오르크 루카치 지음, 김혜원 편역, 세계, 1990)에 번역되어 있다.

입장이 아주 첨예하게 되었지요. 일이 이렇게 된 데에는 브레히트 아내의 공이 큽니다. 그녀는 브레히트의 문학적 성공을 촉진하기 위해서 언제나—지금도 그런 모습을 볼 수 있는데—가장 공식적인 관점을 대변했습니다. 당시에도 그런 일이 있었지요. 이와 관계된 얘기를 하나 하겠습니다. 독일에서 나의 상황은, 저술가로서 하는 문화 활동은 공식적으로 허가받았지만 정치에 관여해서는 안 되는 상황이었습니다. 당의 한 모임에서 브레히트의 아내는, 내가 지구당 회의에서 이런저런 문제에 정치적으로 이런저런 입장을 취했다는 소리를 들었다면서 나를 공격했습니다. 나는 그런 이야기를 여기서 하지 말고 경찰한테 가서 하기를 청하노라고 말하면서 그녀의 공격을 간단히 일축해버렸지요.

인터뷰어—후에 당신과 브레히트의 관계는 어떻게 풀려나갔는지요?

루카치—표현주의 논쟁에서는 분명히 우리 사이에 의견 대립이 있었던 게 사실입니다.[70] 브레히트가 나보다는 표현주의자들한테 더

70　표현주의 논쟁은 인민전선의 산물이었던 잡지 『말』(*Das Wort*, 1936~1939)의 지면에서 1937~38년에 벌어졌던 논쟁을 말한다. 초기 표현주의의 대표적 작가였던 고트프리트 벤(Gottfried Benn)이 나치즘으로 경도된 현상을 두고 벌어진 논쟁은, 여러 작가와 이론가가 참여하면서 표현주의의 문학적 유산 문제에 대한 논쟁으로 이어졌다가 리얼리즘 논쟁으로 귀착되었다. 그 과정에서 표현주의 논쟁이 있기 훨씬 전인 1934년에 발표된 루카치의 글 「표현주의의 ‘위대성과 몰락’」이 소환되면서 루카치도 논쟁의 마지막 국면에 개입하게 된다. 루카치의 유명한 에세이 「문제는 리얼리즘이다」(1938)는 이 논쟁을 마무리하는 글로서의 성격을 지닌다. 1930년대 후반에 루카치가 쓴 몇몇 글에서는 초기 브레히트가 비판적으로 거론되는데, 이에 대해 브레히트는 ‘표현주의·리얼리즘 논쟁’에서 표명된 루카치의 입장을 반박하는 몇 편의 글을 썼다. 그러나 브레히트의 그 글들이 세상에 나온 것은 그가 세상을 떠난 지 11

공감했다는 것은 의심할 여지가 없습니다. 그런데 전쟁 중에—정확한 연도는 기억나지 않네요—우리는 모스크바에서 한 번 만났어요. 원래 그는 한동안 덴마크와 핀란드에서 살았습니다. 거기에서 소련을 거쳐 미국으로 갔지요. 우리는 모스크바에서 만났는데, 그때 한 찻집에서 브레히트는 나에게 이렇게 말했습니다. "보세요, 무슨 짓을 해서든 내가 당신에게 반감을 갖게 하려는 사람들이 많이 있어요. 당신이 내게 반감을 갖도록 하려는 사람들이 똑같이 많이 있다는 것도 확실해요. 우리는 그런 데에 휘말려 들어서는 안 됩니다." 대화는, 평화조약 체결 한 시간 뒤에 베를린에 있는 어느 까페에서 다시 만나기로 합의함으로써 아주 유머러스하게 끝났지요. 그러니까, 내가 표현주의 논쟁에서 온갖 비판을 다했지만, 우리가 모스크바에서 헤어질 때는 아주 우호적인 관계였습니다. 하지만 나는 문학적으로 태만한 죄를 지었습니다. 헝가리 일들로 너무 분주했던 탓에 지은 죄였는데, 브레히트의 마지막 시기가 지닌 위대한 의미가 내게 분명해진 후에 그것에 관해 글을 쓰지 않았던 거예요. 내가 그 일을 했더라면 브레히트의 마지막 시기에 대해 내가 어떤 생각을 가지고 있었는지가 오늘날 아주 명확해졌을 겁니다. 사실, 그 시기에 나는 베를린에 갈 때마다 브레히트를 찾아갔고 자주 함께 시간을 보내곤 했습니다. 나는 그에게 내 생각을 말했고, 그것에 대해 우리는 토론하기도 했습니다. 우리 사이에 아주 좋은 관계가 펼쳐졌다고 말할 수 있는데, 이것은 내가, 그가 죽은 직후 그의 아내의 부탁으로 베를린에서 그에 대한 연설을 했던 사람 중 하나였다는 사실로도 분명해지지요. 나는

년이 지난 1967년이었다. 따라서 우리에게 '루카치-브레히트 논쟁'으로 알려진 것은 두 사람 사이에 실제로 벌어졌던 논쟁이 아니라 1960년대 후반 이래 이론가·비평가들이 구성한 논쟁이다.

그때 독일의 어느 온천에 머무르고 있었는데, 연설을 해달라고 베를린으로 초청되었습니다.

인터뷰어—제가 좀 비판적이어도 된다면, 그 태만에는 다른 면도 있다고 생각합니다. 『서푼짜리 오페라』(*Dreigroschenoper*)만 빼고 브레히트의 초기 극들은 살아남지 못할 것이라는……

루카치—그렇습니다.

인터뷰어—…… 그러나 그의 초기 시는 절대적으로 영원한 가치가 있어요.

루카치—글쎄요, 브레히트의 시는 한 번도 깊이 연구해본 적이 없습니다. 반면에 나는 그의 후기 극들을 아주 높이 평가합니다. 그 점에 대해서는 『미학』과 다른 곳에서도 말하고 있어요. 내가 아주 잘못한 일은, 내가 몹시 바빴던 1930년대에, 브레히트의 후기 극들이 초기 극들과 얼마나 많이 다른지에 대해서 단 한 편의 글도 독일 신문에 쓰지 않았던 거예요.

인터뷰어—30년대라고요? 오히려 40년대가 아닙니까?

루카치—40년대입니다.

인터뷰어—그도 그럴 것이 『독일문학에서의 진보와 반동』(*Fortschritt und Reaktion in der deutschen Literatur*)을 보면 당신이 아직 그의 후기 극들을 몰랐던 것 같은데, 당신이 그 책을 30년대에 썼기 때문이지요.

루카치―예, 40년대가 맞아요. 내가 정말 착각했습니다.[71]

인터뷰어―당신은 왜 망명자로서 브레히트가 소련에 머무르지 않았다고 생각하십니까? 이에 대해 그가 자기 생각을 말한 적이 있나요?

루카치―브레히트는 항상―내가 그것을 어떻게 표현해야 할지 잘 모르겠지만―가장 환상적인 방식으로 자기 자신을 위해 한편으로는 당내에서 안전하고 믿을 만한 자리를 확보하고, 다른 한편으로는 완전한 자유를 지키려고 했습니다. 그가 [2차 세계대전 이후] 동베를린으로 가기 전에 오스트리아 시민권을 먼저 마련한 것도 그의 이런 면모를 잘 보여주는 일이지요. 그는 오스트리아 시민으로서 베를린에 갔고, 죽을 때까지 오스트리아 시민이었습니다.

인터뷰어―그는 스칸디나비아의 한 은행에 자기 돈을 예치해두고 작품의 저작권은 서독의 주어캄프(Suhrkamp) 출판사에 팔았던 것으로 알고 있습니다. 말하자면 그는 자신의 생활과 작품의 안전을 확보하기 위해 도합 네 나라를 끌어들였습니다.

루카치―한마디로 말해 브레히트는―그의 아내도 이 점에서 아주

---

71 영어본 번역자 주: 『갈릴레이의 생애』를 시발점으로 『억척 어멈과 그 자식들』과 『사천의 선인』을 포함하는 브레히트의 후기 극은 1938~39년에 시작되었다. 비록 1930년대에 루카치가 이 작품들은 알 수 없었지만 1938년에 출판된 『제3제국의 공포와 참상』은 분명히 알고 있었다. 이 작품에 대해 루카치는 표현주의 논쟁에서 언급한 바 있다.

큰 역할을 했는데—자신의 자유를 보장하는 일에서는 불고염치했던 지극히 신중한 사람이었죠.

인터뷰어—베를린에서 다른 중요한 작가들과는 어떤 관계를 가졌습니까? 가령 아나 제거스(Anna Seghers)와는 어땠습니까?

루카치—몇 년 전까지만 해도 그녀와 친했습니다. 우리의 서신왕래 역시 아주 우호적인 모양새를 띠었고요. 하지만 아나 제거스가— 내 생각에는 완전히 불필요하고 경솔하게—이 끔찍한 울브리히트[72]적 문학경향들을 따르고 나서부터 우리 관계는 슬그머니 끝났습니다.

인터뷰어—그녀는 이미 그 당시[루카치가 베를린에 있었던 1930년대 초] 베를린에서 창작활동을 시작했지요?

루카치—1930년대 베를린에서, 히틀러가 아직 집권하기 전에 시작했습니다.

인터뷰어—헝가리 사람과 결혼했던 것으로 알고 있는데요.

루카치—그녀 남편은 헝가리 사람이었지만 안 좋은 유의 사람이었어요. 나에게 그는 별로 신뢰할 수 없는 사람으로 보였습니다. 나에게 "신뢰할 수 없는"이라는 말은, 그가 그 말의 나쁜 의미에서

---

72 발터 울브리히트(Walter Ulbricht, 1893~1973)는 독일의 스탈린주의적 공산주의자로 1960년부터 1971년까지 동독의 최고통수권자인 국가평의회 의장이었다.

당에 충실한 사람이었다는 뜻입니다. 이 점에서 그가 아나 제거스에게 나쁜 영향을 끼쳤다고 생각해요.

인터뷰어—다른 작가들은요? 에른스트 블로흐, 요하네스 R. 베혀 같은……

루카치—블로흐와는 일정한 관계를 가졌어요. 베혀와는 친하게 지냈고요. 내게 베혀는 독일 작가들과의 가장 중요한 연결고리였는데, 내가 옛날에 가졌던 문학적 끈들은 말하자면 완전히 끊겨버렸거든요. 일부는 그 사람들이 죽었기 때문이고, 또 일부는 우리가 잊어서는 안 될 사실 때문이었는데, 가령 토마스 만이 나와의 관계를 지극히 외교적으로 받아들였던 것이 그런 경우입니다.

인터뷰어—어떤 점에서 그가 외교적이었나요?

루카치—그가 나에 대해 좋은 말을 할 때는 언제나 유보조건을 달았던 점에서 그는 외교적이었습니다.

인터뷰어—그가 정치적인 외교술에서 그렇게 한 것인가요 아니면 자신의 부르주아적 위신 때문에 그랬던 건가요?

루카치—글쎄요, 토마스 만의 눈에는 내가—헝가리 말로 어떻게 표현해야 할지 모르겠는데—어떤 섬뜩한(unheimlich)〔헝가리어 원본에도 독일어로 적혀 있음—독일어 번역자〕 현상 같은 것이었음에 틀림없다고 생각합니다. 처음부터 그랬다고 생각하며, 이건 공산주의와는 전혀 관계가 없고 우리 두 사람의 성격과 관련이 있다고 생각하는데, 이런 생각이 전혀 당치도 않은 것이라고는 보지 않습니다. 얼마 전에 아주 의심스러운 일이 밝혀졌어요. 한 미국 교수가 토마스 만 문서보관소에서 『베니스에서의 죽음』(Tod in Venedig)의 수고를 검토했는데, 거기에 아무런 인용 부호도 없이 『영혼과 형식』에서 글자 그대로 따온 것이 있더라고 내게 편지를 써 보냈어요. 토마스 만의 청년시절을 잘 아는 사람이라면, 그가 비평가와 관계를 맺을 수 있는 기회를 결코 놓칠 사람이 아니라는 것을 알고 있을 겁니다. [하지만] 그는 결코 나와의 관계는 받아들이려고 하지 않았어요. 그 당시에는 내가 아직 공산주의자가 아니었는데도 말입니다. 한마디로 말해서 여기에는 내가 그 이유를 찾을 수 없는 무언가가 있음에 틀림없습니다. 그에게 내가—이를 표현할 적절한 헝가리어가 떠오르지 않네요—섬뜩한(unheimlich)[헝가리어 원본에도 독일어로 적혀 있음—독일어 번역자] 현상이 될 수밖에 없도록 만든 그 무언가 말입니다.

인터뷰어—문학적 관례에 따라서 보면 [『마의 산』에 나오는] 나프타(Naphta)라는 인물도 이에 대한 하나의 증거가 될 수 있지 않을까 싶은데......

루카치—그가 나프타라는 인물을 만들 때 나를 모델로 삼았던 것은 틀림없습니다. 그러나 만은 아주 지적이었기 때문에, 나프타의 견해가 내 견해와 다르다는 것을 모를 리가 없었지요. 이 주제에 대해서도 그의 편지들을 보면 외교적인 언사들이 끔찍하게 많아요. 가령, 프랑스 출신의 한 독일 문학사가와 교환한 서신에서 만은 나프타 문제에 대해서는 글을 쓰지 말아달라고 간청하고 있어요. 내가 그때까지 이 위대한 책, 즉 『마의 산』에 대해서 아주 우호적이었다는 것을 이유로 대면서 말입니다. 나프타가 나와 관련이 있다는 것을 내가 모르고 있는 게 분명하다고 본 거지요.

인터뷰어—마치 루카치 동지 당신이 그런 일에 관심이 있는 것처럼……

루카치—전에 『슈피겔』(*Spiegel*)과 인터뷰한 적이 있었어요. 그 인터뷰에서 나는 [1920년대의 망명지] 빈에서 토마스 만이 나를 모델로 써도 되는지 내게 물어보았다면, 그가 집에 담배케이스를 두고 왔다고 말했을 때 내가 그에게 시가를 주었을 것처럼 그렇게 그의 요청에 동의했을 것이라고 말했습니다.

인터뷰어—토마스 만이 나프타를 그려낼 때 루카치 동지를 염두에 두었음에 틀림없다는 것을 문헌학적으로 입증해주는 또 다른 자료가 있어요. 자이펠 수상에게 보낸 토마스 만의 편지에는 [『마의 산』의 주인공] 한스 카스토르프(Hans Castorp)가 나프타에 대해 생각하는 것과 거의 단어 그대로 일치하는 몇몇 구절이 있어요.

루카치—예, 그래요, 토마스 만이 나프타에서 나의 초상을 그리려 했던 것은 논란의 여지가 전혀 없는 사실입니다. 그러나 내가 그의 초기 노벨레 속에서 어떤 등장인물이 특정 독일작가라는 것을 알아챘는데, 그것이 아주 재미있고 또 그 성격묘사가 마음에 썩 들었다면, 그 경우가 나였다고 해서 달리 생각할 까닭은 없다고 생각합니다. 이와 꼭 마찬가지로, 나는 어떤 임의의 작가 X에 의해서 묘사된 인물이 실제 그 당사자와 닮았는지 여부는 결코 조사하지 않을 것인데, 이런 문제에는 아무런 관심도 없기 때문입니다. 오히려 흥미로운 것은, 작가가 현시하려고 했던 전형을 현시하는 데 성공했는지 여부입니다. 이와 마찬가지로 나는 나프타가 나와 얼마만큼 유사한지도 연구하지 않을 거예요. 나프타의 경우에는 이러한 현시가 성공했습니다. 그러므로 나프타에는 잘못된 게 전혀 없습니다.

인터뷰어—작가는 자기가 아는 사람들 가운데서 모델을 구하지요. 아니면 그렇게 하더라도 추상화시켜서 그 누구도 그것을 자기라고 더 이상 생각할 수 없게 하거나 모든 사람이 자기라고 생각할 수 있도록 만듭니다.

루카치—토마스 만이 사람들이 나를 알아볼까 봐 계속 전전긍긍했다면…… 작가는 객관적으로 주어진 것들[작품 자체의 내적인 요구] 때문에 종종 모델에서 벗어날 수밖에 없다는 말을 당연히 덧붙여야겠군요. 아주 간단한 예 하나만 들어볼게요. 1919년 8월 나는 부다페스트를 떠났는데, 당연히 돈이 없었지요. 양복이 한 벌밖에 없었기 때문에 여행을 떠났을 때 입었던 그 옷을 1919년과 1920년에 걸쳐 계속 입었어요. 내가 토마스 만을 방문했을 때도 그 옷을 입고 있었으니까 그가 나를 우아한 사람으로 봤을 리가 없었어요. 그는 [나프타라는 소설 속의] 인물을 위해 나의 우아함을 만들어냈던 겁니다. 나는 결코 우아하지 않았다는 말을 덧붙이고 싶네요. 막스 리베르만(Max Liebermann)이 멋진 말을 했는데, 그는 어떤 사람을 그릴 때 그 사람의 실제 모습보다 더 유사하게 그렸답니다. 작가는 어떤 형상을 필요로 합니다. 토마스 만도 나로부터 자극을 받았어요. 그리고 그는 그가 필요로 했던 모든 것을 완전히 자유롭게 변화시켰습니다. 내가 우아한지 아닌지에 대해 그가 특별히 신경을 썼을 거라고는 생각지 않습니다.

인터뷰어—루카치 동지가 부유한 집안 출신이라는 것이 그가 인물을 해석해 그릴 때 틀림없이 영향을 끼쳤다고......

루카치—맞아요, 가능한 얘깁니다. 그렇지만 1920년 5월에 토마스 만을 방문했을 때 내가 우아하지 않았던 것은 확실합니다.

인터뷰어—당신들은 1955년 프리드리히 실러(Friedrich Schiller) 서거 150주년 추모 강연을 계기로 또 만나셨지요.

루카치—그 일 역시 토마스 만의 특색을 잘 보여주었습니다. 예나 (Jena)에서 실러 행사가 열렸을 때 나는 그와 같은 호텔에 머물렀어요. 한데 식사는 울브리히트 같은 최고위급 관료들과 고위층 인사들, 그리고 작가 중에는 베혀, 부르주아 작가 중에서는 토마스 만이 특실에서 식사를 하는 반면에 나는 중간급 사람들과 함께 거기 호텔에서 식사를 하도록 조직되어 있었어요. 베혀에게 "루카치도 식사에 초대하지요!"라고 말할 생각이 토마스 만의 머리에는 단 한 번도 떠오르지 않았습니다.[73]

73 볼프강 하리히(Wolfgang Harich)에 따르면 이는 사실이 아니다. 86세의 나이로 암과 동맥경화로 고통받는 와중에 이루어진 대담이었기 때문에 루카치의 기억에는 정확하지 않은 대목들이 없지 않다고 지적하는 하리히가 잘못된 기억의 예로 들고 있는 것 중 하나가 이 대목이다. 실러 추모 행사에 직접 참석했다고 밝힌 하리히에 따르면, 행사는 예나가 아니라 바이마르에서 열렸으며, 울브리히트는 행사에 온 적이 없었고, 따라서 토마스 만과의 식사 운운하는 대목도 루카치가 잘못 기억한 것이라고 한다. 이와 관련해서는 Wolfgang Harich, *Nicolai Hartmann. Größe und Grenzen. Versuch einer marxistischen Selbstverständigung*, hrgg. von Martin Morgenstern, Würzburg: Koenigshausen &

인터뷰어─그런 생각은 배혀도 하지 않았습니다.

루카치─배혀도 토마스 만과 똑같이 외교술에 능한 사람이었으니까요.

인터뷰어─그러나 배혀의 외교술은 그에게 나쁜 결과를 낳았죠. 토마스 만의 외교술이 그의 작품에 아무런 영향을 미치지 않았던 반면에, 배혀의 재능은 외교술로 인해 망가졌어요.

루카치─아시다시피 나는 그런 일들에는 아주 개방적입니다. 좋은 작가에게는 말하자면 모든 것을 허용하지요. 토마스 만과 편지를 주고받은 적이 있었는데─유감스럽게도 그 편지는 빈에 있을 때 없애버렸어요─그 와중에 나는 우리 사이가 틀어질까 봐 걱정했어요. 졸탄 산토의 재판이 진행 중일 때 그에게 편지를 보냈는데, 그가 재판에 반대한다는 전보를 호르티에게 보내야 한다고 적었지요. 그 후 토마스 만은, 자신이 지금 폴란드에서 열린 펜클럽(PEN-Club) 회의에 참석해 있는데, 이 위대한 이데올로기적 관계들은 그가 연루되고 싶지 않은 정치와 달리 얼마나 멋진가, 라는 내용을 담은 긴 편지를 내게 보내왔습니다. 나는 그가 정치를 그런 식으로 이해하면 펜클럽 노선에서 피우수트스키[74]의 유사 파시

Neumann 2004, 218~19면.

74 유제프 피우수트스키(Józef Piłsudski, 1867~1935)는 폴란드의 정치가이다. 폴란드 사회주의당(PPS)의 지도자로 정치에 입문, 폴란드가 독립한 이후인 1918년부터 1922년까지 국가 최고지도자 지위에 있었다. 1919년 소련과 전쟁을 일으켜 폴란드 분할로 러시아에 할양되었던 우크라이나 서부와 벨라루스를 확보했다. 1926년 쿠데타를 통해 다시 정권은 잡은 그는 사실상 폴란드의 독재자가 되었다.

즘을, 경우에 따라서는 곧바로 이데올로기적으로 지원하게 될 것인데 그가 그런 것에 흥분하고 있다고 비난하는 매우 거친 답장을 썼습니다. 문제가 죽음으로부터 한 진실한 공산주의자를 구하는 것이라면, 그때 정치는 [당신에게] 갑자기 끔찍한 일이 될 것이라고 썼죠. 나는 우리 사이의 모든 관계가 이 편지 이후 끝나 있을 것이라고 확신했습니다. [하지만] 그런 일이 벌어지는 대신, 3일 후 나는 "호르티에게 전보 쳤음"이라고 적힌 전보를 받았어요. 이 전보가 없어져버린 것이 아주 유감스럽군요.

인터뷰어—그런데 [토마스 만이 당신에게 보낸] 편지는 토마스 만 문서보관소에 있을 것 같은데요.

루카치—그곳에도 없어요. 내가 그 편지를 없애버렸습니다.

인터뷰어—그러나 루카치 동지, 당신이 써 보낸 편지는요?

루카치—그곳에 있을 수 있어요. 하지만 그들이 자랑거리로 삼을 만한 것은 당연히 아닙니다.

인터뷰어—토마스 만이 쓴 편지의 사본도 틀림없이 거기에 있을 겁니다. 제가 아는 한 그는 가능한 한 모든 것의 사본을 만들어두었으니까요. 부분적으로는 후세를 위해서였는데, 자신의 문서보관소를 세울 때 필요한 것들이 다 있도록 하기 위한 일이었죠.

루카치—편지가 그 어딘가에 있을 수는 있어요. 적어도 그 당시 우리는, 다른 일에도 토마스 만을 이용할 수 있을지 모르며 또 가능하면 그래야 한다고 생각했지요. 그래서 내가 살던 집이 수색되더라도 토마스 만이 보낸 편지가 발견되지 않도록 조심해야 했습니다. 이것이 우리가 편지를 없앤 이유입니다.

인터뷰어—에른스트 피셔(Ernst Fischer)와의 우정은 빈 시절에 시작되었습니까?

루카치—아닙니다. 모스크바에서 시작되었습니다.

인터뷰어—에른스트 피셔도 비슷한 일로 토마스 만과 서신교환을 했다고 알고 있기에 드린 말씀입니다.

루카치—에른스트 피셔는 처음부터 중립적 인사들과 접촉하고 그들과 관계를 맺으려 애썼던 공산주의자였습니다.

인터뷰어—모스크바 시절로 가도록 하죠.

루카치—[1933년] 1월 30일에 히틀러는 제국 수상이 되었습니다. 내가 더 이상 베를린에 머물러 있을 수 없다는 것이 분명해졌죠. 그러나 당은, 이미 말했다시피, 조직들을 가능한 한 비합법 조직들로 전환하는 일을 내가 돕기를 바랐지요. 그것은 물론 우스운 일이었습니다. 왜냐하면 히틀러 시대에 비합법 활동이라는 것은 예전의 비합법 활동과는 비교할 수가 없는 것이었고, 비합법적으로 있을 수 있는 조직이란 존재할 수가 없었거든요. 어쨌든 간에 나는 이런 이유로 3월 중순까지 베를린에 머물러 있다가 4월 중순에 모스크바로 떠났습니다.

인터뷰어—그때에 이미 완전히 불법적으로?

루카치—내 여행은 항상 불법적으로 이루어졌습니다. 헝가리 당국이 나에게 여권을 주지 않았기 때문에 나는 여권이 없었어요. 그래서 위조여권을 가지고 다녔는데, 오래전에 헝가리 중앙위원회 위원으로서 빈과 프라하, 빈과 베를린 사이를 왔다 갔다 할 때에도 그랬어요. 1945년 전까지 나는 합법적인 여권으로 유럽을 여행한 적이 한 번도 없었어요.

인터뷰어—모스크바로 돌아가신 후, [1930~31년 체류 때 일했던] 〈마르크스-엥겔스 연구소〉에서 하셨던 일을 계속하셨습니까?

루카치—아니요. 나는 연구소로 돌아가지 않았습니다. 왜냐하면 그 사이에 스탈린의 주도로 전적으로 긍정적인 면을 지닌 캠페인이 시작되었거든요. 구체적으로 말하면, 반(反) 라프(RAPP)[러시아 프롤레타리아 작가 연합, 1925~1932년] 투쟁의 와중에 일어난 일이었습니다. 원래 그 캠페인은 라프의 의장이었던 트로츠키주의자 아베르바흐[75]를 무력화시킨다는 좋은 목적을 수행했어요. 이 캠페인에서 그 점이 스탈린의 유일한 관심사였습니다. 그러나 이 캠페인에 유진(Udin)과 특히 우셰비치(Ussewitch)도 참여했는데, 그들은 라프의 조직원 귀족주의를 공격했습니다. 그들은 공산주의 작가들만 대열에 받아들였던 편협한 라프 대신에 소련 출신의 모든 러

---

75 레오폴드 아베르바흐(Leopold Awerbach, 1903~1937)는 소련의 문학비평가이다. 라프를 이끌었는데, 1932년 스탈린의 지시로 라프가 해산되면서 영향력을 상실했다. 스탈린주의에 충실했지만 1937년 대숙청 시기에 체포되어 총살당했다.

시아 작가가 참가해서 러시아 작가들의 용무를 처리할 포괄적인 러시아 작가연합을 요구했습니다. 나도 그 운동에 동참했습니다. 어느 단계에 이르자 그 운동은 둘로 분열되었습니다. 순수 스탈린주의자 진영은 아베르하르를 고립시킨 데 만족했습니다. 그 후 아베르바흐는 숙청되었다가 대재판 과정에서 처형되었습니다. 다른 진영은 『문학비평가』(*Literaturnyj kritik*)라는 잡지를 창간했습니다. 이 잡지는 러시아 문학의 혁명적인 민주주의적 변혁을 위해 노력했죠. 나는 두 번째 러시아 체류 시기에 이 작업에 참여했습니다.

인터뷰어─스탈린주의가 성장하고 있던 시대에 그 잡지는 어떤 활동 여지를 가지고 있었습니까?

루카치─스탈린주의의 실제 영향력은 중앙 당기구를 거쳐 전달되었다고 하는 저 특수한 상황을 잊어서는 안 됩니다. 그 이유는 잘 모르겠지만 어쨌든 스탈린은 철학자 미친(Mitjin)과 유진도 자기 사람이라고 생각했습니다. 그 결과 그들은 중앙위원회에서 중요한 역할을 했습니다. 그리하여 유진은 우셰비치를 거쳐 『문학비평가』의 방향을 인가해주었습니다. 이것이 대재판 시절에 내가 무사했던 이유인데, 나만 그랬던 게 아닙니다. 『문학비평가』 전체에서 활동했던 사람들 중 그 누구도 대박해의 희생물이 되지 않았어요. 우셰비치가 모스크바에서 내 친구였다는 것이 내겐 행운이었죠. 그녀는 유진과도 친했습니다. 그리하여 우리는 중앙위원회 내에서 하나의 분파로 작동했어요. 비록 다른 분파에 속하는 파데예프[76]나 다른 사람들이 우리를 끊임없이 공격했지만 말입니

삶으로서의 사유: 게오르크 루카치와의 대담

---

76 알렉산드르 파데예프(Aleksandr Fadeev, 1901~1956)는 소련 소설가이다. 『괴멸』과 『청년 근위대』가 유명하다. 문학비평과 사회주의 리얼리즘 이론에 관

다. 나의 잘 알려진 행운 덕분에 나의 체포는 무수히 많은 일이 복합적으로 작용함으로써 저지되었습니다. 한편으로 우리도 유진의 보호령하에 있었습니다. 다른 한편으로 나는 다행스럽게도 더 이상 헝가리 당에서 활동하지 않았습니다. 그래서 헝가리 당 내에는 나를 사적으로 기억이라도 할 사람조차 없었습니다. 재판은 1936~1937년 사이에 열렸습니다. 「블룸-테제」에 관한 논란은 1930년에 있었지요. 그 사이에 그렇게 오랫동안 헝가리 당과는 완전히 동떨어져 있었던 사람을 그들은 까맣게 잊었습니다. 그 당시에는 개인적인 일들이 거대한 기록의 시대인 오늘날처럼 그렇게 확실하진 않았습니다. 덧붙이자면―지금 말하는 것은 아주 시니컬한 이유인데요―나는 아주 나쁜 집을 갖고 있었어요. 나쁜 집 탓에 내무인민위원부(NKWD) 사람들의 주의를 덜 끌었던 겁니다.

인터뷰어―이와 관련하여 「삶으로서의 사유」에는 제가 모르겠는 언급이 있습니다. "대참사의 시기에 행운, 부하린-라데크 1930년......"

루카치―1930년에 모스크바로 갔을 때 부하린은 나를 아주 우호적으로 받아주었어요. 그는 우호적인 태도로 나와 만나려고 했는데, 내가 거절했지요.

인터뷰어―그렇다면 행운이 그것과 관계 있을 수도 있다는......

한 저술도 있으며, 오랫동안 소련 작가동맹의 지도자 중 한 사람으로 활약했다. 루카치와 리프쉬츠가 중심이 되었던 잡지 『문학비평가』의 노선과 대립적인 관계에 있었다. 철저한 스탈린주의자였던 그는, 1956년 스탈린에 대한 공개비판이 있은 후 자살했다.

루카치─이런 운 좋은 상황이 아니었다면 나도 당연히 스탈린의 재판에 휘말려들었을 거예요.

인터뷰어─"그래도 행운 1941년?"은 무슨 뜻입니까?

루카치─그럼에도 불구하고 나는 1941년에 체포되었습니다.

인터뷰어─그것을 행운이라고 말씀하신 겁니까?

루카치─행운이라고 내가 말한 건 이때가 되어서야 체포되었다는 뜻입니다. 왜냐하면 그때에는 그 모든 처형이 더 이상 벌어지지 않았으니까요.

인터뷰어─루카치 동지, 당신의 회고 과정에서 "나는 매우 운이 좋았다"는 소리를 계속 들을 수 있습니다. 나로서는 어쩔 수 없이, 역시 계속해서 몹시 운이 좋았던, 솔제니친의 주인공 이반 데니소비치[77] 생각이 납니다.

루카치─나는 세계에서 가장 대대적으로 벌어졌던 체포 캠페인 중 하나를 지나온 것입니다. 그 본래의 동기들은 더 이상 아무런 역할도 하지 않았던 캠페인 막바지에 나는 체포되어 두 달 동안 억류되어 있었어요. 이것은 행운이라고 이해할 수밖에 없죠.

인터뷰어─왜 당신을 체포했는지가 밝혀졌나요?

---

77 솔제니친의 노벨레 『이반 데니소비치의 하루』의 주인공.

루카치—감옥에 가둘 때, 헝가리 정치경찰의 모스크바 대표로 나를 체포했다고 말해주었어요.

인터뷰어—어떤 증거가 있었습니까?

루카치—어떠한 종류의 소송 기록도 볼 수 없었기 때문에 모르겠습니다. 내가 체포되었을 때 가택 수색이 있었습니다. 당의 여러 부처와 다른 곳에 일자리를 신청하려고 쓴 이력서들이 들어 있던 서류철을 압수해갔지요. 질문들은 전부 다 그 서류철과 관계된 것이었습니다. 그 질문의 수준은 나를 심문했던 작자가 내게 했던 말을 근거로 판단할 수 있을 겁니다. "나는 이것들을 읽었는데, 당신이 [코민테른] 제3차 대회 때 극좌파였고, 따라서 트로츠키주의자였다는 것을 알고 있소." 그래서 나는 그에게 말했지요. "미안합니다만, 그 주장에서 내가 3차 대회 때 극좌파였다는 것만 맞고, 그당시 트로츠키가 트로츠키주의자였다는 것은 맞지 않습니다. 그당시 트로츠키는 레닌을 지지했으니까요." 그러자 그는 내게 그렇다면 도대체 누가 트로츠키주의자였는지 물었습니다. 나는 이탈리아 공산주의자들 중 일부, 폴란드 공산주의자들 중 일부, 그리고 독일 공산주의자들 중에는 아르카디 마슬로프(Arkadi Maslow)와 루트 피셔(Ruth Fischer)와 텔만[78]이 트로츠키주의자였다고 그에게 말했습니다. 내가 텔만이라는 이름을 말하자 그 작자는 얼굴이 붉어지면서 주먹으로 탁자를 쳤어요. 그러고는 내가 거짓말을 한다고 했지요. 그에게 나는, 우리가 거짓과 참에 대해서는 논하지 않

---

78 에른스트 텔만(Ernst Thälmann, 1886~1944)은 독일 공산당의 지도자였다. 1933년에 게슈타포에 의해 체포되어 11년간 구금되어 있다가 1944년 히틀러의 명령으로 총살당했다.

는 게 좋겠다, 그 대신 권할 게 있다, 고 말했습니다. 당신네들 도서관에는 3차 대회의 기록이 있으니, 텔만의 연설과 그에 대한 레닌의 대답, 그리고 트로츠키의 연설도 읽어보라고 했지요. 우리는 더 이상 이 문제로 돌아가지 않았습니다.

인터뷰어—책들은 압수당하지 않았습니까?

루카치—예, 아무것도 압수당하지 않았습니다.

인터뷰어—압수당할 만한 책들이 있었습니까?

루카치—아니요. 내 장서들이 압수당했다고 들었지만, 실은 게르트루드가 그들이 아무것도 갖고 가지 못하게 지켰습니다.

인터뷰어—루카치 동지, 당신이 위험하다고 생각한 책들을 없앴습니까?

루카치—그래야만 했지요. 그들이 누군가의 집에서 트로츠키 책을 발견했다면 아주 위험했을 테니까요.

인터뷰어—주로 트로츠키 책을 없앴습니까?

루카치—주로 트로츠키와 부하린이나 그 무리의 책들을 없앴습니다. 기계장치의 톱니바퀴에 끼인 사람들의 책들이었죠. 내게 그런 책을 없애라고 한 사람은 언도르 가보르였다는 것을 알리고 싶네요. 그가 어느 날 큰 자루를 들고 자기 아내와 함께 나타나서 내가 가진 트로츠키와 부하린의 책을 전부 담아갔어요. 그리고는 그 책들을 그날 저녁에 강 속에 집어던졌지요.

인터뷰어—이 장면은 언도르 가보르가 티보르 데리에게 조심하고 책을 다시 쓰라고 경고한 것을 묘사한 『어떤 심판도 없다』(*Kein Urteil*)의 한 장면과 매우 비슷하군요. 가보르는 신중한 사람이었음에 틀림없습니다.

루카치—가보르는 아주 특별한 사람이었습니다. 모든 사람을 그런 상황에서 가장 잘 보호하고자 했으면서도 그 자신은 아주 용감했지요. 예를 들자면 그는 수감된 사람들과 계속 편지를 주고받았고 그들에게 먹거리를 계속 보내는 등등의 일을 했습니다. 요컨대 언도르 가보르는 드물게 고결한 사람이었습니다.

인터뷰어—당신은 어떤 연유로 조기 석방될 수 있었습니까?

루카치—나중에 안 일이지만, 디미트로프[79]가 나를 변호했습니다.

인터뷰어—그를 개인적으로 알았습니까?

루카치—빈에 있을 때 알았는데, 그때 그는 불가리아 망명객으로 그곳에 머물러 있었죠. 디미트로프는 늘 영국과 미국의 신문기자

---

79 게오르기 디미트로프(Georgi Dimitrov, 1882~1949)는 불가리아의 정치가이다. 불가리아 공산당 창당에 참여했고 코민테른 집행위원회 위원, 코민테른 중부 유럽국장으로 일했다. 모스크바에서 코민테른 집행위원회 총서기를 지내며 대독일 인민전선을 조직했다. 2차 세계대전 후 수상이 되어 불가리아인민공화국 수립에 기여했다.

들에게 둘러싸여 있었는데, 내가 비록 발음은 안 좋지만 영어를 잘할 수 있었기 때문에 디미트로프와 그의 동료들을 위해 종종 번역을 해주었습니다. 그래서 우리가 알게 된 겁니다.

인터뷰어—모스크바에서는 그와 아무런 관계도 없었습니까?

루카치—우리는 모스크바에서는 안 만났습니다. 그는 아주 중요한 사람이었고 나는 하찮은 인물이어서 모스크바에서는 정상적인 만남이 불가능했으니까요.

인터뷰어—디미트로프는 당신의 체포 소식을 어떻게 알았습니까, 루카치 동지?

루카치—아주 간단합니다. 게르트루드가 베혀에게 알렸고, 베혀와 레버이, 에른스트 피셔가 같이 디미트로프에게 가서 사정을 이야기했습니다. 디미트로프가 나를 아주 좋게 생각하고 있었기 때문에—빈에서 어떤 이유로 그렇게 생각하게 됐는지는 모르겠어요—즉시 행동에 착수했지요. 운 좋게 라슬로 루더시도 나와 같이 체포되어 있어서 헝가리 당도 그 행동에 즉각 합류했습니다. 그때 마차시 라코시가 이미 미래의 지도자로서 직무를 수행하고 있었고 자연스레 루더시와 좋은 관계를 맺고 있었지요. 디미트로프가 루카치와 루더시를 구하기 위한 행동을 제안했을 때 라코시는 루더시는 되고 루카치는 안 된다고 말할 수가 없었어요. 그렇게 하면 라코시의 인상이 아주 나빠졌을 테니까요.

인터뷰어—루더시의 체포는 전혀 몰랐던 일입니다. 그렇다면 체포되지 않은 사람이 거의 없었다는 말인데요.

루카치─극소수의 사람만이 끝까지 체포되지 않았습니다.

인터뷰어─레버이는요?

루카치─레버이는 체포되지 않았습니다.

인터뷰어─벨러 일레시도 그렇죠.

루카치─벨러 일레시도 체포되지 않았습니다. 그러나 일레시는 한동안 어딘가에 억류되어 있었습니다. 쿤을 적대시했던 물결이 그에게 생채기를 약간 냈던 것이지요.

인터뷰어─『문학비평가』의 다른 구성원인 리프쉬츠나 우셰비치도 재판으로 해를 입지 않았습니까?

루카치─우셰비치는 끝까지 무사했습니다. 그녀는 정말 연륜 깊은 당원이었어요. 어린 소녀였을 때 그녀는 레닌의 특별기차를 같이 타고 모스크바로 갔지요. 그녀는 당의 아주 위대한 과거를 지니고 있었습니다.

인터뷰어─그러한 과거는 다른 사람들도 지니고 있었지요.

루카치─그러나 그녀는 문학을 제외하고는 어떤 문제에도 입장을 표명하지 않았습니다. 그녀는 트로츠키주의자도 부하린주의자도 아니었기에 때문에 재판에 휘말려들지 않았지요. 게다가 그녀는 매우 연륜 있는 볼셰비키 집안 출신이었습니다. 그녀의 아버지 펠릭스 혼(?)(Felix Hon(?))은 폴란드 당에서 큰 역할을 했어요. 우셰비치는 자기 가족이 관련되지 않은 폴란드 봉기는 없었노라고 자랑스레 말했지요. 우셰비치는 출신만으로도 당의 지도층에 속했습니다.

인터뷰어—그런 사실만으로는 스탈린에게 영향을 미치지 못했을 텐데요.

루카치—그것만으로는 그렇지요. 그러나 철학에서 그녀는 미친과 유진에게 의존했는데, 유진은 스탈린 앞에서든 어디에서든 항상 우셰비치와 뜻을 함께했습니다. 그것은 당연히 그녀에게 매우 큰 도움이 되었지요. 특히 스탈린은 좁은 의미에서의 문학 문제에는 관심을 갖지 않았기 때문에 더 그랬습니다.

인터뷰어—우셰비치의 전 작품은 주목할 만한 가치가 있습니까?

루카치—절대적으로요. 그러나 그녀의 작품은 [헝가리어로] 번역된 게 하나도 없습니다.

인터뷰어—스탈린의 억압이 점차 커지던 시기에 『문학비평가』가 스탈린의 주요노선에서 벗어나는 게 가능했습니까?

루카치—우리는 스탈린적인 자연주의적 정통성을 공격했습니다.

발자크 문제에 대한 엥겔스의 편지[80]가 그때 나왔다는 것을 잊어서는 안 됩니다. 우리는 스탈린주의와 첨예하게 대립하는 가운데 다음과 같이 문제를 제기했습니다(이것이 진지한 결과를 갖진 못했습니다). 이데올로기는 어떤 작품의 미적 성질을 판가름하는 기준이 아니며, 발자크의 왕정주의처럼 나쁜 이데올로기인데도 아주 훌륭한 문학이 나올 수 있다고 말입니다. 그리고 우리는 이것을 아주 좋은 이데올로기에서도 나쁜 문학이 생겨날 수 있다는 식으로 옮겼습니다. 이런 노선에 입각해서 예컨대 우셰비치는—나는 러시아어를 할 수 없었기 때문에 관계할 수 없었는데—당시의 정치문학을 극히 날카롭게 공격했는데, 그랬다고 해서 감옥에 가지는 않았습니다.

인터뷰어—스탈린이 레닌적 노선에서 벗어났다는 것이 당신 눈에 분명히 들어왔군요. 이후에 이루어진 발전과정에서 당신의 세계관은 이를 통해 어느 정도까지 영향을 받았습니까?

루카치—나는 그것[스탈린이 레닌적 노선에서 벗어났다는 것]을 전혀 모르는 체했다고 말할 수 있어요. 문학 문제를 제외하곤 사람들이 그런 이유들로 우리 일에 간섭하진 않았어요. 말하자면 [당시 문학계를 이끌었던] 파데예프만이 우리의 적수였지요. 그는 우리를 공

---

80 1888년 4월 초 런던에 살던 엥겔스가 당시 영국의 노동소설가 마거릿 하크니스(Margaret Harkness)에게 보낸 영문 편지로서, 발자크의 문학적 위대성과 관련하여 "리얼리즘의 승리"라는 표현을 사용하여 유명해진 편지이다. 흔히 '엥겔스의 발자크론'이라 불리는 이 편지는 1932년 3월, 소련의 문예조직인 RAPP의 월간지 『문학의 초소에서』(Na Literturnom postu)에 처음 러시아어로 번역되어 실렸으며, 같은 달에 독일의 BPRS(프롤레타리아·혁명 작가동맹, 1928~1935년)의 기관지 『좌선회』(Linkskurve)에도 독일어로 소개되었다.

격해도 된다는 허락을 받았습니다. 그러다가 조직개편을 기회로
『문학비평가』를 폐간하는 데 동의를 받았어요.[81] 우리를 잡아넣는
것이 파데예프의 노선에 어긋나지 않을 수도 있었지만, 그에게 주
어진 권한이 우리를 잡아넣을 수 있을 만큼은 못 되었습니다. 그
런데 철학과 관련해서 보자면, 나는 그 시기에 철학 책을 쓰기 시
작했는데, 스탈린이 주장하던 노선과는 완전히 대립하는 입장이
었어요. 나는 1930년대 후반기에 헤겔에 관한 책[『청년 헤겔』]을
썼는데, 그때는 이미 즈다노프가 헤겔은 원래 프랑스 혁명에 반대
한 봉건적 반동의 이데올로그라고 말한 때였지요. 누구도 내 헤겔
책이 그런 생각을 표명하는 것이라고 주장할 수는 없을 겁니다.
나중에 즈다노프는 스탈린과 함께 철학사 전체를 유물론과 관념
론 사이의 투쟁이라고 주장했습니다. 이에 반해 『이성의 파괴』—
이 책은 대부분 세계전쟁 중에 쓰였는데—는 그와는 전혀 다른 대
립, 즉 합리적 철학과 비합리적 철학 사이의 투쟁을 고찰의 중심
에 두고 있어요. 비합리주의자들이 모두 관념론자인 것은 맞지만,
그들의 반대자에는 합리주의적인 관념론자들도 있었어요. 따라서
내가 『이성의 파괴』에서 제시한 그 대립은 즈다노프의 이론과는
전혀 일치할 수가 없는 것이었습니다.

인터뷰어—『이성의 파괴』를 전쟁 중에 쓰셨다고요? 1950년대 초에
쓰셨다고 생각했는데요.

삶으로서의 사유: 게오르크 루카치와의 대담

---

81 『문학비평가』는 소련 공산당 중앙위원회의 결정에 따라 1940년 3호(12월)
    를 끝으로 종간을 맞이했다. 그 이후부터 헝가리로 귀국할 때까지 루카치는
    소련 문학잡지에는 더 이상 글을 발표하지 못했고, 독일어와 헝가리어로 간
    행되는 잡지에만 글을 발표했다.

루카치―50년대 초에 그 책을 끝냈습니다. 그러나 원고의 대부분은 이미 전쟁 중에 다 썼어요. 잘 보시면, 유물론과 관념론 사이의 대립이 철학의 역사에서 유일한 대립이라는 그 관점[스탈린-즈다노프적 관점]은 50년대에도 여전히 유효했습니다. 아마 아직 기억하시겠지만, 『이성의 파괴』가 출판된 후에 다름 아닌 좌파가 나를 공격한 근거가 내가 가장 중요한 이 문제를 간과했다는 것이었으니까요.

인터뷰어―『이성의 파괴』의 기본 명제 중 하나는 무고(無辜)한(unschuldig) 철학이란 없다는 것입니다. 니체와 초기 비합리주의 경향들은 파시즘에 책임이 있다고 하셨지요. 루카치 동지, 당신 생각에 따라 이러한 토대에서 보면 마르크스에게 스탈린주의의 책임을 물을 수도 있지 않을까요?

루카치―만약에 내가 2×2는 4라고 당신에게 말하는데, 나의 정통파 추종자인 당신이 2×2는 6이라고 말한다면, 나는 그것에 책임이 없습니다.

인터뷰어―그렇다면 인격을 놓고 봤을 때 히틀러의 추종자가 됐을 가능성이 거의 없는 니체 역시, 사람들이 그의 학설에서 만들어낸 것에 대해서는 책임이 없다고, 똑같이 정당하게 말할 수 있지 않을까 싶은데요.

루카치―다시 문제는 어떤 이론을 실제로 따르는지 여부입니다. 이데올로기와 예술 사이에는 불일치가 있다는, 발자크에 대한 엥겔스의 설명을 가지고 내가 톨스토이를 설명한다면, 엥겔스는 나의 톨스토이 이해에 어느 정도 책임이 있지요. 그러나 내가 엥겔스가 말했던 것의 성격을 완전히 뒤집는다면, 엥겔스는 그것에 책임이 없습니다. 역사적 책임은 사상이 실제로 계승되었는가 하는 문제로 환원됩니다. 가령, 엥겔스가 말하는 부정의 부정이 헤겔식 부정의 부정을 정당하게 계승한 것이라고 보는 데 나는 반대합니다. 헤겔의 것은 순수 논리적 범주입니다. 『파리 수고』[『경제학-철학 수고』]에서 마르크스는 "비대상적 존재는 **비존재**다(Ein ungegenständliches Wesen ist ein *Unwesen*)"라고 말합니다. 대상성을 갖지 않는 존재자는 존재할 수 없다는 말이지요. 존재는 대상성과 동일합니다. 이에 반해 헤겔의 논리학은 대상성 없는 존재로부터 출발하지요. 헤겔 『논리학』의 첫 부분은 양과 질을 끌어넣는 가운데 비대상성에서 대상적 존재를 만들어내는 일에 몰두하고 있어요. 이것은 논리학적 속임수를 쓸 때만 가능한 일입니다. 그런 논리학적 속임수 중 하나는—내 생각에 이것은 마르크스주의에 대한 존재론적 연구에서 큰 역할을 하고 있는데—우리가 논리학과 인식론에 대한 과대평가를 통해 부정에 하나의 존재형식을 부여하기 시작한 것입니다. 부정은 대단히 전의(轉意)된 의미에서만 존재형식인데도 말입니다. 부정의 부정에 대해서만 하는 말이 아닙니다. 가령 헤겔에서 차용한 "모든 규정은 부정이다(omnis determinatio est negatio)"라는 말도 우리 사이에서 발견됩니다.

인터뷰어—그 말은 스피노자에서 차용한 것인데요. 그렇지 않습니까?

루카치—예, 하지만 스피노자에게서는 그 말이 어떤 의미가 있었어요. 그의 철학에서 그것은 사물들이 실체의 불가분한 부분들이라면 그 사물들은 현실적으로 존재한다는 것을 뜻합니다. 사물들이 자립적인 것들로 되는 순간, 그것들의 자립성은 이러한 실체적 통일성을 부정합니다. 따라서 여기에서 부정은, 비록 스피노자의 실체 사상 없이는 이 세상 아무 데도 적용될 수 없는 것이라 할지라도, 어떤 의미를 갖습니다. 헤겔이 타재(他在, das Anderssein)를 부정으로 정의했을 때 그는 여기에서 더 나아간 것이었습니다. 물론 타재에는 부정의 어떤 요소가 있습니다. 나는 이것은 책상이며 의자가 아니라고 말할 수 있습니다. 그러나 책상을 책상으로 만드는 것은 후자와 같은 부정적인 것이 아니라 책상 속에 있는 긍정적인 특성들입니다. 이것들에 의해서 책상과 의자 사이에서 타재가 창출되지요. 조금 속되지만 내가 종종했던 말인데, "모든 규정은 부정이다"라고 한다면, 사자는 면도용 크림이 아니다, 라고 정립할 수도 있을 것입니다. 실제로 사자는 면도용 크림이 아니기 때문에 이 문장은 논리적으로 문제가 없습니다. 그러나 이런 식의 문장은 수백만 가지도 더 만들어낼 수 있는데, 그중 단 하나도 현실적인 의미를 가지지 못할 것입니다. 왜냐하면 타재에서 이루어지는 부정은 하나의 종속적 계기에 지나지 않기 때문이지요. 부정은 비교할 때 생깁니다. 그러나 여기에서도 부정은 하나의 종속적 계기일 뿐인데, 그도 그럴 것이 가령 책상과 의자의 상호 타재는 완전히 긍정적인 사물들에서 생기기 때문입니다. 그리고 책상이 의자가 아니라는 사실은 극히 부차적인 요소이고 실제적인 사고에서는 아무런 역할도 하지 않습니다. 이와 달리 우리가 현실을 순수 논리적 기반 위에서 이해하고자 하는 순간, 이미 부정의 참된 의미는 퇴색하고 말지만 이와는 무관하게 부정에 큰 역할이 주어집니다. 가령 내가 "2×2는 5가 아니다"라고 말한다면 그것은 하나의 실제적인 부정입니다. 내가 "용들은 실존하지 않는다"라고 말하면 그 또한 정당한 부정이지요. 그렇지만 부정 중 압도적 다수는 진짜 현실적인 부정이 아닙니다. 내가 사자는 면도용 크림이 아니다라고 말하면, 그것은 전혀 현실적인 부정이 아니라 중요하지 않은 논리적 주장의 순수 논리적 결과일 뿐입니다.

인터뷰어─알겠습니다. 용의 경우에도 우리는 현실에는 상응하는 것이 없는 뭔가를 부정한다고 생각되네요.

루카치─존재 개념은 머리가 일곱 달린 용에게는 적용될 수 없다는 바로 그 점에 부정이 있는 것이지요.

인터뷰어─따라서 그것은 긍정적인 정립이군요.

루카치─머리가 일곱인 용이 아니라 악어에 이 규정을 적용할 수 있다면, 이 '아니다[부정](nicht)'는 실제로 어떤 의미가 있습니다. 그러나 부정이 과장되면 통상 한 가지 사실을 잊게 됩니다. 즉, 실제 생활에서 모든 부정은 하나의 정립을 조건 짓는다는 사실을 말입니다. "나는 공화주의자다"라고 말하면, 이 말은 "나는 군주제를 원치 않는다"는 것을 주장하는 것이지요. 그것은 머리 일곱 달린 용은 존재하지 않는다는 말과 같은 것이 아닌데, 군주제는 실제로 존재하기 때문입니다. 제거와 파괴는 노동 그 자체만큼이나 노동의 일부입니다. 그것은 인간 행위의 고유성이지요. 내가 돌도끼를 만든다면, 내가 [앞으로 만들어질 도끼를 생각하면서] 그 미래의 도끼로부터 돌조각들을 깎아내는 것은 불가피한 일입니다. 물론 이 깎아내기는 부정적 활동입니다. 나는 깎아낸 돌조각들을 그냥 내버리고 더 이상 그것들에 대해 개의치 않으니까요. 한마디로, 내 행위에 부정적 요소가 있습니다. 그러나 이 요소는 논리적 부정과 동일한 것이 **아닙니다**. 논리적 부정은 가장 극단적인 경우에 뭔가는 있어서는[......이어서는] 안 된다거나 또는 뭔가는 있지[......이지] 않다라고 말할 수 있어요. 그러나 내가 돌도끼를 만들기 위해서 본래의 돌덩이에서 조각들을 깎아낸다면, 여기에는 '있지[......이지] 않다'도 '있어서는[......이어서는] 안 된다'도 포함되어 있지 않습니다......

인터뷰어―'......이어야 한다'가 우위에 있군요.

루카치―'......이어야 한다'가 우위에 있습니다.

인터뷰어―'......이어서는 안 된다'는 기껏 해봐야 "이 돌은 둥글어서는 안 되고 날카로워야 한다"는 식으로 표현될 수 있겠군요.

루카치―그러나 문제의 본질은 그 돌은 "날카로워야 한다"는 것입니다. 그도 그럴 것이 그 돌은 "둥글어서는 안 된다"는 말 외에도 그 돌은 "타원형이어서는 안 된다"거나 "포물선이어서는 안 된다"는 식의, 단 하나의 돌도끼도 규정할 수 없을 것들을 백만 가지도 더 말할 수 있을 테니까요.

인터뷰어―이제 『이성의 파괴』로 되돌아가서 질문을 드려도 되겠지요. 루카치 동지, 당신은 스탈린주의에서 형성된 부류의 비합리주의에 대해서는 비판이 이루어지고 있지 않다고 하는, 그 작품의 결함을 못 느끼시는지요? 제가 생각하고 있는 것은 가령, 의심할 바 없이 비합리적 요소인 지도자 숭배나 혹은.......

루카치—철학적으로 보면 스탈린주의에서 지배적인 것은 일종의 초합리주의(ein Hyperrationalismus)입니다. 당신이 비합리주의라고 부르는 것은 초합리주의의 한 형태이지요. 프리드리히 셸링(Friedrich Schelling)에서부터 합리주의에 반대되는 경향들이—[덴마크 철학자인] 키르케고르를 포함한—독일 철학에서 중요해집니다. 이러한 경향들에 진정한 가치가 있다고 인정되는 것이지요. 스탈린에게 와서 합리주의는 일종의 부조리성으로 넘어가는 형태를 띱니다. 그런데 이 부조리성은 더 폭넓은 개념이며, 또한 비합리주의와는 다른 것입니다.

인터뷰어—『이성의 파괴』에는 그것이 어떠한 형태로도 안 들어가 있지요?

루카치—나는 스탈린주의가 일종의 이성의 파괴라는 것을 한 번도 의심하지 않았고 또 언제나 그렇게 주장해왔습니다. 다만 우리가 경우에 따라서는 니체와 어떤 유사성을 발견할 수 있을 지점에서 스탈린을 비판하는 것은 옳지 않은 게 아닐까 생각합니다. 그런 식으로는 결코 스탈린주의의 진정한 본질로 파고들 수 없기 때문입니다. 내가 생각하기에 스탈린주의의 본래적 본질은, 노동운동이 이론상으로는 마르크스주의의 실천적 성격을 견지하지만, 실천에서 행동은 사물에 대한 보다 깊은 통찰을 통해 규제되지 않고 오히려 보다 깊은 통찰이 행동의 전술을 위해 부가적으로 구성된다는 데 있습니다. 마르크스와 레닌의 경우에는 일정한 방향으로 진행하는 사회 발전의 기본 노선이 정해져 있었습니다. 이런 기본 노선 내에서 매 시기 어떤 전략적 문제들이 생겨나지요. 이런 기본 노선 내에서 그때그때의 전술적 문제들이 나타납니다. 스탈린은 그 순서를 뒤집어서 전술적 문제를 일차적인 것으로 여겼으며, 그것으로부터 이론적인 일반화를 도출해냈습니다. 예를 들면, 스탈린-히틀러 협정을 체결할 때 스탈린은 히틀러에 대하여 올바른 전술을 적용했지만 그것으로부터 완전히 잘못된 이론적 결론을 끌어냈습니다. 즉, 그는 2차 세계대전은 1차 세계대전과 유사하다는, 다시 말해 "적은 내부에 있다"는 리프크네히트의 구호가 히틀러에 맞서 방어선을 구축하고 있는 프랑스인들과 영국인들에게도 유효하다는 이론적 결론을 끌어낸 것인데, 그것은 명백히 틀린 것이었습니다. 오늘날에도 러시아 정치의 난점은, 정치가 세계사적인 발전의 관점에서 봤을 때 무엇이 결정적으로 중요한가는 전혀 묻지 않고 오히려 어떤 전술적 문제들에서 출발하고 있다는 데에 있습니다. 이스라엘과 이집트 사이의 갈등만 생각해봐도 그렇습니다. 러시아의 정치는 순수한 강대국 전술로부터 이집트인들은 사회주의자인 반면 이스라엘인들은 그렇지 않다는 결론을 도출해냅니다. 물론 양쪽 누구도 사회주의적이지 않습니다.

인터뷰어—루카치 동지, 이론과 전술의 전도(顚倒)에 대한 당신의 견해는 전적으로 옳습니다. 그렇지만 당신이 지금 말씀하시는 그 초합리주의(Superrationalismus)는 많은 지점에서 보통의 비합리주의로 변했다고 생각하는데요. 다른 건 말하지 않더라도, 예컨대 세계사적 지혜가 체현(體現)되는 일 같은 데에서 말입니다. 스탈린 개인에서뿐만 아니라 당의 그때그때의 전술에서도……

루카치—과장된 합리성(Ratio)에는 비합리성(Irratio)의 방향으로 전변할 일정한 가능성이 있다는 것은 의문의 여지가 없는데, 왜냐하면 합리성이란 항상 구체적인 것들과 관련되기 때문입니다. 내가 그 구체적인 것의 추상적인 면들을 과장하면, 나는 이전의 합리적 연관관계의 합리성이 중단되는 지점에 이르게 됩니다.

인터뷰어―앞서의 대화 중에 루카치 동지 당신은 그것을 필연성 범주와 관련해서 말씀하셨지요. 필연성의 과장은 결국 신학으로 귀결됩니다.

루카치―나는 이것이 현대 자연과학의 관점과도 일치한다고 생각하며, 고전적인 의미에서 이해된 필연성은 수학에만 존재한다는 생각을 가지고 있습니다. 현실에서 발생하는 불가역적 과정들이 진행될 확률이 얼마나 큰가 하는 것을 현실 속에서 조사해야 합니다. 가령, 어떤 기계가 정확하게 작동할 확률이 99.8%라면, 나는 마치 그것이 필연적인 것처럼 여기고 그 기계로 일을 합니다. 이론상으로 보면 필연성이 아니라 단지 99.8%의 확률일 뿐이지만, 나는 0.2%를 무시하는 거지요. 일상생활에서 우리가 아주 높은 확률을 필연성으로 이해한다는 것은 누구다 다 목격할 수 있는 일입니다. 고전적 의미의 필연성은 현실에는 결코 존재하지 않는다고 생각합니다.

인터뷰어―스탈린주의를 철학적으로 특징짓는 것이 필연성의 과장 아닙니까? 가령 혁명의 승리, 더 정확하게 말하면 차르주의 타파와 사유재산의 몰수는 이러저러한 시간이 경과한 뒤에는 필연적으로 사회주의로 귀결되리라는 주장 같은 것 말입니다. 결국 그것은 이미 비합리주의에 가까운 필연성의 과장입니다.

루카치―『이성의 파괴』에서 나는 비합리주의의 한 특수한 형태를 다루었습니다. 스탈린의 견해에도 몰지각하게 되고 마는 과장된 필연성이 존재합니다. 이 몰지각은 어느 정도 비합리주의에 가까워요. 하지만 그것이 사안을 이해하는 데 중요하다고는 생각지 않습니다. 그것은 부차적인 요인입니다.

인터뷰어─만약 당신이 스탈린주의의 철학적 뿌리를 탐구하신다면 무엇을 본질적 요인으로 보실 것 같습니까?

루카치─내가 생각하기에 특히 아주 중요한 것은─이러한 왜곡 없이는 스탈린주의란 불가능했을 터인데─사회의 영향과 관련해서 엥겔스 및 그를 따른 많은 사민주의자들이 마르크스가 말하는 현실적인 사회적 연관관계와는 상반되게 논리적 필연성의 입장에서 있었다는 것입니다. 본래 마르크스가 늘 말한 것은 특정 사회의 X의 사람들은 어떤 주어진 노동 체계에 X의 방식으로 반응한다는 것, 그리고 그 사회에서 일어나는 과정은 그런 X의 반응들의 종합으로 이루어진다는 것입니다. 그것은 '2×2=4'와 같은 의미에서는 사실상 더 이상 필연적일 수가 없는 것이지요.

인터뷰어─소련에 머무르시는 동안 위에서 말씀하신 것 외에 어떤 글들을 쓰셨습니까?

루카치─『리얼리즘의 역사』(*Geschichte des Realismus*)에 실린 글들을 썼어요. 그리고 이론적 문제들이 중심인 책 한 권을 출판했고, 이어서 괴테, 발자크, 톨스토이 등등을 다룬 에세이집을 냈습니다. 출판하지 않은 책이 더 많아요. 아주 많은 글을 썼지만 가령 『역사소설』(*Der historische Roman*)은 한 출판사에 원고를 건네주었지만 러시아에서 출판은 불가능했습니다.

인터뷰어—헤겔에 대한 책도 나오지 못했죠.

루카치—[체포의] 거대한 물결 속에서 체포되지는 않았지만, 출판사가 보기에 나는 의심스러운 인물이었어요. 내가 적일지 모른다는 의미에서 의심스러운 것이 아니라 파데예프가 정한 마르크스주의를 따르지 않은 인물로서 의심스러웠던 거죠.

인터뷰어—루카치 동지, 방금 체포의 물결을 다시 언급하셔서 드리는 말씀인데, 당신은 재판들을 이데올로기상으로는 어떻게 처리하실 수 있었는지요?

루카치—재판을 끔찍스러운 것으로 생각했지만, 우리는 현재 로베스피에르 편에 선 것이라고 스스로에게 말함으로써 위안을 얻었어요. 법적인 측면에서 조사해보면 당통에 대한 재판이 부하린에 대한 재판보다 훨씬 더 나을 것도 없었지만 말입니다. 나의 또 다른 위안은—이것이 결정적인 계기였는데—이 시대에 가장 중요한 문제는 히틀러의 격멸이라는 것이었습니다. 히틀러의 격멸은 서방이 아니라 오직 소련에게만 기대할 수 있는 일이었습니다. 스탈린은 실존하는 유일의 반(反)히틀러 세력이었습니다.

인터뷰어—지금도 그렇게 생각하십니까? 만약 그렇다면 어느 정도로 그렇게 생각하시는지요? 일반적으로 스탈린에 대한 것이 아니라 [구체적으로] 재판들에 관해서 드리는 질문입니다.

루카치―설사 내가 그 재판들과 관련해서 뭔가 하고자 했더라도 아무것도 할 수 없었을 겁니다. 미국으로 갈 기회가 한 번 생긴 듯도 했지만 떠날 생각이 없었습니다.

인터뷰어―제 질문은 당신의 개인적인 행동에 관한 것이 아닙니다. 재판들에 대한 그 당시의 입장이 당신의 지금 생각과 일치하는지를 묻는 겁니다.

루카치―스탈린에게 그 재판들은 전혀 필요하지 않았다는 점에서 나는 상황을 지금은 달리 보는 셈이죠. 그는 부하린 재판으로 반대파를 완전히 제거했고, 그래서 정치적으로 볼 때 체포의 거대한 물결에서는 아무 이익도 생기지 않았습니다. 부하린 재판이 끝난 뒤에는 누구도 감히 스탈린에게 반대하지 못했으니까요. 그런데도 스탈린은 사람들을 위협하는 자신의 전술적 노선을 계속 이어나갔습니다. 이러한 견지에서 나는 그 재판들이 불필요했다고 생각합니다.

인터뷰어―저는 소련이 그 재판들을 통해 강해진 것이 아니라 오히려 약해졌다고 봅니다. 무엇보다 군사재판을 생각해보면 그렇습니다.

루카치―그 과정은 군사재판으로 시작되었는데, 나는 스탈린이 병사는 이 사람을 저 사람으로 쉽게 대체할 수 있다는 미숙한 생각을 했다고 봅니다. 그는 전쟁이 발발하고서야 그런 생각을 버렸습니다. 장군들을 감옥에서 석방했으니까요.

인터뷰어─전쟁 초에 서부전선에서 당한 패배─이를 다룬 방대한 문헌이 있지요─의 원인은 군사적 경험이 있는 장군들이 그 전에 몽땅 체포되어버렸던 데에서 찾아집니다.

루카치─그것은 스탈린의 멘탈리티와 관련이 있어요. 스탈린은 독일인들과의 협정을 전술적으로 필요하다고 여겼기 때문에 그 협정의 견고성을 과도하게 믿었어요.

인터뷰어─망명자들은 이 점에서 스탈린에게 동의했습니까?

루카치─나는 동의하지 않았습니다.

인터뷰어─당신은 그 협정을 계속 회의적으로 보았습니까?

루카치─그렇습니다.

인터뷰어─루카치 동지, 재판과 관련해서 이전에 당신은 독일의 위험이 있는 동안 모든 힘을 모으는 것이 필요했기 때문에 당신에게 그 재판이 받아들여질 수 있었다고 말씀하신 적이 있죠. 그리고 중앙지도부를 반대하는 사람은 누구든지 결국에는 소련을 약화시킬 것이라고도 말씀하셨죠. 제 기억이 맞다면, 당신이 재판 중에 나온 증거를 믿진 않았지만 이데올로기상, 더 정확히 말해 전술상 그 재판 자체를 반대하지 않았다고 말씀하신 적이 있습니다.

루카치─우리가 그 재판을 전술상 반대하지 않았다고는 말할 수 없습니다. 전술상 우리는 중립이었습니다. 거듭 말하건대, 스탈린이 로베스피에르가 당통에 맞서 사용한 것과 똑같은 무기를 트로츠키에 맞서 사용했다면, 그것을 오늘날의 상황에서 작량(酌量)할 수 없습니다. 왜냐하면 그 당시 상황에서 결정적인 문제는 미국이 어느 편에 서서 전쟁에 개입할 것인가 하는 것이었기 때문입니다.

인터뷰어—당신은 로베스피에르-당통과 스탈린-부하린 간의 비교를 오늘날 보시기에도 옳다고 생각하십니까?

루카치—그것이 옳다고는 생각지 않습니다. 하지만 그 당시 러시아에서 살아가던 한 헝가리 망명객의 시각에서는 그 비교가 수긍할 만한 것이었다고 생각합니다.

인터뷰어—당신이 오늘날 그러한 비교를 이데올로기 차원에서 비판해야 한다면, 어디서부터 출발하시겠습니까?

루카치—로베스피에르의 주장과는 달리 당통은 결코 배신자가 아니었으며 공화국을 결코 포기하지 않았다는 데에서부터 출발할 것입니다. [스탈린] 재판의 피고인들과 관련해서는 그 실상이 그렇게 명백하진 않았습니다.

인터뷰어—그들이 재판에서 스스로 반역자라고 말해야만 했으니까요. 부하린조차도 자신이 반역자라고 주장해야만 했습니다. 그것은 끔찍하게 큰 차이이지만, 단지 도덕적 의미에서만 그렇습니다.

루카치—도덕적 차이일 뿐이지요. 그러나 부하린에 관해서 하는 말은 아닌데, 왜냐하면 나는 그를 지극히 고결한 사람으로 생각하기 때문입니다. 나는 그를 마르크스주의자로서는 형편없다고 생각하지만, 그가 형편없는 마르크스주의자라는 것이 그를 처형할 이유가 될 수는 없지요. 그러나 지노비예프 등등은 스탈린 노선이 권력을 잡도록 하기 위해 아주 많은 짓을 저질렀습니다. 그들은 그들 자신이 한 행위의 희생자입니다.

인터뷰어—그때 트로츠키와 처형된 트로츠키주의자들은 어떤 역할을 했습니까?

루카치—나는 트로츠키주의자들은 거의 몰랐습니다. 트로츠키는 [코민테른] 3차 대회[1921년] 때부터 알았는데, 나는 그가 전혀 마음에 들지 않았습니다. 고리키의 서한집 마지막 권에서 언젠가 레닌이 했다는 말을 얼마 전에 읽었어요. 트로츠키는 [혁명 뒤] 내전에서 커다란 업적을 쌓았다, 그가 우리 편에 속해 있지만 우리 사람은 아니다, 그에게는 라쌀의 나쁜 면이 있다, 고 했다더군요. 나는 [라쌀과의] 이러한 비교에 전적으로 동의합니다.[82]

---

82 "라쌀의 나쁜 면"이란, 아마도 페르디난트 라쌀(Ferdinand Lassalle)의 허영심, 현란한 민중선동, 무모함 등을 가리키는 말로 이해된다. 루카치는 스탈린의 최대의 정적(政敵)이자 이후 '트로츠키주의'라는 마르크스주의의 한 흐름을 일군 트로츠키에 대해 시종일관 비판적이었다. 트로츠키의 입장이 지닌 모험주의적 성격, 그의 반민주주의적 성향, 스탈린에 못지않게 '개인숭배'로 귀결될 수도 있는 듯이 보였던 그의 성품 등에 대한 루카치의 보다 상세한 비판에 관해서는 Georg Lukács, "Brief an Alberto Carocci"(1962), in: *Georg Lukács. Schriften zur Ideologie und Politik*, ausgewählt und eingeleitet von Peter Ludz, Darmstadt und Neuwied: Luchterhand 1973(2판), 661~2면 참조. 레닌의 사망(1924년 1월) 이후 스탈린이 지노비예프, 부하린, 트로츠키 등과 벌인 노선투쟁에서 루카치가 스탈린을 지지한 것은 잘 알려진 사실이다. 당시 오스트리아에서 망명 생활을 하고 있었던 루카치는, 1924년 코민테른 5차 대회(6월 17일~7월 8일)에서 내려진 정세 판단, 즉 '자본주의의 부분적·일시적·상대적 안정론'을 받아들이며, 세계혁명의 물결이 실제로 약화되었다고 보았

인터뷰어—그렇지만 카메네프(Kamenew)와 지노비예프 주위 그룹에 비하면 트로츠키와 그의 동료들, 가령 자살한 요페(Joffe) 같은 사람은 진짜 혁명가였다는 것을 부인할 수 없다고 생각하는데요.

루카치—카메네프와 지노비예프는 혁명 후에 관료로 변했습니다. 그런 과정이 트로츠키와 밀접했던 그의 지지자들에게는 아직 일어나지 않았지요. 그렇지만 나는 그들 사이를 크게 구분하지는 않았는데, 내가 그 라쌀-모티프 때문에 트로츠키와 트로츠키주의자들을 전혀 좋아하지 않았기 때문입니다.

인터뷰어—트로츠키의 글들은요?

루카치—트로츠키는 지극히 총명하고 지적인 저술가였습니다. [하지만] 정치가로서나 정치이론가로서는 그를 전혀 인정하지 않습니다.

인터뷰어—역사가로서는 어떻습니까? 1905년과 1917년의 혁명에 대한 그의 역사적 연구들에 대해서는 어떻게 생각하십니까?

루카치—나는 그것들을 판단할 능력이 없습니다. 어쨌든 그 당시에 사람들은 트로츠키주의를—지금은 지노비예프와 카메네프 그리고 부하린도 그렇게 생각될 수 있는데—히틀러에 맞선 투쟁에서

다. 이러한 정세 판단에 입각해 그는, '세계혁명·영구혁명'의 입장을 고수한 트로츠키보다 '일국 사회주의' 노선을 주창한 스탈린의 노선이 더 타당하다고 봤다. 이러한 기본적인 입장에 트로츠키 및 트로츠키주의자들에 대한 반감이 더해져 그는 트로츠키의 국외 추방으로 귀결되는 소련 내의 노선 투쟁에서 스탈린이 권력을 장악해간 과정에 대해 특별히 반대하지 않았다.

미국과 영국의 반소(反蘇) 여론을 퍼뜨릴 하나의 가능성이라고밖에는 생각할 수 없었습니다. 미국에서 에른스트 블로흐가, 말하자면 똑같은 말로 트로츠키 및 그 일파와 연대하기를 거부했던 것은 의미심장한 일입니다.

인터뷰어—루카치 동지, 그러니까 당신의 판단에 따르면 미국 여론의 눈에 비친 트로츠키의 행태가 재판보다 더 소련에 해로웠다는 것입니까? 저는 재판이 더 큰 손해를 입혔다고 느끼는데요.

루카치—그것을 그런 식으로 비교할 수는 없습니다. 재판이 손해를 야기한 것은 분명합니다. 재판이 벌어졌다는 것만으로도 손해를 초래했다는 것 또한 틀림없는 사실입니다. 내 생각에 우리는 여기에서 하나의 중대한 복합체와 관계하고 있습니다. 당시에 문제가 됐던 것은 스탈린의 지도 전반과 관련된 것이었습니다. 스탈린의 지도가 트로츠키 및 그 지지자들이 예상할 수 있었던 것보다 더 나쁜 독재를 가져오지 않았는가 하는 것이 문제였지요. 이 문제에 대한 우리의 대답은 물론 '아니다'였습니다.

인터뷰어—그러나 어쨌든 간에 여기에서 중요했던 것은, 스탈린의 독재를 추구해야 할 것인지 트로츠키의 독재를 추구해야 할 것인지 하는 문제가 아니었습니다. 그도 그럴 것이 트로츠키가 20년대 중반까지는 실제로 형편없는 정치인, 형편없는 이데올로그였을 수도 있지만 나중에는, 어쩔 수 없어서 그랬건 아니면 모종의 전술에 따라 그랬건 간에 자기 자신의 오류까지도 근거로 해서 모든 가능한 것을 통찰하는 일이 있었을지도······

루카치―나는 트로츠키가 지극히 고결한 인간이자 재능 많은 정치인, 탁월한 웅변가 등등이라는 점을 의심하지 않았습니다. 다만, 트로츠키가 그 모든 것을 가지고도 동서양의 사람들이 공히 스탈린의 라이벌로 인정할 만한 그런 라이벌은 될 수 없었다는 것을 말할 뿐입니다. 트로츠키는 유일하게 히틀러에 실제로 저항할 수 있었던 스탈린 노선과 일치될 수 없었다는 것을 잊지 마세요. 그도 그럴 것이 진정한 저항의 시작은 스탈린의 협정[스탈린-히틀러 협정]이었습니다.

인터뷰어―루카치 동지, 전쟁 시작 무렵 독일군이 진군할 때 독일이 승리할 가능성이 있다고 생각하셨습니까?

루카치―아뇨, 아닙니다. 히틀러보다 더 위대한 사람이었던 나폴레옹도 무찔렀던 러시아가 히틀러도 무찌를 것이라고 나는 시종일관 믿었습니다.

인터뷰어―따라서 그것은 무엇보다도 러시아에 대한 신뢰였군요?

루카치―러시아에 대한 신뢰였습니다.

인터뷰어―연합국이 마침내 이쪽 편에 섰던 것은……

루카치―연합국이 어느 편에 설 것인가 하는 것은 실로 중요한 문제였습니다. 그도 그럴 것이 영국과 미국이 히틀러 편에 가담했더라면 전쟁이 어떻게 끝났을지 알 수 없어요. 그렇지만 영국, 미국, 프랑스의 공격과 더불어 저울은 히틀러의 적들에게 유리하게 기울었습니다.

인터뷰어―망명객들 사이에는 일반적으로 봐서 승리에 대한 믿음이 지배적이었습니까? 혹 그 그룹들 속에 일종의 패배주의도 있었는지요?

루카치―패배주의가 있었어요, 강력한 패배주의가.

인터뷰어―헝가리인들의 그룹에서 그랬습니까? 아니면 일반적으로 그랬습니까?

루카치―헝가리인들의 그룹에서였습니다. 하지만 아주 겁이 많고 예민했던 [독일인] 요하네스 R. 베혀에게도 패배주의의 면모가 나타났습니다.

인터뷰어―트로츠키주의에 대한 당신의 적대적 태도는 언제 생겨났습니까?

루카치―나는 철학연구소에서 일하고 있었는데, 나의 태도는 러시아 철학이 히틀러에 맞서서 명확하고 통일된 전선을 형성했다는 사실에 의해 궁극적으로 규정되었습니다. 트로츠키주의자들만이 이에 반대했습니다. 그래서 나는 트로츠키주의자들에 반대했습니다.

인터뷰어―트로츠키주의자들은 정확히 무엇에 반대했습니까?

루카치—그들은 반(反)히틀러 통일전선에 반대했습니다.

인터뷰어—홍미로운 얘기네요. 트로츠키 자신도 반대했습니까?

루카치—그건 모르겠습니다.

인터뷰어—제가 기억할 수 있는 한에서 말씀드리자면, 트로츠키는 스탈린-히틀러 협정 전에 스탈린을 아주 격렬하게 공격했어요, 물론 전술적인 이유에서 그랬던 것 같은데, 트로츠키는 스탈린이 심지어 히틀러와 동맹을 맺을 것이라고 예언했습니다.

루카치—히틀러와의 협정에는, 히틀러가 프랑스와 영국을 공격해서 유럽 전쟁을 불러일으킬 것이고, 그러면 이 유럽 전쟁에서 이 나라들과 미국이 소련의 다소간 믿을 만한 동맹국이 될 것이라는 생각이 전제되어 있었습니다.

인터뷰어—폴란드·발트해 연안국가들·핀란드와의 분쟁으로 전쟁 초기 국면에 소련에서 반감이 야기되진 않았습니까?

루카치—그 모든 사건들로 반감이 야기되었지요. 적어도 내가 망명 중에 알았던 사람들 중에는 아침에 스탈린을 지지한다고 천명했다가 저녁에도 계속 스탈린을 지지한다고 천명한 사람은 두 명도 안 됩니다. 어떤 사람이 확실히 숙고한 끝에 스탈린의 정책이 히틀러에 대항하는 유럽 동맹을 낳을 것이라는 점을 분명히 인식하게 된 것은 다른 문제입니다. 그것은 망명객의 자연발생적인 감각이 아니라 지적인 인식이었죠.

인터뷰어─앙드레 말로(Andre Malraux)가 한 말을 최근에 읽었습니다. 거기에서 말로는 1930년대 초반 산책 중에 부하린이 스탈린에 대한 질책이나 비난 없이 자기에게 말하기를, 스탈린의 정치가 개인적이고 독재적인 권력의 완전한 확장으로 귀결될 것이라고 했다더군요. 예컨대 스탈린이 부하린 자신을 처형할 것이라고 말했답니다. 말로의 서술에 따르면 그것은 사태에 대한 단적인 확인처럼 들렸답니다. 일들이 어떻게 진행될 것인지를 그 당시에 실제로 감지하거나 알 수 있었습니까?

루카치─분파투쟁들에서 다년간의 경험을 가졌고 스탈린이 아직 미미한 인물이었을 때부터 그를 잘 알았던 고참 공산주의자인 부하린 같은 사람이 그런 것을 예상했다는 것은 얼마든지 있을 수 있는 일입니다.

인터뷰어─루카치 동지, 에르빈 신코의 『소설의 소설』(*Roman eines Romans*)을 기억하십니까?

루카치─예.

인터뷰어─운동가로서의 신코는 특별히 현명한 인물은 아니었습니다. 그러나 자신의 일기를 근거로─물론 나중에─쓴 그 소설을 읽으면, 소설 속 보고가 시작되는 시점인 1934~35년에 모스크바의 문학그룹과 운동그룹의 일반적인 분위기가 그 끔찍한 발전경향이 멈추지 않고 계속 전개되리라는 것을 분명하게 드러냈다는 인상이 생깁니다. 저는 이것이 신코의 주관적 상황을 얼마나 반영하고 있는지는 모릅니다.

루카치―여기에는 신코의 주관적 상황도 모종의 역할을 했습니다. 그렇지만 온전한 지성과 건강한 오감을 가진 사람치고 그것을 몰랐을 사람은 모스크바에는 당연히 없었습니다.

인터뷰어―당신은 신코를 모스크바에서 만났습니까?

루카치―아니요. 신코가 모스크바에 왔을 때 그는 로맹 롤랑(Romain Rolland)이 벨러 쿤과 코민테른에 보내는 추천장을 가지고 왔습니다. 나는 쿤과 코민테른 양쪽과 아주 긴장된 나쁜 관계에 있었기 때문에 신코를 만나기를 원치 않았습니다. 그는 나에게 전화를 해서 언제 만날 수 있느냐고 물었고 나는 만날 수 없을 거라고 대답했습니다. 나는 그가 쿤과 한편이 되어 둘이서 나를 해칠 음모를 꾸밀까 두려웠습니다.

인터뷰어―보통은 그런 의심이 전적으로 정당했습니다만 신코의 경우에는……

루카치―신코의 경우에는 이런 의심이 우연히 정당화되진 않았지만, 나는 그런 의구심을 분명히 밝혔던 것을 전혀 후회하지 않습니다. 왜냐하면 그것은 실재적인 문제였으니까요. 나는「블룸-테제」에 대한 비판에 논박하지 않았고, 헝가리와 관련된 모든 일에서 물러남으로써 나를 지켰습니다. 그리하여 샨도르 세레니와 그의 동료들에게, 그리고 뒤에는 쿤에게도「블룸-테제」를 적대시할 실질적 근거가 사라져버렸어요. 그래서 쿤이 코민테른 7차 대회 이후에 몰락하고 내가 헝가리인들의 모임에 재합류했을 때 아무도「블룸-테제」에 대해서 말하지 않았던 겁니다.「블룸-테제」는 그들 모두에게 잊혔던 거죠.

인터뷰어─그 무렵에 당신의 헝가리 친구들과도 접촉이 없었나요?

루카치─옛 친구들과 접촉은 있었지만, 그들 중 모스크바에 있는 사람은 아주 적었어요. 예뇌 함부르거가 그곳에 살았지요. 그와 만났습니다. 그는 매달 헝가리인 클럽에 내 회비를 내주었습니다. 그러나 그와의 만남은 완전히 사적인 것이었고 그는 헝가리 일에는 전혀 관계하지 않았는데, 특히 그때가 산도르 세레니와 그의 동료들이 무너진 뒤에 쿤이 레버이를 포함한 런들레르 분파의 최고 성원들을 자기 노선 쪽으로 끌어들이는 데 성공했을 때여서 더 그랬습니다. [헝가리 공산당이 빈에서 활동했던 시기에] 레버이가 부다페스트로 떠날 것을 명령받았을 때 게르트루드가 빈에 있었기 때문에 두 사람은 그가 떠나기 전날 저녁 때 만났어요. 그때 레버이가 게르트루드에게─레버이가 한 말을 거의 글자 그대로 인용해서 말하자면─자신의 여행 전체가 아주 허술하게 준비되었다, 그리고 자기는 곧 체포될 것이라고 거의 확신한다, 고 말했습니다. 하지만 그는 부다페스트의 감옥에 앉아 있는 것이 산도르 세레니와 그의 동료들 아래서 헝가리 운동을 하는 것보다 낫다고 생각한다고 했어요.

인터뷰어─전쟁 동안에는 어디에 계셨습니까?

루카치─타쉬켄트(Taschkent)에서 1년 있다가 모스크바에 있게 되었죠.

인터뷰어―타쉬켄트에서는 무엇을 하셨습니까? 일을 하셨나요?

루카치―모스크바의 작가들은 모두 타쉬켄트로 가도록 명령받았고, 그래서 우리는 그곳에서 최선을 다해 살았습니다. 우리는 가능한 모든 일에 참여했으며 또 어떤 일에는 참여하지 않기도 했어요. 나는 꽤 운이 좋았습니다. 알렉세이 톨스토이[83]가 작가 연맹의 대표자로 타쉬켄트를 방문했는데 그는 나를 외국에서 이름난 저술가로 알고 있었어요. 그래서 그는 나를 엘리트에 포함시켰습니다. 그 밖에도 아마 딱 한 번, 몇 분 동안 그를 만난 적이 있었는데, 그건 아무런 의미도 없는 것이었습니다.

인터뷰어―당신 외에도 타쉬켄트에 다른 헝가리인이 더 있었습니까?

루카치―물론이죠. 엄청나게 많이 있었어요.

인터뷰어―세계 도처에 엄청나게 많은 헝가리인이 있지요. 이제 개인적인 질문을 하나 더 하겠습니다. 페렌츠 야노시도 체포되었던 것으로 알고 있는데요?[84]

---

83 알렉세이 톨스토이(Aleksey Tolstoy, 1883~1945)는 러시아의 소설가・시인・극작가이다. 러시아의 대문호 레프 톨스토이의 먼 친척으로, 볼셰비키 혁명 이후 러시아 내전에서 백군을 지지하고 1919~23년까지 망명생활을 했으나 다시 러시아로 귀국한 이후 수많은 작품을 남겼다. 3부작 장편소설 『고난의 연속』으로 유명한데, 이 3부작과 미완성 장편 역사소설 『표트르 1세』로 스탈린상을 받기도 했다.

84 여기서 "개인적인 질문"으로 페렌츠 야노시에 관해 이야기한 것은, 그가 게르트루드 보르츠티에베르가 루카치와 결혼하기 전에 전 남편과의 사이에서 낳은 아들이기 때문이다.

루카치―예, 그러나 나와는 무관한 일로 체포되었습니다.

인터뷰어―그는 그 당시에 이미 소련에서 일하고 있었습니까?

루카치―그는 이미 10년 전부터 한 공장에서 일하고 있었지요. 그런데 그는 한 가지 실수를 저질렀어요. 그는 그게 실수였다는 걸 최근에 인정했어요. 전쟁이 발발하자 대부분의 공장들이 서부 시베리아로 철수하고 소수의 사람들만 모스크바에 남았을 때 그는 그곳에 머물러 있기로 결정했는데, 그게 실수였던 거죠. 시베리아로 갔더라면 그는 체포되지 않았을 겁니다.

인터뷰어―그는 언제까지 구금되어 있었습니까?

루카치―수년간 구금되어 있었어요. 그는 1945년에 풀려났습니다. 당이 나의 60번째 생일을 축하해주었을 때 예뇌 버르거(Jenö Varga)가 우리 집에 왔어요. 그는 내게 페르코(Ferkó)[페렌츠 야노시의 별칭] 일에 개입할 것을 제안했습니다. 그에게 편지 한 통만 쓰면 된다고 했어요. 그때, 내가 헝가리에서 대의원으로 선출되었다는 소식이 왔어요. 나는 헝가리에서 대의원이 되었는데 그는 그곳 수용소에 계속 있어야 한다는 것은 있을 수 없는 일이라고 생각했죠. 그래서 나는 그 편지를 썼습니다.

Ⅳ. 다시 헝가리에서

인터뷰어—당신이 소련에서 헝가리로 돌아왔을 때 상황은 어땠습니까?

루카치—헝가리로 돌아왔을 때의 상황을 특징적으로 보여주는 일은, 모스크바에서 내가 개진했던 이설(異說) 전체가 망각되어 있었던 것입니다. 「블룸-테제」를 완전히 없었던 일로 만든 글이 어떤 잡지에 발표되었던 것이 그 상황의 성격을 아주 잘 보여줍니다. 무슨 말이냐 하면, [「블룸-테제」를 제출했던 헝가리 공산당의] 2차 당 대회가 민주주의와 독재의 사안에서 잘못된 결정을 내렸고, 스탈린이 그 잘못된 결정을 바로잡았다는 식으로 알려져 있었던 것이지요. 「블룸-테제」는 마치 존재한 적조차 없었던 양 언급조차 되지 않았습니다. 내가 이 일을 자세히 말하는 것은, 나의 존재 여부가 여기 헝가리에서는 언제나 매우 문제적인 사안이었다는 점과 관련이 있기 때문입니다. 예를 들어 1959년 독재 40주년 기념일[1919년의 헝가리 평의회 공화국을 기념하는 날]에 즈음해서 페퇴피 박물관은 1919년에 나온 기념패를 전시했는데, 거기에는 내 이름이 가려져 있었습니다. 1956~57년의 내 행동의 결과로 내가 1919년의 인민위원이었을 수 없었던 게 분명합니다. 1956~57년 시기에 올바로 당에 부합되게 행동했던 이들만이 인민위원일 수 있었던 것이지요. 이런 사실을 알아야만 합니다. 이와 같이 공식적인 당사(黨史)에서 나에 대해 쓰인 모든 것은—완곡하게 말하자면—진실과 관련해서 지극히 문제적입니다. 나는 지금 [나에 대해 내려진] 평가에 대해서 이야기하는 것이 아닙니다. 평가는 모든 역사서술의 권리니까요. 그렇지만 누군가가 1957년에 잘못 행동했기 때문에 1919년에 인민위원이었을 수 없었다는 것은, 헝가리 당이 지닌 특성 중 하나입니다.

인터뷰어―저는 그것이 헝가리 당의 한 특성이라고 생각지 않습니다. 그도 그럴 것이 트로츠키 역시 1905년에……

루카치―물론입니다. 그것은 스탈린 시대의 한 특성이었고, 트로츠키가 그렇게 당한 첫 케이스였지요.

인터뷰어―그는 페테르부르크 노동자 평의회의 의장이었고……

루카치―그가 과거에 그런 인물이어서는 안 되었던 것이죠. 스탈린의 적수가 혁명가이었을 수는 없었으니까요. 헝가리에서는 모든 일이 [소련에서보다] 더 작은 규모로 벌어지는 법이라 그 일도 헝가리에서 좀 더 작은 규모로 벌어졌습니다.

인터뷰어―1945년으로 거슬러 가보죠. 그들이 과거와 관련해서 애초에 원했던 것은 아무것도 쓰여 있지 않은 종이, 아름답게 만들어진 공백의 종이였습니까?

루카치―아름답게 만들어진 공백의 종이였지요. 1945년부터 1948년 사이 시기에 특수한 점은 내게 모든 것이 허용되었다는 것입니다. 두 노동자당[사민당과 공산당]이 당원 수를 늘이기 위해 경쟁했기 때문이었죠. 자연히 여기에서는 지식인이 취하는 입장이 특히 큰 역할을 했습니다. 그런 연유로 1945년부터 1948년까지, 1949년까지 내게는 모든 것이 허용되었습니다. 루더시 논쟁[85]은 이미 두 당이 합당하고 난 후에 벌어졌습니다. 말하자면, '무어인은 자기 책무를 다했다, 무어인은 가도 괜찮다',[86] 따라서 루카치는 더 이상 필요 없다, 는 식이었죠.

인터뷰어—오늘날의 시각에서 볼 때, 무어인이 해고된 결정적인 이데올로기적 이유는 무엇이었습니까?

루카치—본질적으로 중요했던 것은 이데올로기 문제들을 민주적으로 조정하는 것이었습니다. 「블룸-테제」 이후 나는 하나의 지속적인 노선을 따랐고 그것을 결코 철회하지 않았습니다. 그것을 전쟁 뒤 처음에는 라코시와 그의 동료들이 받아들였습니다. 그들이 그것을 관대히 보아준다는 의미에서 받아들였다는 것이지요. 나의 이데올로기가 누군가에 의해서 공식적 이데올로기로 이해됐다고는 생각하지 마세요. 하지만 반대하는 목소리도 크지는 않았습니다. 극단적인 경우를 한 가지 말하자면, 어린 토끼[87]에 반대하

삶으로서의 사유

---

85 스탈린주의에 충실했던 라코시 정권이 이데올로기 영역을 정리하는 작업에 들어가면서 벌인 반(反)루카치 캠페인. 루더시가 포문을 열고 레버이도 비판에 가담했다. 생명의 위험을 느낀 루카치는 공개적인 자기비판을 통해 위기를 모면했다.

86 프리드리히 실러의 드라마 『제노바에서 일어난 피에스코의 반란』(*Die Verschwörung des Fiesco zu Genua*)(1783)에 나오는 대사.

87 루카치가 1947년에 한 신문에 발표했던 글에서 쓴 비유를 가리킨다. 그 글에서 루카치는 동시대의 소련 문학과 고전적인 부르주아 문학의 질적 차이를 설명하면서 다음과 같이 말했다. "마르크스·레닌주의가 세계관들 중에서 히말라야 산맥인 것은 확실하다. 그러나 토끼가 히말라야 산맥에 오른다고 해서 저 아래 평지에 있는 코끼리보다 더 크지는 않을 것이다." 그로부터 약 40년 뒤인 1986년에 루카치의 제자 아그네스 헬러(Agnes Heller)가 한 말도 관련해서 소개할 만하다. "루카치는 히말라야 산맥의 정상에서 뛰노는 토끼가 자기 자신을 평지에 있는 코끼리보다 더 크다고 생각해서는 안 된다고

는 목소리조차 크지 않았어요. 이러한 사실은 사민당 내에서 공산당이 벌이는 선전에 이용되었어요. 당신은 라코시뿐만 아니라 에르뇌 게뢰도 그런 일에서는 순수한 실용주의자였다는 사실을 잊어서는 안 됩니다. 물론 그들의 생각은 모스크바의 생각이 바뀌자마자 변했습니다. 내 일에 관한 그들의 생각이 변한 것이 무조건 일차적으로 모스크바 탓이었다고는 생각하지 않습니다. 오히려 그것은 단순하게, 내가 방금 말했던 대로, 무어인이 자기 책무를 다했으니 가도 괜찮다고 본 탓이었습니다. 내 자신이 취했던 입장도 옳지 않았다는 말을 해야겠네요. 그도 그럴 것이, 나는 러이크 사건[88]을 보면서 내 자신의 목숨과 나의 자유가 경각에 처해 있으며, 문학적인 문제들 때문에 내가 그러한 위험을 감수해서는 안 된다는 생각을 갖게 되었습니다. 말이 나온 김에 루더시 논쟁에 대해서 나에게 말해준 사람이 레버이였다는 것도 사실로서 언급해두고자 합니다. 그가 내게 전화를 해서는 혹시 루더시가 나를 비방하는 추악한 글을 썼다는 것을 알고 있는지 물었습니다. 그 후 레버이는 이 논쟁을 자연스럽게 라코시 노선에 부합하는 것으로 만들었습니다. 내가 잘못한 점은—나는 이 문제로 자책하지는 않는데, 러이크 재판 시기에는 잘못 짚기 일쑤였거든요—모스

마르크스주의자 동료들에게 경고한 적이 있다. 이제 '마르크스주의'는 루카치가 생각했던 것처럼 세계관들 중에서 '히말라야 산맥'과 같은 것은 아니다. 그것은 다른 산맥들 옆에 있는 하나의 산맥에 불과하다. 하지만 루카치가 그 산맥에 살았던 유일한 '코끼리'였다는 것은 확실하다(마르크스는 '마르크스주의자'가 아니었다는 것을 전제로 한다면 말이다). 사람들은 그를 넘어서 나아갈 수 있지만 그를 올려다봐야 할 것이다." Agnes Heller und Rüdiger Dannemann, "Ethik—Briefwechsel", in: R. Dannemann(Hrsg.), *Georg Lukács—Jenseits der Polemiken. Beiträge zur Rekonstruktion seiner Philosophie*, Frankfurt am Main: Sendler Verlag 1986, 207면.

88 내무부 장관과 외무부 장관까지 지낸 라슬로 러이크가 1949년 '티토주의자'라는 죄명으로 처형당한 사건.

크바 망명자만 믿을 수 있지 헝가리에 남아 있었던 사람들과 서방 세계에서 돌아온 망명자들은 신뢰하기에 미심쩍은 구석이 있다는 모스크바로부터의 지시를 게뢰와 라코시가 받았다는 사실을 몰랐던 것입니다. 나는 이 사실을 몰랐고, 그래서 한 가지 사안에서 어쩌면 할 필요도 없었을 양보를 하는 일이 일어났지요. 이 시기에 대해서 얘기할 때면 나는 루더시 논쟁에서 실제로 내가 했던만큼 그렇게 많이 양보할 필요는 없었을 거라고 자기비판적으로 말하게 됩니다. 나 자신을 정당화해보자면, 러이크가 처형되는 판국이라면 저항할 경우에 누구에게든 비슷한 일이 일어나지 않으리라는 진정한 보장은 없었다고 말할 수 있습니다.

인터뷰어─루더시 논쟁의 핵심은, 고소인들에 따르면 루카치 동지 당신이 인민민주주의의 계급적 성격을 잘못 평가했고, 인민민주주의에서 프롤레타리아계급의 독재가 하는 역할을 가치절하했다는 것이었습니다.

루카치─「블룸-테제」로 거슬러 올라가는 내 견해로는, 인민민주주의란 민주주의에서 생장(生長)하는 사회주의입니다. 다른 관점에 따르면, 인민민주주의는 처음부터 독재고, 처음부터 저 스탈린주의적인 형태, 즉 티토 사건[89] 이후 그 독재가 발전해서 도달한 그런 스탈린주의적인 형태입니다.

---

89 요시프 브로즈 티토(Josip Broz Tito, 1892~1980)는 유고슬라비아의 독립운동가, 노동운동가, 공산주의 혁명가이며, 옛 유고슬라비아 사회주의 연방공화국의 대통령, 비동맹 운동의 의장을 역임했다. 건국 후 자주노선을 고수한 유고슬라비아에 군사적 영향력을 행사하려는 소련과 갈등이 생기고, 스탈린은 1948년에 유고슬라비아의 코민포름 회원국 자격을 박탈해버렸다. 여기서 말하는 '티토 사건'은 이를 두고 하는 말이다.

인터뷰어—어쩌면 완전히 비변증법적이고 비역사적일 수도 있는 질문을 하나 드리겠습니다. 루카치 동지, 현재의 시각에서 보실 때 당신은 국외 정치적 요소들이 그렇게 심각하지 않았더라면 완전히 내적인 힘으로 인민민주주의가 발전하여 사회주의가 되었을 것이라고 생각하십니까?

루카치—예, 그렇게 생각합니다. 하지만 물론 소련에 스탈린주의가 없었을 경우에만 말입니다. 스탈린주의적인 방법들로는 그런 발전은 생각도 할 수 없었을 겁니다. 미미한 뉘앙스에서조차도 공식노선에서 벗어날 수 없었으니까요. 내가 러이크의 사례를 들 때 우리는 러이크가 정통 라코시주의자였다는 것을 잊지 말아야 합니다. 그가 반대파의 일원이었다는 것은 사실이 아닙니다. 나는 최근에 러이크 부인과 약간 편치 않은 만남을 가졌는데, 러이크에 관한 책을 위해 쓴 한 쪽짜리 글에서 내가 그는 호감이 가는 인물이었으나 절대로 반대파는 아니었다고 쓴 이유로 그녀는 내게 반감을 갖고 있었습니다. 그들이 그에게 한 짓은 예방 차원의 살인이었습니다. 그것은 러이크 부인이 러이크가 반대파였다고 주장하는 세상과 세론에 둘러싸여 있다고 하더라도 엄연한 사실입니다. 나는 [러이크에 관한 책들 중] 죄르지 머로샨(György Marosán)이 쓴 책 제2권을 원고 상태로 읽었습니다. 거기에 그것[러이크는 반대파가 아니었다는 것]이 탁월하게 묘사되어 있습니다. 흥미롭게도 그는 1949년 이전 시기에 바로 레버이와 러이크에게 호감을 가장 많이 가졌던 사람입니다. 그는 러이크가 어떤 유의 정통 라코시주의자였는지를 아주 정직하게 쓰고 있습니다. 그런 유의 신화들은 엄청나게 많습니다. 나는 러이크 부인이 러이크가 반대파였다는 것을 무엇으로 입증할는지 모르겠습니다. 스탈린의 노선을 열광적으로 따르지 않았다고 그들이 의심을 품은 사람은 누구든 간단히 처리되었습니다. 이것이 실제로 루더시 논쟁의 본질입니다. 레버이는 그의 논설 말미에서 나의 오류의 원천으로 「블룸-테제」도 거론합니다. 전체 논쟁은, 1950년대에 발현했던 독재가 처음부터 독재였다는 것, 그리고 이에 앞서 민주주의 시기가 있었다는 것은 사실이 아니라는 것을 입증합니다. 그런 식으로 루더시 논쟁은 「블룸-테제」와 관련됩니다. 그리고 나는 거기에서도 다음과 같은 교훈, 즉 일반적으로 모든 이탈적 견해는 [러이크가 당한 것과 같은] 그러한 운명을 맞이하게 될 것이라는 교훈을 얻었습니다(러이크처럼 그렇게 완전히 정통파인 사람이 처형되는 것을 목도한 이후인 오늘날에도 나는 사람들이 다른 것은 전혀 상상할 수 없었다고밖에 말할 수 없습니다).

인터뷰어─[당신의] 자기비판은 한 가지 실재적 요소를 포함했던 셈이네요. 「블룸-테제」에 근거를 둔 인민민주주의적 발전은 사실상 생각할 수도 없었다는 점에서 루카치 동지 당신이 실제로 오류를 범했으니까 말입니다.

루카치─맞습니다. 물론 내가 그것을 실제로는 **존재하지 않는** 것으로 봤을 뿐이지만 자기비판에서는 **존재해서는 안 되는** 것으로 주장했다는 차이는 있어요. 여기에 내가 한 자기비판의 진실하지 않은 본질이 숨어 있습니다.

인터뷰어─모스크바 재판들과 러이크 재판 사이에는 어떤 차이가 있다고 보십니까?

루카치—그것은 이래요. 사람들은 1930년대의 재판들이 이미 시작된 2차 세계대전의 그늘 아래에서 이루어졌다는 것을 간과합니다. 이런 일로 그 재판들을 변호할 생각은 없습니다. 그러나 변호하고 싶은 것은, 그것도 당당히 변호하고 싶은 것은, 멀쩡한 사람들이 그와 관련해서 취했던 입장입니다. 그때에는 모스크바에서 무슨 일이 벌어지든 간에 히틀러가 모스크바를 공격하면 그에게 힘을 보태는 일은 하지 않을 것이라고 말했던 사람들이 있었습니다. 이런 것은 물론 러이크 재판에는 들어맞지 않습니다. 당시에는 그런 위협이 없었으니까요. 어느 정도 냉전이 있긴 했지만 그것으로 정당화될 수는 없었습니다.

인터뷰어—부분적으로 그것은 냉전이 일어난 한 원인이었습니다.

루카치—아닙니다. 나는 그렇게 생각하지 않습니다. 스탈린이 냉전을 발전시키는 일에서는 서방세계를 많이 도왔지만 냉전의 근본 원인은 덜레스의 소위 롤백정책[90]이었습니다. 1945년의 협약들은 점차적인 압력과 가능한 온갖 다른 수단에 의해서 깨어질 수밖에 없었거든요. 그런 정책이 실제로 그 당시에 존재했습니다. 그리고 그것이 우리의 어리석음을 부추겼다는 것을 부인하진 않겠지만, 그건 다른 문제입니다. 따라서 여기 헝가리에서—그것은 우리하고만 관련된 것이 아니라 인민민주주의 국가들 전체에서 벌어진 재판들과도 관련이 있어요—재판들은 어떠한 근거도 없이 행

삶으로서의 사유: 게오르크 루카치와의 대담

---

90 1953년 미국의 아이젠하워 정부의 국무장관에 취임한 존 포스터 덜레스(John Foster Dulles)가 주창한 반소(反蘇) 외교 정책. 소련에 대해 소극적인 방어에서 적극적인 공세로 전환하는 것을 주요 내용으로 하며, 이로 인해 냉전이 더욱 격화되었다.

해졌습니다. 만 명을 체포하면 진짜 첩자도 두 명은 걸려들 수 있다는 것에 대해서는 정말이지 전혀 의심하지 않아요. 하지만 그것은 순전한 우연입니다. 이와 관련해 말해야 할 것은—비록 1941년에 벌어진 일이긴 하지만—내가 류방카에 구속되어 있었을 때 헝가리 경찰의 모스크바 고정간첩이라는 죄가 씌워졌다는 사실입니다. 석방되어 나왔을 때 나는 리프쉬츠의 질문에 "그건 아주 웃기는 일이었어요(Es war sehr komisch)"[헝가리어 원본에도 독일어로 적혀 있음—독일어 번역자]라고 대답했습니다. 물론 그 일이 벌어졌을 때는 한결 좋은 때였어요. 그들이 내게 비교적 심각한 잔학행위는 전혀 저지르지 않았으니까요. 이에 반해 러이크와 그의 동료들은 무자비하게 고문당했습니다.

인터뷰어—그들에 대한 고소 역시 "아주 웃기는" 것이었음에도 불구하고 말입니다.

루카치—[스탈린 재판에서나 헝가리 재판에서나] 죄목들은 정말로 웃기는 것이었고 완전히 지어낸 것이었습니다. 내 생각에는 [30년대 후반에 소련에서 있었던] 두 차례의 재판의 물결을 역사적으로 구분해야 합니다. 라데크·부하린·지노비예프에 대한 재판들은 그 후에 다른 어떤 것으로 변모되었습니다. 1937~38년 무렵 그것들은 완전히 부당한 박해로 변해갔습니다. 헝가리 쪽에서 목숨을 잃은 사람들—샨도르 버르터, 쥴러 렌젤 등등—대부분은 세상에서 어떠한 죄도 범하지 않았던 사람들입니다. 반면에 벨러 쿤이 지노비예프의 똘마니였다는 것은 의심할 여지가 없습니다. 그리고 벨러 쿤은 지노비예프의 추종자들과 함께 체포되었습니다. 말하자면, 지노비예프는 코민테른뿐만 아니라 레닌그라드에서도 상당한 규모의 분파를 가지고 있었습니다. 하지만 그 분파는 그 시점에 이르기까지 이데올로기상으로는 이미 분쇄되어 있었습니다. 내가 보기에 흐루쇼프가 그 재판들이 불필요한 것이었다고 비판한 것은 전적으로 옳습니다. 물론 앞서 말한 것과 같은 모종의 차이가 있지만 말입니다. 이렇게 말하는 것은, [체포되기] 2년 전만 해도 지노비예프 주변의 사람들이 별볼일없는 존재가 전혀 아니었기 때문입니다. 그도 그럴 것이, 아이작 도이처[91]의 책을 읽으면 트로츠키주의자들의 조직이 그때에도 있었고 하나의 잠재적 반대파였다는 것을 볼 수 있습니다. 이와 달리 라코시 치하에서 어떤 반대파가 있었다는 소리는 들어본 적이 없습니다. 티토 사건 때문에라도 [반대파는] 전혀 없었습니다.

인터뷰어—당신의 귀국 이후 시기로 돌아가 보겠습니다. 루카치 동지, 당신은 무슨 일을 하셨습니까? 제가 제대로 알고 있다면, 당신은 중앙위원회 위원이었습니다.

루카치—아닙니다.

인터뷰어—잠시 동안이라도 그런 적이 없었습니까?

루카치—예. 짧게라도 중앙위원회 위원이었던 적이 없습니다. 나는 어떤 종류의 공식적 직무도 맡지 않았습니다. 물론 오늘날 자행되

91 아이작 도이처(Issac Deutscher, 1907~1967)는 영국의 역사가·정치평론가이다. 트로츠키 노선을 지지하여 공산당에서 제명되었다. 2차 세계대전 후 소련권 문제의 세계적 권위자로 여러 나라의 잡지에 기고했다. 그가 쓴 『추방된 예언자 트로츠키 1929~1940』가 우리말로 번역되어 있다.

는 위조는 사상 유례가 없을 지경입니다. 예를 들어, 나는 쇠테르(Söter) 연구소의 내부 토론에서—이 토론은 아직 발표되지 않았습니다—서볼치가 내가 라코시 치하에서 중앙위원회 위원이었다는 주장을 하면서 나를 라코시 체제에 집어넣으려 했다는 말을 들었습니다. 당 회의록을 들춰보면 내가 라코시 시대에 중앙위원회 위원이었던 적이 단 한 번도 없었다는 것을 정확히 확인할 수 있습니다.

인터뷰어—하지만 중앙위원들조차도, 가령 러이크 재판에 제동을 걸 어떤 일도 할 수 없었......

루카치—지금 문제는 그것이 아닙니다. 문제는 내가 중앙위원이었는지 여부입니다. 이에 대해서는 토론할 필요가 없습니다. 그것은 사실의 문제입니다. 게다가 나는 내가 지식인에게 매우 큰 영향력을 행사했을 때 사람들이 내가 중앙위원으로 선출되어야 한다고 라코시와 게뢰에게 제안한 것도 알고 있습니다. 그들의 대답은, 그리고 특히 게뢰는 이 점을 분명히 강조했는데, 당 기구에 속해 있는 지식인들 중에서 내가 유일하게 그러한 자리를 놓고 고려될 수도 있는 사람이지만, 그걸 감안해도 내가 고려 대상이 될 수 없다는 것이었습니다. [내가 라코시 체제에서 중앙위원이었다는] 그런 이야기는 그저 거짓말일 뿐이니, 이에 대해 이야기하는 것은 전혀 무의미합니다.

인터뷰어—당신은 이미 그 당시에 대학 교수직을 가지고 계셨습니까?

루카치—예.

인터뷰어—그리고 『포럼』(Forum)의 편집인이셨고요?

루카치—내 생각에 1년 뒤에 편집인이 된 것 같습니다. 정확한 시점은 더 이상 기억 못하겠습니다.

인터뷰어—당신은 적극적으로 그 편집 활동을 하셨습니까?

루카치—예. 그리고 그것은 나의 노선을 관철하기 위한 시도였습니다. 『포럼』의 활동이 루더시 논쟁 후에 중지되었다는 것을 잊어서는 안 됩니다.

인터뷰어—『포럼』의 편집위원들은 누구 누구였습니까?

루카치—베르테시(Vértes)와 요제프 더르버시(József Darvas)였습니다. 『포럼』 전체의 근간을 이루는 것은 인민전선 문제였습니다. 그 때문에 여기에서는 인민전선에서 프롤레타리아계급의 독재가 생겨날 것인가 하는 것이 모든 문제에서 중요했지요.

인터뷰어—당신은 그 편집위원들을 이전에도 알고 있었습니까?

루카치—나는 베르테시를 구체제 출신의 재야적 성향을 지닌 사람이라는 정도로 매우 피상적으로 알고 있었습니다. 나는 그가 문학에서 나의 목표들을 관철시키는 데 적합하다고 생각했습니다. 레버이는 베르테시와 함께하는 것에 대해서 처음에 반대했습니다.

하지만 내가 그를 포함시킬 것을 고집하자 반대를 철회했습니다. 이런 일은 1945년과 1948년 사이에 어떤 차이가 있었던가 하는 것을 재차 시사해주죠.

인터뷰어—더르버시와는 이전에 어떤 관계도 없었습니까?

루카치—내가 더르버시와 맺은 관계는, 『포럼』을 공산주의 잡지가 아닌 인민전선 잡지, 다시 말해 인민전선 내부에서 공산주의의 진리를 알리는 그런 인민전선 잡지가 되도록 만들려는 나의 노력에 의해 본질적으로 규정되어 있었습니다(나는 『포럼』전 기간 내내 이렇게 규정된 상태를 유지하려고 애썼습니다).

인터뷰어—당신은 아직 세 번째 편집위원인 쥴러 오르투터이(Gyula Ortutay)에 대해서는 아무 말씀도 안 하셨습니다.

루카치—쥴러 오르투터이는 더르버시와 마찬가지로 좌익 부르주아 운동의 대표자였고, 더르버시와 그랬듯이 나는 그와 일을 잘할 수 있었습니다. 『포럼』안에서는 비공산주의 운동의 가장 급진적인 부분과 공산주의 운동 사이에—한편에서는 전자 쪽의 급진화로, 그리고 다른 한편에서는 공산주의자 쪽의 민주화로—밀접한 관계가 창출되어야 한다는 합의가 있었습니다. 이 관계는 루더시 논쟁까지 지속되었습니다.

인터뷰어—귀국하신 후 정치적이거나 개인적인 관계를 가졌던 작가들은 누군지요? 데리? 이예시?

루카치—나는 데리와 매우 좋은 관계를 가졌는데, 그의 사회주의 선언에 내가 전적으로 동의했고, 또한 그것을 문학적으로도 중요하다고 여겼기 때문이죠. 그런 연유로 나는 데리의 개인적인 지지자가 되었는데, 레버이의 비판으로 그가 뒤로 밀려나야 했던 것은 유감스러운 일이었습니다. 이예시는 데리와 같은 의미에서 우리 쪽 사람이었던 적이 한 번도 없었기 때문에 그와의 관계는 훨씬 복잡했습니다. 당시에 데리는 그 자신을 공산주의 작가로 여겼고, 『미완의 문장』(*Der unvollendete Satz*)과 『대답』(*Die Antwort*)은 그 시기에 부합하는 실로 공산주의적인 작품이었습니다. 이예시는 전 시기에 걸쳐 반쯤은 민족주의적이고 반쯤은 사회주의적인 그의 오랜 세계관에서 벗어나지 않았습니다. 말하자면, 나는 개인적으로는 이예시와 늘 사이가 좋았지만, 그의 정치적 견해에는 결코 동의하지 않았습니다.

인터뷰어—페테르 베레시하고는……?

루카치—페테르 베레시와는 늘 상호 존중에 근거한 예의바른 관계를 가졌습니다. 인민주의자들 중에서는 페렌츠 에르데이를 우리 쪽 사람으로 여겼습니다.

인터뷰어—그와 개인적인 우정도 생겼습니까?

루카치—처음에는 우리 사이의 관계가 아주 좋았죠. 심지어 개인적인 우정도 있었습니다. 그러다 뒤에 가서 우정이 깨어졌습니다.

인터뷰어—러요시 너지는요?

루카치—러요시 너지를 중요한 공산주의 작가로 여겼고, 늘 그렇게 그를 평가했습니다.

인터뷰어—당신은 이미 『서구』 시절부터 그를 알았습니까?

루카치—『서구』 시절에는 그를 몰랐습니다. 하지만 1930년대 초에 그가 작가대회에 참석차 이예시와 함께 모스크바에 머물고 있었을 때 그와 개인적으로 매우 친하게 되었습니다. 그는 내가 충분히 급진적이지는 않다고 생각했습니다. 한 번은 우리가 대화를 했는데, 그때 그는 내게 히틀러의 지배가 얼마나 계속될 것으로 생각하는지를 물었습니다. 나는 9~10년은 더 지속될 것이라고, 10년 동안은 히틀러의 지배가 안정적일 것이라고 그에게 말했습니다. 내 말에 러요시 너지는 굉장히 분개하면서, 심지어 혁명가들조차 언제 혁명이 일어날 것인지에 대해 무관심하다면 그게 무슨 일이란 말인가라고 내게 말했지요.

인터뷰어—내 기억이 맞다면, 그는 자신이 그렇게 훌륭한 공산주의자는 아니라고 말했던 적이……

루카치—……언제 혁명이 일어날 것인지에 대해 그가 무관심한지도 모르죠.

인터뷰어—그는 상당히 환멸을 느낀 채 모스크바에서 돌아왔습니다. 그렇지요?

루카치—우리 체제에 대해서 매우 실망한 상태였죠.

인터뷰어—그가 이미 모스크바에서도 친밀한 대화를 나누는 가운데 그런 생각을 피력했나요?

루카치—예. 그랬습니다.

인터뷰어—이예시는 어땠습니까?

루카치—이예시는 러요시 너지보다 훨씬 심한 기회주의자였습니다. 이예시는 사실 그 당시에 상당히 정통파적인 관점을 지니고 있었습니다.

인터뷰어—방금 이예시 말이 나와서 여쭈어보는 건데요, 이예시가 『인민의 자유』(Volksfreiheit)[92]에 실은 자신의 마지막 회보(回報)에서, 그는 박해받은 작가가 아니었다는 루카치 동지 당신의 주장이 사실이 아니라면서 자신이 미하이 버비치와 얼러다르 쇠플린과 함께 항의문을 썼던 것을 증거로 끌어댄 일을 기억하시지요? 그것에 대해 아시는 것이 있습니까?

루카치—나는 그것에 대한 정확한 정보가 없습니다. 하지만 여기에는 두 가지 판본이 있습니다. 한 판본에 따르면 그가 항의문을 작성했고, 다른 판본에 따르면 그는 공개적인 서명에 참여했습니다. 그런데 두 번째 주장은 쉽게 체크할 수 있습니다.

인터뷰어—나는 그가 서명하지 않았다는 것을 확인할 수 있게 해주

92　헝가리 공산당에서 발행한 공식 일간지.

는 [항의문] 사본을 가지고 있습니다. 물론 그도 "최종적으로 내가 그 항의문을 작성했다"라는 말로 자신의 고백을 적절히 표현했는데, 이 말이 그가 거기에 서명도 했다는 것을 분명히 의미하지는 않습니다. 실제로 그는 발표되지 않은 또 다른 항의문을 작성한 적이 있어요. 이것이 『아름다운 말』(Szép Szó)[93]에 실리게 되어 있었는데, 그가 그 잡지에서 어떤 역할을 할 마음이 없었기 때문에 그 항의문에 서명을 하지 않았다고들 합니다.

루카치—그 모든 것은 핑계입니다. 『아름다운 말』은 그런 돌출적인 일도 했어요. 나는 당시에 『아름다운 말』에 비판을 가하기도 했는데, 두 방향 사이에 전혀 통일성이 없었기 때문이었죠. 이 점은 이예시의 통일성 개념이 그가 오늘날 자처하고 싶어 하는 것과는 달리 전혀 성숙하지 않았다는 것을 재차 보여줍니다.

인터뷰어—일전에 이예시가 학생극장에서 강연을 했는데, 그 자리에서 그는 헝가리 문학은 인민주의자의 문학이라고 말했습니다. 여기에서 가장 놀라운 일은, 그가 바로 어틸러 요제프를 증거로 끌어대고 있다는 것입니다. 그는 어틸러 요제프가 「나의 조국」에서 인민주의자의 강령을 분명히 표현했다고 말했습니다.

루카치—만일 인민주의자 문학을 어틸러 요제프가 이해했던 대로 우리가 이해한다면 실제로 그것을 받아들일 수 있습니다. 사실 헝가리 문학에서 중요한 작가치고 인민에 대한 그런 식의 개념에 의거하지 않았던 이는 아무도 없습니다. 하지만 그것이 이예시의 개

---

93 좌파적 성격을 지닌 부르주아 자유주의적 정기간행물.

넘은 아닙니다. 다른 한편, 어틸러 요제프가 좁은 의미에서의 인민주의자 운동과 실제로 관계를 가졌다는 소리는 들어본 적이 없습니다.

인터뷰어—그가 인민주의자들과 다투었다는 점에서 그들과 관계를 가졌다면 가진 셈이죠. 생애를 마칠 때까지 그가 그들과 함께 행동하려고 하지 않았던 것으로 그 관계는 끝났습니다.

루카치—1919년의 붕괴로 인해 농촌 인민주의자들에게 노동자에 대한 심각한 불신이 있는 게 사실입니다. 이것은 부인할 수 없는 일이에요. 내 생각에 이것은 사람들이 객관적으로 하찮게 생각해서는 안 되었던 헝가리의 역사적 사실입니다. 궁극적으로 이것은 평의회 공화국이 펼친 나쁜 농민정책의 한 결과니까요. 만일 공산주의자들에 대해 농민 대표자들이 갖는 불신을 연구하는 사람이 있다면, 거기엔 그럴 만한 이유들이 있다는 것을 잊지 말아야 합니다. 내가 이런 이유들로 농민 대표자들을 완전히 정당화하고자 한다는 말을 하려는 게 아닙니다. 중요한 것은 그런 것이 아닙니다. 그들의 반감이 날조된 것이거나 반동적인 비방에 근거해 있는 것이 아니라 평의회 공화국의 농민 정책에 대한 그들의 거부에 근거해 있다는 점이 중요한 것입니다.

인터뷰어—다른 작가들에 대해서 이야기해보지요. 밀란 퓌슈트와 당신의 관계는 어땠습니까?

루카치—글쎄요, 밀란 퓌슈트와의 관계는 굉장히 단순했습니다. 그것은 당 정책상의 문제였지요. 밀란 퓌슈트는 내가 아직 대학교

수가 되기 전에 교수자격취득을 약속받은 상태였습니다. 당시 나는 인민전선 정책을 주장하고 있었는데, 옛 『서구』 세대의 걸출한 성원에게 대학 교직을 약속했다면 그 약속을 지켜야 한다고 생각했습니다. 밀란 퓌슈트를 다룬 한 책을 보면, 내가 그에 관해 학교 측에 제출했던 소견서에 대해서 그가 몹시 만족스럽게 생각했다는 증거까지 있습니다. [그 소견서에 적혀 있었던 것은 다음과 같은 내용이었어요.] 그가 어떤 유의 대학 교원이 될 것인지는 아무 상관없는 일이다. 그것은 정치적으로 중요하지 않을 것이다. 하지만 우리가 『서구』의 한 뛰어난 성원을 교수로 임명하기를 꺼려한다는 인상을 주지 않기 위해서 그를 무조건 임명해야 한다. [이런 식이었습니다.]

인터뷰어—그 당시 밀란 퓌슈트의 강의를 들은 적이 있습니다. 그는 트렌세니-발드아펠이나 그 비슷한 다른 모든 사람을 합친 것보다 비교할 수 없을 만큼 더 재미있었고 더 훌륭했어요.

루카치—그건 나도 상상할 수 있습니다. 밀란 퓌슈트가 실제로 작가이자 시인이었으며, 시인으로서 시문학 문제에서 매우 올바른 이야기들을 했다는 것은 확실합니다. 물론 아주 잘못된 이야기들도 했지만 말입니다.

인터뷰어—게다가 밀란 퓌슈트는 자기만의 고유한 생각을 표현했다고 일반적으로 생각하고 있어요. 당시에 자기 고유의 생각을 표현했던 사람을 찾는다면, 그를 제외하고는 루카치 동지, 당신뿐이었습니다.

루카치—밀란 퓌슈트가 『서구』의 맥락에서 중요한 작가였던 것은 분명합니다. 말이 나온 김에 우스운 일 하나만 이야기하지요. 어떤 면에서 나는 그에 대해서 몹시 실망했는데, 여기에는 까닭이 있었습니다. 나는 그를 지극히 오만한 인간, 자신의 작가적 위대성을 의식하고 있는 인간으로 생각했습니다. 그런데 교수자격을 취득하기 전에 그는 마치 정교수를 방문하는 소심한 교수자격취득 지원자처럼 나를 방문하곤 했습니다. 그는 방문 때마다 게르트루드에게 꽃다발을 가져오거나 하는 등등의 모습을 보였습니다. 한마디로 말해서 그는 내게 큰 실망을 주었고......

인터뷰어—바로 오늘 미크서 페뇌로부터 밀란 퓌슈트가 평소 오슈바트의 손에 키스했다[94]는 이야기를 들었습니다.

루카치—그랬을 수 있지요. 다른 경우에는 그는 지극히 오만한 사람이었습니다. 보다 좁은 영역 안에서는 오만했던 사람이었죠. 하지만 나는 그가 일류급의 작가라는 점에 대해서는 결코 의심하지 않았습니다.

인터뷰어—오스카르 겔레르트는 어땠습니까?

루카치—오스카르 겔레르트는, 그와 어떤 관계를 가졌는지를 중심으로 모든 일이 돌아가는, 오스카르 겔레르트 중심주의적인 인간이었습니다. 솔직히 얘기하면, 나는 그와 관계 맺는 일에 『서구』 시절에도 관심이 없었고 그 후에도 관심이 없었습니다.

---

94 비굴하게 굴었다, 아부하는 버릇을 가지고 있었다는 의미.

인터뷰어—다른 교수들과는 개인적으로나 이데올로기적으로 어떤 관계이셨는지요?

루카치—나는 가능한 한 독자적이었고, 동료들의 의견에 별로 신경을 쓰지 않았습니다.

인터뷰어—루더시 논쟁 이전에는 철학 강좌에 적어도 80명의 적극적 수강생이 있었습니다. 미학 세미나도 굉장히 인기가 있었지요. 논쟁 뒤에는 대여섯 명의 수강생이 남았습니다.

루카치—당연한 일이었습니다. 그 상황을 설명하자면 벨러 쿤의 말을 인용하는 것으로 시작하지 않을 수 없네요. 1919년에 중앙위원회가 구성되었을 때 나는 위원이 되었고 루더시는 그러지 못했습니다. 분쟁의 소지를 없애기 위해서 당시 나는 쿤에게 말했습니다. "그게 무슨 도움이 될지 생각해보세요. 나는 내가 중앙위원회의 위원이건 아니건 내 일을 해결합니다. 하지만 여기에 위원 자리가 끔찍하게 중요한 루더시가 있습니다." 이에 대해 쿤이 내게 다음과 같이 말했습니다(강조컨대, 나는 그 말을 글자 그대로 기억해요). "이봐요, 당신 말은 불합리해요. 나는 당신의 반대자입니다. 하지만 당신에게 확신이 있다는 것은 의문의 여지가 없습니다. 설사 내가 그 확신에 반대한다 하더라도 당신은 공산주의 내에서 당신의 확신을 알립니다. 어쨌든 이러한 확신이 존재하며, 그 확신은 공산당 안에서 하나의 힘입니다. 그 루더시에게는"—쿤은 이렇게 말했는데—"사람들이 돈을 줍니다. 그러면 그 루더시는 글을 씁니다." 이것이 1919년에 쿤이 루더시에 대해 갖고 있던 생각이었습니다.

인터뷰어—이미 1919년에 말입니까? 그러면 벨러 쿤에게 사람을 보는 안목이 있었다는 말인데요?

루카치—그는 아주 시니컬한 안목을 지니고 있었습니다. 그는 부정적인 것들을 아주 예리하게 관찰했어요. 그는 사람들의 긍정적인 특성들을 발견할 능력은 없었습니다.

인터뷰어—당신의 작업들 중 1945년 이후에 발표된 것은 어떤 것이 있습니까?

루카치—무엇보다도 1919년에서 1945년 사이에 썼던 글들 대부분을 간행했습니다. 그 후에 『소설의 이론』과 『역사와 계급의식』이 내 허락 없이 독일어로 출판되었습니다. 그 당시에 나는 더 이상 이 두 책을 나의 작품 목록에 포함시키지 않았습니다. 나의 필생의 작품에 대해서 숌이요와 논쟁이 있었습니다. 그는 내가 나의 필생의 작품을 부인할 권리가 없다고 비판했습니다. 하지만 나는 내 필생의 작품과 아무런 관계도 없어요. 필생의 작품이 있는지 여부는 역사가 나중에 확정하는 법이지요. 필생의 작품을 창조하려고 하는 사람은 처음부터 하나의 허위를 만들어낼 채비를 하는 겁니다.

인터뷰어—그럼에도 불구하고 자기 작품들의 통일성을 계속 염두에 두면서 필생의 작품을 창조하려고 의식적으로 노력했던 위대한 예술가들도 있었습니다. 토마스 만을 보면 그가 매 작품에 대해서 그것이 자기 전집에 어떻게 편입될지를 처음부터 알고 있다는 느낌을 계속 갖게 됩니다.

루카치―그건 사실입니다. 하지만 그는 전쟁에 대해서 자기가 취했던 입장에서 멀어졌습니다. 만일 그가 전쟁에 관해 썼던 책[『한 비정치적 인간의 고찰』(Betrachtungen eines Unpolitischen)]에 붙박혀 있었다면, 그는 결코 『파우스트 박사』(Doktor Faustus)를 쓰지 못했을 것입니다. 이것은 "죽음과 생성!/ 그것을 네가 지니지 않는 한"[95]이라고 괴테가 말한 것으로서, 괴테는 바로 그것을 아주 분명하게 봤던 것이죠. 그것 없이 인간의 발전은 없습니다. 사람들이 자기 생각을 매 순간 바꿔야 한다는 말이 아닙니다. 하지만 만일 생각을 바꿀 중대한 논거가 있다면 생각을 바꿀 태세가 되어있어야 합니다. 내게 그런 태세가 갖추어져 있지 않다면, 내게는 지적 정직성이 결여되어 있는 것입니다. 이것이 결여된 것이 지금 세상의 가장 큰 약점 중 하나입니다.

인터뷰어―1945년 이후에 당신과 레버이의 관계는 어떻게 진전되었습니까?

루카치―「블룸-테제」 이후에 레버이와 나는 관계를 완전히 끊었습니다. 하지만 [코민테른] 7차 대회를 준비하던 중 모스크바에서 나눴던 사담에서 레버이는 「블룸-테제」가 7차 대회의 선행자로 취급되어야 한다고 내게 말했습니다. 물론 그는 이것을 그 어떤 공식적 형태로는 밝히지 않았죠. 그가 7차 대회가 끝난 뒤에는 「블룸-테제」를 더 이상 암시조차 하지 않았던 것은 물론이고요. 오히려 전면에 대두되었던 것은 인민주의 경향과의 관계였습니다. 당내부에 이 점에 대해서 어떤 대립이 있었기 때문이었죠. 예를 들

---

95 괴테의 「지복한 동경」("Selige Sehnsucht")에서 인용한 구절로, 다음과 같이 이어진다. "너는 단지 음울한 대지의 쓸쓸한 손님이 될 것이다."

어 언도르 가보르는『아름다운 말』의 자유주의에 동조적이었던 반면에, 나는 당신도 알다시피『아름다운 말』과『대답』(*Válasz*)[96]을 똑같이 비판했습니다. 이런 점에서 나는 레버이와 같은 노선에 있었던 셈입니다.

인터뷰어—이런 공통된 입장이 1945년 후에도 지속되었습니까? 루더시 논쟁 때까지 말입니다.

루카치—전적으로 그랬습니다. 앞서 언급했다시피, 그는 좋은 친구로서 내게 조심하라고 미리 말해주었으니까요. 그러고 나서 그 좋은 친구는 반대 방향에 합류했습니다. 이런 행태 또한 레버이의 특성, 즉 평소 내가 레버이는 자신이 지도적 역할을 하지 않는 헝가리 당은 상상할 수 없었다는 식으로 표현했던 그의 특성으로 말미암아 생긴 것이었습니다. 그는 자신의 지도적 역할을 확보할 수 있기 위해서라면 어떤 일이든 다 했습니다. 레버이의 타협을 어떤 저급한 관점에서 판단해서는 안 됩니다. 그의 타협에 근간이 되었던 것은 당의 최고 지도부에 남아 있으려 한 그의 욕망이었습니다. 그 때문에 그는 인민민주주의와 연관된 민주주의적 조류에 대한 문제를 포함한 모든 문제에서 아주 큰 양보들을 했던 것입니다.

인터뷰어—루카치 동지, 당신은 무조건 지도부 맨 꼭대기에 남아 있으려고 하는 그의 갈망이 개인적인 동기 탓만은 아니었다고 생각하시는 것입니까?

---

96 『대답』은 인민주의자들의 잡지였다.

루카치—여기에서 개인적 동기만 결정적이었던 건 아니라고 생각합니다. 레버이를 비극적인 현상으로 볼 필요가 있기에 하는 말입니다. 중요하고도 실제적인 아주 수많은 문제들에 대해서 지극히 뛰어난 통찰력을 가졌지만 그 문제들에서 다른 식으로 결정하면 지도부에 남아 있지 못할 수도 있다는 생각 때문에 잘못된 결정을 내린 인물로 볼 필요가 있는 것이지요. 그리고, 레버이의 지도가 없는 헝가리 당이란 무엇이겠습니까?

인터뷰어—[당신의] 이러한 풍자적이고 반어적인 표현으로부터, 레버이는 라코시와 게뢰에게 올바른 방향에서 영향력을 행사할 수 있기를 바랐다는 것이 루카치 동지 당신의 생각이라고 추론해도 될지 모르겠네요.

루카치—레버이는 당의 방향이 항상 옳다는 생각을 대변했습니다. 따라서 그가 기회주의나 출세주의 때문에 당 노선을 따랐던 것은 아닙니다. 당이 옳고, 그렇기 때문에 누구나 당의 올바른 입장을 지지해야 하기 때문에 당 노선을 따랐던 것입니다.

인터뷰어—당신들의 우정이 1949년 이후 레버이의 그런 태도에 의해 어느 정도까지 영향을 받았습니까?

루카치—물론 1949년 뒤 우리 사이의 관계는 아주 급격하게 냉각되었습니다. 뒤에 레버이는 당 지도부에서 떨어져 나갔는데, 그때 우리 사이의 좋은 관계는 다시 회복되었습니다.

인터뷰어—루카치 동지, 당신은 인민주의자들에 대해 레버이가 보인 큰 공감을 어떻게 보십니까? 그에게 그것은 하나의 전술이었습니까? 아니면 그 이면에 '헝가리 현실과의 화해'가 숨겨져 있는 것입니까?

루카치—뒤의 말은 아주 그럴듯하네요. 레버이는 지도자들 중에서 헝가리를 가장 잘 알았으며, 헝가리에 만연한 이데올로기들에 가장 가까이 가 있었습니다. 그와 인민주의자들 사이에 어떤 관계가 있었던 것은 거의 확실합니다.

인터뷰어—루카치 동지, 라슬로 네메트를 개인적으로 만난 적이 있습니까?

루카치—생전에 한 번 만났습니다. 구체적으로 말하면, 레버이의 집에서 라슬로 네메트와 나와 쥴러 이예시가 4인 회의를 위해 모였을 때 만났습니다. 그때에 나와 라슬로 네메트 사이에 심한 말다툼이 있었습니다. 2차 세계대전 중에 라슬로 네메트가 프랑스와 독일 사이의 관계에 대해 말하면서 독일과의 화친은 변호인들의 나라인 프랑스를 파괴할 것이라고 주장했는데, 그때 그는 당치도 않은 입장을 취했던 것이라고 내가 말했기 때문이었죠. 라슬로 네메트는 그러한 글을 썼다는 것을 부인했습니다. 다음 날 나는 그가 쓴 글의 쪽수를 정확히 적은 엽서를 그에게 보냈습니다. 그것으로 우리 관계는 끝났죠.

인터뷰어—네코스(NÉKOSZ)[97] 운동에 대해서 어떻게 생각하십니까?

---

97 Népi Kollégiumok Országos Szövetsége(전국 인민학교 연합). 1946~49년 활동한 교육운동 단체.

루카치—나는 네코스 운동을 민중운동으로서 전적으로 옹호했고 또 지지했습니다. 하지만 네코스의 대열 속에는 지도층의 반열에 오르려는 강한 갈망이 있었는데, 네코스에 대한 나의 반대는 이 점에 대한 것이었습니다. 네코스 학생들은—나는 주로 대학교의 학생들과 관계가 있었는데—대학에서 공부에 일차적인 비중을 두려 하지 않고 지도하는 것을 습득하려고 했습니다. 그들은 자신들이 곧 통합당[1948년 공산당과 사민당이 통합된 헝가리 근로자당(Magyar Dolgozók Pártja, MDP, 1948~1956)] 안에서 정신적, 정치적, 이데올로기적인 지도를 관장하게 될 것이라고 상상했습니다. 하지만 나는 어떤 계층이 스스로를 처음부터 지도층으로 여기는 것을 인정할 마음이 전혀 없었습니다. 네코스의 경우에도 그런 것을 인정할 마음이 없었지요.

인터뷰어—당시에 사민주의자들과는 어떤 관계를 가지셨나요?

루카치—그들과는 전혀 관계가 없었습니다. 나는 공산주의 내에서 민주주의를 천명했지만 독재 사상의 사민주의적 희석화는 결코 받아들이지 않았던 특수한 부류의 급진적인 헝가리 공산주의자였습니다. 나는 양 진영의 사이에 있었습니다. 다시 말해서, 나는 사민주의자들에게도 동조하지 않았고, 공산주의를 독재적인 수단들을 써서 도입하려는 사람들에게도 동조하지 않았습니다. 1945년 이후 새로운 상황이 성립했습니다. 사민당 내에 진지하게 대해야 할 반대파가 등장했습니다. 졸탄 호르바트(Zoltan Horváth), 죄르지 머로샨(György Marosán) 등등이었는데, 그들 모두의 이름을 거론하지는 않겠습니다. 나는 그들과 직접적인 연대를 가졌습니다. 아마도 1945년 이후 상황에서 가장 특징적인 점은, 라코시가 내 견해를 받아들였고 내 강연에 어떠한 이의도 제기하지 않았다는 것일 겁니다. 라코시가 자기 방법보다는 내 방법으로 지식인들의 마음을 끄는 것이 더 간단하다는 것을 제대로 인식했던 것이지요. 이어서 두 당의 통합이 이루어졌습니다. 물론 내 방법에 따른 부분은 너무 약소했지만요. 그런데 두 당의 통합이 완료되자 라코시와 게뢰 등등은, 이제 무엇을 할 것인지는 나같이 전적으로 불필요하고 심지어 해롭기까지 한 사람이 아니라 자신들이 결정할 것이라고 생각했습니다. 이것이 루더시 논쟁의 배경입니다. 루더시 논쟁은 두 당의 통합과 시간적으로 일치할 뿐만 아니라, 실제로 이 두 사건 사이에는 극히 밀접한 연관관계가 있습니다.

인터뷰어─그 뒷시기에는 당신과 사민주의자들의 관계에 대한 질문이 더 이상 현실성이 없겠네요. 그들이 더 이상 존재하지 않았으니까 말입니다.

루카치─나는 지금도 머로샨과 친합니다. 졸탄 호르바트와도 꽤 좋은 관계를 갖고 있었습니다. 나는 우리와 통합했던 사민주의자들이 너무 리버럴하다고 생각했는데, 이 점을 제외하고는 그들과 아무런 문제가 없었습니다. 두 당이 합쳤을 때 라코시는 머로샨에게 공산주의의 기초에 입문하기 위해 누구의 지도를 받기를 바라는지 물었습니다. 머로샨은 나를 선택했습니다.

인터뷰어─루카치 동지, 당신이 어려웠을 때에도 당신과 친한 관계를 계속 유지했던 사람들은 누구였나요?

루카치─그건 말하기가 매우 어렵습니다. 가령, 베르테시가 내 편에 있었다는 건 인정해야겠군요. 그리고 작가들 중에는 페렌츠 에르데이가 내가 추구하는 바에 진정한 공감을 보여주었습니다.

인터뷰어—데리는 루더시 논쟁으로 영향을 받았습니까?

루카치—데리는 루더시 논쟁으로 아무 영향도 받지 않았습니다. 하지만 라코시가 헝가리에서 자신이 한 역할이 [데리의 소설]『대답』에서는 충분히 드러나지 않는다고 한 말에 그는 영향을 받았습니다. 이 점에 『대답』의 오류가 있다는 말이었죠. 그래서 레버이도 『대답』에 대해 격분했던 것입니다.

인터뷰어—루더시 논쟁 때에 문화계는 어떤 태도를 취했습니까?

루카치—나는 사람들이 레버이보다는 내게 더 동감했다고 생각합니다. 왜냐하면 『대답』의 미적 질이 레버이에 대한 강력한 반박이 되었거든요. 어쨌든 『대답』은 지금까지 헝가리에서 나온 최고의 사회주의 소설입니다. 이 소설이 심한 비판을 받자마자 데리가 이 소설을 고치지도 계속 쓰지도 않겠노라고 천명했음에도 불구하고 젊은이들 사이에서 이 소설은 널리 읽혔습니다. 『대답』의 매우 흥미롭고 본질적인 한 가지 특징은, 소설 주인공이 1945년 이후에야 비로소 공산주의자가 되었다는 것입니다. 데리의 구상에 따르면 이런 유형의 인간은 독재가 선언된 뒤에야 비로소 공산주의자가 됩니다. 물론 라코시-레버이 그룹은 이것이 타당하다고 인정하려 하지 않았습니다.

인터뷰어—나라 전체의 최고 지도자들이 어떤 소설을 계속 쓰는 일에 그렇게 치열히 매달렸다는 것은, 조건이 고무적이었다는 것을 보여주는데요.

루카치—그 이면에는 매우 중요한 문제가 숨어 있습니다. 라코시와 그 일파는 헝가리 해방에는 처음부터 독재가 함께했고 독재에 선행한 민주주의 시기란 없었다는 생각을 사후(事後)에 주장했습니다.

인터뷰어—라코시와 그 일파의 견해는 독특한 모순들을 보여주었습니다. 한편으로 그들은 자유가 공산당에 의해 쟁취되었다는 것과 공산당은 거대한 대중적 기반을 가졌다는 것을 믿게 만들고자 했습니다. 다른 한편으로 그들은 전체 인민이 파시스트적인 생각을 품고 있다고 주장함으로써 자신들의 통치 방식을 정당화했습니다. 그들은 이 두 가지 견해가 소설 속에서 통일되어 있기를 바랐을 거예요. 하지만 상충하는 두 거짓말을 동시에 정당화하는 그런 소설은 지금까지 쓰인 적이 없었습니다.

루카치—데리는 그러한 구상에 끼워 넣어질 수 없는 사람이었습니다. 그 뒤, 그런 일들을 겪게 되면서 데리가 사회주의 작가들의 대열에서 완전히 떠나버리는 유감스러운 일이 일어났습니다.

인터뷰어—루카치 동지, 당신은 그러한 비판들이 데리의 매우 회의적이고 비(非)사회주의적인 발전에 책임이 있다고 말씀하시는 것입니까?

루카치—그렇습니다. 물론 데리의 인성 전체에 내재하는 고유한

271 삶으로서의 사유: 게오르크 루카치와의 대담

원인들도 있습니다. 데리의 전기를 읽어보면, 그가 늘 자신의 특수한 개성을 중심에 놓고 세상을 보는 것을 볼 수 있습니다. 한때 [그의 인성과 세상이] 수렴됐던 시기도 있었습니다. 그리고 이러한 수렴으로부터 『미완의 문장』과 『대답』이 생겨났던 것이고요. 『대답』에 대한 비판으로 이러한 [수렴] 관계는 중지되었고, 그 이후 그가 사회주의를 매우 미심쩍고 기형적인 가짜 문제로 제시하는 후기 소설들이 나왔습니다. 1945년 이후의 발전으로 우리나라에서 얼마나 많은 작가의 경력이 파탄 났는지를 생각하면 끔찍합니다.

인터뷰어─저는 시인으로서의 발전 과정에서 가장 비극적인 붕괴가 일어났던 것은 쥴러 유하스의 경우라고 생각합니다.

루카치─데리의 발전 과정에도 모종의 비극이 있습니다. 하지만 막간(幕間) 시기에, 그것 자체만을 놓고 보면 그의 명성이 지속되기에 적합한 『두 여인』(Zwei Frauen) 같은 작품들이 나왔어요. 혹은 예컨대 여기에 있는 이 시, 즉 그가 이예시와 함께 한 권으로 간행한 책에 실린 이 시도 썼지요. 나는 이 시가 지극히 아름답다고 생각합니다. 내 생각에 데리는 이 시로 중요한 시인의 반열에 올랐습니다.

인터뷰어─그건 그렇지요. 제가 유하스를 비극적이라 여기는 것은, 그가 엄청난 재능을 갖고 있기 때문입니다.

루카치─유하스는 본디 헝가리의 전면적 위기의 산물입니다. 그는 매우 재능 있는 시인, 가장 뛰어난 재능을 가진 사람 중 한 명입니다. 한데 노년의 톨스토이는 아주 현명하게도 재능의 물신화(物神化)에 반대했지요. 그는 재능이란 예술적 발전에 있어 불가결한 요소에 지나지 않는 것으로서 단지 하나의 요소일 뿐이지 전체는 아니다, 라고 말했습니다. 어쩌면 헝가리에는 유하스보다 더 재능 있는 시인이 없을지도 모릅니다. 그리고 다른 극단, 즉 라슬로 벤야민의 경우도 흥미롭습니다. 그는 재능을 근거로 해서 보면 가장 위대한 시인의 반열에 들어가지 못할지라도, 그가 쓴 위대한 시들은 남아 있지요. 가령, 그의 「황금 송가」("Arany-Ode")는 가장 아름다운 헝가리 시 중 하나입니다. 따라서 나는 톨스토이가 재능의 물신화에 반대한 것은 정말 옳았다고 생각합니다.

인터뷰어—모스크바 망명에서 헝가리로 같이 돌아온 작가들과 당신의 관계를 여쭈어보지 않았네요. 1945년 이후에 벨러 벌라주, 언드르 가보르, 벨러 일레시, 샨도르 게르게이 등과의 관계는 어땠습니까?

루카치—벨러 벌라주나 언도르 가보르와는 아주 많은 문제에서 의견이 달랐습니다. 하지만 나는 그들의 작가로서의 가치를 인정합니다. 다른 사람들의 경우에는 이러한 가치 인정 없이 의견의 차이만 있었습니다.

인터뷰어—언도르 가보르 및 벨러 벌라주와의 우호적 관계는 그 후로도 계속되었습니까?

루카치—언도르 가보르와는 그랬지만 벨러 벌라주와는 그러지 못했는데, 작가로서의 그의 중요성에 비해서 벨러 벌라주는 언도르 가보르보다 훨씬 더 많고 큰 타협들을 했기 때문이었죠. 그래서 근년에 나는 작가로서의 벨러 벌라주에 대해 더 이상 이전처럼 그렇게 높이 평가하지는 않았습니다.

인터뷰어—1945년 이후에 당신은 몇몇 국제대회에 참석하셨지요?

루카치—그것들은 엄밀한 의미에서는 사실 국제대회가 아니라 평화대회였습니다. 나는 평화대회에만 참석했습니다.

인터뷰어—하지만 몇몇 철학자 대회도 있었습니다. 가령 제네바에서 열린......[98]

루카치—제네바 회의에는 당과는 아무 관계도 없었던 개인적인 초청으로 참석했습니다. 당시에도 여전히 미국식 생활방식이 서구에 아주 널리 퍼져 있는 것을 볼 수 있었던 점에서 제네바 회의는 내게 매우 유익했습니다. 나는—비록 이전부터 개인적으로, 그리고 또한 저술가로서 몇몇 사람에게 알려져 있었지만—약간은 다음과 같은 식으로, 즉—[몽테스키외의] 『페르시아 서간』에 나오는 문구를 아마 기억할 텐데—"그 사람이 페르시아인이라구요? 어떻게 페르시아인일 수 있지요?"라는 식으로, 또는 몇 개의 언어를 말하고 학식 있고 소양을 갖춘 사람이 어떻게 마르크스주의자일 수 있을까라는 식으로 맞아들여졌습니다. 나는 칼 야스퍼스와 사소한 충돌을 갖기도 했습니다. 이때 본질적으로 중요했던 것은,

---

98 1946년 〈유럽의 정신. 제1차 제네바 국제 회합〉에 참석, 「귀족주의적 세계관과 민주주의적 세계관」("Aristokratische und demokratische Weltanschauung")을 발표했다.

마르크스주의를 과학적 세계관으로 견지하고 선전할 수 있는가 하는 것이었습니다.

인터뷰어—당신은 전쟁 후에 에른스트 블로흐를 만났습니까?

루카치—만났습니다. 그리고 그가 라이프치히 대학의 교수가 되는 일에도 관여했습니다. 그가 동독을 떠난 후에도 우리 사이의 호감은 계속되었습니다. 비록 그 후 더 이상 만남도 서신왕래도 없었지만 말입니다.

인터뷰어—당신은 동독을 떠나는 것은 헝가리를 떠나는 것과는 다르다고 판단하십니까?

루카치—물론입니다. 나는 블로흐를 대단히 고결하고 존경할 만한 사람으로 여기고 있습니다.

인터뷰어—1953년이 시작되는 시기로 가보지요.

루카치—이 시기는 루더시 논쟁 뒤에 내가 문학계에서 모든 직책을 포기했던 것으로, 심지어 문학계 활동들을 면하도록 하는 중앙위원회의 결정을 애써 얻어냈던 것으로 시작합니다. 이로써 논쟁의 이른바 부정적 결과들은 제거됐습니다. 내가 이후의 다툼에는 더 이상 끼어들지 않았으니까요. 50년대에 작가들의 반(反)라코시 운동이 시작됐을 때, 내가 거기에도 참여하지 않았던 것을 당신은 기억하실 겁니다. 아주 고상한 동기들이 있어서가 아니라 전술적인 고려에서 그랬습니다. 그도 그럴 것이 나는 당을 다른 사람들보다 더 잘 알고 있었습니다. 만일 작가들이 어느 특정한 방향에서 집단적으로 들고 일어난다면 당은 이를 분파의 형성으로 간주하리란 걸 알았어요. 한데 분파를 만든다는 이유로 그들 작가 중 한 명에게 당에서 축출하겠다고 위협하면 그땐 그들 모두가 뒤로 물러설 것이라고 생각했습니다. 그리고 실제로 그런 일이 일어났지요. 그러나 나는 뒤로 물러서고 싶지 않았기 때문에 애초에 그 일 전체에 참여하지 않았습니다. 그러므로 1956년에 선행했던 문학계의 봉기에서 내가 한 역할은 전무하다시피 했습니다.

인터뷰어—이미 1956년 전에 『미적인 것의 고유성』을 집필 중이셨지요?

루카치—예.

인터뷰어—사람들이 당신을 [운동에] 끌어넣고자 했을 때 연구에 방해가 될 것이라고 느끼셨던 것이 당시에 당신이 나서지 않았던 이유였을 수도……

루카치—나는 운동이 내 연구를 방해했다고 말한 적이 단 한 번도 없습니다. 운동은 어떤 사람이 연구할 때 실제로 언제나 유익하기만 합니다. 왜냐하면 운동을 통해서 경향들의 윤곽이 더욱 선명하게 그려지고 사람들이 원하는 것이 무엇인지가 분명해지는 등등의 일이 이루어지기 때문입니다.

인터뷰어—20차 당 대회[99] 이후 당신은 어떤 전망들을 보셨습니까?

루카치—지금도 내가 할 수 있는 말은, 그 복합체[스탈린주의라는 문제복합체]가 처음 부상했을 때 했던 말과 다르지 않습니다. 즉, 그 복합체를 개인숭배로 환원할 수 있다는 것은 참이 아닙니다. 여기에서 문제는 개인숭배보다 훨씬 광범위한 현상입니다. 개혁은 불가피합니다. 처음 몇 주 동안은 임레 너지가 개혁에 착수하리라고 믿었어요. 이는 의심할 바 없는 사실이며, 이를 부인하지도 않겠습니다. 그 뒤에 나는 그런 환상과 갈라서야만 했습니다.

인터뷰어—언제 임레 너지를 알게 되셨나요?

루카치—오래전이었죠. 임레 너지가 러시아에서 전쟁 포로로 살았다는 것을 잊어서는 안 됩니다. 그는 1920년대에 헝가리에 돌아왔고, 지방에서 일했습니다. 내가 1929년에 부다페스트에서 일했을 때 몇 차례 그와 같이 일하기도 했습니다. 우리의 공동 작업은 꽤 성공적이었습니다. 훗날 나는 임레 너지의 지도적 역할을 인정할 준비가 안 되어 있었는데, 그래서 몇몇 대학생의 방문을 받았습니다(정확하게는 모르겠지만 당신도 그중 한 명이었던 것 같군요). 그들은 우리 둘이 서로 아무런 관계도 갖지 않는 것은 옳지 않다고 말했습니다. 그 말에 나는 내가 그에게 거리가 있는 꼭 그만큼 임레 너지도 내게 거리가 있다고 대답했습니다. 한데 임레 너지가 먼저 나서야 했습니다! 이건 위신 문제만은 아니었습니다. 만일 내가 임레 너지한테 갔더라면 나도 당시 헝가리에 널리 퍼져 있었던

---

99 1956년 2월 25일 흐루쇼프에 의한 스탈린 비판이 이루어진 소련 공산당 20차 당 대회를 말한다.

임레 아저씨의 물결 속에 휘말려들었을 것입니다. 하지만 임레 너지가 내게 왔다면 그에게 아무런 프로그램도 없이 혁명을 할 수는 없다는 것을 두 사람 간의 친밀한 대화 속에서 말해줄 수 있었을 거예요.

인터뷰어—잠시 1953년 이전의 시기로 돌아가 보죠. 루더시 논쟁 때 임레 너지는 그가 제출한 농업 정책 때문에 중앙위원회에서 축출되었습니다. 당신들은 1953년까지 만난 적이 전혀 없었습니까?

루카치—우리는 지도층의 소위 제2열에 속해 있었기 때문에, 그런 사람들을 위해서 마련되어 있었던 장소, 예컨대 마트러하저 (Mátraháza) 같은 데서 만나곤 했습니다. 나는 대화의 차원에서는 임레 너지와 좋은 관계를 가졌습니다. 그렇지만 그 이상은 이루어지지 못했습니다.

인터뷰어—루카치 동지, 당신이 평가하시기에 임레 너지는 프로그램이 전혀 없었던 건가요? 아니면 단지 포괄적인 프로그램이 부재했던 건가요?

루카치—물론 그는 일반적인 개혁 프로그램은 갖고 있었습니다. 그러나 이러한 프로그램이 서로 다른 영역들에서 어떻게 실현될 수 있는지, 구체적으로 무슨 일이 일어나야 하는지, 이 변혁에서 개별 공산주의자들의 권리와 의무는 어디에 있어야 하는지 등에 관해서 그는 아무 생각도 없었습니다.

인터뷰어—그는 농업계획도 없었습니까?

루카치—있기는 했지만 그것은 실행성이 전혀 없는 계획이었습니다. 임레 너지 치하에서 실제로 이루어진 농업개혁이 얼마나 보잘 것없었는지 잊지 마세요.

인터뷰어—물론 임레 너지는 임레 너지 정권하에 있었지만 단 한 주를 제외하고는 당내 소수파로 있었습니다.

루카치—맞습니다. 하지만 만일 내가 당내 소수파라면 나는 어떤 일도 맡지 않거나, 아니면 어떤 조건을 둘 것입니다. 사람들이 이런저런 일을 할 경우에만 지도를 맡겠다는 식으로 말입니다. 임레 너지는 그와 같은 일은 전혀 하지 않으면서 국가의 원로로 남아 있었습니다. 그리고 그는 개혁가들 중 가장 안 좋은 사람들이 어느 정도 포함된 하나의 그룹을 만들었습니다. 다른 한편, 지금 이 것저것을 해야 하고 다른 어떤 것은 포기해야 한다는 등등의 구체적인 프로그램이 전혀 없었습니다. 그 때문에 그가 수상이었던 해에 우리는 만나지 않았던 것입니다. 나는 임레 너지를 고결한 사람으로, 현명한 사람으로, 그리고 헝가리의 농업 문제에 있어 능력이 있는 사람으로 평가했습니다. 그러나 그를 제대로 된 정치가로 여기지는 않았습니다.

인터뷰어—임레 너지 주위의 그룹에는 진정한 마르크스주의자들이 전혀 없었습니까?

루카치—지금 나로서는 그것을 확인조차 할 수 없을 것 같네요.

인터뷰어—페렌츠 도나스는요?

루카치—페렌츠 도나스는 임레 너지와 친했고, 임레 너지와 함께하는 모임들에도 참석했습니다. 실라르드 우이헤이(Szilárd Ujhelyi)와 다른 사람들 역시 참석했습니다. 하지만 나는 그 문제의 시간에 그 상황에 대해 도나스가 어떤 태도를 취했는지는 모릅니다. 왜냐하면 나는 나중에서야 그와 가깝게 되었고, 그 후에 그는 임레 너지에 대해 매우 비판적인 듯이 보였기 때문입니다.

인터뷰어—이런 움직임들에 루카치 동지 당신이 참여하지 않았던 것은 사실입니다. 하지만 페퇴피 서클(Petöfi-Kreis)에서 일련의 토론이 시작되자마자 루카치 동지 당신은 사람들이 가장 먼저 관심을 가지고 기대를 걸었던 사람 중 하나였다는 것도 사실입니다.[100] 루카치 동지, 당시에 당신이 정치적인 역할을 떠맡을 채비를 차렸던 이유는 무엇입니까?

루카치—내가 1956년을 하나의 중대한 운동으로 파악한 건 사실입니다. 이 자생적 운동은 확실한 이데올로기를 필요로 했어요. 나는 여러 강연에서 이 과제를 떠맡을 용의가 있음을 밝혔습니다. 예컨대 나는 우리와 다른 국가들과의 관계가 얼마만큼 변했는지, 지금 협력과 공존이 실제로 가능한지, 그리고 그러한 공존을 위한 조건들은 어떤 것인지를 분명히 하려고 시도했습니다. 그러니까 나는 그런 유의 이데올로기적 의도를 가졌던 것입니다. 그 이상의 의도는 없었다고 생각해요.

인터뷰어—당신은 [1956년 10월] 사태가 일어나기 전에 페퇴피 서클

---

100 루카치는 1956년 6월 15일 페퇴피 서클의 철학 논쟁에 참여하여 연설했다.

내부에서 그 자생적인 운동에 그런 식의 기여를 했습니까?

루카치—아뇨, 페퇴피 서클 내부에서만 한 게 아니에요. 그 복합체 [1956년 운동과 관련된 문제]를 똑같이 파고들었던 강연을 당 대학에서도 한차례 가졌으니까요.[101]

인터뷰어—그 강연은 어떻게 받아들여졌습니까?

루카치—정중하게요.

인터뷰어—그 뒤에 당 지도부는……

루카치—그 후 내가 한 모든 일은 좋지 못했습니다. 당시 당 지도부는 녀석들을 자유롭게 내버려두었어요, 루더시 문하생들을 말입니다. 그래서 그들은 나에 대해서 멋대로 쓸 수 있었습니다.

인터뷰어—1956년 11월 4일[102] 이후의 시기를 염두에 두고 드린 말씀이 아니었습니다. 저 역시 당신의 강연이 정중하게 받아들여졌던 것을 기억하고 있습니다. 저도 그곳에 있었으니까요. 그러니까 저는 아직 10월 이전, 강연 후 2~3주 동안의 시기를 말씀드리는 겁니다. 라코시가 장악한 당 지도부가 어떤 조치를 취했는지……

---

101 1956년 6월 28일 헝가리 근로자당 정치아카데미에서 한 강연. 강연 제목은 「현대 문화에서 진보와 반동의 투쟁」("Der Kampf des Fortschritts und der Reaktion in der heutigen Kutur").
102 헝가리 민중봉기를 진압하기 위해 소련군이 침공한 날.

루카치─아무 일도 일어나지 않았습니다. 그들은 뭔가를 감히 할 생각도 못할 정도로 겁에 질려 있었거든요.

인터뷰어─당신 자신은 10월 사태를 어떤 식으로 맞이했습니까? 그 사태가 당신에게는 어떤 실천적 결과를 가져왔습니까?

루카치─첫 번째 결과는 내가 중앙위원으로 선출된 것이었죠. 둘째, 중앙위원회 안에서 나는 임레 너지에 대한 모종의 반대파가 되어버렸습니다. 가장 중요한 문제만 언급하자면 이렇습니다. 임레 너지가 바르샤바 조약에서 탈퇴했을 때 졸탄 산토와 나는 그에 반대표를 던졌습니다. 그리고 우리는 앞으로는 그렇게 원칙적으로 중요한 결정들은 당 내부에서 충분히 토의되기 전에는 공개하지 말 것을 임레 너지에게 요구했습니다.

인터뷰어─당신들 둘이 바르샤바 조약 탈퇴에 반대표를 던졌습니까? 그 결정[바르샤바 조약 탈퇴 결정]은 다른 중앙위원들의 지지를 얻었습니까?

루카치─다른 중앙위원들은 그 결정을 지지했습니다.

인터뷰어─지도부 내에 다른 의견 차이는 없었습니까?

루카치─그것이 결정적인 차이였고, 이를 통해 다른 갈등 전체가 규정되었습니다. 한데 도처에서 제기되었던 문제는, 구체제와 최종적으로 단절해야 하는가 아니면 구체제를 개혁해야 하는가 하는 것이었습니다. 솔직히 말하자면, 나는 개혁을 지지하는 쪽이었습니다.

인터뷰어―임레 너지도 오랫동안 그랬지요.

루카치―맞습니다. 하지만 임레 너지의 경우에는 그가 도대체 어떤 입장을 대변하는지가 분명했던 적이 한 번도 없었습니다.

인터뷰어―저는 그 역시 개혁의 관점을 대변했다고 생각합니다. 다만 그는 다양한 군사·시민 봉기 집단들로부터 직접적인 압력을 받고 있었습니다. 그러한 압력이 그를 낚아채 갔다는 것이 제 생각입니다.

루카치―그랬을 가능성이 농후하죠. 임레 너지가 반혁명분자였다거나 심지어 자본주의 추종자였다고 주장하는 것은 절대 아닙니다. 나는 그런 유의 어떤 주장도 하지 않습니다. 나는 단지 그가 어떤 프로그램도 갖고 있지 않았다는 것을 주장할 뿐입니다. 그는 오늘은 이 말을 했다가 그다음 날에는 저 말을 했습니다.

인터뷰어―루카치 동지, 당신은 바르샤바 조약에서 탈퇴하는 것을 원칙적인 이유에서 반대했습니까? 아니면 전술적인 고려에서, 특히 소련의 개입에 대한 두려움 때문에 그렇게 하셨습니까?

루카치―첫째, 당연히 원칙적인 이유들이 있었지요. 나는 헝가리가 바르샤바 조약 가입국으로 있는 것을 그냥 간단히 긍정했습니다. 둘째, 우리가 러시아인들에게 헝가리 사태에 개입할 어떠한 빌미도 제공해서는 안 된다는 생각 또한 내가 결정을 내릴 때에 한몫했음은 물론입니다. 당연히 이것도 동기로 작용했지요.

인터뷰어—루카치 동지, 우리는 1956년 10월에 당신이 6인으로 구성된 당 중앙위원회에 들어갔다는 것을 알고 있습니다. 우리는 아직 당신의 국정 직무에 대해 아무것도 얘기하지 않았습니다.

루카치—무슨 일이 있었는지를 페렌츠 에르데이에게 들어서 아는데, 그가 나를 문화부 장관으로 추천했어요. 그래서 내가 장관직을 맡게 되었습니다.

인터뷰어—당신은 어떤 특별한 생각이나 프로그램을 갖고 있었습니까?

루카치—아뇨, 아뇨, 전혀 없었습니다. 나는 내각에 한 번도 참석하지 않았습니다.

인터뷰어—제 기억으론 당신이 아마 『자유』(*Szabadság*) 신문에 당신의 계획이 문화부를 폐지하는 데 있는 듯한 진술을 하신 적이 있는 걸로 압니다.

루카치—그럴 리가 없습니다.

인터뷰어—교육제도 담당 부서가 아니라 인민교양국 말입니다. 아마도 문화부가 아무 의미도 없는 많은 업무를 갖고 있다고 말씀하시는 맥락에서 그랬던 것 같은데요. 가령 문화부에서 문학과 영화를 지도하는 일 같은 것 말입니다.

루카치—그랬을 가능성이 많아요. 내가 그런 유의 의사 표시를 했을 수도 있습니다.

인터뷰어—당신이 장관직을 받아들인 일로 뒤에 비난을 받았습니까?

루카치—물론입니다.

인터뷰어—구체적인 질책도 있었습니까? 아니면 상투적인 말만 늘어놨나요?

루카치—더 이상 기억이 안 납니다. 내가 살아오는 동안 나에 대한 적대적인 글이 수없이 나왔기 때문에 나를 단죄한 세세한 내용은 더 이상 기억할 수 없습니다.

인터뷰어—당신은 11월 4일 일로 놀라셨나요? 아니면 소련과 헝가리 정부 사이의 화합 가능성을 믿었습니까?

루카치—그건 대답하기 매우 힘든 질문인데, 왜냐하면 내가 이른바 신체상의 이유로—이런 일은 지금껏 살면서 내게 일어난 적이 거의 없었어요—잘못을 저질렀기 때문입니다. 11월 3일에 나는 저녁 늦게 의회에서 집으로 돌아왔습니다. 막 잠자리에 들었을 때 산토시(Szántós)의 전화가 왔는데, 게르트루드와 함께 자기들한테로 오라더군요. 그곳에 도착하자마자 그들은 러시아인들이 오고 있으므로 우리는 유고 대사관으로 가야 한다고 제안했습니다. 고백건대 나는 잠이 덜 깬 상태에서 그 생각을 받아들였습니다. 거듭 나 자신을 변호하기 위해 하는 말인데, 유고 대사관에서 한두 시간 자고 일어나자마자 벌써 내가 한 일을 후회했지만, 그때에는 거기에서 나가기란 더 이상 생각할 수 없는 일이었습니다.

인터뷰어—유고 대사관에 피신했던 사람들 사이에 있었던 의견 차이가 이미 그 시점에 감지될 수 있었습니까? 아니면, 나중에 루마니아에 체류했을 때에야 비로소 차이가 드러났습니까?

루카치—물론 의견 차이는 대사관에 있을 때 이미 명백히 드러났습니다. 사람들이 아주 상이한 이유들로 그곳에 갔다는 것을 잊어서는 당연히 안 되겠죠. 예를 들어 졸탄 버시(Zoltán Vas)는 그의 아내가 진군해 오는 러시아 군인과 함께 와서 그를 바람둥이로 추궁할 것이라고 생각해서 유고 대사관으로 도망 왔습니다. 이미 그 당시에 그는 현재 아내가 된 여인과 같이 살고 있었으니까요. 이런 이야기를 하는 것은, 얼마나 상이한 동기들이 여기에서 작용했는지를 구체적으로 설명하고자 해서이지 다른 의도는 없습니다. 집에 가기를 원한다는 것이 처음부터 우리의 입장이었습니다. 이러한 의사는—이는 흥미로운 계기인데—나를 포함한 특정 인사들과 관련해서는 받아들여졌습니다. 하지만 우리가 그 의사를 실행에 옮기려 했을 때 우리는 체포되어서 러시아 병영(혹은 그것을 어떻게 부르든)으로 보내졌습니다.

인터뷰어—[당신과 게르트루드 말고] 또 누가 [대사관을] 떠나는 것을 용인받았나요?

루카치—떠나는 것을 허락받은 사람은 아주 많았어요. 예컨대 실라르드 우이헤이, 졸탄 산토, 그리고 졸탄 버시가 기억납니다. 좁은 의미에서의 임레 너지 주변 그룹을 제외하고는 꽤 많은 사람들이 떠나기를 원했습니다.

인터뷰어―당신이 대사관을 떠났을 때 무슨 일이 벌어졌습니까?

루카치―우리가 차에 타자마자 경찰차 한 대가 옆에 붙어서 따라오라고 우리에게 요구했습니다. 우리는 옆 골목으로 꺾어 들어갔고, 거기에서 우리를 러시아 병영으로 싣고 갈 차들로 갈아타야 했습니다.

인터뷰어―그곳에서 대우는 어땠습니까?

루카치―처음부터 공손히 잘 대해주었습니다.

인터뷰어―부다페스트에는 한 가지 이야기가 퍼져 있어요. 그 이야기에 따르면, 모두 무기를 넘기라는 요구를 받았는데, 루카치 동지는 그 요구가 있자 만년필을 넘겨주었다고 하던데요.

루카치―그것은 지어낸 이야기입니다. 우리에게 무기를 내놓으라는 요구는 없었습니다. 졸탄 산토와 졸탄 버시 그리고 내가 첫 번째로 러시아 병영에 도착했습니다. 일행 중에 어떤 사람이 더 있었는지는 모르겠습니다. 3~4일 후에 다른 사람들이 전부 다 도착했고, 그 후 우리를 루마니아로 데려갔지요.

인터뷰어―그곳에서 연구 작업을 할 수 있었습니까?

루카치—하려면 할 수도 있었어요. 우리는 도서관에 갈 수 있었고, 그래서 원하는 책을 읽을 수 있었습니다. 그쪽 방면으로는 우리에게 난관이 없었어요. 우리가 하고자 했던 일은 우리의 자유재량에 맡겨졌죠.

인터뷰어—그러면 루카치 동지, 당신은 연구 작업을 하셨나요?

루카치—나는 이전에 당 사업에 바빠 읽을 수 없었던 책들을 읽었습니다. 그런 활동을 연구 작업이라고 말하기는 힘들겠지요. 하지만 내가 무엇이든 하지 않았던 적은 없었습니다.

인터뷰어—저는 또 다른 이야기를 들었는데, 루마니아에서 한 루마니아인 간수가 루카치 동지를 이데올로기적으로 설득하는 임무를 맡았다고 하던데요.

루카치—그럴 수 있습니다. 나는 실제로 그런 일을 맡은 한 사내를 알고 있었는데, 하지만 별로 해가 되지는 않았습니다.

인터뷰어—그 사내가 몇 주 동안의 토론 후에 정신병원에 들어갔다는 이야기가 있어요.

루카치—그런 것을 지금은 더 이상 말할 수가 없군요. 내가 루마니아를 떠날 당시에는 그가 아직 정신병원에 들어가지 않았습니다.

인터뷰어—그는 지적인 사람이었습니까?

루카치—당 수준에서는 그런 사람들을 지적이라고 여기지요. 이게 전부이고, 별로 중요하지도 않은 일입니다.

인터뷰어—헝가리로 돌아올 수 있게 청원 같은 것을 하셨습니까?

루카치—예. 그런데 여기에서 문제가 생겼습니다. 나를 심문한 사람들이 내게 말하길, 나는 임레 너지의 추종자가 아니었으며, 그 사실을 자신들이 알고 있다고 했습니다. 그렇다면 내가 임레 너지에 반대하는 진술을 못할 까닭이 없지 않느냐고 했지요. 이에 대해 나는 우리 두 사람, 임레 너지와 내가 부다페스트에서 자유로이 거닐게 된다면 그 즉시 임레 너지의 전체 행동에 대한 내 생각을 말할 것이라고 대답했습니다. 나와 같이 잡혀 있는 사람에 대해서는 이러쿵저러쿵 내 의견을 말할 수 없다고 했지요.

인터뷰어—억류자들 모두가 이런 도덕적 태도를 고수했습니까?

루카치—아마도 모두가 그랬을 겁니다.

인터뷰어—졸탄 산토의 태도가 전적으로 올바르지는 못했다는 소문이 부다페스트에서 나돌았습니다.

루카치—그것에 관해서는 아는 바가 없어요. 그것에 대한 어떠한 구체적 정보도 갖고 있지 않습니다. 왜냐하면 각자 따로 심문을 받았고, 그러고 나서는 모두가 자기 마음에 들고 말하기에 편한 것을 이야기했기 때문입니다. 그러나 나는 졸탄 산토가 임레 너지에 불리한 진술을 했을 가능성도 있다고 생각합니다. 그곳에서 모든 이주자, 더 제대로 말하자면 그곳에 억류되어 있었던 모든 사람이 참석했던 회합이 있었어요. 그 회합에서 졸탄 산토도 발언을 신청했고, 임레 너지를 꽤 강하게 비판했습니다. 임레 너지도 그 자리에 있었지요.

인터뷰어—이런 회합들은 엄격하게 감시받았습니까?

루카치—물론입니다. 이삼십 명의 사람들이 있었고...... 그리고 러시아인 인사나 루마니아인 인사가 참석했습니다.

루카치—제가 졸탄 산토에 관해 여쭈어보는 이유는, 당신과 그 사이의 밀접한 우정이 이 시기에 흔들렸던 것으로 기억하기 때문입니다.

루카치—나는 그의 행동에 동의하지 않았습니다. 그래서 우리의 관계는 자연스레 어느 정도 냉각됐지요.

인터뷰어—우리가 1956년에 졸탄 산토에 관해 얘기했을 때 루카치 동지 당신은 그를 당대의 가장 재능 있는 공산주의 지도자라고 하셨습니다.

루카치—졸탄 산토는 아주 탁월한 당 일꾼이었습니다. 그리고 50년대 초에 헝가리 당을 재조직할 때 그는 매우 적극적인 역할을 했습니다. 그는 라코시와 그 일파에 의해 뒤로 밀려났죠. 그래서 산토가 자기 자신의 역할을 실제 그랬던 것보다 훨씬 더 높게 평가하는 특이한 상황이 생겨났던 겁니다.

인터뷰어—이데올로기 측면에서 그는 특별한 의미가 없었습니까?

루카치—이데올로기상으로 그는 올바른 사람이었습니다.

인터뷰어—루카치 동지, 어떤 상황에서 당신은 1957년 5월 헝가리 귀환 제안을 받았습니까?

루카치—헝가리로의 귀환은 3월 말인가 4월 초에 이루어졌습니다.

인터뷰어—그것에 어떤 조건들이 결부되었습니까?

루카치—아닙니다, 아니에요.

인터뷰어—이 당시 당신과 당의 관계는 어땠습니까?

루카치—당이 재조직되고 현재의 이름[헝가리 사회주의 노동당]을 갖게 되었을 때, 나는 앞으로도 계속 당원임을 주장하겠노라고 통지했습니다. 나는 내가 언제부터 당원인지를 적은, 그리고 내가 당원이었던 이래로 나의 전체 당 생활은 당이 훤히 알 수 있을 것이라고 적은 편지를 중앙위원회에 보냈습니다. 나의 당원 신청을 당에서 기각할 이유가 전혀 없다고 생각했지요. 그런데도 나의 신청이 기각되었음은 물론이고 내 편지에 대한 답장도 받지 못했습니다. 그리고 나서 10년이 지나서야 응답의 문제가 다시 대두되었습니다.

인터뷰어—1962년에 발간된 백과사전에서 요제프 시게티는 당신이 당에서 축출되었다고 적었어요.

루카치—그것은 사실이 아닙니다. 하지만 60년대에 이르기까지 나는 완전한 도덕적 유죄판결을 받은 상태였기 때문에 충분히 그렇게 쓸 수 있었을 겁니다. 나에 관한 그런 소문들이 널리 퍼져 있었을 수도 충분히 있고요. 어쨌든 나는 당에서 축출되지 않았습니다. 내가 계속 당원이고자 한다고 적은 그 편지에 답신을 못 받았을 뿐이었습니다.

인터뷰어—가부 양단간에 아무도 감히 서명하지 못했기 때문에 당신에게 답장을 보내지 않았던 게 분명합니다.

루카치—어떤 그런 이유가 있었던 게 확실합니다. 어쨌든 그 문제는 내가 새로운 경제 방식의 도입과 관련하여 『통일』(Unità)과 대담했을 때[103] 새로이 부상했습니다. 그 대담에서 나는 그 노선이 필연적으로 당의 민주화와 마르크스주의의 갱신을 동반하기 때문에 그 노선을 지지한다고 말했습니다.

인터뷰어—『통일』과의 그 대담으로 공론장에 다시 등장하시기 시작한 것이었나요?

루카치—예, 어느 정도까지는요. 우리는 일들을 있는 그대로 봐야

---

103 1966년 8월에 발표된 대담이다. 「헝가리의 경제개혁과 사회주의적 민주주의의 문제들」("Wirtschaftsreform in Ungarn und die Probleme der sozialistischen Demokratie"), Interview mit Lukács von B. Schacherl, *L'Unitá*, 192호, 1966년 8월 28일.

합니다. 경제 개혁이 도입될 때까지도 나는 공론장에서 수정주의
의 소극적 유물 역할을 했습니다. 그리고 이러한 기능은 앞서 말
한 시점까지도 폭발력을 잃지 않았어요.

인터뷰어—이 시기에 여전히 『미학』 작업을 하셨나요?

루카치—[1960년대] 초에 가까스로 『미학』을 끝냈습니다. 물론 『미
학』이 헝가리에서는 말할 것도 없고 해외에서도 출판될 전망은
전혀 없었습니다. 그래서 일의 처리방식을 신랄하게 비난하는 편
지를 카다르에게 써 보냈습니다. 나는 모든 출판사는 자기네들 마
음에 드는 것을 출판할 권리가 있다고 생각합니다. 하지만 어떠한
출판사도 다른 출판사들이 책을 내는 것을 막을 권리는 없습니다.
그래서 그 일을 처리하는 방식에 관해서 카다르에게 항의하는 편
지를 썼던 것이지요. 그 결과 나는 소환되었습니다. 정치국에 있
었던 그 사람의 이름이 뭐였죠? 시르머이. 시르머이가 나를 소환
했습니다. 그는 내가 원한다면 이민비자를 사용할 수 있다고 내게
말했죠. 나는 시르머이에게 말했습니다. "이보세요, 권력은 당신
손에 있습니다. 당신은 당신이 원하는 대로 나를 다룰 수 있습니
다. 지금 내가 이 방을 나갈 때 문에서 경찰이 내 어깨에 손을 얹
는다면 나는 죄수가 될 것이고 아무것도 할 수 없게 되겠죠. 그렇
지만 나를 헝가리에서 내쫓을 권력은 당신에게 없어요. 설사 그것
이 당신 마음에 드는 일이라고 하더라도 말이죠." 그 후에도 그들
은 족히 1년 반 동안 그 일을 제쳐놓았습니다.

인터뷰어—독일어판 전집 계획은 언제 세워졌나요?

루카치─이미 아주 오래전, 그러니까 1956년 이전에 세워졌습니다.

인터뷰어─당신이 『미학』을 프랑크 벤젤러[104]에게 보내려 했던 것이 갈등의 궁극적 원인이었습니까?

루카치─바로 그것이 문제였죠.

인터뷰어─이 시기에 다른 원고들이 해외에서 출판될 수 있었습니까?

루카치─내가 해외로 밀반출할 수 있었던 것들은 모두 출판되었습니다.

인터뷰어─그 일로 해명을 요구받지는 않았습니까?

루카치─그 때문에 내게 해명을 요구한 사람은 아무도 없었습니다. [정부 당국과 나 사이에] 평화가 다시 확립된 뒤[105] 그 일에 대해서 어첼과 이야기를 나눈 적이 있어요. 그때 그에게 이렇게 말했습니다. "이봐요, 당신네들이 외국에서의 출판을 금지하는 한, 나는 편안한 마음으로 밀수를 할 겁니다. 내 책이 독일어로 발간되는 것을 막을 권리가 당신네들에게 있다는 것을 나는 인정하지 않으니까요. 내 책들이 법적인 경로로 외국에서 출판될 수 있다는 보장

---

104 프랑크 벤젤러(Frank Benseler, 1929~)는 독일의 사회학자이며 루카치 연구자이다. 옛 서독 루흐터한트 출판사(Luchterhand-Verlag)에서 1962년부터 발간되기 시작한 루카치 전집을 책임졌던 인물이다.

105 복당이 이루어진 1967년 이후를 말하는 듯하다.

만 한다면, 나는 아주 흔쾌히 밀수할 내 권리를 포기할 거예요."
이 일은 평화가 막 시작된 때에 일어났던 일입니다.

인터뷰어─헝가리로 돌아온 후 얼마 동안 당신은 어려움에 처한 사람들을 도와주는 일에 관여했지요.

루카치─그것은 당연한 일이었습니다. 우리가 누구를, 혹은 무엇을 도왔다든가, 어떤 형태로 도왔다든가 하는 것을 지금은 더 이상 말할 수 없을 것 같네요. 나는 항상 정부 측에서 행사하는 폭력에 반대하고 나섰습니다. 따라서 어느 누구도 내가 임레 너지의 처형에 찬성했다는 따위의 주장을 할 수는 없을 것입니다. 하지만 각각의 경우에 포괄적으로 전술적 성격을 띠었던 구분이 있었습니다. 즉, 누구는 도와줄 가망성이 있다, 누구는 어떠한 가망도 없다는 식의 구분이 있었지요.

인터뷰어─이 시기에 『미학』 외에 무슨 작업을 하셨는지요?

루카치─『존재론』을 준비하는 작업을 했습니다. 『미학』이 미적인 것을 존재의, 사회적 존재의 계기로 다루는 한, 그것은 본래 『존재론』을 준비하는 것이었습니다.

인터뷰어─저는 당신이 『미학』 후에 『윤리학』을 쓸 계획을 가지고 있었다고 알고 있습니다만.

루카치─나는 원래 『존재론』을 『윤리학』의 철학적 기초를 세우는 작업으로 계획했습니다. 하지만 이 토대 위에서 『윤리학』은 『존재론』에 의해 밀려났습니다. 왜냐하면 문제는 현실의 구조이지 하나의 동떨어진 형식이 아니기 때문이죠.

인터뷰어―당신은 이 시기에 정치 논설들도 발표했습니다. 게다가 부르주아 민주주의와 사회주의적 민주주의 사이의 관계에 대한 정치학 연구물도 쓰셨지요. 이 연구물은 아직 어떤 언어로도 출판되지 않았습니다. 이것은 체코슬로바키아 사태와 관련해서 쓰였지요.[106]

인터뷰어―체코 사태는 아주 늦게야 발생했습니다. 나는 체코 사태에서 명백하게 체코 지지 입장을 취했습니다. 당원으로서의 내 권리에 의거하여 나는 카다르에게, 체코 사태에서 당이 취한 태도에 찬성하지 않으며 특히 그의 태도에도 찬성하지 않는다고 알리는 편지를 한 통 썼습니다. 그것을 카다르에게 써 보냈습니다. 나는―그 당시의 내 행동방식은 지금 생각해도 옳다 싶은데―빈에서 열리는 철학자 대회에 초청을 받은 상태였는데, 참석을 거절했습니다.[107] 만일 내가 그곳에 참석했더라면 내가 하는 말 한마디 한마디가 당연히 체코 문제와 관련해서 해석되었을 테니까요. 나는 그런 일이 일어나는 것을 원하지 않았습니다.

---

106 헝가리에서는 『민주화의 오늘과 내일』(*Demokratisierung heute und morgen*)이라는 제목으로 1985년에, 옛 서독에서는 『사회주의와 민주화』(*Sozialismus und Demokratisierung*)라는 제목으로 1987년에 출간되었다.

107 결국 철학자 대회에 참석하지는 않았지만, 원래 참석해서 하기로 했던 강연 원고 「인간의 사고와 행위의 존재론적 기초」("Die ontologischen Grundlagen des menschlichen Denkens und Handelns")는 *ad lectors*에 처음 실렸으며(1969년), 곧이어 오스트리아의 잡지 *Neues Forvm*에도 두 번에 걸쳐 나뉘어 실렸다(1971년 2/3월호와 6/7월호). 이 글의 우리말 번역은 졸저 『게오르크 루카치―과거와 미래를 잇는 다리』(한울, 2000)에 수록되어 있다.

인터뷰어—체코 사태로 1956년[헝가리 사태]에 대한 당신의 태도가 일정 정도 수정되었는지요? 제 질문의 요지는, 체코인들은 바르샤바 조약에서 탈퇴할 의사가 없었던 게 분명한데도 [소련의] 개입이 일어났다는 것입니다. 그렇다면, 임레 너지의 바르샤바 조약 탈퇴는 러시아의 개입을 위한 구실로만 쓰였다는 추론이 성립할 수 있겠느냐는 것이지요.

루카치—그러한 결정[체코가 바르샤바 조약 탈퇴를 결정하는 것]은 그 당시에는 불가능했습니다. 비록 내가 한 루마니아 신문에 체코인들의 문제, 체코 민주주의의 문제에서 확인될 수 있는 내적 모순들에 대한 논설을 쓰려고 했지만—이 글을 쓰지 않았던 것은 단지 시간이 없었기 때문이었습니다—나는 체코를 지지하는 태도를 취했습니다. 한마디로 말해서, 나는 체코인들에 대해 비판적인 태도를 취했지만 그것은 동조자의 태도였습니다.

인터뷰어—제가 제대로 기억하고 있다면 그 논설은 마사리크[108] 문제와 관련이 있었던 것 같습니다만.

루카치—독재[1919년 헝가리 프롤레타리아계급 독재] 동안에 마사리크의 지휘 아래 체코 군대가 헝가리를 침략했습니다. 나는 어떤 나라의 프롤레타리아계급 독재에 대항해서 민주주의적인 무기들을 투입하려고 하는 민주주의는 썩 좋은 것으로 평가하지 않는다

---

108 토마시 가리크 마사리크(Tomás Garrigue Masaryk, 1850~1970)는 '체코슬로바키아 건국의 아버지'로 불리는 인물로, 정치가, 철학자, 교육학자, 언론인이었다. 프라하 대학 교수를 지냈으며, 국민당 당수가 되어 독립운동을 지도했다. 1918년 건국한 체코슬로바키아 공화국의 초대 대통령이 되었다.

고 쓰려고 했습니다.

인터뷰어―그 시기에 다른 논쟁들이 있었습니까?

루카치―친한 사람들끼리 이야기를 나누는 자리에서도 내가 늘 어첼 동지에게 하는 말이 있습니다. 당신은 매우 선하고 반듯한 사람이어서 내가 매우 좋아하고 존중하긴 하지만, 당신은 일들을 모두가 만족할 수 있는 식으로 해결하려고 한다, 하지만 일들이 그런 식으로 되지는 않는다, 밀수를 근절하면서 동시에 밀수꾼들을 만족시키기란 해결 불가능한 과제다, 라는 말이었지요. 그 후 어첼은 내가 레버이 비극이라 부르는 것을 공격하는 글을 『인민의 자유』에 실었어요. 어첼에게 나는 라코시 시대 출신의 사람들이 수백 수천 명 남아 있다고 말했습니다(이것은 『인민의 자유』에 실리지 않았어요). 한쪽 극에는 최고의 악당인 미하이 퍼르커시가 있고, 다른 쪽에는 라코시 아래에서 수상이었다가 지금은 가장 중요한 개혁가 중 하나인 언드라시 헤게뒤시가 있노라고 했지요. 지금 우리가 그냥 단순히, 누구나 다 다소간 어려움이 있었다는 식으로 출발한다면―세세한 것에 대해서는 지금 말하지 맙시다―이는 우리가 궁극적으로 미하이 퍼르커시와 언드라시 헤게뒤시 사이에 등식부호(=)를 놓는 것을 의미할 것입니다. 이것은 올바르지 못한 일입니다. 현재의 중요한 요구는 미하이 퍼르커시 유형은 증오를 갖고 거부하고 언드라시 헤게뒤시 유형은 받아들이는 것입니다. 지금 나는 인간 유형에 대해서 말하는 것이지 개개인에 관해서 얘기하는 것이 아닙니다. 그 양쪽 사이에는 엄청나게 많은 색조가 있는데, 예술은 그것들을 실제 그대로 현시해야 합니다. 그러기 위해서 우리는 전체 스펙트럼을 보아야 하는 것입니다. 만일 우리가 그것을 잊어버린다면, 과거에는 온갖 불쾌한 일이 있었지만 이제 우리는 그것을 넘어서 있다, 따라서 그것을 잊어야 한다, 는 입장에 도달하게 됩니다. 하지만 우리는 그것을 잊어서는 안 됩니다. 이러한 문제는 우리 문학에서 웅장한 형식으로, 구체적으로 말하자면 마카렌코[109]의 위대한 교육소설에서 이미 나타났습니다. 그 소설에서 제시된 사회주의적인 교육의 방법에 따르면, 잊는다는 것은 부끄러워하게 하고 정화(Katharsis)한 다음에 오는 일입니다. 그러니까 정화가 있고 난 다음에야 비로소 잊을 수 있는 것이지요. 만일 우리가 사회주의를 진정으로 원한다면 그런 유의 교육 사업은 포기할 수가 없습니다. 그런 교육 사업이 없다면 우리는 이데올로기상으로 사이비 사회주의 속에서 살게 될 것입니다. 다른 예로, 혁명적 테러라는 문제를 생각해봅시다. 만일 그 개념으로 미하이 퍼르커시를 염두에 둔다면 우리는 완전히 잘못된 입장에 이르게 됩니다. 반면에 오토 코르빈을 염두에 두고 있다면…… [내 생각을 설명하기 위해서] 다시 일화를 하나 얘기하겠습니다. 독재 기간 동안 선거가 치러졌을 때 아내가—그때는 아직 결혼하지 않았어요—친구와 함께 내게 와서는 끔찍한 일이 벌어졌다고 말했습니다. 교사인 친구오빠가 선거 전체는 속임수이고 고등 사기라고 주장하는 대규모 선거연설을 했는데, 그 때문에 경찰에 체포되었다는 것입니다. 이제 오빠는 어떻게 될까요, 틀림없이 교수형을 당하겠지요, 라고 그녀는 말했어요. 나는 다음 날 아침에 오토 코르빈에게 전화해보겠노라고 약속했습니다. 실제로

---

109 안톤 마카렌코(Anton Makarenko, 1888~1939)는 옛 소련의 교육가이자 작가이다. 부랑아와 미성년 범법자를 수용하는 교육시설인 '노동자 콜로냐'의 주임을 지냈다. 그 경험을 바탕으로 루카치가 "위대한 교육소설"이라고 평가한 작품 『교육시』를 썼다.

나는 인민위원회에서 그에게 전화를 했습니다. 그러자 코르빈은 다른 말없이 "아, 그 미친놈은 진작 풀어줬어요"라고 내게 말했습니다. 하지만 슈텐첼과 니콜레니의 모반[110] 같은 다른 경우에 코르빈과 나는 둘 다 인민위원회 회의에서 두 사람을 용서해야 한다는 사민주의자들의 견해를 격렬히 논박했습니다. 우리는 고위급 경찰관인 그들이 집에 반혁명을 위해 무기고를 만들었기 때문에 둘 다 처형해야 한다는 입장을 대변했습니다. 지금 내가 주장하고자 하는 것은, 코르빈의 이 상호대립적인 두 입장이 비일관성을 의미하는 게 아니라는 것입니다. 만일 내가 코르빈과 미하이 퍼르커시 사이의 차이를 희석시키고 대사면이라는 오늘날의 현대적 관점에 서게 된다면, 진정한 혁명적 영웅—코르빈은 실제로 그런 사람이었어요—은 완전히 사라지고 맙니다. 오늘날 오토 코르빈은 헝가리에서 어떤 명성이나 명망도 갖고 있지 않습니다. 그리고 이것은 어중간한 대사면에 의해서 혁명가의 긍정적 유형이 자취를 감춰버린 탓이 큽니다. 오토 코르빈은 마치 온건한 미하이 퍼르커시였던 것처럼, 온건하지만 결국에는 미하이 퍼르커시와 같은 사람이었던 것처럼 제시되고 있습니다. 나의 신랄한 비판이 사회주의적인 비판이라는 것을 사람들이 이해해주면 기쁘겠습니다. 소위 부르주아 휴머니즘의 시각에서 말하는 것이 아닙니다. 나는 전술적인 고려에서 "망각의 베일을 과거 위에 넓게 펴자"라는 식의 기형적 입장을 취하는 것을 상상할 수 있습니다. "망각의 베일을 과거 위에 넓게 펴자"는 말을 1867년에[111] 했다는 것을 잊지 마십시

---

110 1919년 헝가리 평의회 공화국에서 야노시 슈텐첼(János Stenczel)과 데죄 니콜레니(Dezsö Nikolényi)가 중심이 되어 일어난 반혁명 사건.

111 독일어 번역자 주: 1848~49년에 일어난 헝가리 혁명의 패배 후에 복원된 오스트리아 왕정은 다민족국가의 내적 대립이 첨예화되고 국외 정치상황이 악화됨에 따라 헝가리와 타협하지 않을 수 없게 되었다. 페렌츠 데아크(Ferenc

오. 내가 어렸을 때에는 어러드의 13인[112]에 대한 기억이 모든 사람에게 생생히 살아 있었습니다. 그렇게 과거 위에 베일을 치는 것은 관료주의적 조치 이상이 아니었습니다. 미하이 퍼르커시 시대 위에 망각의 베일을 친다면 나는 무조건 반대할 것입니다. 그도 그럴 것이, 그런 베일 치기는 비록 옛날처럼 그렇게 파국적이진 않다 하더라도 실제적인 결과를 가지니까요. 그런데 졸탄 호르바트가 사적인 모임에서 쥴러 칼러이에 대해 경멸적으로 말했다는 이유로 1년 이상 가택 연금되어 있다면, 그것은 정말로 미하이 퍼르커시 시대가 되돌아온 것입니다.

인터뷰어—저는 어첼이 루카치 동지 당신을 비판한 것은 항상적인 균형을 요구하는 그의 입장과 관계가 있다고 생각합니다. 말하자면, 우리가 어떤 부정적인 것을 말하기 시작할 때에는 즉시 긍정적인 것을 덧붙여야 한다는 것이죠. 물론 이것은 말도 안 되는 얘기입니다.

루카치—그것은 완전히 불필요한 일입니다. 왜냐하면 나는 미하이 퍼르커시가 좋은 아버지였다는 것을—나는 모르는 일입니다만 얼마든지 그럴 수 있지요—기꺼이 인정할 용의가 있기 때문입니다. 하지만 나는 그의 초상을 그릴 때 좋은 아버지로서의 특성을 고려해주는 것을 역사가로서의 내 임무라고는 생각하지 않습니다. 만일 어떤 사람에게, 예컨대 트로츠키나 다른 사람들이 의심

Deák)가 마련한 계획을 근거로 하여 1867년에 오스트리아 · 헝가리 이중군주국이 세워졌다.
112 독일어 번역자 주: 1849년 10월 6일, [오스트리아 사령관이었던] 헤이나우(Heynau)의 명령에 따라 어러드(Arad)에서 13명의 헝가리 장군이 처형되었다.

할 바 없이 그런 경우인데, 좋은 속성과 나쁜 속성의 변증법이 존재한다면, 그것은 전혀 다른 문제입니다. 그런 경우에는 그 변증법을 제시해야 합니다. 그것은 물론 긍정적인 면과 부정적인 면을 공평하게 맞추기 위해서가 아니라 그 변증법 없이는 그 사람의 행동 동기를 발견할 수 없을 것이기 때문입니다. 우리가 젊었을 때에 엔드레 어디가 이슈트반 티서를 에르제베트 바토리의 남성판본이라고 불렀을 때[113] 우리는 얼마나 감격했던가요. 어디는 비록 이슈트반 티서가 지적인 사람이었으며 개인적으로 정직하고 확신에 찬 사람이었을지라도 그의 좋은 특성은 하나도 언급하지 않았습니다. 그리고 어디가 티서를 에르제베트 바토리의 남성판본으로 불렀을 때 그는 옳았습니다.

인터뷰어—어디에게는 그가 확실한 진실을 열정적으로 판정하는 것이 용인되지요. 하지만 우리에게는 그런 것이 결코 허락되지 않습니다.

루카치—그런 열정이 없다면 우리는 앞으로 나아가지 못할 겁니다. 얀초의 영화에 나오는 라더이(Ráday) 공작의 경우를 예로 들 수 있는데, 라더이 공작에게도 긍정적인 면이 있을지 몰라요.[114] 나는 그 점[그가 긍정적인 면을 지녔다는 점]을 부정하지만, [영화에서] 그 점은 어떠한 역할도 하지 않습니다.

---

113 에르제베트 바토리(Erzsébet Báthory, 1560~1614)는 "피의 공작부인"이라고 불리는 인물로서, 전설에 따르면 노화를 막기 위해 어린 소녀들의 피로 목욕을 했다 한다.

114 루카치가 거론하는 영화는 1965년 작품 〈희망 없는 사람들〉(*Szegénylegények*)이다. 이 영화는 1848년 혁명을 극화한 것이다.

인터뷰어─또는 얀초의 최근 영화〈침묵과 함성〉(*Csend és Kiátás*)......

루카치─나는 그 영화를 무척 좋아합니다. 이 영화에는 가치 있는 것들이 아주 많습니다. 나로서는, 이 분야에서 우리가 얀초와 코바치에게 아직 매우 많은 것을 기대할 수 있다는 말밖에 할 수 없네요. 그런데 현재와 과거의 부정적인 면들을 폭로하는 것이 긍정적인 일이 되고 사회주의에 도움이 되기 위해서는, 그들이 영화 애호가들의 지원을 받는 것이 필요합니다.

인터뷰어─헝가리 영화가 정직하려 애쓸 때 성공적으로 되는 것은 우연이 아닙니다.

루카치─스탈린이 문학의 임무에 대해 말하면서 "진실을 써라!"라고 했던 것은 그로테스크한 사실입니다. 다만 그는 진실이 쓰여지는 것을 허용하지 않았지요. 나는 이 점에서는 심지어 스탈린의 구호를 받아들여서 "진실을 써라!"라고 말할 용의가 있습니다.

인터뷰어─아직 몇 가지 개인적인 질문이 있습니다. 당신이 루마니아에서 헝가리로 돌아왔을 때 레버이는 아직 살아 있었습니다. 당신들은 만나셨나요?

루카치─우리는 여전히 만났습니다. 그도 그럴 것이, 그 당시 레버이는 중앙위원회에서 축출되어 불행한 처지에 놓여 있었거든요. 30년의 우정이 있었기에 나는 그가 곤경에 빠져 있는 것을 모른 체할 수 없었습니다. 우리의 만남은 그리 우호적이지도 그리 친밀하지도 않았지만 우리는 4주에 한 번씩 만났습니다.

인터뷰어—레버이는 그의 입장을 전혀 안 바꾸었습니까?

루카치—레버이는 아무것도 수정하지 않았습니다. 반대로 그는 모든 문제에서 그의 옛 입장을 유일하게 올바른 관점으로 견지하려 애썼습니다.

인터뷰어—데리가 감옥에서 나왔을 때……

루카치—데리는 헝가리에서 사회주의 소설을 쓸 수 있으리라는 믿음을 감옥에서 잃었던 것이 아니라 레버이가 촉발시킨 논쟁의 와중에 잃었습니다. 그때부터 그의 자서전에 이르기까지의 후기작들이 쓰여졌는데, 물론 그것들이 극히 재능 있는 작품들이기는 하지만 사회주의와는 이미 거의 혹은 전혀 관계가 없는 것들입니다.

인터뷰어—그 후에도 계속 그와 개인적인 관계가 있었습니까?

루카치—나는 그의 인격에 대해서뿐만 아니라 그의 부인에 대해서도 호감을 갖고 있습니다. 그래서 우리는 서로 만나는데, 실제로 우리는 서로에게 해되는 일은 결코 하지 않았습니다. 그러니 우리가 만나서는 안 될 이유가 없잖아요? 물론 나는 1930년대 초에 데리의 작품들에 관해 썼던 생각을 지금은 더 이상 고수하지 않습니다.

인터뷰어—최근 몇 년 동안에 당신은 어떤 작가들과 관계를 유지해 왔습니까?

루카치—나는 데리 그리고 이예시와 계속해서 좋은 친구 관계를 가지고 있습니다. 보다 정확하게, 좋은 대화 관계라고 말해야겠네요. 한데 이예시는 사실상 평민적 민주주의자였지 사회주의자는 전혀 아니었습니다. 나는 그가 일체의 믿음을 잃어버렸으며, 그래서 그의 새 작품들은 높은 문학적 수준에도 불구하고 젊은 이예시의 위대한 작품들에는 결코 미치지 못한다는 인상을 갖고 있어요. 다른 작가들 중에서는 내가 1957년 이후에 몇 번 만났던 라슬로 벤야민의 이름을 들 수 있겠네요. 그런데 내가 도대체 누구와 관계를 가꾸어나가야 할까요? 내가 문학성을 높이 평가할 작가가 없어요. 그런 작가가—내가 언급했던 세 사람을 제외하고는, 그리고 벤야민의 경우에는 그의 시 몇 편만 그런데—그런 작가가 없습니다. 내가 누구와 교류해야겠습니까?

인터뷰어—이제 당신 제자들에 관해 몇 마디 묻겠습니다. 그들 중 어떤 이를 가장 오래 알았으며, 누구를 가장 높이 평가합니까?

루카치—가장 우선적으로 꼽을 수 있는 사람은 아그네스 헬러(Ágnes Heller), 페렌츠 페헤르(Ferenc Fehér), 그리고 몇몇 다른 이들입니다.

인터뷰어—죄르지 마르쿠시(György Márkus)는요?

루카치—마르쿠시는 내 제자가 아닙니다. 그는 그의 생각을 대부분 완성한 채 모스크바에서 돌아왔습니다. 내가 그에게 영향을 미치지 않았다고 말하는 것은 아닙니다. 다만 그를 내 제자라고 부를 수는 없다는 것입니다.

인터뷰어—미하이 버이더(Mihály Vajda)는요?

루카치—버이더는 원래 아그네스 헬러가 대학에서 가르쳤을 때 그녀의 제자였습니다. 버이더를 그녀로부터 제자로 넘겨받긴 했지만...... 그를 제자라고 말할 수는 없습니다. 그가 내게 왔을 땐 이미 생각이 다소간 완성되어 있었으니까요. 아그네스 헬러와 페렌츠 페헤르만이 실제로 맨처음부터 내 제자였습니다.

인터뷰어—그럼 음악학자들 중에서는요?

루카치—음학학자들 중에도 제자들이 있습니다. 예컨대 데네시 졸터이(Dénes Zoltay) 같은 이가 있지요. 물론 벤체 서볼치(Bence Szabolcsi) 주변에서나 내 주변에서도 내가 선생으로서 영향을 미쳤던 사람들을 언제나 찾을 수 있을 겁니다.

인터뷰어—음악과 관련된 얘기를 하고 있어서 드리는 말씀인데, 대화 중에 당신은 자주 코다이와 버르토크 사이를 구분하십니다.

루카치—나는 코다이를 옛 헝가리 음악의 경신(更新)에 뛰어난 공헌을 한 사람이라고 생각합니다. 이와 관련된 그의 작품들은 당연히 옛날 목가적인 헝가리를 보여줍니다. 반면에 [버르토크의]『칸타타 프로파나』(Cantata Profana)는 옛날 목가적인 헝가리가 아니라 반항적인 헝가리입니다. 내가 음악가가 아니기 때문에 감히 판단할 수 없는 코다이의 초기 작품을 제외한다면, 버르토크와 코다이 사이에 공통적인 발전은 없다고 생각합니다.

인터뷰어—벤체 서볼치는 이에 이의를 제기합니다. 그렇지요?

루카치—예, 그렇습니다. 하지만 나는 이 문제에 있어서 그를 능력 있는 권위자로 여기진 않습니다. 왜냐하면 나는 음악에 관해서 말하는 것이 아니라, 가령 코다이가 옛 헝가리 음악의 경신이 필요하다고 여기는 것에 대해서 말하고 있기 때문입니다. 버르토크에게 헝가리 음악은 이집트 음악 등등에 비해 더 우수하지도 더 농민적이지도 않습니다. 버르토크에게 농민세계의 경신은—이런 식으로 말해도 된다면—언젠가 레닌이 톨스토이에 관해, 이 백작[톨스토이]이 있기 전에는 러시아 문학에서 농민이 있어본 적이 없다고 말했던 그런 의미에서 중요합니다. 그런 의미에서 음악에서도 농민이 나타난 적이 없었는데, 이것이 버르토크에서 본질적인 점입니다. 그리고 [버르토크의 작품에 나타나는] 그 농민은 헝가리 농민이거나 루마니아 농민이거나 한 것이 아니라 그냥 농민입니다. 그는 사람들에게 돌아가기를 원치 않는 저 숫사슴입니다. 내가 보기에 버르토크와 코다이 사이의 엄청난 차이는 여기에 있습니다. 나는 그들을 하나의 공통분모로 환원시킬 생각이 없습니다. 코다이를 둘러싸고도 어떤 신화가, 그것도 근거가 없지는 않은 신화가 형성된 것은 사실입니다. 왜냐하면 코다이의 작품들에서 문명 이전의 옛 헝가리 정신과 농민이 맺는 관계가 확실히 표현되기 때문이지요. 나는 이것을 절대 의심하지 않습니다. 다만, 코다이 작품에서 그런 관계가 국제적이고 혁명적인 연관성이 있다고 하는 것을 미심쩍게 생각할 뿐입니다. 그의 농민들은 『칸타타 프로파나』의 농민들이 아닙니다. 그들은 돌아가기를 원치 않는 숫사슴이 아니라, 춤을 멋지게 추고, 옛 헝가리에 반하는 말을 한마디도 하지 않은 채 모든 가능한 태고의 전통적 음악성을 대표하는 농민들입니다. 사람들은 문학에서 초코너이-페퇴피-어디-어틸러 요제프 노선을 다른 노선들과 구분하지 않듯이 음악에서도 꼭 그렇게 전혀 구분을 하지 않습니다. 사람들은 버르토크와 코다이라고 말합니다. 이것은 흡사 내가 "어디와 버비치"라고 말하는 것과 같습니다. 나는 버비치가 진정한 시인이었다는 것을 의심하지 않습니다. 하지만 그가 1차 세계대전이 끝날 무렵에 "누구 잘못인가는 묻지 맙시다. 우리 꽃을 심읍시다!"라는 등의 말을 했을 때 그는 평화를 위해서라면 심지어 이슈트반 티서하고도 화해하려고 했을 겁니다. 반면에 엔드레 어디는 티서와 결코 화해하려 하지 않았습니다. 버르토크와 코다이 사이의 차이는 바로 어디와 버비치 사이의 차이만큼 심각한 것입니다.

인터뷰어—인터뷰를 마치면서, 당신의 마지막 작품 『존재론』에 관해 몇 말씀 해주시겠습니까?

루카치—마르크스를 따라 나는 존재론을 역사에 기반을 둔 본래의 철학이라고 생각합니다. 무기적 존재가 맨 처음에 있고, 그것에서부터 식물과 동물의 형태를 한 유기적 존재가 생겨난다—어떻게 그랬는지는 우리가 모르지만 언제 그랬는지는 대략 알지요—는 것은 이제 역사적으로 의심스러운 일이 아닙니다. 그리고 이 생물학적인 상태로부터 헤아릴 수 없이 많은 이행 과정을 거친 후에 우리가 인간적인 사회적 존재라고 부르는 것이 생겨나는데, 이 존재의 본질은 인간들의 목적론적 정립 즉 노동입니다. 이 것[노동]은 자체 내에 모든 것을 품고 있기 때문에 가장 결정적인 새로운 범주입니다. 우리가 인간의 생활에 관해 말할 때에도 모든 가능한 가치 범주들 속에서 말한다는 것을 잊지 마세요. 맨 처음의 가치는 무엇인가? 최초의 산물은? 돌망치는 그 목적에 부합하거나 부합하지 않습니다. 앞의 경우에 그것은 가치가 있을 것이고 뒤의 경우에 그것은 가치가 없을 것입니다. 가치와 무가치는 생물학적인 존재에서는 아직 나타나지 않습니다. 그도 그럴 것이 본디 죽음은 삶과 마찬가지의 과정이니까요. 그 둘 사이에 가치 차이란 없습니다. 두 번째 근본적인 차이는 헝가리말로 '레겐!(Legyen!)'이라고 하는 '당위(Sollen)'입니다. 다시 말해 사물들은 저절로, 자생적인 과정들에 의해 변하는 것이 아니라 의식적인 정립들에 따라 변합니다. 의식적 정립이란 목적이 결과에 선행한다는 것을 뜻합니다. 이것이 전체 인간 사회의 기반입니다. 가치와 비(非)가치, [의식적으로] 만들어진 것과 [자생적으로] 생겨난 것 사이에 팽팽하게 드리워진 저 대립이 본래 인간의 생활 전체를 형성합니다.

인터뷰어—마르크스 자신은 어느 정도까지 이 이론을 다듬어냈습니까?

루카치—무엇보다도 마르크스는—나는 이것이 마르크스 이론의 가장 중요한 부분이라고 생각하는데—역사성이 사회적 존재의 근본적인 범주이며 모든 존재에도 그렇다는 것을 밝혀냈습니다. 파리 시절에 쓴 수고들에서 마르크스는 오직 하나의 과학, 즉 역사만이 있다고 말합니다.[115] 게다가 그는 덧붙여 말하기를 "비대

---

115 마르크스가 『독일 이데올로기』(1845/6)에서 한 말이다. 전체 문장을 소개하면 다음과 같다. "우리는 오직 하나의 과학 즉 역사의 과학만을 알고 있을 뿐이다. 역사는 두 측면에서 고찰될 수 있기 때문에 자연의 역사와 인간의 역사로 나누어질 수 있다. 이 두 측면은 인간이 존재하는 한 분리될 수 없으며, 자연의 역사와 인간의 역사는 서로를 제약한다."

상적인 존재는 비존재"라고 합니다.[116] 범주적 특성을 갖지 않는 것은 실존할 수 없다는 말이지요. 따라서 실존이란 어떤 것이 특정 형태의 대상성 속에 실존한다는 것을 의미합니다. 즉, 특정 형태의 대상성이 해당 존재가 속하는 그 범주를 형성하는 것입니다. 여기에서 존재론은 옛날 철학과는 명확히 구분됩니다. 옛 철학은, 그 내부에 역사적 범주들도 있는 그런 범주체계를 입안했습니다. 마르크스주의의 범주체계에서 각각의 사물은 일차적으로 어떤 성질, 어떤 물성(物性, Dinglichkeit), 그리고 어떤 범주적 존재를 갖춘 그 무엇(ein Etwas)입니다. 비대상적인 존재는 비존재입니다. 그리고 이러한 그 무엇 내부에서 역사는 이제 범주들의 변화의 역사입니다. 그러므로 범주들은 객관적인 현실의 구성부분들입니다. 어떤 형태로든 범주가 아닌 것은 절대로 실존할 수 없습니다. 이 점에서 마르크스주의 철학은 예전의 세계관들과는 극히 선명하게 구분됩니다. 즉, 마르크스주의에서는 사물의 범주적 존재가 사물의 존재를 이루고 있는 반면에 옛 철학들에서는 범주적 존재가, 그 내부에서 현실의 범주들이 형성되는 근본적인 범주였습니다. 역사는 범주체계 내부에서 이루어지는 그런 것이 아닙니다. 역사는 범주체계의 변화입니다. 그러므로 범주들은 존재형식입니다. 물론 그것들이 관념형식이 되는 한에서 그것들은 반영형식이지만, 일차적으로는 존재형식인 것입니다. 이런 식으로 전적으로 다른 범주 그룹들과 범주 내용들이 생겨나게 됩니다. 고트프리트 빌헬름 라이프니츠(Gottfried Wilhelm Leibniz)가 형태가 똑같은 두 장의 잎사귀란 존재하지 않는다는 것을 공주들에게 설명했던 역사적으로 유명한 예를 들어봅시다. 형태가 똑같은

---

116 마르크스가 『경제학-철학 수고』(1844)에서 한 말이다.

두 개의 자갈은 존재하지 않는다는 것을 공주들에게 설명했을 수도 있겠지요. 대상들의 유일성(Einzigartigkeit)은 그것들의 존재와 분리될 수 없고 어떤 것으로도 소급될 수 없습니다. 내가 말하고자 하는 것은, 유일성이라는 측면에서 볼 때 범주체계는 유일성의 범주가 자갈의 유일성으로부터 극히 오랜 발전의 결과로서 인간의 유일성으로까지 발전되어가는 그런 전개과정을 보여준다는 것입니다.

삶으로서의 사유

삶으로서의 사유

　모든 자서전: 주관적임, 사회적 발전의 맥락에서 전개되는 인간적 발전을 보여주는 것이 아니라, 주어진 발전의 틀 안에서 인간이 어떻게 현재의 자기 자신이 되는지 혹은 그러지 못하는지를 보여줌.

　객관성: 정확한 시간성. 기억: 시간을 앞당기는 경향. 사실들을 통해 교정. 청년기: 베네데크; 1914년 마리안네 베버에게 보낸 지멜의 편지. 그러나 단지 교정하는 데만 쓰일 사실들. 배제할 것: a) 부르주아적[?] 서술. 예컨대 지터 101면.[1] b) 당사(黨史). 트로츠키(내 경우도 마찬가지). 선의에서 나온 무지일 가능성: 빅토르 세르주 213면; 기억(뒤에 씌어졌음). 실제와 모순(시간, 그 뒤도 마찬가지). 대조할 것: a) 날짜(213면)가 맞지 않음(28/29년이 아님—러시아에 없었음). 그런데 빈 시절[과 관련해서]도 마찬가지임: b) 출판되지 않

---

[1]　영어 번역자 주: Victor Zitta, *Georg Lukács' Marxism*, The Hauge 1964, 101면. 지터는 「인민위원으로서 두려움에 사로잡힌 요기」라는 제목의 장에서 문화 담당 인민위원으로서 루카치의 활동을 풍자적으로 설명한다.

은 위대한 책들(212면). 그 외에 "『역사와 계급의식』의 저자": 이 시기의 유일한 책, 1923년 출간(211면), c) 런들레르(213/4면), 크 렘린. 스탈린의 전반적 경향에 관하여: 나중의 일을 그 전에 일어 난 일로 적음—가능한 모든 곳에서 그러한 교정.[2]

이러한 테두리 내에서 내적인 발전과 실천으로 표현된 발전, 그 것이 주체적으로 그랬던 그대로. 의도: **나의** 발전과정을 직접적으 로 서술하기. 객관적인 것: **무엇에 대해, 어떻게** 반응했던가를 보 여주기. 과제: 현재의 너로 되는 과정을 정확히 서술. 이로부터 그 인간의 특성을 묘사. 기대: 이와 더불어 객관적인 것**도** 제시하 기—포괄적이고 역사적인 특성 묘사라는 주제넘은 요구는 하지 않음. 특정한 **본질적** 면모들이 포착되면 좋음.

직접적인 의미에서 나의 생애가 아님. 단지, 어떻게(인간적으 로 어떻게) 이러한 사유방향, 삶에 대한 이러한 사유방식(이러한 태도)이 생겨났는지를 보여줄 따름임. 오늘날, 사후적(事後的)으 로: 출발점 혹은 최종목표가 개인성(Individualität)이 아님. 오히 려: **어떻게** 개인적 특성, 기질, 성향이—상황에 따라—최고로 전 개되는 가운데 사회적으로 전형적이게, (요즘 나의 [사유방식]으로

---

2 영어 번역자 주: Victor Serge, *Memoirs of a Revolutionary*, Oxford 1963. 세르주 는 루카치에 대한 커다란 존경심을 다음과 같이 분명하게 표현한다. "만약 공 산주의가 권위주의 권력과 손잡은 운동으로 타락하지 않고 하나의 사회운동 으로서 발전해나갔다면, 그[루카치]는 공산주의에 진정한 지적 위대성을 부 여할 수 있었을 일급의 두뇌를 지니고 있었다고 나는 생각한다"(187면). 그 러나 세르주의 짤막한 언급들은 사실에서 많은 오류를 지닌다. [가령 다음과 같은 대목] 세르주는 1928~29년경에 모스크바에서 루카치와 우연히 만났다 고 적고 있는데, 그 만남에서 루카치는 "내[세르주]가 추방된 잘 알려진 반대 파였기 때문에 사람들 앞에서 나와 악수하려 하지 않았다"고 주장한다. 또한 세르주는 루카치를 "세상에서 결코 빛을 볼 수 없었던 많은 위대한 책들"의 저자라고 말한다. [빅토르 세르주의 이 책은 우리말로 번역되어 있다. 『한 혁 명가의 회고록』, 빅토르 세르주 지음, 정병선 옮김, 오월의봄, 2014—옮긴이]

말하자면) 유(類)에 부합되게(gattungsmäßig) 되었는가, 유적 성질 (Gattungsmäßigkeit)에 이르려고 했던가를 제시하기.

작가가 아니라 철학자일 뿐임. 추상들, 기억도 그것들로 쏠려 있음. 위험: 자생적인 것을 섣불리 일반화하기. 그러나 작가: 구체적인 감정들, 특히 그것들이 표출되었던 상황들을 환기. 그렇게 하기만 해도 시간의 흐름 속에서 올바른 지점에 있게 됨. 무엇보다도: 어린 시절. 그런데 거기에서 지속적으로 중요한 경향—참고 받아들이기.

자서전: 여기에서 구체적이기를 요구: 사회생활에 대한 특정한 입장들을 정정. 현재성, 조작: 핵심문제로서 개별특수적[3] 인간. 장치가 이것을 만들어냄(골루아즈 담배[4]—예술적 자극의 문제에까지 이름). 이에 맞선 투쟁: 이미 지금까지 객관화된 것들 가운데: 미학적으로뿐만 아니라 일반철학적으로.

여기에서 살아가기: 80살이 넘은 나이로—현실에 대한 관심을 주체적으로 간직한 채—예전 청년기와의 접점이 아주 많은 경우에서 사라지고 있는 시기에 살아가기. 장구한—그리고 부정의 여지없이 여전히 활동적인—삶—이러한 입장을 정당화하려 시도할

---

3 'partikular'를 옮긴 말이다. 후기 루카치는 흔히 '개별성'이나 '특수성'으로 옮겨지는 'Partikularität'이라는 단어를, '개별성(Einzelheit)' 및 '특수성(Besonderheit)과는 다른 의미로 사용한다. 이 단어는 보편성과의 매개가 결여된, 낱낱이 단자화된 직접적 개별자로서의 상태 및 성질(추상적 개별성)을 지칭하는 말로서, 비단 개인뿐만 아니라 집단에도 적용될 수 있는 말이다. 여기서는 이 단어를 '개별특수성'으로 옮기며, 이에 따라 그 형용사형인 'partikulär' 또는 'partikular'는 '개별특수적'으로 옮긴다.

4 골루아즈는 프랑스의 국영기업인 세이타가 1910년에 출시한 담배의 이름이다. 한때 담배판매 수익의 일부가 사회에 환원되어 프랑스 국민들은 담배를 피우면서 애국한다는 자부심을 가진 적이 있었다. 로만 폴란스키의 영화에도 종종 등장했으며, 사르트르, 피카소, 조지 오웰 등과 같은 지식인들과 예술가들이 즐겨 피우는 담배로 유명하다.

수 있는 권리. 이와 더불어 마르크스주의를 위한 투쟁과의 연관관계. 개인성과 유적 성질의 문제. 여기에서 바로 개별특수성과 실제로 실현된 유적 성질의 충돌. (따라서: 대립은 결코 초월적 영역으로 넘어가지 않음 / 모든 종교적인 것에 부정적 태도: 개별특수성의 극복에 있어서 순수한 현세적 차안성/.) 또한 이러한 견지에서—여기에 시대의 정신적 경향에 대해 취하는 입장이 함께 담겨 있는데—어쩌다 보니 저술가로서 지금까지 이루게 된 것을 보완하고 주석 달기.

자신의 저술 활동의 보완이자 주석으로서의 자서전의 주관성. 이러한 면에서 주관성은 극복할 수 없음. (물론 서술에서만. / 최종적으로: 역사. 그것의 판결에 대해서는 항소할 수 없음. 다시 말해서, 단지 역사 자체의 계속된 진행에 의해서만 항소 가능함.) 이 글의 서술방식 또한—확신을 가지고—그러한 판결에 따름.

I. 어린 시절과 학교

순수 유대 가문 출신. 바로 그 때문에: 유대교의 이데올로기들은 정신적 발전에 어떤 영향도 끼치지 않았음. 부친: 부다페스트의 영사.[5] 그 밖에도: 의례(儀禮)로서 어린 시절의 생활에 삽화적으로 영향을 끼침: 친지들의 결혼, 장례 따위에 사교상 참석: 예식에 참석. 그곳에서조차 히브리적인 것의 습득을 전혀 중시하지 않음, 어린아이에게 그것은 아무런 내용 없는, 순수하게 '의례적인 것'(교회에서 모자 쓰기, 그곳에서 말해지거나 노래로 불리는 텍스트들이

---

5   루카치의 부친은 '유대인의 나라가 세워지면 부다페스트의 영사로 있고 싶다'고 말한 적이 있는데, 이 말은 설사 다른 곳에 유대인의 나라가 세워지더라도 계속 헝가리에서 살고 싶다는 뜻에서 한 말이다.

어떤 의미를 지닐 수 있다는 것은 망각함). 그런 식으로 종교는 일상적인 사회생활에 통합: (모르는) 손님에게 경의를 표하며 인사해야 하는지, 그의—적어도 어린아이에게는 전혀 무의미한—질문과 설명에 공손하게 (겉보기에는 관심이 있는 척) 대답해야 하는지와 마찬가지의 일. 정상적인 어린아이의 생활을 형식적일 뿐인 무의미한 반응의무들의 이러한 체계가 둘러쌈: 이미 유년시절 초년에 특징적임.

자생적인 반항. 직접적인 기억은 없음. (약 대여섯 살 때의 나에 관해) 어머니가 하신 말씀(일찍이 내가 얼마나 '버릇없는' 아이였던가)에 따르면: "낯선 손님들께는 인사하지 않겠어요. 내가 그들을 부르지 않았으니까요." 먼저 저항—그러나 복종, 나와는 아무런 상관도 없다는 생각으로 복종; 어른들이 나를 가만히 놔두길 바랄 때: 전체 일은 아무런 의미도 없다는 마음으로 복종; 이것을 그 당시에 나 자신이 분명하게 표현했는지, 혹 표현했다면 어떻게 했는지는 모르겠음. 한 가지 확실한 점: 거칠게 반항하는 아이가 아니었으며, 모든 질서, 모든 순종을 아무 생각 없이 맹목적으로 거부하지는 않았다는 점. 보모와 있었던 일: 지금까지도 기억, 그녀의 말을 따랐던 일: 장난감 정리, 나중에는 책과 공책들 정리. 이치에 맞다고 생각하면; 반항하지 않음. '무의미'한 것에도 더 이상 반항하지 않음; 한 가지 분명한 생각: 사안 자체는 아무 의미가 없을지라도 복종해야 함(시간이 흐름에 따라 당시 내가 어떻게 표현했는지는 잊어버렸지만 형식적인 복종). 기억: 파리와 런던의 미술전시장 방문. 나: 동물원에 갈 것을 요구. 베르사유 전투 그림. 따라서 나와 관련이 있고 내게 유익한 일에서는 반대를 분명히 함—어른들의 우둔함에는 순전히 형식적으로 복종함, '의례'(어머니와 게릴라전: 어두운 방, 약 8세. 아버지: 잘못을 빌지 않고도

319 삶으로서의 사유

풀어줌. / 의례 대(對) 의례/.)

　이 모든 것: 어머니와 몹시 안 좋은 관계. 영리하셨고—우리가 교류했던 당시 사람들이 교양 있다고 불렀던 것을 갖추셨음(뒷날의 관찰), 하지만 사정이 실제로 어떤지, 진짜 바라는 것이 무엇인지에 관해서는 아무런 관심도 없으셨음. 따라서 완전히 관습적임, 게다가 어머니는 내가 여기에서 의례라고 부른 것을 재치 있게, 때로는 정말이지 영리하게 수행하실 수 있었기 때문에, 그녀가 속한 사교계에서 명망이 있었음. 아버지(자수성가한 사람으로서)도 어머니를 몹시 존중했음; 어린아이로서 나는 아버지를 (그의 일과 지성을) 꽤 존경했으나 어머니에 대한 아버지의 이러한 존중에는 화가 났음, 그 때문에 종종 아버지를 (그의 맹목성을) 경멸했음. 아버지가—아마도 때로는 내가 개입되어서—어머니에게 좀 더 비판적으로 되기 시작했을 때 아버지와 나 사이에 정말로 좋은 관계가 성립.(그러나 이것은 훨씬 뒷날의 일임.)

　어린 시절에 어머니가 우리 집안의 분위기와 이데올로기를 지배했음. / 여기에 속하는 일로—거의 중심적인 일로서—나의 형을 아주 전도유망한 아이로 여기기, 형에 비해 나는 완전히 뒷전에 밀려나 있었음. 여기에서 재차 현실과 의례를 구분하기가 중요했음. 그도 그럴 것이 이러한 평가가 내게 전혀 영향을 미치지 않았음: 모든 사실은 그 반대였음: 글 읽는 법 배우기.

　글 읽는 법 배우기: 현실이 어린아이의 방 너머로 확대. 그러나 여기에서: 처음부터: 의례적 사고의 기반에 대한 비판. 특히 어린 시절을 다룬 글들. 『마음』과 관련해 크게 회의. 여기에서 나는 아주 많은 의례적 행동을 발견했음(학교!), 역사 이야기들도 읽음(예컨대 터키 전쟁의 영웅들); 바로 영웅정신이 의례적인 것으로 가득 찬 것으로 보였음. 터키 전쟁의 영웅들이 지닌 용감성은 생활에서

'아줌마들'과 '아저씨들'이 지닌 정신적 우월성을 환기시켰음. 한
데 바로 여기에서: 확장과 심화. 9살 때: 소규모 산문문학(헥토르
와 아킬레우스,『모히칸 족의 최후』). 두 작품 다 성공이 올바름의 기
준이라는 (아버지도 포함한) 집안의 세계관에 반(反)하는 것이었음.
특히 쿠퍼[6]: 피정복자가 옳으며, 단지 의례적인 행동만 하는 정
복자들에 비해 피정복자가 진실한 사람임. 이것은—1년에서 1년
반 뒤까지—고양됨:『톰 소여』와『허클베리 핀』. 중요한 확대: 진
정 현실적인 것은 일반적인 도식이 아니라 개체적인 것: 현실적
인 것으로 가는 고유한 길. 최고도로 고양—그 무렵 영어 배움—
『셰익스피어의 이야기들』: 진정한 현실성과 그의 인식의 막대하
고도 나로서는 예측할 수 없는 풍부함. 셰익스피어 자체는 너무
일찍 읽어서 진정한 이해에 접근하기에는 벅찼음; 이후 더 잘 읽
기—최초의 독서에 반(反)하는 것은 없었음, 진정한 이해의 방향
에서 확장.

　자연스럽게: 이 모든 것은 허공에서 부유(浮遊)했음(집안의 현
실—그리고 모히칸 족), 기존의 것에 대한 진정한 비판에 접근, 이
는—나중에—나 자신의 올바른 행위에 대한 시각과 결부됨. 때때
로 고전대가들 읽기. 인상이 없지는 않음(다만: 실러에 대해서는 반
감), 그러나 진정한 결합은 없었음. 가장 일찍이: 스피노자를 다룬
아우어바흐의 가벼운 노벨레: 여기에서의 주제: 현실을 스스로 파
악할 수 있기 위해 관습에 대항하는 결단; 종교에 대항, 이러한 영
향의 증대.

　서둘러서: 9살도 채 되지 않아 학교 입학, 편함: 하루 온종일 집
에 있지 않게 됨; 내가 그 당시 사교상 관계했던 애들이나 형보다

삶으로서의 사유

6　　『모히칸 족의 최후』(*The Last of the Mohicans*, 1826)의 저자인 미국의 소설가
　　제임스 페니모어 쿠퍼(James Fenimore Cooper, 1789~1851).

자질이 더 좋을 것이라고 확신했던 동년배 아이들과 어울림. 가난한 사람들에 대한—독서로 생긴 회의에도 불구하고—기대. 이러한 기대가 옳았음이 입증됨. 비록 학교에서 (가난한 아이들에게 실망) 약간이라도 깊은 교유관계는 거의 없었지만. 그도 그럴 것이 학교도 여러 면에서 의례적—부분적으로 예견했음, 하지만—실제로 예상했는데—집보다는 더 느슨하고, 활동의 여지가 더 많았음. 예견했던 것; 이루어짐. 두려움 없이: 공부가 쉽다는 것을 경험; 당시 모든 과목에서 전반적으로 그랬음. 내가 전혀 재능이 없었고 정체되어 있었던 과목(가령 수학)에서조차 공부가 쉽다는 생각은 김나지움을 마칠 때까지 계속됨. 그래서 별 노력 없이도 항상 우수한 학생이었음. 학교 수업은 오전에 있었음, 다음 날 수업을 위한 준비는 오후에 채 한 시간도 안 되어 마침. 그래서 나는 오후에 편안하게 혼자 책을 읽을 수 있었으며 자전거를 타거나 스케이트를 탈 수 있었음. 대략 한 시간만 공부하고 나면 자유였음. 특히 처음 좋은 성적표를 받은 이후에는 집에서 자유시간이 늘어났음. 물론 집안의 '이데올로기'는 흔들림이 없었음. 어머니는—나를 위해—가정교사를 고용, 그녀 생각에 형은 전혀 도움을 필요로 하지 않았기 때문이었음; 몇 주가 지난 뒤 사태는 정반대가 되었으며, 형은 저녁 늦게까지 가정교사와 함께 공부에 매달렸으며, 끊임없이 노력해서야 낙제를 면했음, 그때 형의 게으름과 나의 성실함이라는 신화가 생겨났음. 이러한 신화의 허위를 매번 정정하고 무효화시키기에 족한 사실들은 아주 많았음.

그런데 내게는 학교 또한 의례적. 자연스럽게: 나는 소위 우수한 학생이 되었음. 교제상의 문제들: 공부벌레—경멸받고 있었음. 장기적인 해결책: 성적이 중간 정도거나 형편없는 학생들과 실천적으로 연대하기. 학창시절이 진행되는 과정에서 점차 이루어짐.

결국: 선생들의 눈으로 보기에, 나는 '공부벌레'로 일상의 공동체에서 떨어져 있지 않으면서도 우수한 학생의 장점 가졌음(틀린 대답도 '우연'으로 여겨졌음). 작은 희생: 예컨대, 나중에 다른 학생의 번역을 돕는 형식—심지어 내 공부시간을 줄였음.

전체적으로 보면: 어린 시절과 이미 창조적 활동을 목표로 한 청년기 사이에 있는 김나지움 시절은 본질적이고 구체적으로 나의 발전을 촉진하기보다는 단순히 채워져 있는 시간이었음. 소싯적의 관습 거부에서부터 사회에 대한 구체적인 비판으로 이르는 길은 천천히, 별로 의식적이지 않은 채, 띄엄띄엄 이루어짐. 15살 무렵이 되어서야 비로소: 방향 전환. 아버지의 서재에서 노르다우의 『타락』발견. 여기에서 이정표적 인물로서 보들레르, 베를렌느, 스윈번, 졸라, 입센, 톨스토이를 발견하기 위해서는 180도 뒤집기'만' 있으면 됨. 비판: 의례=관습, 이와 함께 당대 (투쟁해야 하는) 사회성의 필연적 요소. 유년의 조화를 스스로 지키는 일은 그러한 체험을 통해, 사회적 환경의 본질에 대한 그러한—처음에는 극도로 추상적이긴 했지만—파악을 통해 사회적 실천의 길잡이로, 그 과정에서 이루어지는 인간의 자기발견의 척도로 성장할 수 있음.

그러한 독서가 이러한 급격한 전환 과정—비록 처음에는 매우 추상적이었고 또 그릇된 경향들로 채워져 있었지만—을 야기했음. 교우관계라 부를 만한 최초의 관계가 당시에 있었던 것은 확실히 우연이 아니었음. 가장 중요한 우정(레오 포페르)과 그 이후, 그도 그럴 것이 이 우정의 의미는 막 시작한 본래적인 창조적 활동으로의 최초의 이행보다 더 넓고 더 깊었음. 이러한 최초의 이행단계에서 a/ 음악가 가족 출신의 학교 동무(머르첼 험메르쉴러그(M[arcell] H[ammerschlag])), 그도 당시 나와 유사한 이행과정을 겪었음. R. 바그너 문제를 놓고 논쟁. b/ 더 폭넓고 더 오래 지속된 교우관계: 머르첼 베네데크(그의 아버지: 작가로서가 아니라—꺾이지 않고 주관이 뚜렷한 도덕적 고결성의 모범으로서). 이러한 교우관계 덕분에: '의식적'으로 된 저항에서 창조적 활동으로 이행. 우리의 동맹: 젊은, 막 출발하는 작가. (그의 문체의 [운문] 기법을 존경, 동시에 내 마음에 있었던 감정: 갈등을 이해하는 감각에서는 내가 우월함.) (밑바닥에 있던 이러한 감정은 별다른 역할을 하지 않았음; '경쟁'이 문제가 아니었음; 장애는 '상황' 자체.) 이중의 출발: 비평—이미 공개적으로: 성과가 없지는 않았음. 브로디. 활용되지 못했음: 독단주의(메레쉬코프스키). 더 중요한 일—대학입학 자격시험을 치르고 난 뒤—탈리아. 최초의 '운동', 최초의 '지도자'(페테시).

II. 문학 활동의 시작

탈리아는 설익은 시작단계를 넘어섬. 우리의 업적이 아님: 연출가 헤베시와 배우들이 주도: 연극의 문제를 해명하는 데 실질적인 효과, 하나의—결코 실현되지 않은—변혁의 단초로서. 단지 그 윤곽만 드러났음.

나의 경우—반복건대!—일종의 운동에 최초로 참여. 그러나 계속 의구심이 들었음. 작가정신이 아주 많이 신장되긴 했지만, 전체적 틀이 부르주아적으로 머물러 있는 동안은 결코 충족되지 못했음.

문학으로 가는 나의 길의 두 가지 중요한 구체화. a) 베네데크와 함께, 아직 '탈리아' 이전, 바노치(성격 묘사; 이후의 길), 배경(L. 포페르). 내게 진정한 작가적 재능이 없다는 것을 깨달음. 김나지움 졸업 후 얼마 되지 않았을 때: **모든 수고(手稿)를 없애버림.** 거기에서 생겨난 자연발생적인 척도: 진정한 문학은 어디에서 시작하는가? b) 연극과 관련하여 환상이 깨어짐. 다름 아닌 탈리아의 실천을 통해 내게 연출가의 재능이 없음이 드러남. 여기에서 전환의 특수한 형식―그리고 비평과 이론. 다음과 비슷하게 해결 a). 이로써 문학비평가, 문학이론가, 문학사가가 되기 위한 준비: 더 큰 자극. / 점점 더 많이 독일을 알게 됨. (급진주의자들이 선전한 프랑스·영국의 실증주의는 본질적인 영향을 못 미침.) 독일: 문학사에 환멸, 이미 베를린 대학에 잠깐 다녔음(에리히 슈미트에 의해 시작: 로테의 눈―알 가치가 없는 것에 관한 학문). 다른 한편: 딜타이, 지멜―몇몇 비평을 쓰는 작가: 파울 에른스트. 동시에 또한 마르크스. [마르크스 이론의―옮긴이] 참됨이 지멜에 의해서 피상적으로 확인되었으나―본질적으로는 왜곡됨. 이 모든 것에도 불구하고: 문학에 대한 이론적 분석이 사회의 토대를 완전히 떠난 적은 결코 없었음. 사민주의적 이론: 부정적―메링에 대해서조차도. 강력한 영향: 레싱, 실러와 괴테의 서신교환, 아테네움 낭만주의[7]. 독서: 쇼펜하우어와 니체. 키르케고르를 통해 뒷전으로 내몰림(키르케고르는 카쓰너[8]를 통해 알게 됨―카쓰너 자신도 이 방향에서 영향을 미쳤음). 그리하여: 문학 이론의 첫 시도는―근저에 놓여 있는 것으로서―사회성의 토대 위에서 이루어짐(마르크스의 영향이 분명히 드러남), 그러나 구체적인 범주들은 보수적 문학사와 미학이론에 폭넓게

---

7   『아테네움』(*Athenäum*)은 프리드리히 슐레겔(Friedrich Schlegel)의 형인 아우구스트 빌헬름 슐레겔(August Wilhelm Schlegel)이 편집한 독일 낭만주의 운동의 주요 잡지(1798~1800)다. 여기서 루카치가 "아테네움 낭만주의"라 적은 것은 프리드리히 슐레겔이 중심이 된 독일 초기 낭만주의를 말한다.

8   루돌프 카쓰너(Rudolf Kassner, 1873~1959)는 오스트리아의 작가이자 번역가이며 문화철학자다.

기반을 둠.

이 모든 것에도 불구하고: 이러한 발전은 예전의 것이 연속된 것임. 사상적 처리의 모든 새로운 방법에도 불구하고 연속성: 헝가리 봉건제의 잔재에 대한, 그러한 토대 위에서 전개되는 자본주의에 대한 증오. (1906년. 어디의 『새로운 시』.) 내게 강력한 충격: 진정 무엇이 '새로운' 것으로 파악되어야 하는지에 대한 원칙들. 이와 더불어 형식 혁명: 표현하는 수단. 독일문학에서는 훨씬 덜 분명했음. 그러나 a) 독일 고전주의의 정점은 프랑스 혁명 및 나폴레옹과 연관관계가 있다는 생각, b) 당대는 모든 중요한 인간 문제에서 비참한 타협 상태라는 생각이 어렴풋이 듦. 이로부터: 스칸디나비아 문학과 러시아 문학의 근본성에 경탄(톨스토이의 영향이 시작됨). 내면적으로 인간 이상에 충실하게 머물러 있기(페르 진트와 페테르 마르텐스가르드)[9]. 비록 급진적이지만 '피상적인' 실증주의에 반대, '내면적' 혁명(비록 외적 형식은 혁명적이지 않았지만). 이러한 경향들은 단지 시작단계일 뿐. 헝가리의 문학운동에 참여하지 않았고 어디의 혁명을 무조건 긍정하지도 않았음: 절대적으로 막다른 골목. '탈리아'에서의 이러한 이중성, B. 벌라주와의 교우관계(1908년부터). 맨 처음에는 아마도 모순적으로 착종된 동기들, 그러나 이 모든 것은 혁명의 새로운 형식에 대한 탐색이라는 내적 경향을 지닌 것이었음(이후에 톨스토이와 도스토옙스키).

이행기의 몇 안 되는 연구서들—개략적으로 말하기: 1906~7년에 씌어져서 1907년 1월에 완성된 드라마에 관한 책. 총괄 시도에서: 마르크스적 경향이 뚜렷하게 전면에 부각됨. 사회학적인 이론: 계급몰락의 산물로서의 드라마(과거—특히 르네상스—아주 도식

---

9   노르웨이의 극작가 헨리크 입센(Henrik Ibsen)의 『로스메르 저택』(*Rosmersholm*)
      에 나오는 인물들.

적인 추상화; 그리스—폴리스, 전문적으로 깊이 파고드는 연구 등등은 결여.) 부르주아적임: 어린 시절과 청년기에서 생긴 문제들의 종합명제: 자본주의에서는 의미 있는 삶은 불가능; 의미 있는 삶의 추구: 비극과 희비극, 후자는 분석에서 큰 역할; 근대 드라마는 단지 위기의 산물일 뿐만 아니라 모든 요소와 연관관계에 있어서 직접적·예술적으로도 문제들이 점점 커지고 있다는 결론에 이르렀음.

키슈펄루디 협회의 경쟁에 응모. 1908년 2월에 수상(受賞)./

그 협회의 지도적 인사들에 대한 깊은 경멸에서—수상은 생각지 않고—쇼펜하우어 식(式)으로—상을 받지 않은 것으로 치고 출판하려 했음. 우쭐케 하는 조건에서 승리: 이어서 단기간의 절망적 위기(구원자 L. 포페르). 그 책의 수용: 미지근한 칭찬(펠레키의 비평과 같은 몇몇 예외). 그럼에도 불구하고: 문학적 입지에 유리하게 작용; 특히 집에서: 아버지는—그 당시의 발전과정을 간략히 소묘하기—나의 후원자가 됨. 현명함과 문화적 욕구(아버지가 청년기에 품었던 소망), 그러나 전혀 비이론적으로: 티서당의 의원이 되기를 권유하셨음. 웃어넘김. 감정이 상하진 않았음. 후원은 계속됨—물론 성공이 필요했음—그러나 중요한 인사들(막스 베버, 토마스 만)의 인정에 만족하셨음. 독재를[10] 지나서조차도 후원은 지속되었음.

그 외에는 집에서 절대적인 소외. 특히 어머니; 거의 교류가 없었음. 형과도 일체 없었음(죽음). 마지막으로 편찮으셨을 때 [어머니께—옮긴이] 편지. 오직 아버지와—주변적으로는—누이동생과만 교류.

---

10 이 책 전체에서 그러하지만 루카치는 '프롤레타리아계급의 계급독재'라는 의미에서 '독재'라는 표현을 사용한다. 여기서 루카치가 말하는 '독재'는 1919년 헝가리 평의회 공화국 시기를 말한다.

더욱 중요한 것: 수상(受賞)과 함께: 에세이 시기가 시작됨. 욕구: (추상적인 이론들로는 포착할 수 없는) 현상들의 다면성. 개별 현상을 일반적인 큰 실체들(총체성들)과 기계적이지 않은 방식으로 결합할 때 그 개별 현상의 다양한 측면의 동시성에 대한 느낌. 이것을 파악하기 위해: 낭만주의, 키르케고르, 마이스터 에크하르트, 동양철학. 대개 자의적으로 딱 들어맞는 것만 골라냄(키르케고르는 예외). 그럼에도 불구하고: 전반적인 노선(마르크스에 이르기까지의)은 포기되지 않았음. 여기에서 새로운 종류의 종합을 만났다는 환상(다시: 키르케고르).

이리하여 이 시기에 『영혼과 형식』이 생겨났음. 최초의 에세이(노발리스)는 (드라마 연구서로) 상을 받은 것과 거의 동시에 씌어졌음. 따라서 에세이 시기는 당시 지배적이었던 (물론 여러 측면에서 실증주의적으로 정향된) 인상주의에 접근한 것이 아니라, 궁극적인 객관성이 목표였기 때문에(법칙들이 더 날카롭게 강조됨) 인상주의와의 대립이 첨예화됨. 옛 이탈리아 회화(지오토)와 나란히 세잔느의 중요성. 이미 마티스로 기운 한 헝가리 화가의 첫 전시회에서 연설: 인상주의(곧 현대적 주관주의)를 직접 공격. 이리하여: 위대한 예술의 절대성으로의 경향(모든 '역사적으로' 정향된 보수주의에 대한 거부).

키르케고르 시기: 레기네 올젠[11]이 없지 않았음. 이르머 셰이들레르, 그녀를 추모하며 『영혼과 형식』을 헌정. 모델[키르케고르—옮긴이]에서와 같음—자연발생적인 것이었지 분명히 의식적으로 의도했던 것은 아님: 엄격한 부르주아적 관습의 틀(불화: 추방된 사

---

11 레기네 올젠(Regine Olsen, 1822~1904)은 키르케고르가 청혼했다가 파혼한, 그의 작업에 일종의 '뮤즈'로서 큰 영향을 미친 여인이다. 여기서 루카치는 자신에게 이르머 셰이들레르가 그런 존재였음을 말하고 있다.

람. 절러이의 경우. 기껏해야: 일찍 이혼한 젊은 여자들—관계에서 생긴 아이만 없다면—관용됨). 이 경우에는 결혼만이 성적 애욕의 해결 가능성일지도 모름. 이와 달리 나의 경우—창조적 활동을 위해 독립, 절대적인, 바로 그 때문에 무언(無言)의 거부. 그리하여 '위대한 사랑'은 지배적인 사회적 '품위'를 지키는 극히 협소한 틀 내에서 이루어짐. 그 당시 나의 삶의 태도: '에세이 식의' 생활방식을 영위; 그녀의 경우: 어정쩡한 해결책에 대한 정당한 불만. 그 때문에 (1908년 말) 그녀는 동료 화가와—나중에 안 좋았던 것으로 입증된—결혼. 분열—이 에세이 시기의 중요한 모티프—은 개별자로 정향된 가운데 모든 기계적 체계성을 해체하는 것과 새로운 독단주의적 시각의 통일성을 보여줌. 최초의 에세이들에는 이것이 단지 내재적으로 함축되어 있었을 뿐임. 그녀의 자살(1911) (불행한 결혼생활, 새로운 사랑—나 아닌 다른 사람과—을 일구려는 시도의 실패) 이후, 에세이 시기 종료(1911). 대화체로 된 「마음의 가난」: 그녀의 자살에 대한 나의 책임을 윤리적으로 결산하려는 시도. 배경: 카스트 제도의 정신적 갱신으로서, 윤리적으로 취할 수 있는 입장들의 분화. 여기에서 진퇴유곡의 궁지가 분명하게 드러남.

Ⅲ. 철학에 대한 조망

에세이 시기의—우연이 아닌—그런 식의 종료. 여기에는 물론 E. 블로흐의 역할이 극히 중요했음. 모순: 결정적이었음—그러나 구체화될 수 있는 영향은 없었음. 부다페스트에서 만남. 첫 대화에서 실패를 바로잡음. 좋은 관계. 나의 체험: 고전적인 양식(오늘날의 아류 강단 철학적 양식이 아니라)의 철학이 블로흐라는 인격을 통해 가능한 것으로 입증되고, 그리하여 내게도 삶의 경로로 제시됨. 그러나 동시에: 최종적인 내용과 구조에는 어떠한 영향도 미치지 않았음. 만난 지 몇 년 뒤 블로흐 자신에 의해서 시인됨(『흔적』, 246면). 여기에서 이미: 인간화된 자연현실에서 이루어지는 모든─인간과 유사한─완성을(그리고 문제도) 거부. 여기에서 이미 『역사와 계급의식』의 프로그램이 표명됨. 물론 이것은 마르크스의 진정한 역사주의(발전의 원리로서 "자연적 한계들의 후퇴")와는 아직 거리가 먼 것이었음. 블로흐의 경우에는 그 당시 자연철학이 중심에 놓여 있었음.

이것의 자연적 결과: 모든 매혹에도 불구하고─여기에 항상 두 사람 사이를 나누는 일정한 경계. 그리고 이것은─여러 가지 방식으로─항상 남아 있었음. 그러나 (:그:) 블로흐의 (:영향:) 자극 없이 내가 철학으로의 길을 찾았을지는 의심스러움. (:그러나 본질적으로:) 그의 자극으로 철학이 생성된 것은 확실함, 그러나 직접적이거나 구체적인 영향은 전혀 없었음. 존경─[그러나─옮긴이] 바로 철학적으로─몹시 거리가 있음. 성품, 인격에 관해서는─(스탈린 시대의 블로흐나 현재의 블로흐에 대해서) 무한히 존경. 아도르노의 경우에는: 타협의 철학─블로흐의 경우에는 옛스러운 고전적 유형. 첫인상: 옳다고 생각. 외적으로 나타남: 에세이에서 미학으로 방향전환. (1911/12년 겨울 피렌체에서: 최초의 구상). 그 방향전환은 내가 논리학적이고 인식론적인 숙고는 제쳐두고 존재론적인 숙고로 곧바로, 하지만 아직은 완전히 무의식적으로 들어서게 한, 모순과─종종─퇴행으로 가득 찬 아주 기나긴 발전과정의 출발점이라는 것은 주목할 만함. 칸트와의 편차: "예술작품들이 있다─[그것들이] 어떻게 가능한가?" 판단형식 대신에 존재론을 향한 단초. (물론 내게는─아무리 소박하고 왜곡된 것[이었을지언정]─이

러한 경향이 이미 에세이 시기의 토대였던 것으로 보임.)

그러한 계획들을 가지고 블로흐와 함께 하이델베르크로 감. 미적인 것의 존재론적 정초가—그의 영향하에서—형이상학적 비평이 되었던 것(그 당시 루시퍼적인 것[12]이라는 원리)은 이 이행기에 특징적인 면모임: 마르크스로 회귀함으로써 비로소, 즉 마르크스적 의미에서 역사적인 세계상을 형성함으로써 비로소 이러한 터무니없이 잘못된 [접근방식] 속에 있는 올바른 경향들을 보존하고 올바로 지향된 핵심(사회적 존재에 있어서 미적인 것의 구체적인 고유성)을 발견할 수 있었음.『역사와 계급의식』의 극복 이후에야 비로소 변화가 구체적으로 나타남: 마르크스주의의 고유한 미학(플레하노프 및 메링과 대립). 따라서: 마르크스주의의 역사적 역할을 올바로 설정하는 것이 가능하게 되었음. (나의 마르크스주의적 발전과정의 후기 단계.)

그 당시에는 아직 이와는 거리가 아주 멀었음. 당시의 구상은 아직 순수하게 이데올로기적. 물론 이때 바로 고향 헝가리의 발전으로 인해 봉건적 이데올로기의 잔재(레닌: 프로이센형 길)[13]에 맞선

---

12 여기에서 "루시퍼적인 것"으로, 아래에서 "루시퍼성"으로 옮긴 단어는 "das Luciferische"이다. 이 시기의 몇몇 글에서 표명된 루카치의 견해에 따르면 예술의 형식은 악마와 신적인 것, 경험세계의 혼돈과 절대적인 것이 뒤섞여 있으면서 그 자체로 완전하고 완결되어 있다. 예술은 인간의 실재적인 구원 이전에, 또는 실재적인 구원이 없는 상태에서 조화와 충만함, 선취된 완전성을 산출하는 기능, 달리 말하면 인간에게 적합한 유토피아적 현실을 창조하는 기능을 가진다. 루카치는 이를 '예술의 루시퍼성(das Luziferische)' 또는 '예술의 루시퍼주의(Luziferismus)'로 평가하고 해석했는데, 이런 사고방식은 블로흐의 영향하에서 형성되었다는 것이 여기에서 루카치가 하고 있는 말이다.

13 레닌은『1905~1907년 제1차 러시아 혁명에서 러시아 사회민주당의 농업강령』(1907)에서 '농업자본주의화의 두 가지 길' 이론을 제시했다. 그는 지주제 및 차르 체제와 러시아 자본주의의 결합을 '농업자본주의화의 프로이센형 길' 또는 '위로부터의 길'이라 했고, 그것에 대항하는 농민적 발전을 '아메리카형의 길' 또는 '아래로부터의 길'이라고 지칭했다.

철저한 투쟁이 출발점을 이루었으며 러시아 문학(무엇보다도 톨스토이와 도스토옙스키)이 항상 가장 뚜렷이 갈 길을 가리켜주는 방향으로 보였음. 하지만 이러한 기초 위에서는 탄탄한 통일적인 철학적 관점에 도달하는 것은 불가능했음. 한편으로는(예술작품들이 있다)—내재성, 이질적인 척도들로는 파악할 수 없는 예술의 내재적 속성이 기초; 다음의 것과 날카롭게 구분됨 a) 단순한 현존재, 단순한 주관적 '체험성'—현대적인 주관주의와 자연주의에 반대, 자연주의는 예술적 리얼리즘의 전(前)단계이거나 준비단계가 아니라—오히려 대립물 그 자체; b) 예술의 모든 '형이상학화' 거부—가령 쇼펜하우어. 키르케고르: 아주 점차적으로, 아주 모순적으로 구성되어가는 윤리학의 이름으로 삶의 원리로서의 예술을 거부. (이미 에세이들에서) '삶의 예술(Lebenskunst)'에 반대. 이제, 진정한 '구원'(인간의 인간화에 대한 최초의 형이상학적 정식화)으로 이어져야 하는 윤리적 혁명의 이름으로 이루어지는 그러한 '세계정립'의 '루시퍼성'.

몇몇 부분적으로 올바른 통찰(예술에서 동질적인 매체—L. 포페르 사상의 연속)을 지닌 이 모든 것, 절대적인 내재성, / 모든 예술작품의 내적 완전성. 사유를 통한 추상들(제반 과학에서의 유적 성질)과는 방법론적으로 상이하고 무관하게 더 상위의 연관관계들(장르이론)에 배속. 유(類)는—인식론상—안정적이며 표본이 그것에 배속되는 반면, 예술적 현상(서사적, 극적 등등)은 하나의 일반성으로서, 이 일반성의 규정들은 각기 진정으로 실현되는 가운데 수정됨—그렇다고 해서 그 일반적 타당성을 상실할 필요는 없음(셰익스피어 그리고 그리스인부터 레싱까지).

여기에서 질료에 적합한 새로운 일반화 형식들이 탐색되는 한, 일정한 생산성 있었음—에세이의 사유세계를 근본적으로 넘어서

지는 못함. 실제로는 완전히 잘못된 원리들(바로 루시퍼적인 것)로 일반화됨. 그중 사실에 부합하는 것도 있었지만 그런 것은 이러한 체계 속에서 전개될 수 없었음(삶의 원리로서의 미학이 지닌 삶-불모성). 따라서 나는 여기에서 이론적으로 막다른 골목에 빠져들었음. 직접적으로 어떤 출구도 없었음. 따라서 일이 가장 잘 풀렸다 하더라도 나는 하이델베르크 대학에서 '흥미롭고' 별쭝난 시간강사가 되었을 것임.

Ⅳ. 운명 전환의 도정에서

그러나 그런 식으로 생겨난 인식이 계속되지는 못했음: 사회는 전쟁과 함께 근본적으로 새로운 문제들을 제기했음. 곧 드러나게 되듯이: 이러한 문제들도 근본적인 해결불능상태에서 벗어나게 하진 못했음. 하지만 그것들이—삶과 관련하여—전혀 다른 성질의 문제들을 제기함으로써, 적어도 통상적인 존재체계는 붕괴되고 아울러—나 자신은 방향전환의 의미를 파악하지 못한 채—문제 파악의 전체 흐름이 새로운 방향으로 쏠리게 되었음. 이 새로운 방향은, 그 자체로 보자면, 이론적 모순들의 막다른 길이기는 마찬가지였음. 그러나 그 방향은 점점 첨예화되는 사회적 상황이 내게 새로운 입장을 가지도록 강제할 수 있었던 그런 성질을 지닌 것이었음(전쟁 전 헝가리 이데올로기와의 관계). 전쟁이 바로 그것이었음. 전쟁은 그 당시 내 속에서 막 체계로 굳어지려 했던 정태적 관점에 담긴 허위성과 비인간성을 폭로했음: 그도 그럴 것이, 우리 삶을 움직이는 핵심적인 힘으로서 반인간성은, 나는 의식도 못한 채 내 최초의 철학적 구성 속에서 압도적인, / 모든 것을 지배하는 모습을 띠고 있어서 정신적 대결의 대상이 되지 않을 수 없었음. 내가 일찍이 청년기 이래로 증오했으며 정신적으로 파괴하려 애썼던 모든 사회적 힘이 하나로 뭉쳐, 최초의 보편적인 전쟁이자 동시에 보편적으로 몰(沒)이념적이고 이념 적대적인 전쟁을 야기했음. 게다가 그 전쟁은 삶을 규정하는 하나의 계기로서가 아니라 삶의 외연적·내포적 총체성 속에서 삶의 보편적 규정들로서 [작용했음—옮긴이]. 사람들은 옛날 전쟁 때에 그랬던 것처럼 삶의 이 새로운 현실 옆에서 살아갈 수는 더 이상 없었음. 전쟁은 보편적이었음: 사람들이 그러기를 긍정했든 부정했든 간에 전쟁은 삶을 삼켜버렸음.

나는 맨 처음부터 [전쟁에—옮긴이] 반대하는 쪽이었음: 비인간성으로 가득 찬 삶이 우리 모두에게 강요될 것이며, 그리하여 이미 예전에 비인간적인 모습으로 경멸스럽게 보였던 저 삶의 힘들이 중심적으로, 전면적으로 긍정된 힘들로서 보존될 것이라고 봤음. 내 고국, 합스부르크 왕조는 내게—정상적인 상태에서조차—붕괴하지 않을 수 없는 인간적으로 무의미한 것으로 보였음. 이제 사람들은 자신의 삶을 거기에 결부시키고 자신을 보편적인 살해에 관여시켜야 할 것이며, 그럼으로써 엄격한, 정신은 탈각된 채 엄격한 독일제국의 질서에 의해 인간화는 계속 방해받게 될 것임. 이런 상태를 이런 식으로 계속 유지하기 위해서는 개개인들 모두가 살인자, 범죄자, 희생자 따위가 되어야 할 것임.

내가 이 모든 것을 격렬히 거부했을 때의 그 급진주의는 평화주의 정조와는 아무 관계도 없었음. 나는 추상적인 폭력(Gewalt)으로서의 폭력을 그 자체로 인간적대적인 악이라고 본 적이 결코 없었음. 마라톤이 없었다면, 민족대이동이 없었다면, 1789년과 1793년이 없었다면, 현재의 인간에서 인간적인 최선의 것은 결코 현실화될 수 없었을 것임. 폭력 일반이 아니라 반동의 폭력, 빌헬름 2 세나 그와 같은 사람들의 폭력, 인간화를 저해하는 것으로서의 폭력은, 불가피하다면 폭력을 써서라도 분쇄되어야 할 것임. 그리고 이와 동시에 알 수밖에 없었던 것은, 서구적 형태의 자본주의적 민주주의는 여기에서 고려되었던 그런 저항력이 될 수 없었다는 것. 조레스[14] 대(對) 빌헬름 2세는 받아들일 수 있음—이건 거의 합리적으로 보임—하지만 조레스를 죽인 자는?! 드레퓌스 사건, 그것의 은폐 등등은 호엔촐레른 왕조나 합스부르크 왕조가 예전에 쓸 수 있었던 것보다 더 현대적인 수단들을 통해 이루어졌음. 그것들에도—그 자체로 보더라도—비난받을 만하고 반인간적인 것이 없겠는가?

　따라서 나는 전쟁을 평화주의적인 입장이나 서구 민주주의적인 입장에서 거부한 것이 아니라 피히테가 말한 "죄업이 완성된 시대"라는 규정에 의거해 전쟁이 벌어지고 있는 현재를 판정했음. 이때의 나는 당시 만연했던 인생행로의 이율배반성, 행위의 이율배반성이라는 생각에 머물러 있기보다는 그때까지 내가 대변해왔던 견해들에 더 충실한 셈이었음. 지금 드러나고 있는, 기존체제의 중심적인 부정적 특성으로서의 전쟁: 이러한 증오의 내용: 봉건적인 헝가리에 대한 소싯적 입장의 연속(어디의 영향). 이제 톨스토이·도스토옙스키적 '혁명'이 유토피아적 전망과 도덕적 척도를 이루게 되었는데, 이 점에 한해서만 내 시각은 변화됨. 그렇기 때문에: 피히테의 수용은 철두철미한 것이 아니었음. 그러나

삶으로서의 사유

14　장 조레스(Jean Jaurès, 1859~1914)는 프랑스의 사회주의 정치가이자 역사가이다. 1904년 4월 18일에 진보적 일간지 『위마니테』(Humanité)를 창간하여 그 주필을 맡았는데, 이 신문은 지금까지 발행되고 있다. 1차 세계대전 발발 직후 프랑스의 한 극우 민족주의자에 의해 살해당했다.

이러한 시각이 영향력을 지니지는 못했음: 현상들 자체의 서술: 정신과학적으로. 우파적 인식론과 결합된 좌파적 윤리: 이 시기에 도달한 마르크스주의의 특성.

이러한 절충적 역사철학의 표현으로서『소설의 이론』.

삶: 바깥에 머물러 있음.『소설의 이론』이상의 저항은 당시 내게는 불가능했기 때문임. 조레스와 리프크네히트에 대한 호감은 있었으나 그들의 길을 따를 가능성은 조금도 없었음. 하이델베르크: 야스퍼스의 (그 자신의 입장과는 아주 상반되는) 도움이 완전히 성공적이지는 못함[?]. 부다페스트: 전선으로는 가지 않음; 서신 검열단; 일 년 뒤: 제대─다시 하이델베르크로 감.

전쟁으로 사생활에서: [전쟁과─옮긴이] 유사한 혼란상태. 1913년 여름 J. 그라벵코(벌라주의 여자 친구. 사랑+우정. 좋은─언제라도 끝낼 수 있는─관계]의 두 토대)./

문필가로서 자유로운 생활: 적합한 기반. 하이델베르크의 상황: 결혼이 필요했음. 전쟁. J. 그라벵코: 러시아 여인, 유일한 보호책: 헝가리 시민권. 물질적 토대: 일 년. 예견할 수 있었음(J. 그라벵코는 이런 형식으로도 결혼생활이 실제로 가능하다고 여겼음): 그녀와 한 음악가와의 애정관계. 셋이서 같이 거주: 결합의 충실성을 시험했음: 내면적으로 단절된 부부관계. 올바른 해결책: 전쟁이 끝난 후에야 우애롭게 갈라섬.[15]

전쟁 중에 있었던 이 공동생활의 우애로운 그 모든 수단과 방법에도 불구하고: 우리가 우리 생활을 인간적으로 정직하고 동시에 '모던하게' 정초하려 애쓰는 데 도움이 되었던 그 모더니즘적 구성은 해체됨. 레나[그라벵코─옮긴이]가 음악가와 헤어진 후 독재

---

15 이 문단 전체는 헝가리어로 쓰여 있다.

중에 나를 찾아왔을 때 우리 사이에 서로를 이해하는 우정이 있었던 것은 사실이나, 두 사람에게 이 우정은 각자 삶의 고유한 중심적 문제에 닿는 것은 아니었음. 삶의 중심에까지 미치는 유대는 없는 존중과 호감. 그녀의 날카롭고 명철한 지성, 한 인간의 본질을 한눈에 파악하는 그녀의 능력―언제나 높게 평가. (B. 쿤―보트렝[16] 등등.) 그러나 삶의 중심은 달리 놓임.

전쟁에 반대: 관심의 중심이 미학에서 윤리학으로 이동(부다페스트 강의, 1917년 초). 부다페스트 서클(하이델베르크에서는 블로흐가 떠난 후 거의 완전히 고립됨. 이러한 문제들에서는 막스 베버조차와도 유대가 불가능했음). 부다페스트 서클도 이데올로기상으로는 매우 잡다했음: 가장 공통적인 기반: [전쟁에 대해―옮긴이] 이전부터 지녔던 반대 입장(어디, 전쟁에 대한 태도: 많이 일치했음). 도덕의 우위: 벨러 벌라주와 전쟁: 윤리적 동기들에서(인간적 희생자들과의 연대감): 전선에서조차. (배면에는―부인된―순응; 합스부르크 왕조와의 화해.) 하지만 그런 차이들은 장애가 되지 않았음. 사적인 모임. 이후에 〈정신과학을 위한 자유학교〉로 등장. (『20세기』와 한 목소리를 냄. 훨씬 뒤에 만하임이, 더 뒤에 하우저가 망명지에서 [했던] 역할 때문에 [부다페스트 서클의―옮긴이] 의미가 과대평가됐음.)

고향에서: 결정적으로 17/18년: 러시아 혁명과의 관계. 나 자신의 길: 모순에 찬 가운데 매료됨, 퇴행도 있었음: 1918년 공산당 [입당―옮긴이]/

생활: 1918년 강의(윤리학: 게르트루드), 우리는 예전에 면식이 있었음(만났던 일에 대한 레나의 이야기). 17/18년: 새로운 유대관계

---

16 이혼 후에 만난 그라벤코가 헝가리 공산당 지도자였던 벨러 쿤(Béla Kun)을 보고 발자크의 『고리오 영감』에 나오는 보트랭을 닮았다고 했는데, 루카치는 그녀의 이러한 직관을 아주 높게 평가했다.

의 생성: 명료하지는 않지만 마침내—내 생애 처음으로—사랑이
라는 감정: 보완, 견고한 생활토대(사유의 조절)— 대치가 아님. 대
화의 직접적 주제: 부차적. 내용은 항상: 내가 생각하고 느끼는 것
이 현실적인지, 다시 말해서 나의 진정한 개체성을 (주관적으로는:
정직하게, 객관적으로는: 유(類)에 부합되게) 표현하는지 여부였음. 처
음에는 많은 경우 자연발생적인 제스처와 말을 강조하는 식으로
만 표현되었던 이러한 조절은 서서히 새로운 생활형식이 되었음:
진실성에 대한 이중적인 지속적 조절.

　이러한 조절의 도움이 없었더라면 내 사유의 내적인 전환
(1917~19년)이 실현될 수 있었을지 모르겠음. 왜냐하면 그때—생
애 처음으로—세계관상의 결단—삶의 방식 전체를 바꿔야 했을
뿐더러 또한 동시에 세계관으로서 전혀 다른 종류의 대안들을 취
해야 했기 때문. 무엇보다도 윤리(삶살이)는 고유의 윤리가 죄악
이라고 판결하는 모든 것에서 멀리 떨어져 있는 금지가 더 이상
아니라 실천의 역동적인 균형인데, 이 실천에서는 (개별적으로는)
죄악적인 것이 때로는 올바른 행위의 불가피한 구성요소가 될 수
있으며 또 때로는 (보편타당한 것으로 인정된) 윤리적 제한이 올바
른 행위의 장애가 될 수 있음. 대립: 단순하지가 않음: 보편적인
(윤리적) 원칙들 대(對) 구체적 행위의 실천적 요구들. 이것이 일
반적 배경이기는 하지만 결코 엄격하게 합법칙적이지는 않음. 나
중의 타락(관료화에까지 이르는)에서 자주 볼 수 있는 모티프: 어
떤—예외적으로—허용된 행위방식이 행위의 일반적 지침으로 경
화(硬化). (기계적으로 된 아주 나쁜 관료들을 보면 그러한 경화가 인간적
타락의 배경일 때가 빈번함. 다른 한편, 위기상황에서 이루어지는 선택 각
각의 유일무이함이 뻔뻔한 타락의 토대가 될 수 있음.)

　물론 1918/19년에는 이 모든 것이—멀리서 보이는—지평선 같

은 전망으로서만 가시화되었을 뿐, 방향을 바꾸어 그쪽으로 가는 사람[루카치 자신—옮긴이]에게 기반과 전망의 딜레마로서 구체적으로 체험되는 것은 전혀 불가능했음. (비록 구체적인 대안들을 놓고 내리는 결정들의 배후에서 [그 딜레마가—옮긴이] 왕왕 먼 지평선에서 가시화되기도 했지만 말이다.) 따라서: 결정이 직접적으로 심각한 사회적 결과들을 초래한다는 바로 그 이유 때문에, 개인적 결단과 그에 따르는 개인적·실천적·이론적인 행동방식은 이러한 위기 이전의 결정에서보다 더 많이, 더 섬세하게 숙고되고 분별됨. 사회적 계기들은 물론 분명하고 강력함. 그러한 규정들을 통해 개인적인 삶의 변화로 전환됨.

그러나 이러한 규정들조차: 개인성과 직접적인 상호작용. 나의 경우: 문화. 어디 노선의 연속(농민 문제에 대한 잘못된 해결책의 중요성은 나중에, 빈에서 인식했음. 거기에서 중요한 점: 레닌에 관한 진정한 지식이 없었음 / 망명기의 전체 문제. 빈 체류의 의의/. 이와 달리 문화: 레닌+행동+어디 노선의 적절한 연속; 충분했음.)

이 이행과정에서 게르트루드의 중요성: 생애 최초. 이전 여인들(이르머, 레나)과의 차이: 나의 노선은 항상 확고했음 / 관계는—사랑도—주어진 발전노선 내부에 있었음. 이제는 모든 결정에서 게르트루드가 강력히 관여: 바로 인간적으로 가장 개인적인 결정들에서. 그러한 결정에 대한 그녀의 반응이 결정적으로 중요할 때가 자주 있었음. 따라서: 그녀가 없었더라면 공산주의로의 길을 결코 가지 않았을 것이라는 것은 아님. 그것은 이전과 마찬가지로 나의 발전으로부터 주어져 있는 것이었음, 하지만 바로 여기에서, 그때그때 마주치는 '어떻게'의 문제에서 드러나는 아주 복잡한, 그 결과에 있어서 지극히 중요한 개인적 색조는, 그녀가 없었더라면 전혀 다르게 펼쳐졌을 것이 분명함. 그리고 이와 더불어 내 생애에서 가장 본질적인 수많은 일들.

우리 사이에 정신적 공동체가 형성되기 훨씬 전에, 조화를 향한 이 억제할 수 없는 욕구가 있었음. 그녀에 의해 이렇게 긍정되는 것이 우리 관계에서 중심문제였음. 게르트루드를 만나고부터는 그녀에 의해 긍정되는 것이 나의 개인적 삶에서 중심문제가 되었음. 그녀는 정신적인 사안들에서도—윤리적인 사안들에 관해서는 말할 것도 없고—고트프리트 켈러의 작품에 나오는 여인들에서 종종 발견되는 본능적인 강인함을 지니고 있었기 때문에, 그 시기에 우리 사이가 소원해지는 순간들이 가끔 있었음. 하지만 그녀에 대한 나의 관계는, 내가 그 순간들을 못 견뎌 했다는 점에서 예전의 여인들과 맺은 관계와는 달랐음. (이전에는 차이들이, 심지어는 인간적으로 중요한 문제들에서의 차이조차도, 관계의 매력에 속했음: 우리는 서로 다른 인간이며 그 다름이 쌍방의 매력에 속한다는 식이었음.) 게르트루드의 경우에도 [내가] 일체화의 경향을 염두에 두고 있는 것은 아님. 그런 것은 존재하지 않으며, 비사실적 순간이 아니면 현실화될 수 없음. 오히려 중요했던 것은, 현재 세상에서 벌어지는 일[과] 생산적으로(객관적이고 실천적으로 올바를 뿐만 아니라 동시에 나의 인간적 발전을 위해서도 유익하게) 대결하고자 한 나의 정신적·실천적 노력들이었음. 여기에서 새로운 상황은 질적인 새로움으로 성장했음: 두 세계체제 사이에서 선택. 아무도—(일정한 의미에서는) 레닌을 제외하고—두 과정이 종국에는—세계사적으로 보자면—일치한다는 것을, 다시 말해서 새로운 인간의 사회적 발생은 새로운 현실과 성실하게 혁명적으로 대결하는 모든 개별적 노력들의 실제적인 종합이라는 것을 인식하지 못했음. 비록 헝가리의 변혁에, 러시아 혁명에서 심지어 비교적 (국지적으로) 지도적인 역할을 하면서 관여했던 사람들이 많이 참여했지만, 레닌에 대한 이미지와 같은 것을 얻으려는 나의 노력은 헛된 것이었음. 모두들 '무오류의' 정치 지도자를 찬양했지만 벨러 쿤조차 둘이서만 나눈 사담(私談)에서 내게—그 모든 것에도 불구하고—부하린이 혁명의 진정한 이론가라고 생각한다는 말을 했음. 빈에서야 비로소 레닌을 제대로 알고 그의 정신적·실천적·도덕적인 풍모가 내게 지니는 의미를 점점 더 분명하게 설명할 수 있는 가능성이 내게 생겼음./

　　그러한 상황하에서 부다페스트에서 운명적인 결정(공산주의자들에 가담하느냐 '좌파 사회주의적' 입장에 머물러 있느냐)을 내릴 때, 게르트루드의 태도는—그녀가 이 문제들을 붙들고 씨름한 적이 없었던 까닭에 아주 겸손한 소극적 태도를 보였음에도 불구하고—종국적으로는 결정적으로 중요했음. 우리가 당시에 나눴던 대화에서는 (멀리 물러서서 부르주아적 삶을 사는 사람들이 지니는 바로 그 겸손함 때문에) 박학한 이론가[루카치 자신—옮긴이]에 대한 열정적이고 치열한 이론적 논박은 결코 없었음. 그러나 그녀가 나와는 다른 생각을, (거부하는) 소극적 태도로 가령: "그것을 당신은 더 잘 이해해야만 해요, 나는 그것을 다룬 적이 별로 없어요"라고 말했을 때, 그리고 나의 몇몇 방향전환에 대해 실제로 소극적인 태도를 취했을 때, 그 속에서 나는 인간적인 거부를 아주 분명하게 감지할 수 있었으며, 그래서 재차 새로운 내적 대결로 넘어가지 않으면 안 된다고 생각했음. 그녀의 조용하면서도 겸손한 동행이 분명하게 드러났던 곳에서, 나는 항상 앞으로 더 나아가게 하는 강력한 자극을 받았음. (첫 단계 곧 공산주의에 가담하기로 결단한 단계에서 그녀가 미친 영향이 그 후에 그녀가 미친 영향보다 외연상 더 컸다는 것은 무엇보다도 상이한 갈림길의 성질에서 비롯된 결과임. 이때 나는 헝가리 봉건주의의 잔재에 대해 내가 오래전부터 해왔던 이데올로기적 공격과의 정신적·도덕적인 연결고리를 찾았으며, 그래서 이러한 민주주의적 경향들과 잘 공조할 수 있는 가능성을 찾았는데, 그렇다고 해서─이미 그 당시에 증오하고 경멸했던─'자유주의'와 가까워지는 일은 없었음. 이러한 일은─결코 분명하게 말로 표현되지는 않았지만─점점 더 강해지는 우리의 조화의 중요한 구성요소였음.)

공산주의자로의 발전은 정말이지 내 생애에서 가장 위대한 전환이자 발전의 결과임. 지금까지는 잘해봐야─조형예술들에서처럼─느슨한 이데올로기적 협력이 가능했던 곳에서 하나의 동맹이 생겨났음. 이 동맹 속에서 프롤레타리아계급의 독재를 위한 실천적 준비와 민주주의 개혁에서 제기된 요구들의 실행은 프롤레타리아계급의 독재에서 이루어질 문화적 실현의 기초를 만들었음. 장(場)이 확장됨: 무엇보다도 교육개혁운동과 더불어. 봉건주의의 모든 잔재를 일소(一掃): 개혁의 당연한 전제조건. 이를 통해 광범위한 대중이 참여했을 뿐만 아니라 구체적인 이행형식들이 결정됨. 이를 통해 확실하게 된 것 a) 폭넓은 대중 참여, b) 혁명적 과거와의 결속, 그로부터 생겨나는 사회주의: 낯선 것이 아니며 '수입물'이 아님, c) 사회주의의 역사적 성격, d) 반(反)관료주의적: 발전의 명목으로 내세우는 '공식적' 예술(커사크 그룹)이란 없음.

이러한 입장은 a) 평균적 공산주의자들, b) 사회민주주의자들에게는 낯선 것임. 나는─그들의 교조주의와는 관계없는─급진적 공산주의자로 여겨졌음. 그 때문에 문화개혁은 별로 옹호되지 못하고 비공식적으로 관철되었음. (사민주의적인 인민위원들은 개혁 작업에 무관심했음.) 나의 경우 바로 여기에서: 예전부터 있어온 대중의 급진적 지향들과 관계를 맺었음. 문화에 집중. 오류를 인식하지 못했음. 농촌 문제: 군대에서 그 문제와 많이 접했음에도 불구하고(군사인민위원회에 대해 짧막하게 적기), 중심적 의미는 빈에 가서야 이해했음.

V. 삶과 사유의 수업시대

[독재의—옮긴이] 붕괴 이후: 코르빈과 나(쿤에 대한 짐작), 비합법활동, 빈으로 도피. 레닌의 이론을 집중적으로 연구. 나의 경우: 마르크스에 대한 진정한 연구. 마르크스의 철학: 모든 수정주의(칸트 등등)를 거부: 헤겔. 이러한 방향: 마르크스주의의 통일적인 철학적 기초('보완'이 필요 없음). 마르크스주의의 본질적 계기로서의 혁명. 이로부터 당시에 생긴 [나의 입장—옮긴이]: 극좌파: 급진주의, 11월의 날들[17]의 연속. 혁명 운동의 침체를 내심 인정하지 않고, '행동'을 통해 희망을 생생하게 유지했음. 이와 동시에, 코민테른의 관료주의적 교조주의에 대한 의혹(지노비예프—그의 제자이자 추종자로 알려진 쿤). 잡지:『공산주의』(레닌의 비판[18]을 인정).

헝가리의 위기. 런들레르와의 관계. 당 분열의 '사소한' 원인들[?]의 이론적 중요성. '거창한' 문제들(때에 따라서는 요구된 것에 불과했던)에서 운동의 실질적인 문제들로 주의를 옮김—여기에서: [런들레르의—옮긴이] 영향은 혁명적이었음. 정치 활동이 태도를 키워냄(현실의 중요성)—이론적 이중생활: 예컨대 3월 사태(1921)[19] 대(對) 헝가리 정치. 후자의 의미가 증대. 헝가리 사회주의 노동당

---

17 1918년 11월에 있었던 독일혁명을 가리키는 말이다.

18 레닌이「공산주의」("Kommunismus", 1920)에서 잡지『공산주의』에 실린 루카치의「의회주의 문제에 관하여」("Zur Frage des Parlamentarismus")에 대해 한 비판. 자세한 내용은 대담 중 해당 부분 참조.

19 1921년 3월, 중부독일 작센 주에서 벌어졌던 봉기. '모험주의적 행동'이었다는 평가를 받는다.

(MSzMP)—공화국—민주주의 독재. (『역사와 계급의식』에서는 아직 두 가지가 착종되어 있음.)

1920년 초 게르트루드가 빈에 거주. 휘텔도르프에 있는 언니 집에서 아이들과 함께 생활. 나는 임시로 빈에서 생활. 일이 없는 날에만 함께 지냄; 나중에야 비로소: 나도 휘텔도르프에 살게 됨. 그리하여 그녀의 생활형태(가족, 세 명의 아이)가 내게도 지배적으로 됨. 아이들 교육에 관여(그녀와 함께): 일정한 인간적 현실과 매일 티격태격함. 이러한 생활방식은 나한테는 견딜 수 없는 것이었음—그래서 게르트루드 a) [내가—옮긴이] 일에 집중하는 것을 방해하지 않음, 일상적인 일들에 '빠지지' 않게 함. 격리. b) 같이 식사할 때 아이들과 대화. 아이들의 문제들을 알게 됨, 그 문제들에 답하려고 시도(윤리학, 많은 것이 새로이 조명됨). 게르트루드. 관용과 불관용의 통일; 모든 저열한 것에 대한 증오와 결부된 넉넉한 인간적 아량. 새로이 취한 입장: 칸트 유형의 윤리학에 반대; 이제 그에 못지않게 엄격한 대안들, 그러나 그 속에 포함된, 추상적으로 정초된 비인간성으로의 경향을 극복: 그리하여 내게 아이 문제들과의 새로운 직접적 관계가 생김(완전히 자유로운 토론).

물론 아이 문제들은 게르트루드와 조화를 이루는 데 있어서 작은 부분이자 전제조건일 뿐이었음. 빈에서 그녀의 급격한 발전, 투쟁 동지들(가보르, 렌젤)에 '적응', 마르크스 독서, 결코 초심자가 아니었음, 즉시 경제학의 핵심 이해. 유례없이 빠른 속도로: 축적(룩셈부르크-바우어-부하린). 그것만으로도: 이론적으로 가장 중요한 문제들과 친숙해짐. 비록 변화과정에서 그녀의 특수한 입장을 견지했지만—경제학을 표준적으로 종합하려는 시도[에서] 실패, 개성적인 '모험가'적 성격으로 인해 a) 숙련되고 더 앞으로 나아가게 할 버르거-연구소(Varga-Institut)에 남지 않음, b) 메모조차

[?] 개성이 있음. 내가 종종: [그녀를 두고 말했던—옮긴이] 딜레탕트 적인 미숙함은—사실은 가장 중요한 연관관계들의 생생한/삶에 본질적인 전유였음—과학적이고 방법론적으로 정돈된, 일반적으 로 소통 가능한 체계화에 대한 욕구는 없었음([아들인—옮긴이] 페 르코와의 관계. 힘들어하지 않고 그녀 자신의 창조적 활동을 포기: 아들을 통한 실현).

그런 식으로 경제학은 그녀가 세계를 판단할 때 주관화되지 않 음과 동시에 개별 판단의 개체성을 일반화하지도 않은 채 그 판단 이 사회적으로 확장되는 것을 가능케 하는 매체가 되었음. 그녀의 존재와 생각이 내게 행했던 조절은—그리하여 점점 더 강력해짐. 그녀가 몇몇 중요한 사안의 토론에서 경제학에 대한 탁월한 감각 때문에 올바른 입장을 취하기는 했지만—이것이 본질적인 것은 아니었음(보통은 우애를 더하게 했을 뿐임). 현실: 내 사유가, 많은 경 우 무의식적으로, 존재론화되면 될수록 출발점과 입장의 진실성 이 더 중요해졌음(사진과는 전혀 다른 미메시스): 만약 어떤 것이 실 제로 존재하고 있다면: 주체적 동인의 진실성을 포함하고 있는 것 임(참이 아닌 것을 통해서는—결코 존재를 만나지 못함). 그리하여 강 조점: 많은 경우 아직 거의 언어화되지 않은 형태로 처음 등장. 여 기에서: 진실성의 비중. 그러나 또한 이것은 인간적으로 생생하게 살아 있는 것임: 절대적 부정성의 조짐을 완전히 떨쳐버린 것은 아니며, 잘못된(참되지 않은) 뉘앙스들이 최초의 파악에 스며들 때 가 자주 있었음. 재차 그녀의 도움으로—수정이 가능했음. 그 밖 에: 총체적 서술에 대한 같은 관심(같은 비판)(총체적 서술은 점차 이 루어져갔는데, 『역사와 계급의식』에서보다 미학에서 더 중대하고 중요해 짐). 전체적으로 중요한 것: 헝가리 분파투쟁의 방법과 내용. 런들 레르: 이 이행과정에서 만난 또 다른 행운. 인격. 내게 정치적 영향. 다시: 개별성과 일반성 사이의 생생한 연관관계. 원칙으로서의 현실성(런들레르를 따라서 내건 공화국이라는 구호)./ 양자[개별성과 일반성—옮긴이]를 같이: 철학에서: 총체성에 대한 열망: 역사적으로(따라서: 현실적으로)—개별성의 특징들을 동시에 지니고 있는 일반성.

이리하여 이론과 정치와 역사가 동일한 역동적 존재의 현상방식들로 나타나는 지점. 이론과 역사: 다수의 인간(내지는 결정적인 층)이 행할 것(행동의 방향)으로서의 일반적 경향—정치—그러한 토대 위에서—예견할 수 있는 그러한 행동의 방향, 강도 등등이 양적·질적으로 어떻게 영향을 받을 수 있는가[하는 문제—옮긴이]. 모든 경우에 '사후적(事後的)'으로 확정된 과정들로부터 미래를 추론. 이것은 순수 과학적으로는 불가능; 현존하는 힘들에 대한 사후적 인식에서 미래의 전제조건이 추론될 수 있을 때에만 가능. 이것은—100% 맞기가—원칙적으로 불가능: 역사적 변화—그것은 항상 동시에 (많은 경우에 구체적으로는 거의 지각될 수 없긴 하지만) 구조의 변화(기반으로서의 인간의 변화)이자 또한 내용의 변화임. 사후적으로 확인된 발전을 근거로 이루어진 추론들(그렇기 때문에 반드시 그 발전의 진정한 인과성에 대한 인식이리란 법은 없는)은 언제나 발전내용의 변화들도 내포함; 전반적인 경향과의 관계에서—개인적인 이탈들. 중요한 것: 비율.

이렇게 이론과 역사와 정치에서의 올바름은 개인적으로 취한 입장에서 생장함—하지만 이를 넘어서 존재 쪽으로 향해가기. (비진실성의 배격, 그러나 진실성이 올바름을 보증하는 것은 아님.) 그리하여 현실에 대한 새로운 입장: 예전의 (아직 인식론적으로 정향된) 입장을 점차 극복해나감. 정신적 태도가 이렇게 방향을 다시 잡아나가는 가운데: 1920년대의 발전. 결정적인 것: 게르트루드와의 생활—시험: 헝가리 정치. 전반적인 (추상적인) 종파적 경향들과 투쟁하는 가운데 이루어짐:『역사와 계급의식』에는 아직 상이한 것들이 뒤섞여 있음. 그러나 중요한 것: 급진주의, 마르크스주의 노선의 / (극좌파적인) 연속: 당대 사회에서는 해결될 수 없는 (당대 사회의) 문제들이 제기됨. 레닌: 이것은 1914년[1차 세계대전의 발발—옮긴이]에 분명하게 드러났음. 긴박한 혁명적 긴장의 약화가 이러한 토대가 더 이상 작동하지 않는다는 것을 입증하는 것은 아님. 이것이 지노비예프의 코민테른 정책에 대해 [내가 취했던—옮긴이] 반대 입장의 이론적 기반이었음. (한갓 부르주아적인—이론에서만 혁명적인—정책으로의 후퇴: 나의 반대의 근거.)

Ⅵ. 최초의 돌파구들

출발점은 실천적인 문제: 헝가리의 전망이 공화국이냐 평의회 공화국이냐: 전자: 진정한 딜레마: 호르티 시대의 기본원리들에 맞선 싸움에서 실천적이고 원칙적으로 생겨나는 불가피성. 후자[평의회 공화국—옮긴이]는 일반적 전망일 수 있다는 것은 인정되지만 그것을 위해 행동할 내재적 의무는 없었음. 관료화에 반대: 임의적인 행동방식이 '연역'될 수 있는 그런 전망들은—주·객관적인—진실성을 상실했음. 이것은—부정적으로—『역사와 계급의식』에 해당됨: 존재유형으로서의 '자연변증법'(동시에 경제의 작용을 파악하기 위한 모델)을 부인: 진정한 행위를 위해 세계의 필연성들을 해제(解除)하는『역사와 계급의식』의 시도.「블룸-테제」에서 정치적 태도의 근본적인 방향전환이 생겨나긴 했지만,「블룸-테제」는 그러한 경향[『역사와 계급의식』에서 노정된 경향—옮긴이]의 완성을 의미함. 헝가리 공산당 제2차 대회를 위해 쓰인 이 테제의 본질은, 혁명적 전망을 열어 보여줄 정도로 호르티 체제의 위기가 아주 심각함에도 불구하고 그 전망의 사회적 내용은 프롤레타리아계급의 독재가 아니라 레닌이 1905년에 '노동자·농민의 민주주의 독재'라고 [불렸던] 것이라고 주장한 것임. (주의: 예컨대 코민테른 6차 대회, 여타의 분석들)—비방 소동이 벌어짐. 결과들이 드러난 시기(나의 정치적 참패; 베를린의 마누일스키. 런들레르 분파의 해체. 테제에 대한 레버이의 입장).[20] 영향은 이중적이었음: 정치적으로: 참패. 코민테른에서 축출당할 위험. 코르쉬의 운명.[21] 파시즘의 위기 시기에 대처하기에는 무력함. 다른 한편: 이론을 더욱 발전시키고 더 효과적으로 만들도록 자극받음. 이러한 이중성: 첫 번째 것[정치적 작업]을 포기하고 두 번째 것[이데올로기 작업]을 확장시킴. 결과들이 드러난 시기에 그렇게 반응한 이유: 나를 제거하려는 (입 다물게 만들려는) 쿤의 의도와 그럴 수 있는 가능성 때문이라는 데는 의심의 여지가 없음. 다른 모든 것은 오로지 그런 일을 피하기(국소화하기) 위한 것이었으며, 희망(이론적 전망)이 진리내실을 실제로 얼마나 많이 내포하고 있는지는 분명하지 않았음.

원리: 결과들이 드러나는 시기는 생물학적으로 필연적일 수 있

---

20 이와 관련해서는 대담의 해당 부분 참조.
21 칼 코르쉬(Karl Korsch, 1886~1961)는 『역사와 계급의식』과 같은 해에 발간된 『마르크스주의와 철학』(1923)을 통해 루카치, 그람시와 함께 '서구 마르크스주의'의 토대를 닦은 인물로 평가받는 독일의 마르크스주의 철학자이다. 노동자 평의회와 혁명적 정치에 대한 비타협적 입장을 고수함으로써 코민테른과 갈등을 빚게 되고, 결국 1926년 스탈린에 의해 '극좌파'라는 공격을 받고 독일 공산당에서 제명되기에 이른다. 나치가 권력을 장악한 뒤 독일을 떠난 코르쉬는 영국과 덴마크를 거쳐 미국에서 생을 마감했다. 루카치는 공산당에서 축출되면 반파시즘 투쟁에 효과적으로 참여할 수 없다는 인식에 따라 코르쉬의 전철을 밟지 않으려 했다.

음(예컨대, 현재의 암). 사회적으로는: 아주 높은 부정적 확률을 지닌 경향. 다만 문제는: 이 확률은—규정 가능한 한계 안에서—영향을 받을 수 없는가 하는 점(레닌. 코민테른 3차 대회: 출구 없는 상황은 없다). 이 경우에: 객관적으로 최상의 것: 문제가 헝가리 당 내부의 문제로 머물러 있기(객관적으로: 바로 여기에서 실제로 그럴 가망이 가장 없음). 따라서 내가 나의 미래의(아주 많이 바뀐, 더 이상 직접적으로 정치적인 것이 아니라 이데올로기적인) 활동을 구제하고자 했을 때, 그 길은: 불가피한 비판을 헝가리 당과 관련된 문제로 한정하려고 함; 헝가리에서 생성되는, 일반이론적인 권리를 지닌 방향으로서가 아니라. 그 때문에: 헝가리 노선에 무조건 투항(실제로 어차피 아무런 기대도 없음): 그러자 쿤은 그 사안을 코민테른에서 계속 확대시키는 일에 더 이상 관심을 가지지 않음—새로운 문제들(권력 문제들)이 생겨나고부터는 더 그랬음. 내 경우: 헝가리 운동에서 사라짐: 그곳에서 잊혀짐, 나에 대한 비판을 계속하고 확산하는 등등의 일이 불필요하게 됨. 상황이 한결 나아짐. 그리하여「블룸-테제」에 대한 비판은 점차 소멸. 1935년(코민테른 7차 대회)에 쿤이 몰락한 뒤 헝가리인들과 같이 작업하는 것이 다시 가능해졌을 때, 나는 이미 오래전에 과거에 묻혀 있는 상태였음.

긍정적인 점:『역사와 계급의식』에 관해 다시 한 번 더 숙고. 결과: 거기에서 중요한 것은 반(反)유물론이 아니라 마르크스주의의 역사주의를 끝까지 밀고 가기, 그럼으로써 궁극적으로 철학으로서의 마르크스주의의 보편성[이라는 입장에 도달—옮긴이]: 철학논쟁(반(反)데보린). 플레하노프와 메링의 '정통성'에 맞섬: 이 양자는 마르크스주의를—예컨대 미학에서—부르주아 철학으로 '보완'한다는 점에서 똑같이 수정주의적./

여기에서 리프쉬츠와 동맹. 지킹엔 논쟁(그는 마르크스의 청년기를 [연구했음—옮긴이]): 미학은 마르크스 이론의 유기적인 부분이 며, 순전히 그 이론의 현실적 테제들에서 생겨남. 따라서: 마르크 스 이론의 보편주의(30년대:『문학비평가』의 중요한 문학이론적 방향; 반(反)라프(RAPP), 반(反)모더니즘 등등). 게다가 내 경우에는: 마르 크스주의의 진정한 철학적 기초로서의 일반적(궁극적으로는 통일적 이지만 그 밖에는 몹시 분화된) 존재론 쪽으로의 경향.

따라서: 바로 마르크스 이론의 철학적 통일성을 통해 마르크스 이론의 보편성으로 가는 길. 그리하여 새로운 맥락 속에서: 오랜 경향인 존재론으로의 지향이 소생됨. 예전의 인식론적인 문제설 정("…가 존재한다. [그것이—옮긴이] 어떻게 가능한가?")을 끝까지 생 각하면 다음과 같이 됨: "…가 존재한다. [그것은] 어떤 역사적 필 연성에 의해 발생했는가?" 사회적 존재의 역사적 전개에서 실질 적으로 작동하는 것은 무엇이었으며 지금은 무엇인가?

이로부터 비로소: 인식론과 존재론의 대립이라는—모든 관념 론적 문제설정을 배제. 마르크스에게 있어 이데올로기는 허위의 식(더 정확히 말하면: 인식론적으로 찾아진)이 아니라 경제에 의해서 야기된 문제들에 존재를 위해서 응답하는 것이라면, 모든 것은 존 재의 발전형태로서 전개됨. 역사가 보편적 기반(『독일 이데올로기』 를 보라)일 때에만 실행될 수 있음. 소위 자연변증법은 더 이상 사 회적 변증법과 나란히 있는 것(『역사와 계급의식』에서 이 점이 부인 됨)이 아니라, 그것의 전사(前史).

이 프로그램은 그것이 생겨난 당시에는 전혀 분명하게 숙고되 지 않았음. 잠정적으로—미학에 국한하여—마르크스의 사회발전 이론은 **동시에** 발생과 전개와 영향의 이론!?!이라는 것을 입증하 려고 시도했을 뿐임, 미적인 것의 본질은; 그렇게—존재상(上)— 현존함; 그것은 (이해되면) 적절히 발전될 수 있지만 결코 조작될

수는 없는 것임. '모더니즘'과 스탈린식 조작에 동시에 반대./

VII. 갈등의 장(場)의 확대

직접적으로: 사회적 발생(Genesis)이 본질과 가치를 설명하는 경향으로서 전면에 놓임(이러한 맥락에서 미메시스의 의의); 그[미메시스의―옮긴이] 전제조건으로서의 목적론적 정립, 미메시스(일상)에서 당파성의 의미.

더 넓은 영역들로의 이행(시작: 『청년헤겔』)에서 문제는 형식상 아직 '학문적인 것으로' 한정되어 있음: 세계에 대한 철학의 가장 섬세한 사상적 반응도―궁극적으로는―(경제적인 대상영역에 대한) 삶의 일차적 반응을 적절히 일반화하는 데에서 발원한다는 것을 보여줌. 그렇기 때문에 이미 『청년헤겔』에서: 일반적 방법으로서, 생각의 역사에서 발생을 전면에 둘 것을 요구(여기에서 발생은 단순한 생성, 최초의 의식 이상의 것). 다른 한편, 『이성의 파괴』는 사고의 전형적인 왜곡 과정의 사회사임. 여기에서부터: 역사의 보편성으로 계속 나아감. 본질의 인식과 역사적 인식: 아주 깊숙이 수렴(유적 성질을 역사적으로 [파악―옮긴이]). 유적 성질로서의 예술(이데올로기들의 역사에서 비극적인 것의 지속적인 재생산): 보편적 역사성의 자기의식. 그리하여 이미 당시에: 스탈린식 이데올로기 전반에 반대, 미학에만 한정된 것이 아님. (물론 대부분이―그래서 『청년헤겔』도―당시에는 출판될 수 없었음.)

주목할 점: 코민테른 7차 대회 이후의 이러한 고립(『문학비평가』는 정간; 『국제문학』은 몹시 문제될 때가 자주 있었음): 헝가리의 가능성들: 모스크바의 문학에서도 인민전선의 경향들―호르티 체제

내부에서 나타나는 정신적 방향과 파시즘에 대한 이데올로기적 방어에서 나타나는 정신적 방향을 정확하게 평가하려는 경향들. 옛 민주주의 경향들(어디)을 마르크스주의적 형태로 갱신할 가능성, '도시주의적'(부르주아·민주주의적) 경향과 '민중적'(농민·민주주의적) 경향 간의 싸움에 대한 비판; 봉건 잔재에 대해 반대를 계속한 것은, 민주주의와 한갓 부르주아적인 민주주의의 비동일성을 […] 사이의 실재적인 힘의 차이로 보는 것을 용이하게 했음. 활동 장(場)의 확대: 비록 스탈린 체제의 관료주의적 편협성과 경직성이 논쟁들에서 점점 더 분명하게 부각되긴 했지만(논문:「민중의 호민관이냐 관료냐」), 갈등의 확장은 거의 눈치 챌 수 없게, 아직은 스탈린 체제에 대해서 직접적이고 의식적으로 등을 돌리는 모습을 하지는 않은 채 이루어짐—처음: 스탈린의 기계적 통일성과 대립하는 것으로서 레닌의 세분화[를 부각시킴—옮긴이]. 마찬가지로: 엥겔스의 '리얼리즘의 승리'를—'위'로부터의 이데올로기적 통제에 맞서—점차 강력하게 전면에 부각. 그러한 절대적 조종 가능성은—예술에서, 예술을 위해서—결코 존재하지 않음: (견책당할 수 있는) 작가의 지향이나 의도가 아니라, '리얼리즘의 승리'에 예속되어 있는 형상화가 결정적으로 중요함. 따라서 이데올로기는—대개 간접적으로—태도에 영향을 미칠 수 있음.

이것이 발생과 미메시스를—이에 따라서: 무엇을?과 어떻게?를—탐구한 이유. 미메시스의 발생을 [통해] '리얼리즘의 승리'는 모든 비합리주의적 색채를 버리게 됨: '리얼리즘의 승리'에서 바로 역사의 진리가 발현. 발생 문제: 문학을 넘어서: 일반적인 이데올로기: 헤겔과 프랑스 혁명(더 구체적으로: 헤겔과 자본주의 경제).

진정한 이데올로기론: 이데올로기(마르크스의 규정)[22]: 인간들의 삶, 행위방식, 의식에 경제가 미치는 (대립적인) 영향의 절정: 통일적인 역사적 과정: 행동의 진리: 인간의 개체적 발전과 역사적 발전의 내적 통일. 괴테 · 헤겔 시대의 의의. 발자크는 이미: 마르크스 철학을 위한 전주(前奏)일 뿐. 『이성의 파괴』에 이르기까지의 이후의 발전.

대립이 더욱 첨예해짐: 철학 저작들은 더 이상 출판 안 됨. (그러는 사이에 문학도 마찬가지. 『문학비평가』의 종간.)

당 간부들의 대숙청 시기. 입장(블로흐와 유사함). 대참사의 시기에 행운 α) 부하린 · 라데크 1930년; β) 헝가리의 운동; γ) 집. 그래도 행운 1941년 상황.

이 시기의 내적인 불균등성: 대(大)재판의 시기—동시에 코민테른 7차 대회: 인민전선. 커다란 대립물들이 병존(물론 서로 착종된 채). 객관적으로: 위기의 시기가 풀리기 시작.

가능성들. 민주주의 운동에 대한 헝가리 측의 (7차 대회의) 분석. (인민민주주의 지지—자유주의 비판). 「블룸-테제」에 대한 비판은 사라짐.

개인적으로: 어려움이 없지 않았음(두 번의 체포)[23]. 그럼에도 불

---

22 루카치가 이데올로기에 대한 마르크스의 규정으로 보는 것은, 『정치경제학 비판을 위하여』(Zur Kritik der politischen Ökonomie)의 「서문」에서 마르크스가 "인간들이 그 안에서 이러한 갈등[사회적 존재의 지반들로부터 생겨나는 갈등-인용자]을 의식하게 되고 그것과 싸워내는 법률적, 정치적, 종교적, 예술적 또는 철학적인, 한마디로 이데올로기적인 형태들"(MEW, 13:9)이라고 했을 때의 그것이다.

23 루카치는 일생 동안 네 차례 '체포'당했다. 오스트리아 빈에 망명해 있을 때 오스트리아 정부에 의해 1919년과 1928년 두 차례 '체포'된 적이 있으며, 1941년에는 소련에서, 1956년에는 헝가리에서 소련 당국에 의해 '체포'당했다. 그렇기 때문에 "두 번의 체포"가 정확히 언제 일어난 일을 말하는 것인지 확정하기 어렵다. 1956년의 사건은 이 글의 뒷부분에서 다루어지기 때문에

구하고: 게르트루드와 인간적으로 가장 조화로운 관계. '미화'가
아님, '낙관주의'는 전혀 아님. 그러나 느낌: (본래 생각했던) 올바
른 길 곧 역사적 존재론으로서의 마르크스주의에 가까워지고 있
을 뿐만 아니라, 이와 동시에 이러한 경향의 뭔가를—이데올로기
상에서—실현할 수 있는 전망들[이 보인다는 느낌—옮긴이].

Ⅷ. 고국에서 실현을 위한 시도

희망을 가지고 귀국. 희망은 근거가 있었음(아주 일시적이었음):
라코시와 게뢰의 전술. 이것은 수년 동안 민주주의적 이행의 원칙
적이고 성공적인 선전을 가능케 했음. (그들의 이데올로기적 무관심
으로 인해 내게는 자유 생김.) 생활에 적응하는 데 좋은 결과들: 본래
적 의미에서의 귀향(비록—객관적인 이유들로—옛 친구와 동지들은 얼
마 없었지만; 게르트루드: 소수의 사람들과 피상적인 차원에서 연대하여
벌인 공동사업을 긍정).

그럼에도 불구하고 귀향. 반복건대: 게르트루드도 같이 있었
기 때문. 매우 중요함: 유대관계와 대화들. 첫 제자들. 교육적 관
계들 속에서 나 자신의 발견(게르트루드의 영향). 세미나 성격: 당
국의 공식적 견해(그 당시에는 결정적이지 않음). 그리하여 점차: 전
도유망한 젊은이들. 수준이 점점 높아짐—그 생활기반: 게르트루
드, 수업(세미나). 젊은 시절의 경향들과—물론 아주 많이 수정된,
그렇지만 근본원리들에 근거를 둔—접속 가능성(마르크스주의: 질

제외한다면, 그리고 1919년에 있었던 체포는 게르트루드와 함께 살기 이전
에 일어난 일이기 때문에, 여기서 말하는 "두 번의 체포"는 1928년과 1941년
에 있었던 일을 말하는 게 아닐까 싶다.

적인 변화, 하지만 다른 많은 사람들과는 달리 발전과정에서의 단절은 아님). 수많은 지식인들이 나의 마르크스주의를 (주관적으로) 진실한 것으로 여겼지만 간단히 습득하거나 받아들이지는 않음. 그 때문에 생산적인 대화가 가능했음. 아주 중요한 인물들(데리와 이예시)과 좋은 관계를 가짐./

용인(침묵): 단지 정치·사회적 결속만이 중요(즉, 공산당에 적절히 동조). 개별적인 관여 등등. 여기에서: 문학적 문제들에 대한 입장: 허용. 여기에서는 심지어 토론도—필요한 조심성을 가지면—가능했음.

비록 정치적 삶(예컨대 농촌문제, 토지분배)에서는 반민주주의적 경향들을 벌써 감지할 수 있었지만 내게—전술적으로—허용된 문화정책은 견고하다고 믿었음. 현실적인 전환점(두 노동자당의 통합)조차도 당시 내게는 진정한 경고가 아니었음(레버이가 루더시의 논문을 알려줌). 러이크 사건의 시작: 스탈린의 재판 시기로 명백히 선회(왜 더 나빠졌을까?). 토론은 이러한 상황에 의해 규정되었음: 러이크 시기의 희생자가 되지 않고 뒤로 물러날 수 있기 위해 노력. (오류. 이해할 수 있는 일임.) 퇴각. 단지 이데올로그로서만 있기—그런데 이제부터는 단지 개인적 차원에서 그럴 뿐이지 어떤 직책을 갖고 그런 것은 아님. 어떤 종류의 사회적 과업도 없음. 아카데미: 포거러시와 협력; 그는 중계자였음. 그리하여 나 개인을 위한 전적인 자유: 심지어 공식적 조류들을 거부하는 것도 가능해짐.

IX. "단지 이데올로그일 뿐"

이중적 발전(통일: 게르트루드) a) 라코시 체제를 점점 더 단호히 반대, 민주주의적 헝가리로 향한 이전의 경향들(과의 결합)에 대한 통찰이 점점 더 분명해짐, b) 그리하여: 지금까지 라코시에 반대했던 것과 마찬가지로 부르주아 민주주의를 도입함으로써 혁신을 도모하는 모든 사람들에 대해서도 반대. 그 때문에 당시의 반대파와는 독립적인(정말이지 고립된) 위치. 임레 너지에게는 별로 기대하지 않았음. 그가 처음 지도했던 짧은 기간 동안[24]—그와 아무런 관계도 없었음(그에게는 프로그램이 부재). 소련 공산당 20차 당 대회 이후에도 마찬가지였음—그의 첫 등원: 본질적인 것: '개인숭배'가 없어야 한다는 것(그의 원칙들은, 나중에 분명해진 바와 같이, 집단들 속에서 어쨌든 영향력을 지닐 수 있었음). 중요한 것: (독재적-)전술적으로 도출된 내·외정책과의 단절. 마르크스주의의 원리들: 생산의 민주적 재편(생산의 질과 민주화의 내적 관계). 전체 생산을 중앙에서 조종할 수 없는 곳에서, 일정한 시장 경향을 띤 자본주의가 작동. 그러나 그러한 시장 계기가 사회적 생산을 올바른 민주주의적 길로 이끌 수 있을지도 모른다고 생각하는 것은 환상일 것임.

이를 통해 입장이 분명해짐: 라코시에 반대, 그의 정권의 부분적, 내재적 '개혁'이라는 환상에도 반대하고 부르주아·자유주의적 개혁 경향(임레 너지 바로 주변에도 퍼져 있었던 경향. 정통 라코시주의자들도 그쪽으로 급변)에도 반대. 너지: 프로그램 없음. 그래서 나의 입장: 순수하게 이데올로기적. 20차 당 대회의 이러한 요구들을 여론에 요청, 그리하여 그것을 정치적으로도 실현하려는 분위기가 생겨남.

이런 입장은 너지 시기 전체에 걸쳐 유지되었음. 이후의 11월의

---

24 임레 너지가 처음 수상으로 재직했던 1953년 6월부터 1955년 4월까지의 시기.

날들[25] 때 말고는 너지와 가까워진 일이 없었음: 그렇지만 그(그의 대중성)에게는 자생적인 (몹시 이질적인) 운동을 어쨌든 사회주의적인 틀 내에서 보지(保持)하는 힘이 있음. 그 때문에 예컨대 [중앙위원회의—옮긴이] 위원이 되고, 심지어 [문화부 장관이라는—옮긴이] 각료직을 받아들임—그 속에서 도움을 줄 수 있기 위해. 당의 재조직화 시도(도나스와 산토). 사태에 압도됨. 책임 문제(프로그램과 전망이 없음). 그 때문에 종국에는 중대한 양보: 바르샤바 조약.

유고슬라비아 대사관: 치명적인 실수. 결과들이 드러난 시기; 입장을 견지하는 것이 출구라는 것이 입증됨. 귀향 (당과의 관계) 종파분자들의 손쉬운 먹잇감. 외국 출판물에서 노선 고수(고국에서는 가능치 않음): 스탈린에 대한 비판을 계속하고 구체화함. 경제 개혁에 대해 처음으로 긍정적인 입장을 취함: 상황의 변화. (긍정적=민주주의의 가능성과 마르크스주의로의 귀환 가능성). 그리하여—당이 나를 받아들였음에도 불구하고(세부사실들)—가능성: (일관성 없이 실행된) 경향들을 전반적으로 후원하면서: 연속성에 대한 논박. 이러한 입장을 유지—표현은 다르게. (오늘날에는 직설법 대신에 원망법(願望法).) 이미 비교적 분명하게 나타나는 민주화로의 경향, 기반으로서의 경향(모든 장애물과 저해요소를 지닌 경향으로서)을 긍정: 반대가 아니라 개혁. 그런데 개혁은: 민주주의의 근본문제들의 진정한 해결로서 작용[하는 것이어야 함—옮긴이]. 늘 반복되는 예: 노동조합에 대해, 레닌 대(對) 트로츠키. (무관심 혹은 격렬한 스트라이크. 모든 인민민주주의에 대한 상징적 위험으로서 폴란드.) 이와 함께 도처에 문제: 진정한, 사회주의적 민주주의(일상**생활**의 민주주의)로의 이행이냐 항구적 위기냐. 오늘날 결정되지 않음(결정적:

---

25 1956년 11월 루마니아에 같이 억류되어 있었던 때를 말한다.

소련). 이것은 세계의 미래전망―다름 아니라 자본주의에서 시작되고 있는 위기의 조짐 때문에. (스탈린식 전술의 우선성: 진정한 문제들을 혼란시킴, 해결과는 거리가 멂: 아랍세계, 이스라엘.)

양대 체제: 위기, 유일한 출구로서 **진정한** 마르크스주의의 중요성, 그 때문에: 사회주의 국가들에서: 기존의 것에 대한 비판으로서, 점점 더 필연적으로 되어가는 개혁을 촉진하는 것으로서 마르크스적 이데올로기.

주관적으로: 마르크스적 존재론의 원리들을 정식화하려는 시도: 이를 위한 **중요한 첨부물**(자서전, 주관적 보완, 해명, 근거대기 등등). 물론: 존재론적인 문제들을 올바로 파악하기 위한 개인적·인간적인 전제조건들. 그 때문에: 수렴: 큰 시대적 문제의 해결로서의 인간의 유적 성질(개개인이 사회와 맺는 점점 더 순수하게 사회적인 관계의 결과로서의 개체성. 가상적 내재성; 현실적으로: 유적 성질). 자서전은 고유한 유적 성질의 실천적 실현(=개체성의 **진정한 전개**)을 향한 (발전과정에서의) 주체적 경향들을 기록.

여기에서 마르크스주의의 가장 심오한 진리: 모든 개별 인간의 삶이 진행되는 가운데―아주 다양하게―실현되는 역사과정의 내용으로서 인간의 인간화. 그리하여 모든 개별 인간은―얼마나 의식적이든 간에―전체 과정의 능동적 요소이자 동시에 그 과정의 산물임: 개인적 삶에서 유적 성질로의 접근은 불가분한 두 가지 실재적 발전경로의 실질적인 수렴임. 방향과 결과: 방향(개인적인 결정의 역할; 역사적 + (불가분하게) 완전히 개인적). 결과. 재능: 이 또한 단순히 '주어진' 것이 아님. 방향의 관계―진정한 재능이 전개될 수 **있는지**를 결정함. (진정한!) 호기심과 허영심의 투쟁으로서의 삶―주요한 악덕으로서의 허영심: 인간을 개별특수성에 못 박음(개별특수성의 수준에 멈추어 있는 것으로서의 좌절감.)

헝가리어로 별지(別紙)에 메모한 구상

1. 어린 시절의 심리학. 김나지움의 마지막 해들. (노르다우─논문들) 케르. 헝가리 평론. 배경!?! 드라마들

2. 탈리아. 드라마의 종언. 연구. 독일의 교양(칸트─문학사)

3. 드라마에 관한 책.『영혼과 형식』.『서구』와『20세기』와의 관계. 어디. 벨러 벌라주

4. 전쟁에서 혁명에 이르기까지. 관념론과 마르크스주의 사이의 투쟁. 독재(우연적 요소들): 새로운 관계: 헝가리의 현실, 헝가리의 생활

5. 빈에 망명. 국제적인 종파주의─헝가리의 현실. 런들레르. 헝가리 사회주의 노동당.「블룸-테제」

6. 모스크바에서의 전환점. 마르크스와 문학. 베를린. 모스크바 (『문학비평가』)

7. 『새로운 목소리』. 선택: 헝가리인으로서.

8. 1945~1949년

9. 루더시 논쟁 이후. 국제주의의 새로운 의의

부록

바덴의 대공께서 관할하는 루프레히트-칼 대학(하이델베르크)의 고매하신 철학과 교수님들께. 서명인 게오르크 폰 루카치 박사(하이델베르크 케플러 가(街) 28번지)는 이 문서를 통해 첨부한 자료들을 근거로 그에게 철학 교수 자격을 수여해주시기를 고매하신 철학과 교수님들께 청합니다.

더없이 깊은 존경을 표하며
1918년 5월 25일
게오르크 폰 루카치 박사

이력서(Curriculum vitae)[1]
[1918]

부록

나는 1885년 4월 13일 부다페스트에서 헝가리 왕실 추밀고문관이자 헝가리 일반신용은행의 은행장인 요제프 폰 루카치(Joseph von Lukács)의 아들로 태어났습니다. 나는 헝가리 국민이며 개신교

---

1   독일 하이델베르크 대학에 교수자격청구논문을 제출하면서 같이 낸 이력서이다. 이에 대한 답은 1918년 12월에 받게 된다. 그 사이 새로 부임한 학장 도마스체프스키(Domaszevski)가 12월 7일, 부다페스트에 있던 루카치에게 보낸 편지에는 이렇게 적혀 있다. "매우 존경하는 박사님! 철학학부는 현 시대 상황에서 외국인, 그것도 헝가리 국적을 가진 사람에게 교수자격을 허락할 수 없다는 것을 당신에게 전달하오니 양해바랍니다." 이 편지를 받은 루카치는 12월 16일, 교수자격취득신청을 철회한다는 답장을 바로 보낸다. 이 무렵, 루카치는 이미 헝가리 공산당의 당원이 되어 있었다.

인입니다. 나는 부다페스트의 개신교 김나지움에서 김나지움 공부를 마치고 1902년 6월에 그 김나지움을 졸업했습니다. 이어서 부다페스트 대학에서 법학과 경제학을 공부했으며, 1906년 10월에 콜로주바르에서 정치학 박사학위를 받았습니다. 하지만 이런 공부를 하는 동안에 이미 문학과 예술사 및 철학이 내 관심의 중심에 있었습니다. 그래서 나는 헝가리 왕실 상무성에서 잠깐 일한 후 이 분야들의 공부에 전적으로 매진하면서 베를린 대학과 부다페스트 대학을 다녔습니다. 부다페스트 대학을 다니던 동안에는 그곳의 교수들 중 그 누구도 나의 발전에 본질적인 영향을 미치지 못했습니다. 그러니만큼 빌헬름 딜타이(W. Dilthey) 교수와 게오르크 지멜(G. Simmel) 교수의 강의를 들음으로써 내가 받았던 자극과 고무는 더욱더 결정적이었습니다. 딜타이의 영향은 주로 문화사적인 연관관계들에 대한 관심을 일깨운 데 있었으며, 지멜의 영향은 문화적 객관화물들을 사회학적으로 다룰 수 있는 가능성을 제시한 데 있었습니다. 그 밖에 막스 베버(M. Weber)의 방법론적 작업들이 내게 계몽적이고 고무적인 영향을 미쳤습니다. 나는 1909년 11월에 부다페스트 대학에서 철학 박사학위를 취득했습니다.

나의 문필활동은 더 이전에 시작됐습니다. 나의 책『영혼과 형식』에 수록된 에세이들 중 몇 편은 [이 책이 출판되기] 이전에 쓴 것으로, 헝가리어로 쓴『근대 드라마의 발전사』초고와 같은 시기에 나왔습니다.『근대 드라마의 발전사』초고로 나는—1908년 2월에—부다페스트의 키슈펄루디 협회가 수여하는 상을 받았습니다. 완전히 새로 고친 책이 1912년 키슈펄루디 협회 발행본으로 두 권으로 출판되었습니다. 이 책의 독일어판을—알프레트 베버(Alfred Weber)가 펴내는『문화사회학 논저들』(Schriften zur Soziologie der Kultur) 중 하나로—발간하는 문제에 대한 협의는 전쟁 발발로 중단되었습니다. 1, 2장이 부다페스트에서 쓴 박사학위논문이었는데, 그중 2장이 1924년 초에 『사회과학과 사회정책 논총』(*Archiv für Sozialwissenschaft und Sozialpolitik*)에 발표되었습니다.

　박사시험 이후 나의 관심은 점점 더 순수 철학적 문제들로 쏠렸습니다. 그렇다고 해서 문학과 예술의 특수한 문제들에 대해 내가 가졌던 언제나 생생한 느낌[感]을 잃어버렸던 것은 아닙니다. 1909년 가을에 나는 베를린으로 거처를 옮겼는데, 이탈리아로 여행한 기간 외에는 1911년 초까지 쭉 거기에 머물렀습니다. 나의 철학 연구는 그 당시 주로 독일 고전철학, 즉 칸트, 피히테, 셸링 그리고 헤겔에 맞추어져 있었습니다. 그러나 가치 사상(Geltungsgedanken)을 점점 더 분명하게 파악하게 되면서 나는 곧 독일 현대철학 쪽으로, 특히 빌헬름 빈델반트(W. Windelband)와 하인리히 리케르트(H. Rickert)와 에밀 라스크(E. Lask)의 철학 쪽으로 이끌렸습니다. 그 밖에 에드문트 후설(E. Hussel)의 저작들이 보여준 방법상의 자극도 내게 아주 본질적인 영향을 미쳤습니다. 나는 베를린에서 피렌체로 갔다가 그곳에서 1년 동안 체류한 후 하이델베르크로 거처를 옮겨 그곳에 계속 머물렀습니다. 글을 통해 내게 아주 고무적인 영향을 미쳤던 사람들과 개인적인 관계를 맺고자 한 것이 이러한 결정을 내린 결정적 동기였습니다. 그리하여 각별히 가까운 관계들이 생겨났는데, 그 관계들은 이 수년 동안 나를 에밀 라스크와도 이어주었습니다. 나는 그를 추모하는 꽤 긴 논문을 『칸트 연구』(*Kantstudien*)에 실었습니다. 하이델베르크에서의 체류는 초반 몇 년간에는 네덜란드와 로마 여행으로, 뒤에는 나의 병역의무의 수행으로 일시 중단된 바 있습니다. 1914년 초에 나는 하이델베르크에서 헤르손(Cherson)의 지역 서기관인 안드레이 미하일로비치 그라벵코(Andrei Michailowitsch Grabenko)의 딸인

헬레네 그라벵코(Helene Grabenko) 양과 결혼했습니다.

이 시기에 체계적인 예술철학을 구상하고 거의 완성했으며 미학과 일반학술론에 대한 여러 작업을 했으나, 대부분이 아직 발표되지 않았습니다.

지금까지 발표한 글의 목록

1. 『영혼과 형식. 에세이들』, 베를린 1911. (이 책은 특히 앞서 『로고스』 II권 1호(1911년)에 발표했던 논문인 「비극의 형이상학」을 포함하고 있습니다.)

2. 『근대 드라마의 발전사』, 키슈펄루디-협회 발간, 부다페스트 1912. (독일어본: 제2장: 「근대 드라마의 사회학을 위하여」("Zur Soziologie des modernen Dramas"), 『사회과학과 사회정치학 문고』, 1914.)

3. 『문학사의 방법론』, 1910. (헝가리어)

4. 『사회과학과 사회정책 논총』에 실은, 사회과학의 방법문제들에 대한 원칙적인 성질의 서평 몇 편.

5. 여러 잡지에 실린, 문학의 형식문제들에 대한 비교적 소규모 작업들.

6. 「소설의 이론」. 『미학과 일반예술학지(誌)』 XI. 3-4, 1916. (이 작업은 더 큰 작품의 서론장입니다.)

7. 「미학에서의 주체-객체 관계」, 『로고스』 VII. 1, 1917-18. (이 작업은 이전에 발표된 적이 없는 예술철학의 한 장입니다.)

8. 「에밀 라스크. 추도사」. 『칸트연구』 XXII. 4, 1918.

콜로키움을 위한 주제 지정

1. 쇠렌 키르케고르의 헤겔 비판
2. "가치(Gelten)" 개념과 "당위(Sollen)" 개념의 차이
3. 현상학과 초험철학

책 중의 책[1]

   내게 지속적인 인상을 남겼던 최초의 책은 헝가리어로 된 『일리어스』의 산문 요약본이었다. 그 책을 열 살 때쯤 읽었던 것 같다. 내게 그 책에 나오는 몇몇 인물과 장면은 그때 이후 계속 생생하게 살아 있다. 어린 시절에 있었던 다른 책들의 영향은, 『창세기』를 제외하면 일시적이었고 깊지 않았다. 『창세기』는 열세 살 경에 내게 종교적 위기를 야기했다. 그러나 내게 새로운 삶의 장을 진짜로 열어주었던 최초의 작품은 입센의 드라마 『유령들』(*Die Gespenster*)이었다. 이 작품과 더불어 나의 독서의 방향과 양식이 급격히 변했다. 나는 이 작품 덕분에 한편으로는 현대 문학(여기에서 내가 주로 생각하고 있는 것은 입센의 다른 작품들, 그리고 게르하르트 하웁트만(G. Hauptmann)과 아우구스트 스트린드베리(A. Strindberg)이다)을 일별했고, 다른 한편으로는, 무엇보다도, 이미 고등학생 때 내 동시대인들의 얄팍한 자연주의를 극복했다. 그 전에는 나도 열다섯 살 때쯤 [에른스트 하인리히 헤켈(E. H. Haeckel)이 쓴] 『세계의 수수께끼』(*Welträtsel*)를 읽은 후에 그 자연주의에 사로잡혀 있었다. 입센은 나를 프리드리히 헤벨(F. Hebbel)로 이끌어갔으며, 헤벨은 내 생각이 깊어지게 만들었고 이를 통해 쇼펜하우어와 니체

---

1   이 글은 1918년에 출판된 『책 중의 책』(*Könyvek könyve*)(ed. Béla Köhalmi, Budapest: Lantos Verlag 1918, 166~168면)에 실린 글이다. 『책 중의 책』은 당시 헝가리의 작가, 학자, 예술가, 공적 생활의 유명인사, 출판업자 등 87명이 자신들이 애독하는 책에 대해 고백한 글을 모은 책이다.

를 받아들일 수 있게 했다. 그러나 이는 또한 내 속에서 예술형식의 의의에 대한 이해력이 생겨나게 했으며, 이를 통해 [고트프리트 켈러가 쓴]『초록의 하인리히』와 [괴테가 쓴]『헤르만과 도로테아』를 읽을 수 있게 만들었다(뒷 작품은 오늘날까지도 내가 계속 되풀이하여 읽는 책으로 남아 있다). 대학생 시절은, 아마 모든 이들이 그렇겠지만, 내게 독서의 확장을 가져왔다. 대학생 시절은 나를 독일 낭만주의(특히 프리드리히 슐레겔과 노발리스) 쪽으로, 이어서 19세기의 위대한 프랑스 작가와 영국 작가 쪽으로 이끌어갔다. 그 작가들 중 당시 내게는 플로베르와 보들레르, 스윈번과 키이츠가 가장 중요한 작가였는데, 그들은 내게 셰익스피어와 그리스 비극에 대한 최초의 해석을 감행하는 시도를 해볼 생각을 하게 만들었다. 이 시절에 키르케고르의 전체 작품을 처음 알게 되는 일도 일어나는데, 그의 작품은 이후 나의 발전과 계속 함께했다. 또한 그 당시에 나는 아주 유익하게도 마르크스를 읽었다(그리고 최근의 몇몇 다른 사회학자도 읽었는데, 그중 무엇보다도 게오르크 지멜의 작품『돈의 철학』을 읽었다). 그러고 나서 나 자신의 창작으로 넘어갔을 때, 루돌프 카스너(R. Kassner)와 빌헬름 딜타이 그리고 파울 에른스트(P. Ernst)의 에세이들이 내게 영향을 미쳤으며—문체와 관련해서는—그 당시 발표된 엔드레 어디의 시들이 영향을 끼쳤다.

생애의 이후 단계 중 그 어떤 단계도 그처럼 나를 풍요롭게 하는 독서로 가득 찰 수 없었던 것은 당연한 일이다. 내게 이후에 획기적인 의의를 지녔던 책들을 조망했을 때 맨 먼저 언급해야만 하는 책은 세바스티안 프랑크(S. Franck)의 작품인『파라독사』(*Paradoxa*)이다. 이 책은 다행스러운 우연 덕분에 바로 가장 유익한 순간에 내 손에 들어왔다. 이 작품은 나로 하여금 신비주의자들의 철학, 플로티노스(Plotinos)와 마이스터 에크하르트(M. Eckhardt)에 몰두하게 했으며, 이들 외에도 나는 노자(老子), 우파니샤드, 신약, 성 프란체스코(St. Francesco), 발렌틴 바이겔(V. Weigel) 등등을 읽었다. 이 시기에 마침내 도스토옙스키에 대한 실로 생산적인 독서가 이루어지며, 이와 함께 러시아 문학 일반(특히 톨스토이와 고골)을 알게 된다.

최근 몇 년과 관련해서는 단 하나의 위대한 독서체험에 대해서만 보고할 수 있다. 즉, 칸트의 『판단력 비판』을 다시 읽고 내가 받았던 결정적인 영향에 대해서 말이다. 이 책을 통해 독일 고전 철학에 대한 나의 관계는 최종적으로 확고해졌다. 이제 나는 현대의 저자들에 대해서도 굳건한 입장을 견지할 수 있게 되었다. 그리고 이 책은 내게 (내가 가장 큰 행운이라고 느끼는 것인데) 성숙한 괴테(이 말로 나는 무엇보다도 『빌헬름 마이스터의 편력시대』를 염두에 두고 있다)를, 그리고 그의 매개를 통해 헤겔의 작품을 이해할 수 있는 가능성을 선사했다.

이력서[1]

게오르크 루카치

나는 1885년 부다페스트의 대(大)부르주아 집안에서 태어났습니다. 김나지움을 졸업한 뒤 부다페스트 대학과 베를린 대학에서 공부했으며, 1906년에는 정치학 박사, 1909년에는 철학 박사가 되었습니다. 나의 문필활동은 이미 대학시절에 여러 좌파부르주아적 신문과 잡지에서 시작됩니다. 대학생 때 나는 헝가리의 〈자유무대〉(Freie Bühne)를 다른 사람들과 함께 창립했습니다. 이 〈자유무대〉는 고리키, 입센 등등을 헝가리 최초로 상연했으며, 헝가리에서는 처음으로 노동자들을 위한 공연들을 배치했습니다. 1908년에 나는 내 책 『근대 드라마의 발전사』로 헝가리 학술원의 상을 받았습니다.

이탈리아에 꽤 오랫동안 머문 후 1912년에 하이델베르크에 정착했으며, 독일 저술가로서 작업을 했습니다. 나는 아주 중요한 학술적·비평적 잡지들의 기고자였습니다. 나의 작업들(『근대 드라마의 사회학』, 『소설의 이론』 등등)은 독일과 프랑스의 학술비평에서

---

1 「삶으로서의 사유: 게오르크 루카치와의 대담」에 보면 루카치가 1941년에 체포되었을 때 가택 수색을 당하면서 "당의 여러 부처와 다른 곳에 일자리를 신청하려고 쓴 이력서들이 들어 있던 서류철을 압수"당했다는 대목이 나온다. 1940년 12월 2일 모스크바에서 작성한 것으로 되어 있는 이 이력서도 일자리를 신청하려고 작성한 것 중 하나로 보인다. 독일어로 쓰인 이 글은 라인하르트 뮐러(Reinhard Müller)의 문서보관소에서 발견되었고, *Deutsche Zeitschrift für Philosophie*, 2000년 48권 제3호, 529~530면에 처음 발표되었다. 1918년 이력서와 비교하면 같은 사실도 다소 다르게 적혀 있는 것을 볼 수 있다.

활발한 반향을 얻었습니다. 나의 세계관에 따라서 보자면 나는 관념론자였습니다. 나는 칸트에서 헤겔 쪽으로 발전해나가고 있었습니다.

전쟁은 나의 전체 세계관에서 심각한 위기를 야기했는데, 이 위기는 1917년의 러시아혁명을 통해서야 해결되었습니다. 이 시기에 나는 마르크스의 저작들을 철저히 연구했으며, 그의 입장에 점점 더 가까워졌습니다. 1918년 12월에 나는 헝가리 공산당에 입당했으며, 당의 학술지인 『인터내셔널』(Internationale)의 편집위원으로 임명되었습니다. 그 밖에도 나는 주로 레닌의 『국가와 혁명』의 이념들을 구두로 선전하는 일에 전념했습니다. 1919년 2월 헝가리 공산당 중앙위원회 위원들이 체포되었습니다. 나는 새로 구성된 중앙위원회의 일원이 되었으며 당 간행물인 『적색 신문』(Vörös Ujság)의 편집자가 되었습니다. 헝가리 평의회 독재 시절에 나는 인민계몽 담당 인민위원 대리로 임명되었습니다. 4월부터 6월까지 나는 헝가리 적군(赤軍) 제5사단의 정치위원이었습니다. 독재가 무너진 후 나는 오토 코르빈과 함께 헝가리에서 비합법 사업을 조직하는 일을 맡게 되었습니다. 조직이 취약했고 당이 비합법 사업에 미숙했기 때문에 코르빈은 금방 체포되었고, 1919년 12월에 백색분자들에 의해 교살되었습니다. 나는 9월에 빈으로 망명하는 데 성공했습니다.

1919~30년에 나는 빈에서 비합법 헝가리 공산당의 조직원으로 활동했습니다(1919~21년과 1928~30년에는 중앙위원회의 일원으로, 그 밖의 경우에는 당 기관지의 편집자 등등으로 활동했습니다). 헝가리의 백색정부는 200명 이상을 살인했다는 죄명으로 나를 추적했으며, 내게 내린 사형판결을 집행하기 위해 나를 넘겨줄 것을 [오스트리아 정부에] 요구했습니다. 헝가리 백색정부는 나의 박사학위

도 박탈했습니다. '민주적인' 오스트리아 정부에 의해 나는 두 번 (1919년과 1928년) 단기간 체포되었으며, 1929년에는 오스트리아에서 추방되었습니다. 나의 당 활동의 이 시기는 헝가리 노동운동의 해악분자인 벨러 쿤에 맞선 투쟁으로 채워져 있습니다. 1929년 나는 세 달 동안 부다페스트에서 비합법 사업을 했습니다.

내가 공산주의 운동에 가담했을 때 내게는 약간 발전한 마르크스주의 이데올로기와 헤겔적 관념론의 많은 잔재가 있었습니다. 이것은 나의 활동 초기 몇 년간 종파적인 정치 논설들에서 표현되는데, 이 논설들로 나는 레닌에 의해 직접 날카로운 비판을 받았습니다. 『역사와 계급의식』에는 나의 그 당시 세계관이 철학적으로 총괄되어 있는데, 이 책은 관념론적인 오류들 때문에 여러 차례 정확하게 비판당했습니다. 마르크스, 엥겔스, 레닌 그리고 스탈린의 저작들에 대한 연구가 깊어가면서, 헝가리 노동운동과 내적으로 일치되어가면서, 나는 점차 이데올로기적 오류들을 극복하는 데 성공했습니다. 이미 1924년에 나는 헝가리 당에서 트로츠키주의에 격렬히 반대하고 나섰으며, 그 이후로 당시 코민테른에서 나타났던 모든 다른 일탈과 맞서 싸웠습니다.

1930/31년에 나는 IMEL[마르크스-엥겔스-레닌 연구소]의 일원이었습니다. 나는 아브람 데보린(A. Deborin)과 다비드 랴자노프(D. Rjasanow)에 맞선 투쟁에 참여했습니다.

1931년 여름에 나는 그 당시에 내가 일원으로 있었던 WKP(B)[2]의 동의로 베를린으로 갔습니다. 나는 그곳에서 KPD[독일공산당]에 의해 당의 작가그룹의 지도자로 임명되었습니다. 우리는 독일

---

2 1925년부터 1952년에 '소련 공산당'으로 개명할 때까지의 소련 공산당. "전연방 공산당(볼셰비키)"이라는 뜻의 "Wszechzwiązkowa Komunistyczna Partia (bolszewików)"의 약자다.

작가연맹(SDS)³에서 일종의 '인민전선운동'을 조직하는 데 성공했는데, 이 운동을 통해 베를린에 있는 연맹의 가장 큰 그룹에서 다수를 차지했습니다. 한 좌파부르주아 작가가 지역그룹의 의장으로, 나는 부의장으로 선출되었습니다. 그 밖에 나는 지식인들 사이에 벌인 여러 선전 작업에 참여했습니다. 1933년, 히틀러가 권력을 장악한 뒤 나는 독일에서 추방되었고, KPD의 동의로 모스크바로 갔습니다.

모스크바에서 나는 1938년까지 공산주의 아카데미나 학술 아카데미에서 일했습니다. 그 이후 나는 자유 저술가로 일하고 있습니다. 여러 러시아 잡지와 신문에 실은 아주 많은 글 외에도 나는 『19세기 문학론들과 마르크스주의』(*Literaturtheorien des XIX. Jahrhunderts und der Marxismus*), 『리얼리즘의 역사에 대하여』(*Zur Geschichte des Realismus*)를 책으로 발간했습니다. 『실러의 미학』(*Ästhetik Schillers*)과 『역사소설』(*Der historische Roman*)은 지금 인쇄 중에 있습니다. 전공 논문인 『청년 헤겔과 자본주의 사회의 문제들』(*Der junge Hegel und die Probleme der kapitalistischen Gesellschaft*)은 아직 초고 상태입니다. 나는 KPD의 일원이며, 『국제문학』(*Internationale Literatur*) 독일어판과 헝가리어 잡지 『새로운 목소리』(*Uj Hang*)의 편집위원회의 일원입니다.

모스크바, 1940년 12월 2일
게오르크 루카치

---

3   정확한 명칭은 '독일작가보호연맹(Schutzverband Deutscher Schriftsteller)'이다.

마르크스로 가는 나의 길(1933)[1]

자기 자신의 세계관을 정화하는 일을 진지하게 받아들이고, 사회의 발전, 특히 현 상황, 그리고 그 속에서 자신이 있는 위치, 현 상황에 대한 자신의 입장을 진지하게 대하는 모든 지식인에게 마르크스와의 관계는 현실적인[진정한] 시금석이다. 그들이 이 문제[마르크스와의 관계 문제]를 얼마나 진지하고 철저하며 깊이 있게 대하는가 하는 것은, 그들이 현재의 세계사적 투쟁들에 대해 분명한 입장을 취하는 것을—의식적으로든 무의식적으로든—피하려고 하는지, 그리고 얼마만큼이나 그러는지를 잴 수 있는 척도를 제공한다. 따라서 마르크스와의 관계와 마르크스주의를 붙잡고 정신적으로 고투한 과정을 약술한 전기들 각각은, 설사—나의 경우처럼—그 전기 자체가 공론장의 관심을 요구할 수 없는 종류의 것이라 하더라도, 제국주의 시기를 살아가는 지식인들의 사회사를 위한 글로서, 어느 정도 일반적인 관심거리가 될 만한 하나의 상(像)을 제공한다.

내가 마르크스를 처음 접한 것은 김나지움을 마칠 즈음이었다(『공산당 선언』을 접했다). 그 인상은 지극히 강렬했다. 그 후 대학생 때 나는 마르크스와 엥겔스의 글 몇 편(『루이 보나파르트의 브뤼메르 18일』이라든지 『가족·사유재산·국가의 기원』)을 읽었으며 특히 『자본』 제1권을 철저히 연구했다. 이러한 연구를 통해서 나는 즉

375 부록

---

1   이 글은 1933년 『국제문학』(*Internationale Literatur*)(3권 2호)에 "Mein Weg zu Marx"라는 제목으로 처음 발표되었다.

시 마르크스주의의 몇 가지 핵심이 지닌 정당성을 확신하게 되었다. 잉여가치론, 역사를 계급투쟁들의 역사로 보는 관점, 사회의 계급적 편성 등이 무엇보다도 강렬한 인상을 주었다. 그렇지만 부르주아 지식인에게 아주 비근한 일이듯이 내게도 이러한 영향은 경제학 그리고 특히 '사회학'에 한정되었다. 나는 유물론 철학(당시 나는 변증법적 유물론과 비변증법적 유물론을 전혀 구분하지 않았다)은 인식론상으로 완전히 극복된 것으로 여겼다. "의식의 내재성(Immanenz des Bewußtseins)"이라는 신칸트적 학설은 당시 나의 계급적 위치와 세계관에 딱 들어맞았다. 나는 그 학설을 비판적으로 검증하지도 않은 채, 모든 인식론적 문제설정의 출발점으로 거리낌 없이 받아들였다. 그러나 어떻게 현실의 문제가 단순히 의식의 내재적 범주로서 도출될 수 있는지를 이해할 수는 없었기 때문에, 극단적인 주관적 관념론에 대해서는(신칸트주의의 마르부르크학파뿐만 아니라 마하주의[2]에 대해서도) 항상 의심을 품었던 게 사실이다. 하지만 이를 통해 유물론적 결론들에 이른 것은 아니었다. 오히려 반대로 이 문제를 비합리주의적·상대주의적으로, 종종 신비주의적인 것으로 변색시켜 해결하려고 했던 철학 학파들(빈델반트와 리케르트, 지멜, 딜타이)에 접근하게 되었다. 지멜―나는 그의 개인적인 문하생이었던 적이 있었다―의 영향은 내가 그 시기에 마르크스로부터 전유했던 것을 그러한 세계관에 '접합'할 가능성도 제공했다. 지멜의 『돈의 철학』과 막스 베버의 프로테스탄티즘 관련 저술들이 '문학사회학'을 위한 나의 모델이었다. 이 '문학사회학'에 마르크스적 요소들이―필연적으로 희석되고 퇴색된 모습

---

2   마하주의(Machismus)는 오스트리아의 물리학자이자 철학자인 에른스트 마하(Ernst Mach)에서 비롯된 철학적 조류를 지칭하는 말로서, 레닌이 『유물론과 경험비판론』(1907)에서 '마하주의'라고 명명한 것이 그 이름의 기원이다.

으로—존재한 것은 사실이나 거의 인식될 수 없었다. 지멜을 모범 삼아 한편으로는 매우 추상적으로 파악된 경제적 토대로부터 '사회학'을 가능한 한 분리시켰으며, 다른 한편으로는 '사회학적' 분석을 미학의 본래적인 학문적 탐구의 전(前) 단계로만 보았다(『근대 드라마의 발전사』(1909); 「문학사의 방법론」(1910); 둘 다 헝가리어로 쓰였다). 1907년부터 1911년 사이에 발표된 나의 에세이들은 이러한 방법과 신비주의적 주관주의 사이에서 오락가락했다.

세계관의 그러한 발전 과정에서 청년시절 마르크스를 읽고 생긴 인상들이 점점 더 퇴색하고 나의 학술 활동에서 점점 더 작은 역할을 할 수밖에 없었던 것은 분명하다. 여전히 나는 마르크스를 가장 능력 있는 경제학자이자 '사회학자'로 여겼지만, 경제학과 '사회학'은 당시 나의 활동에서 일시적으로 비교적 작은 역할을 했다. 이러한 주관적 관념론으로 인해 내가 철학적 위기에 이르게 되었던 발전과정의 세세한 문제들과 단계들은 독자들에게 흥미로운 사안이 못 된다. 하지만 그 철학적 위기는—나는 당연히 의식하지 못했는데—제국주의적 대립들의 강력한 대두에 의해 객관적으로 규정되어 있었으며, 세계대전의 발발로 촉진되었다. 이러한 위기는 맨 먼저 주관적 관념론에서 객관적 관념론으로 이행하는 과정(1914~15년에 쓴 『소설의 이론』)에서 적나라하게 나타났다. 아마 헤겔—특히 『정신현상학』—이 내게 점점 더 큰 의미를 지니게 되었던 것 같다. 내게 전쟁의 제국주의적 성격이 점점 더 분명해지고 헤겔 연구가 깊어지면서—이때 포이어바흐에 대해서도 관심을 가졌지만 그 당시에는 인간중심주의(Anthropologismus)의 측면에서만 관심을 가졌다—마르크스에 대한 나의 두 번째 집중적 연구가 시작된다. 그의 위대한 글 「정치경제학 비판 서설」("Einleitung zur Kritik der politischen Ökonomie")도 열심히 연구하긴 했지만, 당시 내가 가장 많이 관심을 가진 것은 청년기의 철학 저술들이었다. 그런데 이번의 마르크스는 더 이상 지멜의 안경이 아니라 헤겔의 안경을 통해서 본 마르크스였다. 마르크스를 더 이상 '탁월한 전문학자'로, 경제학자나 사회학자로 보지는 않았다. 이미 그 당시에 마르크스가 포괄적인 사상가, 위대한 변증론자임을 '어렴풋이 깨달았다.' 물론 그 당시에도 나는 변증법의 문제들을 구체화하고 통일적이며 수미일관하게 만드는 데 있어 유물론이 지니는 의미를 여전히 몰랐다. 나는 형식에 대한 내용의—헤겔적인—우선성까지만 도달했을 뿐이며, 본질적으로 헤겔의 토대 위에서 헤겔과 마르크스를 하나의 '역사철학' 속에서 종합하려고 시도했다. 이러한 시도는 독특한 뉘앙스를 띠었는데, 그 원인은 나의 고국 헝가리에서 가장 영향력이 컸던 '좌파 사회주의' 이데올로기가 에르빈 서보(Ervin Szabó)의 생디칼주의였다는 점에 있다. 그의 생디칼주의적인 저작들은 몇 가지 가치 있는 것(예컨대 『고타 강령 비판』—이것을 나는 그를 통해 알게 되었다—의 소개)을 제공했을 뿐만 아니라 나의 '역사철학적 시도'에 강력한 추상적·주관주의적인 색채를, 따라서 윤리화하는 색채를 부여했다. 강단 지식인으로서 비합법 노동운동과 분리되어 있었던 나는 전쟁 동안에 스파르타쿠스단[3]의 글들은 물론 레닌이 전쟁과 관련해 쓴 글들도 보지 못했다. 나는—강력하고 지속적인 영향력을 지녔던—로자 룩셈부르크의 전전(戰前) 저술들을 읽었다. 레닌의 『국가와 혁명』은 1918~19년의 [헝가리] 혁명기 동안에 비로소 알게 되었다.

이러한 이데올로기적 혼요(混搖) 상태에서 나는 1917년 혁명[러

---

3   1차 세계대전 중에 독일 사회민주당 좌파가 탈퇴하여 조직한 혁명단체로, 칼
     리프크네히트(Karl Liebknecht), 로자 룩셈부르크(Rosa Luxemburg), 클라라 체
     트킨(Clara Zetkin), 프란츠 메링(Franz Mehring) 등이 중심인물이다.

시아 혁명]과 1918년 혁명[헝가리 혁명]을 만났다. 약간의 동요 후에 1918년 12월 헝가리 공산당에 입당했으며, 이후 혁명적 노동운동의 대열 속에 쭉 머물렀다. 정치 사업은 즉시 마르크스의 경제학 저술들에 대한 더욱더 집중적인 연구를 하지 않을 수 없게 만들었으며, 역사, 경제사, 노동운동사 등등에 대한 더욱 강도 높은 연구와 철학적 토대의 끊임없는 수정을 행하지 않을 수 없도록 강제했다. 마르크스주의 변증법을 실제적이고 총체적으로 파악하기 위한 이러한 고투는 매우 오래 지속되었다. 헝가리 혁명의 경험을 통해 모든 생디칼주의적 이론의 허약성을 매우 선명히 볼 수 있었던 것은 사실이다(혁명에서 당의 역할). 하지만 내게는 극좌파적인 주관주의가 여전히 오랫동안 생생히 남아 있었다(1920년 의회주의 논쟁에 대한 입장[4]과 1921년 3월 사태에 대한 입장[5]). 이것은 무엇보다도 변증법의 유물론적 측면을 현실적이고 올바르게, 그것이 지닌 포괄적인 철학적 의의에 걸맞게 파악하는 것을 방해했다. 나의 책 『역사와 계급의식』(1923)은 이러한 과도기적 상태를 매우 분명하게 보여준다. 마르크스를 통해 헤겔을 극복하고 '지양'하려는 의식적인 시도에도 불구하고, 변증법의 결정적인 문제들은 관념론적으로 해결되었다(자연변증법, 모사론 등등). 변함없이 고수했던 룩셈부르크의 축적론은 극좌파·주관주의적 행동주의와 비유기적

---

4   '의회주의'를 둘러싼 논쟁 와중에 루카치는 『공산주의』 6호(1920년 3월 1일)에 「의회주의 문제에 관하여」("Zur Frage des Parlamentarismus")를 발표했다. 부르주아 의회에 참여하는 것을 반대한 이 글에 대해 레닌은 "'좌파 급진주의'의 소아병"을 앓고 있는 글이라고 혹평했다.

5   "1921년 3월 사태"는 1921년 3월 중부 독일에서 일어난 노동자 무장봉기를 말한다. 이 봉기는 정부군에 의해 유혈 진압되었다. 이 봉기 직후 쓴 「혁명적 선도체의 조직 문제」("Organisatorische Fragen der revoltionären Initiative")에서 루카치는 3월 봉기를 지지하는 극좌적 입장을 취했다. 3월 사태는 나중에 모험주의적 행동이었다고 비판받게 된다.

으로 뒤섞였다.

　수년간의 실천 끝에 혁명적 노동운동과 일체화됨에 따라서, 그리고 레닌의 작품들을 연구하고―점차―그 작품들의 근본적인 의미를 파악할 수 있게 됨에 따라서 비로소 나의 마르크스 연구의 제3기가 시작되었다. 거의 십 년에 걸친 실천 사업과 분명히 십 년 넘게 이루어진 마르크스에 대한 이론적인 몰두 과정을 거치고 난 지금에야 비로소 유물론적 변증법의 포괄적이고 통일적인 성격이 내게 **구체적으로** 분명해졌다. 그러나 바로 이 분명함이야말로 마르크스주의에 대한 진정한 연구는 **이제야 비로소 시작**되며 결코 중단될 수 없다는 인식을 동반하는 것이다. 그도 그럴 것이 레닌이 아주 적절히 말했다시피 "현상은 법칙보다 더 **풍부**하며 (…) 그 때문에 법칙은 그것이 어떠한 것이든 간에 협소하고 불완전하며 대략적이다." 다시 말해서, 변증법적 유물론의 아주 넓고 깊은 인식의 토대 위에서 자연과 사회의 현상들을 최종적으로 파악했다고 망상하는 사람은 누구나 다 필연적으로, 살아 있는 변증법에서 기계적 경직성으로, 포괄적인 유물론에서 관념론적 일면성으로 굴러 떨어질 수밖에 없다. **변증법적 유물론 곧 마르크스의 학설은 날마다, 매 시간 새로 실천에 의거해 익히고 전유되어야 한다.** 다른 한편 마르크스의 학설은 견고한 통일성과 총체성을 견지하는 가운데 실천을 이끌고 현상들과 그 법칙들을 처리하기 위한 무기를 빚어낸다. 이러한 총체성에서 단 하나의 고리라도 떨어져나간다면(혹은 단순히 간과되더라도) 다시금 경직성과 일면성이 생겨난다. 계기들 간의 비율을 그르치기만 해도 발아래 유물론적 변증법의 지반을 재차 잃어버릴 수 있다. 레닌의 말처럼 "진리란, 사람들이 그것을 과장하고 그것이 지닌 타당성의 한계를 넘어설 때 모두 부조리한 것이 될 수 있기 때문이다. 아니, 그러한 상황에서는 부조리한 것이 될 수밖에 없기 때문이다."

내가 소년으로서 『공산당 선언』을 처음 읽은 지도 삼십 년이 넘었다. 마르크스의 저술들에 대한 인식이 더욱 깊어진—일직선적인 것이 아니라 모순에 찬 것이기는 하지만—과정은 나의 지적 발전의 역사가 되었을 뿐만 아니라 (내 삶이 사회 전반에 어떤 의미를 지니는 한에 있어서) 나의 삶 전체의 역사가 되었다. 마르크스가 등장하고 난 이후 시대에 마르크스를 붙들고 씨름하는 일은 자신을 진지하게 대하는 사상가라면 누구에게나 다 중심문제가 될 수밖에 없다고 생각한다. 그리고 마르크스의 방법과 결과들을 전유하는 방식과 정도가 인류의 발전에서 그의 지위를 규정한다고 생각한다. 이러한 발전은 계급적으로 규정되어 있다. 그러나 이 규정 또한 경직된 것이 아니라 변증법적이다. 다시 말해서, 한편으로 계급투쟁에서 우리의 위치가 마르크스주의를 전유하는 방식과 정도를 폭넓게 규정하며, 다른 한편으로 이러한 전유의 모든 심화는 우리로 하여금 프롤레타리아계급의 삶 및 실천과 혼융되도록 촉진하고 이를 통해 마르크스의 학설과 우리가 맺는 관계를 심화하도록 재차 영향을 미친다.

「마르크스로 가는 나의 길」 후기(後記)(1957)[1]

앞의 글[「마르크스로 가는 나의 길」]이 잔뜩 기대에 부푼 어조로 쓰였다는 것은 누구라도 알 수 있을 것이다. 어조가 그랬던 것은, 거의 15년 동안 수많은 지적 모험을 거친 후 마침내 내 발아래에서 확고한 지반을 감지했기 때문만은 아니었다. 그 15년 동안 일어났던 일들도 어조가 그렇게 되는 데에 크게 기여했다. 혁명 초기 몇 년간에 대해서는 이미 말했지만 레닌의 사망 이후 시대에 대해서는 말하지 않았다. 나는 스탈린이 레닌의 올바른 유산을 위해 트로츠키, 지노비예프 등등에 맞서 벌인 투쟁을 전우(戰友)의 입장에서 경험했으며, 레닌이 우리에게 선사했던 바로 그 성과들이 구제되고, 더 폭넓게 구축되기 위해 활용되는 것을 보았다. 그간 여러 해가 지났고 경험도 했지만, 그것이 1924년부터 1930년까지의 이 시기에 대한 나의 이러한 판단에서 본질적인 것은 전혀 바꾸지 않았다. 게다가 1929~30년에 벌어진 철학논쟁은 나로 하여금 헤겔-마르크스의 관계, 포이어바흐-마르크스의 관계, 마르크스-레닌의 관계—소위 플레하노프적 정통성으로부터의 해방—를 분명하게 할 수 있다는 희망, 철학연구를 위한 새 지평들을 열

1   이 글은 이탈리아 잡지 『새로운 논의』(*Nuovi Argumenti*) 33호(1958)에 "La mia via al marxismo"라는 제목으로 처음 발표되었다. 독일어로는 "Postcriptum zu: Mein Weg zu Marx(1957)"라는 제목으로 1967년에 옛 서독에서 처음 발표되었다. 이 글이 실린 책은 다음과 같다. *Georg Lukács. Werkauswahl Band 2.* Ausgewählt und eingeleitet von Peter Ludz: *Schriften zur Ideologie und Politik*, Neuwied und Berlin: Luchterhand 1967.

수 있다는 희망을 갖도록 했다. 더욱이 내가 항상 반대 입장을 취했던 라프(RAPP)의 해체(1932)는 나를 비롯한 수많은 사람에게 사회주의 문학과 마르크스주의 문학이론 및 문학비평이 관료주의에 의해서 저해받지 않고 약진할 것이라는 폭넓은 전망을 열어주었다. 이와 관련해서는 문학이론 및 문학비평의 마르크스·레닌주의적 성격과 관료정치가 만들어낸 장애물의 부재(不在)라는 두가지 구성요소가 똑같이 강조되어야 한다. 게다가 우리는 바로 이무렵에 청년 마르크스의 기초적인 작품들과 그중에서도 특히 『경제학-철학 수고』를, 그리고 레닌의 철학 유고를 알게 되었다. 이러한 사실들이 저 고양된 어조와 커다란 희망들을 1930년대 초반에 야기했던 것이다.

그 당시에도—긍정적으로 표현해서—틀에서 벗어난 다른 생각을 가진 사람들은 희미하거나 공세적인 저항에 부딪쳤다. 그리하여 이러한 희망들이 퇴색해갔는데, 다만 이는 아주 서서히 진행된일이었다. 처음에 나를 비롯한 적지 않은 사람들이 우리가 마주하고 있는 것은 아직 완전히 극복되지 않은 과거의 잔재('라프주의자', 속류사회학자 따위)일 뿐이라고 생각했다. 나중에 우리는 이론적 전진을 가로막는 이 모든 경향이 견고한 관료주의적 거점들을 갖고 있다는 사실을 분명히 알게 되었다. 그러나 한동안 우리는교조주의를 위한 이 방어 시스템이 필경 우연한 존재일 것이라고믿었다. 우리 중 많은 사람이 스탈린을 생각하면서 왕왕 다음과같이 탄식했다. "아, 왕이 그것을 알았더라면(Ah, si le roi le savait)." 물론 그러한 상태가 무한정 지속될 수는 없었다. 마르크스주의 문화를 풍요롭게 하는 전향적인 흐름들과 모든 자립적 사고를 교조적이고 관료적·전제적으로 억누르는 것 사이에 존재하는 모순의원천을 스탈린의 체제 자체에서, 따라서 스탈린이라는 인물에서도 찾을 수 있다는 것을 깨달을 수밖에 없었던 것이다.

그러나 당시 그러한 일들에 대해서 입장을 취해야 했을 때에, 생각이 있는 사람이라면 누구나 다 세계사적인 상황에서 출발하지 않을 수 없었다. 히틀러가 부상하면서 사회주의에 맞선 파괴적인 전쟁을 준비하고 있었던 것이 당시의 상황이었다. 내게 언제나 명확했던 것은, 이러한 상황에서 생겨난 결정이 어떠한 것이든 모든 것은—그것이 내게 개인적으로 가장 귀중한 것이든 나 자신의 필생의 작업이든—무조건 그 결정에 복속되어야 한다는 것이었다. 나는 마르크스·레닌주의 세계관을 내가 잘 다룰 수 있는 영역들에 올바로 적용하고, 새로 밝혀진 사태들이 요구하는 바에 따라 적절히 그 세계관을 발전시켜나가는 것을 내 삶의 중심 과업으로 여겼다. 그러나 내가 활동하던 이 시기에 세계사적으로 가장 중요한 일은 유일한 사회주의 국가의 현존을 위한, 따라서 사회주의의 현존을 위한 투쟁이었다. 그렇기 때문에 당연하게도 나는 이를 위해 내려진 결정에 나 자신의 필생의 작업에 대한 입장을 포함한 모든 입장을 복속시켰다. 그렇다고 해서 이것이 그 투쟁의 과정에서 생겨나서 선전되었다가 다시 사라졌던 저 모든 이데올로기적 경향에 투항한다는 뜻은 전혀 아니었다. 하지만 동시에 내게 분명했던 것은, 이 시기에 반대 입장에 선다는 것은 물리적으로 불가능할 뿐만 아니라 모든 문화의 파괴자, 불구대천의 원수를 위한 정신적·도덕적 지원이 되기 십상이라는 사실이었다.

그 때문에 나는 나의 학문적 이념들을 위해서 일종의 빨치산 투쟁(Partisanenkampf)을 수행할 수밖에 없었다. 다시 말해서, 내 글을 발표할 수 있기 위해서 몇 군데 스탈린의 인용문 따위를 덧붙일 수밖에 없었으며, 지배적인 경향에서 벗어나는 내 견해를 필요한 조심성을 가지고 그때그때의 역사적 여지가 허락하는 만큼만 공개적으로 글 속에 표현할 수밖에 없었다. 이로 인해 어쩔 수 없는 침묵이 종종 생겨났다. 예를 들어보자. 전쟁 중에 헤겔을 프랑스 혁명에 반대한 봉건적 반동의 이데올로그로 천명하는 결정이 이루어졌던 것은 익히 알려진 사실이다. 그 때문에 당연하게도 나는 청년 헤겔을 다룬 책을 그 시절에 출판할 수 없었다. 나는 다음과 같이 생각했다. '이러한 비과학적 우매함이 없더라도 전쟁에서 확실히 이길 수 있다. 하지만 반(反)히틀러 선전이 어떻든 그러한 생각에 근거하고 있다면, 전쟁에서 이기는 것이 헤겔에 대한 올바른 파악을 두고 싸우는 것보다 이 순간에는 더 중요하다.' 잘 알다시피 헤겔에 관한 잘못된 그 이론은 전쟁 뒤에도 오랫동안 유지되었다. 그러나 전쟁이 끝난 뒤에 내가 나의 헤겔 책을 단 한 줄도 바꾸지 않은 채 출판했다는 것 또한 잘 알려진 사실이다.

훨씬 더 심각한 사회적 문제들도 있었는데, 이를 통해 이 시기에 스탈린적 방법들에 내재하는 부정적인 점이 점점 더 분명하게 드러났다. 당연하게도 이 대목에서 내가 염두에 두고 있는 것은 대대적으로 자행된 재판들이다. 그 재판들의 적법성에 대해서는 처음부터 회의적으로 판단하면서도, 예컨대 프랑스 대혁명 과정에서 이루어진 지롱드주의자, 당통주의자 등에 대한 재판들과 크게 다르지 않다고 생각했다. 즉, 나는 그 재판들의 합법성 문제는 크게 중시하지 않은 채 역사적 필연성을 긍정했던 것이다(현재 나는 흐루쇼프가 그 재판들이 정치적으로 불필요한 것이었음을 예리하게 역설한 것이 옳다고 생각한다).

나의 입장은 트로츠키주의 등등을 근절하자는 구호가 제시되었을 때에야 비로소 근본적으로 변했다. 나는 그러한 구호가 전혀 무고한 다수의 사람을 대대적으로 처단하는 결과를 빚을 수밖에 없다는 것을 처음부터 알았다. 오늘날 사람들이 왜 그런 일에 공개적으로 반대하지 않았는지를 내게 묻는다면 나는 재차 물리적인 불가능성—나는 소련에서 정치 망명객으로 살았다—보다는 도덕적인 불가능성을 전면에 내세울 것이다. 즉, 소련은 파시즘과의 결전을 목전에 두고 있었다. 따라서 확신에 찬 공산주의자라면 "옳든 그르든 나의 당이다(right or wrong, may party)"라고 말할 수밖에 없었다. 이러한 상황에서 스탈린이 지도하는 당이 무슨 짓을 했든 간에—당에서 많은 사람이 나처럼 생각했는데—우리는 이 투쟁에서 당과 무조건 연대해야 했으며 이 연대를 다른 무엇보다 우선시해야 했다. 승리로 끝난 전쟁은 전체 상황을 근본적으로 바꾸었다. 나는 26년에 걸친 망명 끝에 고향으로 돌아올 수 있었다. 내게는 세계의 모든—사회주의적이든 부르주아적이든—민주주의 역량이 전쟁 때처럼 반동에 맞서 동맹을 맺는 것이 가능하게 된 새 시기로 들어선 것처럼 보였다. 1946년 제네바 〈국제회합〉(Rencontres Internationales)에서 한 나의 연설[2]은 이러한 느낌을 분명하게 표현했다. 만약에 내가 처칠의 풀턴 연설[3] 이후 자본주의 세계에서 반대경향들이 얼마나 강력한지, 서구의 영향력 있는 무리들이 전시 동맹을 청산하고 전쟁 때의 적들에게 정치적, 이데올로기적으로 접근하려고 얼마나 많은 노력을 기울이고 있는지를 보지 못했다면, 나는 당연히 맹목적인 사람이었을 것이다. 이미 제네바 회합에서 쟝-에르 드 살리스(Jean-R. de Salis)와 드니 드

---

2 연설문의 제목은 「귀족주의적 세계관과 민주주의적 세계관」("La vision aristocratique et démocratique du monde"). 독일어본 제목은 "Aristokratische und demokratische Weltanschauung"이다.

3 1946년 3월 5일 미국 미주리 주(州) 풀턴에 있는 웨스트민스터 대학에서 처칠이 "평화의 원동력"이라는 제목으로 한 연설. "철의 장막"이라는 표현을 사용해 소련의 확장을 경계한 처칠의 이 연설은 종전 후 세계질서를 냉전구도로 짜는 시발점이 되었다.

후즈몽(Denis de Rougemont)이 러시아를 유럽문화에서 배제하기로 결정한 구상들을 들고 나섰다. 하지만 이에 대한 사회주의 진영의 반응에는 나를 비롯한 아주 많은 사람이 평화의 힘으로, 중부유럽에서 인민민주주의가 성립함으로써 이룩될 사회주의 강화의 힘으로 소멸되기를 고대했던 그러한 이데올로기의 많은 특징이 담겨 있었다는 사실을 무시한다면 이 또한 맹목적이기는 매한가지일 것이다. 새로운 세계상황이 명령했던—나는 그렇게 생각했고 지금도 그렇게 생각하고 있는데—그러한 노력을 고수했기 때문에 나는 바르샤바 대회(1948년)에서 열렬히 평화운동을 지지했으며[4] 지금까지도 확신에 찬 지지자로 남아 있다. 특징적이게도 나의 바르샤바 연설의 주제는 어제와 오늘의 적 곧 제국주의 반동의 변증법적인 통일성과 상이성이었다.

1948년[5] 즉 중국에서 이룩된 프롤레타리아 혁명의 승리는 1917년 이래 가장 위대한 시대적 전환점일 것이다. 바로 이 혁명으로 스탈린의 이론과 실천의 결정적 모순들이 전면에 드러났다. 그도 그럴 것이 이 승리는 객관적으로 '일국 사회주의'—이것을 방어한 점에서는 스탈린이 트로츠키에 비해 전적으로 옳았다—의 시기가 마침내 과거지사가 되었음을 의미했다. 중부유럽에서 인민민주주의가 수립된 것은 새로운 시기로의 이행을 이루었다. 주체적인 측면에서, 스탈린과 그의 추종자들은 근본적으로 변한 세계상황에서 이론적 결론도, 또 그렇기 때문에 실천적 결론도 추출하려고 하지 않았으며 추출할 수도 없었다는 것이 드러났다. 스탈린이

---

4 1948년 8월 바르샤바에서 세계평화대회가 개최되었는데, 여기에서 루카치는 「지식인의 책임」("Verantwortlichkeit der Intellektuellen")이라는 제목으로 연설을 했다.

5 중화인민공화국이 수립된 해는 1949년인데, 1948년으로 잘못 적은 듯하다.

자신의 실천에서 새로운 상황의 몇 가지 징후와 계기를 파악했던 것은 예전에 아주 영리했던 인간으로서 당연한 일이었다. 하지만 그 상황의 기반을 현실적으로 철저하게 파악하지는 못했다. 그도 그럴 것이 이 새로운 상황은 '일국 사회주의' 시기의 방법들, 다시 말해 산업 후진국인 러시아의 항상 위태로운 상황에서 객관적으로 생겨난 것이었지만 스탈린 자신이 그 필연성 너머로 발전시켜버렸던 그러한 방법들과의 단절을 의미할 수 있다는 생각은 완전히 그의 시야 바깥에 놓여 있었다. 그리하여 새로운 전략과 전술을 명령했던 새로운 세계상황은 낡은 전략과 전술의 치명적인 극단화를 대표하는 하나의 행위를 통해, 곧 소련의 유고슬로비아와의 단절을 통해 개시되었다. 그 결과 대(大)재판 시기[6]에 나온 방법들의 귀환은 불가피했다.

나 자신은 나의 책 『문학과 민주주의』를 둘러싸고 1949~50년에 헝가리에서 벌어졌던 논쟁을 통해 새로운 토대와 낡은 이데올로기 간의 모순성을 본질적으로 더 쉽게 통찰할 수 있게 되었다. 1944년에 귀국한 뒤 나는 조직상으로는 결코 지도적인 당원이 아니었지만 새로운 상황에서 적절한 결론들을 끌어내고, 사회주의로의 이행을 설득에 근거한 새롭고 점진적인 방식으로 관철시키려고 부단히 노력했다. 바로 위에서 언급한 책에 실린 논문들과 연설문들은 이러한 노력의 일환이었다. 지금은 그 글들이 많은 측면에서 부족한 것으로, 목표가 충분히 분명치는 않고 수미일관하지 않은 것으로 보이지만, 그 글들이 표명하는 방향은 올바른 것이었다. 그 논쟁은 교조주의적 이데올로그들과의 생산적인 논쟁이라는 것이 얼마나 무망한 일인지를 보여주었다.

---

6 앞에서 이미 언급한, 1936~38년에 모스크바에서 벌어졌던 대대적인 숙청재판.

그 논쟁과 그 와중에 수행된 나의 전술적인 후퇴—때는 러이크 재판 시기였다[7]—로 생긴 제일 큰 이익은 복잡다기한 당원 활동을 그만두고 이론 작업에 전적으로 집중할 수 있었던 점이다. 그 논쟁과 굵직한 시사적 사건들에 대한 경험은 내가 마르크스·레닌주의의 문제들을 스탈린 및 그의 추종자들의 방법들과 비교하여 그때부터 더욱 깊이 검증하는 데에 도움이 되었다. 스탈린이 세계 상황의 결정적인 새로움을 파악하지 못했다는 것을 점점 더 분명하게 인식하게 되었는데, 이 인식은 이제 과거에 대한 더욱 철저한 연구를 통해 확장되고 일반화되었다. 1920년대 후반에 반파시즘 투쟁이 중심 문제가 되었을 때도 스탈린은 [바로 그때가 아니라] 그로부터 거의 10년이 지나서야 비로소 그 투쟁의 의미를 이해했다는 것이 내게 분명해졌다. 사회민주주의를 파시즘의 "쌍둥이"로 규정한 그의 이론은 노동자층의, 아니 모든 민주주의적 요소의 통일전선이 생성되는 것이 인간문화의 사활적 문제가 되었던 시대적 전환기에 그러한 통일전선을 불가능하게 만들었다. 그는 1917년 혁명의 물결이 몰아치던 시기 및 그 직후에는 정당성이 있었으나 그 물결이 잠잠해진 후에는, 가장 반동적인 독점자본의 대대적인 공세가 전개된 후에는, 객관적으로 완전히 낡은 것이 되어버린 전략과 전술을 계속 완강하게 고수했던 것이다. 그리하여 나는 1948년 이후에 일어났던 일을, 1920년대에 있었던 근본적 오류의 세계사적 반복으로 보기 시작했다.

---

7 당시 헝가리에서는 직전까지 외무상이었던 라슬로 러이크(László Rajk)에 대한 공개재판이 벌어지고 있었다. 확실한 공산주의자이자 스탈린주의자였음에도 불구하고 그는 "제국주의의 첩자"이자 "티토주의자"라는 죄명을 뒤집어쓰고 1949년 10월 처형당했다. 이런 상황에서 루카치는 "문학의 러이크" 취급을 받게 되면서 생명의 위협을 느꼈다. 이 위기에서 벗어나기 위해 루카치는 또다시 공개적인 자기비판을 수행했다.

내 견해의 내적 발전과정이 이 글의 맥락에서 본래의 주제이다. 앞에서 말한 [스탈린의] 잘못된 견해들의 근저에 놓여 있는 사상 체계와 관련해서는 그 윤곽을 그리는 일조차 불가능하다. 스탈린 의 사고 속에 있는 비극적 분열이 점점 더 분명하게 내 눈에 들어 왔다는 점만 언급해두자. 제국주의 시기 초반에 레닌은 주체적 요 소의 의의를 고전대가들[마르크스와 엥겔스]의 학설 너머로 발전시 켰다. 스탈린은 그로부터 주관주의적인 도그마들의 체계를 만들 었다. 스탈린이 자신의 위대한 재능, 풍부한 경험과 대단한 통찰 력을 통해서 이러한 주관주의적인 마법의 원환을 뚫고 나가고 심 지어 주관주의의 오류를 분명히 통찰하는 일마저 드물지 않았다 는 데에 비극적인 분열이 있다. 자신이 경제학적 주관주의의 정신 적 아버지이자 확고한 장려자였다는 사실에 대해서는 어렴풋이 나마도 생각지 못한 채 그의 마지막 작품[1952년에 출판된 『소련 사 회주의의 경제적 문제들』]은 경제학적 주관주의에 대한 정당한 비판 으로 시작하고 있는 것이 내게는 비극적으로 보인다. 다른 한편, 그러한 사유체계 속에는 완전히 모순되는 견해들이 평화롭게 병 존할 수 있다. 그래서 계급대립이 부단히 불가피하게 첨예화된다 는 이론과 공산주의와 사회주의의 더 높은 단계가 임박했다는 이 론이 동시에 존재했던 것이다. 이러한 상호 대립적 주장들의 착종 에서 공산주의 사회에 대한 그의 악몽과도 같은 비전(Vision)이 생 겨났다. 그의 비전 속에서는 "누구나 자신의 능력에 따라, 누구에 게나 그의 필요에 따라"라는 자유의 원리가 전제적으로 통제되는 경찰국가에서 실현되는 등등의 일이 벌어진다. 트로츠키에 맞서 레닌의 '일국 사회주의' 이론을 성공적으로 수호했으며 그럼으로 써 내전 시기에 사회주의를 구했던 것이 스탈린의 위대한 업적임 에 틀림없다. 하지만 그는 예전에 트로츠키가 소련의 발전상(上)

의 필연성들에 대해 그랬던 것처럼 1948년과 더불어 시작된 시대에 대해 이론적으로 거의 이해력이 없는 상태였다. 스탈린의 이러한 낙후성과 몰이해가 제국주의 적들이 냉전을 주도하는 것을 용이하게 해주었다는 것은 이미 오늘날 많은 사람이 알고 있는 사실이다.

반복건대, 여기에서는 나의 견해의 발전과정만이, 그것도 특히 마르크스주의의 이론적인 문제들과 관련된 측면에서 서술되어야 한다. 지금까지 스탈린에 대해서 이야기한 것은 올바른 문제설정을 위한 배경과 분위기를 마련하기 위한 것일 뿐이었다. 거대한 스탈린주의적 혁명이 수행된 첫 몇 해 동안 지식인의 상당 부분에서 존재했던 열광적 분위기를 생각해보면, 마르크스주의에 있어서 레닌이 수행한 천재적인 이중적 개혁 작업 또한 본질적으로 그 분위기의 원인에 속하는 것이었다. 한편으로 레닌은 마르크스주의의 고전대가와 관련해 수십 년간 만연했던 모든 편견을 일소했다. 그리고 이러한 정화작업에서 마르크스와 엥겔스의 작품이 그때까지 분명히 밝혀지지 않았던 인식들을 얼마나 풍부하게 담고 있는지가 드러났다. 다른 한편으로, 이와 동시에 그는 삶이 제기하는 새로운 문제들을 다룰 때 고전대가의 "오류 없는" 인용문에 의존할 수 없다는 것을 엄격한 현실 감각을 지니고 지적했다. 그리하여 그는 NEP[신경제정책]의 도입기에 그러한 유형의 마르크스주의자들에 대해서 신랄한 반어(反語)로 다음과 같이 말했다. "그것에 대해서 마르크스는 단 한마디라도 쓸 생각조차 하지 않았다. 그는 유일무이한 적확한 인용문도, 반박할 수 없는 언급도 남겨두지 않은 채 죽었다. 따라서 우리는 이제 우리 스스로의 힘으로 해나가려 해야 한다."

여기에서 표현했듯이 나는 레닌이 죽은 뒤 첫 몇 해 동안에는 마르크스주의를 레닌에 따라 구축할 수 있다는 희망을 품었다. 나는 계속해서 증대하는 환멸에 대해서도 자세히 적었다. 마지막으로 중요하게 남은 일은, 이러한 상황에서 과학이론상 본질적인 것을 요약하는 것이다. 문제는, 스탈린의 정신적 지배가 확고해지고 개인숭배로 굳어지는 데 비례하여 마르크스주의 연구가 점점 더 '최종 진리들'을 해석·적용·확산하는 일로 타락했다는 사실이다. 지배적 이론에 따르면 삶과 과학의 모든 문제에 대한 답은 고전대가의 작품들, 특히 스탈린의 작품들 속에 간직되어 있었다. 이때 처음에는 레닌을 통해 마르크스와 엥겔스가, 나중에는 스탈린을 통해 레닌이 점점 더 확실하게 뒷전으로 밀려났다. 예컨대 어떤 철학자가 변증법의 규정들을 레닌의 『철학노트』에 따라서 다루었다고 비난받았던 경우가 또렷이 기억난다. 사람들이 그 철학자를 비난하기를, 스탈린은 『당사(黨史)』 제4장에서 변증법의 표지(標識)를 훨씬 적게 열거했으며, 그 수와 특성을 최종적으로 확정했다는 것이다. 그리하여 그때그때 다루어지는 문제에 적합한 스탈린의 인용문을 찾아내는 것만이 중요했다. 이전에 한 독일 동지는 "이념이란 무엇인가?" "이념은 두 개의 인용문 사이의 연결이다"라고 말한 바 있다. 마르크스·레닌주의의 발전을 위한 문이 완전히 닫혀 있었던 것은 아니라는 데에 이의를 제기하는 것은 물론 잘못일 것이다. 그렇지만 영원한 진리들의 보고(寶庫)를 새로운 진리를 통해 늘리거나 또는 그때까지 반박할 수 없는 것으로 여겨졌던 진리를 통용되지 않도록 하는 특권을 지닌 사람은 오직 스탈린뿐이었다.

　그러한 체제하에서 학문 생활이 어려움을 겪었다는 것은 자세히 말할 필요도 없다. 마르크스주의의 발전을 위해 이론상 가장 중요한 학문인 정치경제학과 철학이 거의 완전히 무력화되었다는 사실만 지적해두도록 하겠다. 자연과학의 경우 체제에 의해서 발전이 저해받는 바가 훨씬 적을 수 있었다. 여기서도 때때로 갈등과 심지어는 위기가 생겨나기도 했다. 그렇지만 자연과학의 실용적 발전은 사활적 문제이어서, 이 분야에서 이루어지는 진보는 방해받지 않을 수 있었을 뿐만 아니라 순수 실용적 부분에서는 심지어 열렬히 장려되기까지 했다. 비생산적인 '인용학'의 위험한 결과적 현상은 자연과학에서는 훨씬 주변적인 곳에서, 따라서 방법론이나 세계관적 기초 등등의 문제에서 나타났다. 이러한 정신의 경직화에 맞서서 부단한 빨치산 투쟁을 벌였던 사람이 나 혼자였던 것은 결코 아니다. 그러나 스탈린의 죽음 이후, 특히 20차 당 대회[1956년 2월에 열린 소련공산당 대회] 이후 이러한 문제복합체는 질적으로 새로운 단계로 접어들었다. 마침내 이러한 문제들이 전부 다 공개적으로 논의되었다. 학계에서는 다소간 분명하게 자기 의견이 표명되기 시작했다. 논의들의 상태와 그 속에서 드러나는 경향들을 그저 암시만 하는 것도 정신적 자서전의 소묘일 따름인 이 글의 과제일 수가 없다. 여기에서는 나 자신의 생각을 짧게 요약하는 것으로 그칠 수밖에 없다. 나는 마르크스주의에 가장 큰 이데올로기적 위험이 오늘날에는 수정주의 경향들에 있다고 생각한다. 지난 수십 년 동안, 스탈린이 표명했던 모든 것은 마르크스주의와 동일한 것, 심지어는 마르크스주의의 최절정이라고 천명되었다. 그 때문에 부르주아 이데올로그들은 스탈린의 수많은 테제와 그의 방법론의 본질적 계기들에서 분명하게 드러난 잘못을 이제는—그것들과 동일한 것으로 제시되었던—마르크스주의 고전대가들의 성과들도 수정하라는 요구를 위해 활용하려 했다. 이러한 사고방향은 도식적·교조적인 교육의 결과 정신적으로 무방비 상태가 된 많은 공산주의자들을 낚아챘다. 그렇기 때문에 이러한 사고방향을 가장 심각한 위험이라고 말하지 않을 수 없다. 그러나 교조주의자들이 스탈린을 마르크스주의의 고전대가들과 본질적으로 동일시하는 입장을 고수하는 한, 그들은 순진한 수정주의자들과 꼭 마찬가지로 그러한 흐름들에 대해—[수정주의자들과는] 반대되는 양상으로—정신적으로 무방비 상태일 것이다. 마르크스·레닌주의를 보존·발전시키기 위해서는 이러한 막다른 골목에서 벗어나는 출구로서 제3의 길을 찾아야만 한다. 다시 말해 수정주의에 맞서 효과적으로 투쟁할 수 있기 위해서 교조주의를 뿌리 뽑아야만 하는 것이다.

이미 말했다시피 레닌은 여기에서 필요한 입장을 취하는 데 있어서 아르키메데스의 점을 분명하게 표시했다. 마르크스주의가 하나의 확실한 방법과 엄청난 수의 보증된 진리, 마르크스주의 자체를 계속 앞으로 나아가게 하는 풍부한 생산적 자극들을 우리에게 남겨놓았다는 것, 그리고 그러한 것들을 깊이 있게 전유하고 활용하지 않고서는 과학적으로 단 한걸음도 전진할 수 없다는 것, 그러나 마르크스주의의 토대 위에서 보편적 과학들을 형성하는 것은 과제이지 이미 이루어진 일이 아니라는 것 등을 우리가 인식할 때에만, 이 모든 것이 분명하게 파악될 때에만, 마르크스주의 연구의 새로운 도약이 이루어질 수 있다. 엥겔스는 죽기 전에 장차 마르크스주의자들이 수행해야 할 그 과제를 언급했다. 레닌은 거듭 독려했다. 나는 지금 그러한 요구들을 충족시킬 때가 왔다고 생각한다. 우리는 아직 마르크스주의 논리학이나 미학, 윤리학과 심리학 등등을 갖고 있지 못하다고 말한다면, 그것은 사기를 저하시키려고 하는 말이 아니다. 그와는 반대로 우리는 더없이 희망에 찬 파토스를 지니고 전(全) 세대의 삶을 풍요롭게 만들 수 있는 고무적인 위대한 과학적 의무들에 대해 말하고 있는 것이다.

물론 그러한 작업들의 전망에 대해서만이라도 구체적으로 말하는 것은 이 글의 틀에서는 불가능한 일이다. 나 자신의 작업에 대해서조차 여기에서는 지면관계상 구체적으로 말할 수 없다. 내가 할 수 있는 말이라고는 다음과 같은 것뿐이다. 마르크스주의의 고전대가들에 대한 집중적 연구는 나의 노력이 항상 향해 있었던 일을 실현할 가능성, 즉 정신생활의 현상들을 실제로 본래 있는 그대로, 그 역사적·체계적인 상태 속에서 정확히 보고 충실히 기술하며 그 진실에 상응하게 표현할 가능성을 내 생애 처음으로 내게 제공했다. 이러한 점에서도 교조주의에 맞선 투쟁은 일종의 자기방어였다. 그도 그럴 것이, 내가 활동을 시작했을 때 영향을 받았던 부르주아 이데올로그들은 의문의 여지없이 그러한 현상들을 왜곡시켰다. 한데 교조주의는 주관주의적인 자명함에 빠진 채 대상으로의 모든 심화, 대상에서 출발하는 모든 일반화에 대립했다. 자신의 지적 인상(人相) 위에 놓인 그러한 눈가리개를 감수했던 사람은 기성의 도그마들에 대한 패러프레이즈를 제공할 수 있었을 뿐, 현실과의 결합은 모두 상실했다. 교조주의에 맞선 나의 빨치산 투쟁은 삶에 대한, 삶의 대상들에 대한 나의 생생한 관계를 보전했을 뿐만 아니라 촉진했다. 내가 오늘날 미학 작업을 할 수 있고 윤리학의 완성을 꿈꾸어도 된다면 그것은 이러한 투쟁 덕분이다.

그 때문에 나는 이 글 역시 잔뜩 기대에 부푼 어조로 써 내려가고 있다. 새로운 길들을 찾기 위한 노력이 아직 끝나지 않았다는 사실, 아니, 우리가 교조주의로의 수많은 복귀—이에 상응하여 이루어지는 수정주의의 강화와 함께—를 체험했으며 오늘날에도 체험하고 있다는 사실을 나는 알고 있다. 내게 개인적으로—여기에서 하는 말은 무엇보다도 나 자신에 관한 말인데—확실한 것은,

보편적인 마르크스주의 과학의 방향에서 진지하게 노력하면 나는 흔들리지 않는 삶의 내용을 제공받을 수 있다는 것이다(내 자신이 이룬 일들이 여기에서 어떤 객관적 가치를 지닐 것인지는 역사가 판단할 것이다. 나는 그런 판단을 할 권한이 없다). 오늘날에도 아직 수많은 장애물이 있다. 혁명적 노동운동은 출생 이래로 실로 다양한 이데올로기적 미로를 극복해야만 했다. 혁명적 노동운동은 이 일을 지금까지 늘 수행해왔다. 나는 혁명적 노동운동이 그 일을 미래에도 수행할 것이라고 깊이 확신한다. 그렇기 때문에 이 자전적 소묘를 다소 변형된 졸라(E. Zola)의 발언으로 끝맺는 것을 허락해주기 바란다. "진리는 서서히 진행되어서 결국에는 아무것도 그것을 멈추게 할 수 없을 것이다(La vérité est lentement en marche et à la fin des fins rien ne l'arrêtera)."

『신좌파평론』과의 대담[1]

    유럽에서 최근에 일어난 사건들은 사회주의와 민주주의의 연관 문제를 다시 제기하고 있습니다. 부르주아 민주주의와 혁명적, 사회주의적 민주주의의 근본적인 차이는 무엇이라고 생각하십니까?

    부르주아 민주주의는 그것의 최고의 표현, 가장 급진적 표현이었던 1793년 프랑스 헌법에서 기원합니다. 부르주아 민주주의의 결정적 원리는 인간을 공적인 삶의 **시트와앵**[공민]과 사적인 삶의 **부르주아**[시민]로 나누는 것인데, 전자가 보편적인 정치적 권리들을 지니고 있다고 여겨지는 쪽이라면, 후자는 개별적이고 불평등한 경제적 이해관계의 표현입니다. 이러한 분리는 역사적으로 결정된 하나의 현상인 부르주아 민주주의의 근본을 이룹니다. 우리는 이러한 분리의 철학적 반영을 사드(Marquis de Sade)에서 발견할 수 있습니다. 아도르노 같은 저술가들이 사드에게 그렇게 몰두한 것은 흥미로운 일인데,[2] 왜냐하면 사드는 1793년 헌법의 철학적 등가물이기 때문입니다. 양쪽[사드와 1793년 헌법]의 지배적 관념

---

1   이 글은 루카치의 사망 직후, 『신좌파평론』(*New Left Review*) 68호(1971년 7/8월)에 "Lukács on his Life and Work"라는 제목으로 수록된 글이다. 루카치와의 대담 인터뷰어인 페리 앤더슨(Perry Anderson)은 국역된 『고대에서 봉건제로의 이행』, 『절대주의 국가의 계보』 등으로 우리에게도 널리 알려져 있는 마르크스주의자이다.

2   Th. W. 아도르노와 M. 호르크하이머가 같이 쓴 『계몽의 변증법』에서 사드의 소설 『줄리엣의 일대기 또는 악덕의 승리』가 다루어지고 있다. 국역본 『계몽의 변증법』, 김유동 옮김, 문학과지성사, 2001, 131~182면 참조.

은 인간이 인간에게 하나의 대상이라는 것, 곧 합리적 이기주의가 인간 사회의 본질이라는 것이었습니다. 지금 분명한 것은, 사회주의하에서 민주주의의 이러한 역사적 과거 형태를 재창조하려는 시도는 모두 퇴행이며 시대착오라는 것입니다. 하지만 그렇다고 해서 사회주의적 민주주의(socialist democracy)를 향한 열망이 행정적 방법들로 다루어져야 한다는 말은 아닙니다. 사회주의적 민주주의의 문제는 매우 현실적인 것이며, 아직 해결되지 않았습니다. 그도 그럴 것이 그것은 관념론적 민주주의가 아니라 유물론적 민주주의여야 하기 때문입니다. 내 말을 설명하기 위해 예를 하나 들어볼게요. 체 게바라 같은 사람은 자코뱅적인 이상의 영웅적 대표자였습니다. 그의 사상들은 그의 삶으로 옮겨져 그 삶을 완전히 형성했죠. 체 게바라가 혁명운동에서 이런 면모를 보인 최초의 인물은 아니었습니다. 독일의 레비네[3]나 여기 헝가리의 오토 코르빈도 그런 인물이었습니다. 이런 유형의 고귀함에 대해서는 깊은 인간적 존경심을 가져야 마땅합니다. 그러나 그들의 이상주의란 새로운 경제의 건설에 의거해서만 **물질적** 토대를 가질 수 있는 일상생활의 사회주의(the socialism of everyday life)의 이상주의와는 다른 것입니다. 그렇지만 경제 발전 자체는 결코 사회주의를 생산하

---

3   오이겐 레비네(Eugen Leviné, 1883~1919)는 러시아 출신 독일 혁명가이다. 부친 사망 후 모친과 함께 이주한 독일에서 공부하다 러시아로 돌아가 1905년 러시아 혁명에 참여했으며, 1906년과 1908년 두 차례 체포되어 심한 고초를 겪었다. 이후 독일로 다시 돌아와 대학에서 박사학위를 받았으며 독일 공산당 창당에 가담, 공산당 지도부의 일원이 되었다. 1919년 4월 뮌헨 평의회 공화국 수립에 결정적 영향을 미쳤으나 혁명이 유혈 진압된 뒤 체포되어 6월 5일 총살당했다. 최종변론에서 그가 공산주의자는 언제나 죽을 각오가 되어 있다는 의미에서 한 다음과 같은 말이 유명하다. "우리 공산주의자들은 모두 휴가 중인 사자(死者)이다(Wir Kommunisten sind alle Tote auf Urlaub)."

지 않는다는 말을 즉각 덧붙여야겠네요. 소련의 생활수준이 미국의 생활수준을 추월할 때 사회주의가 전 세계에서 승리할 것이라는 흐루쇼프 독트린은 완전히 틀린 것이었습니다. 문제는 전혀 다른 방식으로 제기되어야 합니다. 예컨대 다음과 같이 정식화할 수 있겠습니다. 사회주의는 그 체제에 적합한 '경제적 인간'을 자연발생적으로 생산하지 않는 역사상 최초의 경제구성체라고 말입니다. 이것은 사회주의가 과도적인 구성체, 물론 자본주의에서 공산주의로 이행하는 과정에 있는 과도기이기 때문입니다. 고전적 자본주의 사회가 그 **호모 이코노미쿠스**(*homo economicus*)', 1793년의 분리된 **시트와앵/부르주아**, 그리고 사드를 자연스레 만들어낸 반면에, 사회주의 경제는 그것에 적합한 인간들을 자연발생적으로 생산·재생산하지 않습니다. 그렇기 때문에 사회주의적 민주주의의 역할은 그 구성원들을 사회주의에 맞게끔 **교육**하는 것, 바로 그것입니다. 이 역할은 전례가 없는 것이며, 부르주아 민주주의에는 이와 유사한 게 전혀 없습니다. 오늘날 필요한 것은 소비에트[평의회]의 부활임이 분명합니다. 1871년의 파리 코뮌, 1905년의 러시아 혁명, 그리고 10월 혁명 자체 등 프롤레타리아 혁명이 벌어질 때마다 발생한 노동계급 민주주의의 체제인 소비에트의 부활 말입니다. 그러나 이런 일이 하룻밤 새에 일어나진 않겠지요. 문제는 노동자들이 여기에 무관심하다는 것입니다. 그들은 처음에는 아무것도 믿으려 하지 않을 것입니다.

이런 점에서 한 가지 문제는 필연적인 변화를 역사적으로 제시하는 것과 관련된 것입니다. 최근 헝가리에서 벌어진 철학 논쟁에서 역사의 연속성 대(對) 불연속성의 문제를 둘러싼 많은 논의가 있었습니다. 나는 확고하게 불연속성을 주장해왔습니다. 프랑스 혁명은, 루이 14세 치하의 구체제 아래에서 매우 강력했으며

[혁명 이후인] 나폴레옹과 이어진 제2제정 시대에서도 아무런 중단 없이 이어졌던 프랑스 국가의 중앙집권적인 전통을 이어간 것에 불과하다, 따라서 그 혁명은 프랑스 역사에서 근본적인 변화가 전혀 아니었다는, 토크빌(Alexis de Tocqueville)과 텐느(Hippolyte Adolphe Taine)의 고전적인 보수적 견해를 아실 겁니다. 혁명 운동 속에서 레닌은 이런 관점을 단호히 거부했습니다. 레닌은 근본적인 변화와 새로운 출발을 단지 이전 흐름의 연속과 개선에 지나지 않는 것으로 제시하지 않았습니다. 예를 들어, 레닌은 신경제정책(NEP)을 발표했을 때 그것이 전시(戰時) 공산주의의 '발전'이나 '완성'이라고 말한 적이 단 한 번도 없었습니다. 그는 아주 솔직하게, 전시 공산주의는 그 상황에서 이해될 수 있는 실수였고, 신경제정책은 그 실수를 바로잡는 것이자 총체적인 방향 전환이라고 말했습니다. 스탈린주의는 이런 레닌적 방법을 폐기했어요. 스탈린주의는 정책 변화—심지어는 엄청난 변화까지도—를 이전 노선의 논리적 결과이자 개선으로 제시하려고 항상 애를 썼습니다. 스탈린주의는 모든 사회주의 역사를 연속적이고 올바른 발전으로 제시했습니다. 불연속성을 절대 인정하려고 하지 않았지요. 오늘날 다음과 같은 물음은 어느 때보다도 더 중요하며, 특히 스탈린주의의 **유물**을 처리하는 문제에서 중요합니다. 과거와의 연속성을 개선의 관점에서 강조해야 할까요, 아니면 반대로 스탈린주의와의 분명한 단절의 길로 나아가야 할까요? 나는 완전한 단절이 필요하다고 생각합니다. 이것이 역사의 불연속성이라는 문제가 우리에게 정말로 중요한 까닭입니다.

이것을 당신 자신의 철학적 발전에 적용시킬 수 있을는지요? 1920년대에 쓴 저작들을 오늘날은 어떻게 판단하십니까? 그 저작들과 당신의

현재 작업은 어떤 관계가 있습니까?

1920년대에 코르쉬(Karl Korsch), 그람시(Antonio Gramsci), 그리고 나는 서로 다른 방식으로 사회적 필연성이라는 문제, 2차 인터내셔널의 유산이었던 그 필연성의 기계론적 해석의 문제와 씨름했습니다. 우리는 이 문제를 이어받았지만 우리 중 누구도—아마 우리 중 가장 뛰어났을 그람시조차도—이 문제를 풀지 못했습니다. 우리 모두 길을 잘못 들었고, [그 점에서] 오늘날 그 당시 저작들을 지금도 유효한 것처럼 되살리려는 시도는 완전히 잘못된 일일 겁니다. 서구에서는 그 책들을 '이단의 고전들'로 내세우는 경향이 있지만 이제 그럴 필요는 없습니다. 1920년대는 지나간 시대예요. 우리가 관심을 가져야 하는 건 1960년대의 철학적 문제들입니다. 나는 지금 초기 저작, 특히 『역사와 계급의식』에서 설정이 완전히 잘못되었던 문제들을 풀 것으로 기대하는, 사회적 존재의 존재론에 관한 작업을 하고 있습니다. 나의 새 저작은 필연성과 자유, 또는 내 표현으로는 목적론과 인과성 사이의 관계 문제에 초점을 두고 있습니다. 전통적으로, 철학자들은 항상 이 두 축 중 어느 한쪽에 근거해서 체계를 세워왔습니다. 그들은 필연성을 부정하거나 아니면 인간의 자유를 부정했지요. 나의 목적은 이 양자의 존재론적 상호관계를 보여주는 것이며, 철학이 전통적으로 인간에게 제시해온 '양자택일(either-or)'의 관점을 거부하는 것입니다. **노동** 개념이 나의 분석의 중심축입니다. 그도 그럴 것이 노동은 생물학적으로 결정되지 않습니다. 만약 사자가 영양을 공격한다면 그 행동은 오로지 생물학적 필요에 의해서만 결정됩니다. 그러나 원시인이 돌무더기를 마주했을 때, 그는 그중 어느 것이 도구로 쓰기에 가장 알맞은 것인지를 판단해서 선택을 해야 합니다. 그는 **선택항**

401 부록

들(alternatives) 사이에서 고릅니다. 선택이라는 개념은 인간 노동의 의미의 근간을 이루는데, 인간 노동은 그러므로 항상 목적론적입니다. 즉 그것은 목표를 설정하는데, 이 목표는 선택의 결과입니다. 이런 식으로 그것[인간 노동]은 인간의 자유를 표현합니다. 그러나 이 자유는 객관적인 물리적 힘들을 작동시킴으로써만 존재하는데, 이 힘들은 물질적 세계의 인과법칙을 따릅니다. 노동의 목적론은 이렇게 항상 물리적 인과성에 연계되어 있으며, 어떤 한 사람이 노동한 결과는 어떤 다른 사람의 목적론적 정립(Setzung)을 위한 물리적 인과성의 계기입니다. 자연의 목적론에 대한 믿음이 신학이었습니다. 그리고 역사의 내재적 목적론에 대한 믿음은 근거 없는 것이었습니다. 그러나 모든 인간 노동에는 목적론이 있어요, 물리적 세계의 인과성에 떼려야 뗄 수 없게 삽입되어서 말입니다. 이러한 입장이 내가 현재의 작업을 발전시켜나가는 데 출발점을 이루는 핵심입니다. 그 입장은 필연성과 자유의 고전적인 이율배반을 극복하는 것입니다. 그러나 내가 모든 것을 포괄하는 체계를 세우려고 하는 것은 아니라는 점을 강조해야겠네요. 비록 지금 첫 번째 장들을 고치고 있기는 하지만 일단 집필은 끝난 내 책의 제목은 『사회적 존재의 존재론』(The Ontology of Social Being)이 아니라 『사회적 존재의 존재론을 향하여』(Towards an Ontology of Social Being)[4]입니다. 당신은 그 차이를 아시게 될 것입니다. 내가 지금 하는 작업이 적절히 발전하기 위해서는 앞으로 많은 사상가의 집단작업이 필요할 것입니다. 그러나 나는 그것[내가 지금 하는 작업]이 내가 말했던 일상생활의 사회주의를 위한 존재론적 기반을 보여줄 것이라고 기대하고 있습니다.

---

4   독일어 원문 제목은 "Zur Ontologie des gesellschaftlichen Seins"이며, 이를 우리는 "사회적 존재의 존재론을 위하여"로 옮겼다.

영국은 주요한 유럽 국가 가운데 토착적인 마르크스주의 철학 전통이 없는 유일한 나라입니다. 당신은 영국 문화사의 한 계기인 월터 스코트 (Walter Scott)의 작품을 폭넓게 다룬 글을 쓰신 적이 있지요. 그런데 영국 정치사 및 지성사의 한층 포괄적인 발전, 그리고 계몽주의 이래의 유럽 문화와 그것의 관계에 대해서는 어떻게 보시는지요?

영국의 역사는 마르크스가 불균등 발전의 법칙이라고 불렀던 것의 희생물이었습니다. 크롬웰 혁명 및 1688년 명예혁명의 급진주의 그 자체가, 그리고 도시와 농촌에서 자본주의적 관계를 정착시키는 데 그 혁명들이 성공한 것이, 이후 영국이 보여준 후진성의 원인이 되었습니다. 내 생각으로는 영국에서 자본주의적 농업이 갖는 역사적 중요성과 그것이 영국의 이후 발전에 미친 역설적 결과를 강조하는 당신[이 대담의 인터뷰어인 페리 앤더슨(Perry Anderson)]의 논평은 아주 적절했습니다. 이런 점은 영국의 문화 발전에서 매우 분명하게 드러납니다. 부르주아계급의 이데올로기로서 경험주의의 지배는 1688년 이후에야 시작되지만, 그때부터 그것은 엄청난 힘을 얻어 영국의 철학과 예술의 이전 역사 전체를 완전히 왜곡시켰습니다. 가령 베이컨(Francis Bacon)을 봅시다. 그는 위대한 사상가였습니다. 나중에 부르주아계급이 아주 대단한 인물로 만들었던 로크(John Locke)보다 훨씬 더 위대했지요. 그러나 영국의 경험주의는 베이컨의 중요성을 완전히 은폐했습니다. 오늘날 만약 당신이 베이컨이 경험주의를 어떻게 생각했는지를 연구하고자 한다면, 당신은 전혀 다른 것, 즉 경험주의가 베이컨을 어떻게 생각했는지를 먼저 이해해야만 합니다. 당신도 알다시피 마르크스는 베이컨을 매우 존경했습니다. 또 다른 영국의 주요 사상가 맨드빌(Bernard Mandeville)에게도 똑같은 일이 벌어졌습니다. 그는 홉스(Thomas Hobbes)의 위대한 계승자였지만 영국의 부르주아계급은 그를 완전히 망각했어요. 그러나 당신은 마르크스가 『잉여가치론』에서 그를 인용하고 있다는 것을 아실 겁니다. 영국의 이런 급진적 과거 문화는 은폐되고 무시되어왔습니다. 그 대신에 엘리엇(Thomas Sterns Eliot)을 비롯한 이들은 던(John Donne) 등의 형이상학파 시인들(the metaphysical poets)과 같이 인류 문화의 전체 발전사에서는 훨씬 덜 중요한 이들을 아주 중요하게 보았습니다. 또 다른 두드러진 사례가 스코트의 운명입니다. 나는 『역사소설』에서 스코트의 중요성에 관해 썼습니다. 당신도 알다시피, 스코트는 역사가 사람을 변화시킨다는 것을 보았던 최초의 소설가입니다. 이것은 엄청난 발견이었죠. 러시아의 푸쉬킨(Aleksandr Pushkin), 이탈리아의 만초니(Alessandro Manzoni) 그리고 프랑스의 발자크 같은 위대한 유럽 작가들은 곧바로 그것을 알아차렸습니다. 그들은 모두 스코트의 중요성을 알았고 그에게서 배웠습니다. 그러나 기이한 일은 영국 자체에서는 스코트가 전혀 자신의 계승자를 갖지 못한 것입니다. 스코트 역시 오해받고 잊혔지요. 이렇게 영국 문화의 전체 발전에 단절이 있었는데, 이러한 단절은 쇼(Bernard Shaw) 같은 후대의 급진적 작가들에게서 아주 뚜렷이 드러납니다. 쇼는 영국 문화의 과거에 아무런 뿌리를 두지 않았어요. 19세기 영국 문화는 그때에 이르러 급진적인 전사(前史)와 완전히 단절되었기 때문입니다. 이 점은 확실히 쇼의 커다란 약점입니다.

오늘날 영국의 지식인들은 외부로부터 마르크스주의를 들여올 것만이 아니라 그들 자신의 문화의 새 역사를 재구축해야만 합니다. 이것은 그들에게 긴요한 과제이고, 오로지 그들만이 할 수 있는 일입니다. 내가 스코트에 관해, 그리고 아그네스 헬러가 셰익스피어에 관해 글을 썼지만[5] 영국을 재발견해야 할 사람은 영국인 자신입니다. 영국에서처럼 우리 헝가리에서도 우리의 '민족성'에 관한 많은 신비화가 있습니다. 당신네 문화의 진정한 역사는 이런 신비화를 깨뜨릴 것입니다. 그런 경우에 내가 언급했던 불균등발전 법칙의 산물인 영국의 경제적, 정치적 위기의 깊이가 아마 도움이 될 것입니다. 현재 월슨[6]은 분명히 가장 기민한 기회주의적 부르주아 정치가 중 한 사람입니다. 그렇지만 그의 정부는 여전히 가장 끔찍한 몰골이지요. 이 점 또한 영국적 위기가 얼마나 깊고 처치곤란인지를 보여주는 징표입니다.

초기에 쓴 문학비평들, 특히 『소설의 이론』을 지금은 어떻게 생각하십니까? 그 책의 역사적 의미는 무엇이었나요?

『소설의 이론』은 1차 세계대전 중에 내가 느낀 절망감의 표현이었습니다. 전쟁이 시작되었을 때, 나는 독일과 오스트리아-헝가리 제국이 아마 러시아를 격퇴하고 차르 체제를 붕괴시킬 것인데 그것은 좋은 일이라고 말했습니다. 그리고 프랑스와 영국이 아마 독일과 오스트리아-헝가리 제국을 격퇴하고 호엔촐레른 가(家)와 합스부르크 가를 붕괴시킬 것인데, 그것도 좋은 일이라고 말했지요. 하지만 그러고 나면 누가 영국과 프랑스의 문화로부터 우리를 지켜줄 것인가? 이 문제에서 내가 느낀 절망감은 답을 찾지 못했는데, 이것이 『소설의 이론』의 배경입니다. 물론 10월 러

---

5   루카치의 제자였던 아그네스 헬러(Agnes Heller)가 쓴 『르네상스인』(*Renaissance Man*)을 말한다.

6   인터뷰 당시 영국의 총리였던 노동당의 해럴드 월슨(Harold Wilson, 1916 ~1995)을 가리킨다. 1964~1970년, 1974~1976년 총리로 재임했다.

시아 혁명이 답을 주었습니다. 러시아 혁명은 나의 딜레마에 대한 세계사적인 해답이었습니다. 그것은 내가 두려워했던 영국과 프랑스 부르주아계급의 승리를 막아주었습니다. 그런데 『소설의 이론』은 그 모든 오류에도 불구하고, 그 책이 분석한 문화를 낳았던 세계의 전복을 요구했다는 점은 말하고 싶습니다. 그 책은 혁명적 변화의 필요성을 이해했습니다.

그 당시 당신은 막스 베버의 친구였지요. 지금은 그를 어떻게 평가하십니까? 그의 동료인 좀바르트(Werner Sombart)는 점차 나치주의자가 되었는데, 만약 베버가 살아 있었다면 나치즘과 손을 잡았을 수도 있다고 생각하십니까?

아니오, 전혀 그렇게 생각하지 않습니다. 베버는 정말 정직한 사람이었음을 이해해야 합니다. 예를 들어, 그는 황제를 대단히 경멸했습니다. 독일의 가장 큰 불행은, [영국의] 스튜어트 가(家)나 [프랑스의] 부르봉 가와 달리 호엔촐레른 가가 한 번도 목이 잘린 적이 없다는 사실이라고 베버는 사적인 자리에서 우리들에게 말하곤 했습니다. 1912년에 그런 말을 한 사람이라면 평범한 독일 교수가 아니라는 건 충분히 생각하실 수 있을 겁니다. 베버는 좀바르트와는 전혀 다른 사람인데, 예를 들어 그는 반유대주의를 결코 인정한 적이 없습니다. 그의 성격을 잘 보여주는 일화를 하나 말씀드리지요. 독일의 어떤 대학에서 교수를 새로 임명하기 위해 그에게 추천을 부탁한 적이 있습니다. 그는 그 대학에 실력 순으로 세 명의 이름을 써서 답장을 보냈지요. 그리곤 덧붙이기를, 이 세 명이 모두 훌륭해서 이들 중 어느 누구를 선택해도 적절하지만 당신들은 그들이 모두 유대인이기 때문에 어느 누구도 선택하지 않을 것이다, 그래서 나는 다른 세 명의 명단을 첨가하는데, 그들은 앞에 내가 추천했던 사람들보다 뛰어나진 않지만, 필시 당신들은 그들이 유대인이 아니라는 이유로 그들 중 한 명을 뽑을 것이다, 라고 썼습니다. 그러나 이 모든 사실에도 불구하고 베버는 깊은 확신을 지닌 제국주의자였음을 기억해야 합니다. 그의 자유주의는, 효율적인 제국주의가 필요하며 오직 자유주의만이 그 효율성을 보장할 수 있다는 그의 믿음의 사안에 지나지 않았습니다. 그는 [러시아의] 10월과 [독일에서 1918년에 벌어진] 11월 혁명의 불구대천의 원수였습니다. 베버는 비범한 학자인 동시에 철저한 반동적 인물이었지요. 후기 셸링(Friedrich Wilhelm Schelling)과 쇼펜하우어(Arthur Schopenhauer)에서 시작된 비합리주의는 베버에게서 그것의 가장 중요한 표현 중 하나를 찾습니다.

베버는 당신이 10월 혁명 쪽으로 전향한 데 대해 어떻게 반응했습니까?

베버는 톨러(Ernst Toller)의 경우에는 그 변화가 감정의 혼란에 불과한 데 반해 루카치의 경우에는 확신과 이념의 심대한 변화였음에 틀림없다고 말한 것으로 알고 있습니다. 그러나 그 뒤로 나는 그와 어떤 관계도 맺지 않았습니다.

전쟁 뒤에 당신은 교육 인민위원으로 헝가리 코뮌에 참여하셨지요. 50년이 지난 지금 코뮌의 경험을 어떻게 평가할 수 있을까요?

코뮌을 낳은 본질적인 원인은 빅스 각서(Vix Note)[7]와 헝가리에 대한 [연합국의] 협상 정책이었습니다. 이런 점에서 헝가리 코뮌은, 전쟁을 끝내는 문제가 10월 혁명을 탄생시키는 데 근본적 역할을 했던 러시아 혁명에 비견될 수 있습니다. 빅스 각서가 전달되자마자 그 결과로 나온 것이 코뮌이었습니다. 사민주의자들은 우리가 코뮌을 만들어낸 것에 대해 나중에 공격했지만, 전쟁이 끝난 그 시점에서는 부르주아적인 정치적 틀의 한계 안에 머물러 있는 게 불가능했습니다. 그 틀을 폭파시킬 필요가 있었지요.

코뮌이 무너진 뒤, 당신은 모스크바에서 열린 코민테른 3차 대회에 참석한 [헝가리 공산당] 대표단의 일원이었습니다. 당신은 거기서 볼셰비키 지도자들과 만났지요? 그들에 대한 인상은 어땠는지요?

그런데 내가 소규모 대표단의 그다지 중요하지 않은 일원이었다는 사실을 기억하셔야 합니다. 그 당시 나는 전혀 중요한 인물이 아니었고, 그래서 당연히 러시아 공산당의 지도자들과 긴 대화를 나누지는 못했지요. 그래도 루나차르스키(Anatorii Lunacharskii)가 레닌에게 나를 소개해주었습니다. 레닌은 나를 완전히 사로잡았어요. 물론 나는 코민테른 대회의 위원회에서 그가 일하는 것을 볼 수 있었습니다. 다른 볼셰비키 지도자들에 대해서는 반감을 느꼈다고 말해야겠군요. 나는 트로츠키를 바로 싫어하게 되었는데, 잘난 체하는 사람이라는 생각이 들었거든요. 당신도 아시겠지만, 고리키가 레닌을 회상한 글을 보면, 혁명 뒤에 레닌이 러시

---

7   프랑스의 대령 페르낭 빅스(Fernand Vix)가 1919년 3월 19일 헝가리민주공화국의 대통령 미하이 카로이에게 전달한 각서로, 헝가리 군대를 당시 주둔하고 있던 위치에서 뒤로 물리라는 요구를 담고 있었다.

아 내전 기간 중에 트로츠키가 조직적 측면에서 이룬 업적을 인정하지만 그에게는 라쌀(Ferdinand Lassalle)과 같은 면이 있었다고 말한 부분이 있지요. 지노비예프는, 나중에 나는 코민테른에서의 그의 역할을 잘 알게 되었는데, 정치적 조작자에 지나지 않았어요. 부하린에 대한 나의 평가는, 1925년에 부하린의 마르크스주의를 비판하면서 그에 관해 쓴 내 글에서 볼 수 있습니다. 그 당시는 부하린이 이론적인 문제들에서 스탈린 다음가는 러시아의 권위자였던 때였습니다.[8] 스탈린에 관해서는 대회에서 어땠는지 전혀 기억이 없어요. 다른 많은 외국 공산주의자와 마찬가지로 러시아 공산당에서 그가 차지하는 중요성을 나는 몰랐습니다. 라데크(Karl Radek)와는 좀 이야기했습니다. 그는 독일의 3월 사태를 다룬 내 글들이 그 문제를 다룬 글 중 가장 우수하며, 자신은 그 글들에 전적으로 동의한다고 내게 말했습니다. 물론 나중에 그는 당이 3월 사태를 비난했을 때 자신의 견해를 바꿨고 공개적으로 그것을 공격했지요. 이 모든 사람과는 대조적으로 레닌은 내게 깊은 인상을 심어주었습니다.

레닌이 의회주의 문제에 관해 당신이 쓴 글을 공격했을 때 당신은 어떻게 반응했는지요?

내 글은 완전히 잘못된 것이었고, 나는 미련 없이 그 글의 논지를 폐기했습니다. 하지만 레닌이 내 글을 비판하기 전에 이미 나는 레닌이 쓴 『'좌익' 공산주의―하나의 소아병』('Left-Wing' Communism: An Infantile Disorder)을 읽었고, 의회 참여 문제에 대한

---

8   트로츠키, 지노비예프, 부하린 등에 관한 루카치의 평가는, 이 책에 실려 있는 「삶으로서의 사유: 게오르크 루카치와의 대담」의 해당 부분 참조.

레닌의 견해에 전적으로 동의하게 되었다는 점을 덧붙이고 싶군요. 그러니까 내 글에 관한 레닌의 비판이 나를 그렇게 크게 변화시키지는 않았습니다. 내 글이 잘못되었음을 이미 알고 있었으니까요. 레닌이 『'좌익' 공산주의』에서 한 말을 기억하실 겁니다. 프롤레타리아 권력의 혁명적 조직인 소비에트가 탄생함으로써 부르주아 의회가 세계사적인 의미에서는 [소비에트로] 완전히 대체되었지만, 이것이 의회가 직접적인 정치적 의미에서 [소비에트로] 대체되었음을, 그리고 특히 서구의 대중이 의회를 믿지 않음을 의미하는 것은 결코 아니라는 말 말입니다. 그러므로 공산주의자들은 의회 밖에서는 물론이고 의회 안에서도 활동해야 했던 것입니다.

1928~29년에 당신은 헝가리 공산당 3차 대회[9]를 위해 작성한 그 유명한 「블룸-테제」에서 당시 헝가리 공산당의 전략적 목표로 노동자·농민의 민주주의 독재 구상을 제출했습니다. 그 테제는 기회주의적인 것으로 간주돼 거부되었고 당신은 중앙위원회에서 축출되었습니다. 오늘날 「블룸-테제」를 어떻게 평가하시는지요?

「블룸-테제」는 사민주의와 파시즘이 쌍둥이라고 주장한 제3기[10]의 종파주의에 맞서 내가 벌였던 승산 없는 싸움이었습니다. 당신도 알다시피 이 참담한 노선은 계급 대(對) 계급 슬로건과 프

9　'3차 대회'가 아니라 '2차 대회'이다.

10　1928년 코민테른 6차 대회에서 채택된 시기 구분 개념. 코민테른은 세계자본주의의 경제·정치 분석을 통해 최근의 역사를 세 시기로 구분했다. 제1기는 1차 세계대전 이후 혁명운동이 고조되었다가 노동계급이 패배한 시기이며, 제2기는 1920년대에 자본주의가 공고화된 시기이다. 1928년부터 시작되는 제3기는 경제위기가 확산되고 노동계급이 급진화해 프롤레타리아 혁명의 조건이 성숙하는 시기이자 공산주의 전위 정당이 전투적 정책을 확고하게 유지해야 하는 시기이다(『좌파로 살다』의 옮긴이 주를 참조했음).

롤레타리아계급 독재의 즉각 수립에 대한 촉구를 동반한 것이었습니다. 노동자-농민의 민주주의 독재라는, 1905년에 레닌이 내세웠던 슬로건을 부활시켜 적용함으로써 나는 코민테른 6차 대회 노선에서 빠져나갈 구멍을 찾으려고 했습니다. 이 구멍을 통해 헝가리 공산당을 좀 더 현실주의적인 정치로 이끌 수 있을 거라고 생각했지요. 나는 실패했습니다. 당은 「블룸-테제」를 비난했고, 벨러 쿤과 그 일파는 나를 중앙위원회에서 축출했습니다. 나는 당시 당내에서 완전히 혼자였습니다. 당내에서 쿤의 종파주의에 맞선 투쟁에서 나와 견해를 함께했던 사람들조차 설득하지 못했다는 것을 아셔야 합니다. 그래서 나는 그 테제에 대해 자기비판을 했습니다. 그것은 완전히 시니컬했어요. 시대의 상황이 내게 강요한 것이었지요. 나는 사실 견해를 바꾸지 않았습니다. 그리고 실은 그 당시 내가 전적으로 옳았다고 지금도 확신하고 있습니다. 사실, 그 뒤의 역사적 행로는 「블룸-테제」의 올바름을 완전히 입증했지요. 1945~48년 시기에 헝가리에서는 내가 1929년에 주장했던 노동자-농민의 민주주의 독재가 구체적으로 실현되었습니다. 물론 1948년 이후 스탈린주의가 전혀 다른 어떤 것을 만들어냈지만, 그건 또 다른 이야기이지요.

1930년대에 브레히트와 당신의 관계는 어땠습니까? 그리고 전쟁이 끝난 후에는요? 브레히트의 위상에 대해서는 어떻게 생각하시는지요?

브레히트는 아주 위대한 시인이었으며 그의 후기 희곡들—『억척어멈과 그 자식들』(*Mutter Courage und ihre Kinder*), 『사천의 선인』(*Der gute Mensch von Sezuan*) 등등—은 매우 훌륭합니다. 물론 그의 희곡 이론과 미학 이론은 무척 혼란스럽고 잘못되었습니다.

나는 이 점을 『현대리얼리즘의 의미』(The Meaning of Contemporary Realism)[11]에서 설명한 바 있어요. 그러나 그의 이론이 그가 쓴 후기 작품의 질을 변화시키지는 않습니다. 1931~33년에 나는 베를린에서 작가동맹과 함께 일을 했습니다. 그 무렵, 정확히 말하면 1930년대 중반에, 브레히트는 표현주의를 옹호하면서 나에게 반대하는 글을 썼습니다. 그러나 그 뒤, 내가 모스크바에 있었을 때 브레히트가 스칸디나비아에서 미국으로 망명지를 옮기는 길에— 당시 그는 소련을 횡단하고 있었습니다—나를 보러 왔는데, 내게 다음과 같이 말하더군요. '나를 당신에게 맞서게 하려고 애쓰는 사람들이 있고, 또 당신을 내게 맞서게 하려는 시도들이 있더군요. 그러니 우리 서로 그런 사람들한테 휘말려서 싸우는 일이 없도록 합시다.' 그래서 우리는 항상 좋은 관계를 유지했어요. 전쟁 뒤에 베를린에 갈 때마다(아주 자주 갔습니다) 나는 항상 브레히트를 보러 갔고 함께 오랫동안 이야기를 나누었습니다. 결국 우리의 입장은 매우 가까워졌습니다. 당신도 알다시피, 나는 그의 아내가 그의 장례식에서 추도사를 해달라고 초청한 사람 중 하나였습니다. 유감스러운 한 가지 사실은, 1940년대에 브레히트에 관한 글을 단 한 편도 쓰지 않았던 점인데, 이것은 당시 내가 다른 일에

---

11 이 책은 1955년 가을(즉, 소련 공산당 제20차 당 대회가 열리기 몇 달 전)부터 1956년 9월(즉, 헝가리 민중봉기가 본격화되기 직전) 사이에 쓴 글들로 구성되어 있는데, 1958년 옛 서독 함부르크 소재 클라센(Classen) 출판사에서 『오해된 리얼리즘에 반대하여』(Wider den mißverstandenen Realismus)라는 제목으로 처음 출판되었다. 같은 글이 『게오르크 루카치 저작집』 제4권에는 『비판적 리얼리즘의 현재적 의미』(Die Gegenwartsbedeutung des kritischen Realismus)라는 제목으로 수록되어 있다. 독일어로 쓰인 이 책의 원본은 아직 우리말로 번역되지 않았고 영역본만 두 차례 번역된 바 있는데, 『우리시대의 리얼리즘』(우리예술연구회 옮김, 인간사, 1986)과 『현대리얼리즘론』(황석천 옮김, 열음사, 1986)이 그것이다.

몰두했기 때문에 발생한 실수였습니다. 나는 항상 브레히트를 매우 존경했습니다. 그는 매우 현명했고 또한 뛰어난 현실 감각을 갖고 있었습니다. 이런 점에서 브레히트는, 그도 물론 잘 알고 있었던 칼 코르쉬와는 매우 달랐습니다. 코르쉬가 독일 공산당을 떠났을 때 그는 사회주의와 연이 끊겼습니다. 나는 이것을 알고 있는데, 왜냐하면 그 당시 베를린에서 벌어진 반파시즘 투쟁에서 작가동맹의 활동에 협력하는 것이 그에게는 불가능했으니까요. 당이 그것을 용인하려 하지 않았습니다. 브레히트는 아주 달랐습니다. 그는 소련에 맞서서는 아무 일도 할 수 없다는 것을 알았고, 그래서 평생 동안 소련에 충성을 지켰습니다.

당신은 발터 벤야민을 알았습니까? 만약 벤야민이 살아 있었다면 마르크스주의에 확고한 혁명적 헌신을 하는 쪽으로 나아갔을 거라고 보시나요?

그를 알지 못했습니다. 1930년에 소련으로 가는 길에 프랑크푸르트를 들렀다가 아도르노는 봤지만, 몇 가지 이유로 벤야민은 만난 적이 한 번도 없었습니다. 벤야민은 비범한 재능을 가진 인물이었고, 매우 새로운 여러 문제들을 깊게 통찰했습니다. 그는 그 문제들을 다른 방식들로 탐구했지만 그 문제들에서 빠져나오는 길은 결코 찾지 못했지요. 그가 살았더라면 그의 발전이 어떤 모습이었을지는, 브레히트와의 우정에도 불구하고 매우 불분명하다고 생각합니다. 당신은 그 시대가 얼마나 어려웠던 때인지를 기억하셔야 합니다. 1930년대에는 숙청들이 있었고 그 뒤로는 냉전이 있었지요. 아도르노는 이런 상황에서 일종의 '비순응주의적 순응'의 대표적 인물이 되었습니다.

독일에서 파시즘이 승리한 뒤 당신은 러시아의 〈마르크스-엥겔스-레닌 연구소〉에서 랴자노프와 함께 일했습니다. 거기서 무슨 일을 하셨습니까?

1930년 모스크바에 있었을 때 랴자노프는 내게 1844년 파리에서 마르크스가 쓴 수고들을 보여주었습니다. 내가 얼마나 흥분했는지 상상이 가실 거예요. 이 수고들을 읽었던 것이 마르크스주의와 내가 맺은 전체 관계를 변화시켰고 나의 철학적 관점을 바꿔버렸지요. 소련 출신의 한 독일인 학자가 이 수고들을 출판하기 위해 작업하고 있었지요. 쥐들이 그 원고들을 갉아먹어서 글자들, 심지어는 단어들이 없어진 부분들이 많았습니다. 나는 철학적 지식이 있었기 때문에 그 독일인 학자와 같이 작업하면서 사라진 글자나 단어들이 무엇인지를 결정했지요. 예를 들어 'g'로 시작해서 's'로 끝나는 단어를 종종 발견했는데, 그 사이에 어떤 철자가 있었을까를 추측해야 하는 것이었지요. 그 결과로 나온 판본은 매우 훌륭한 것이었다고 생각합니다. 그것을 편집할 때 같이 일했기 때문에 잘 알아요. 랴자노프는 이 작업의 책임자였습니다. 그는 매우 뛰어난 문헌학자였지요. 이론가는 아니지만 대단한 문헌학자였습니다. 그가 해임된 뒤 연구소의 작업은 완전히 내리막길을 걸었습니다. 마르크스가 『자본』을 위해 쓴, 출간된 적이 없는 10권의 수고가 있다고 랴자노프가 내게 말했던 것을 기억합니다. 물론 엥겔스도 『자본』 2권과 3권의 서문에서, 자신이 낸 2권과 3권은 마르크스가 『자본』을 위해 작업한 수고들에서 발췌한 것일 뿐이라고 말했지요. 랴자노프는 이 모든 자료를 출간할 계획을 세웠습니다. 그러나 오늘날까지도 나온 적이 없어요.

1930년대 초반에는 소련에서도 철학논쟁이 있었지만, 나는 참여하지 않았습니다. 그 당시 데보린의 저작을 비판하는 논쟁이 벌어졌지요. 개인적으로 나는 비판의 많은 부분이 정당하다고 생각했습니다. 하지만 그 비판의 유일한 목적은 철학자로서의 스탈린의 탁월성을 확고히 하는 데 있었습니다.

그러나 당신은 30년대에 소련에서 벌어진 문학논쟁에는 참여하셨습니다.

나는 6년인가 7년 동안 『문학비평가』라는 잡지와 같이 작업했는데, 우리는 그 시절의 교조주의에 대항해 매우 일관된 정책을 수행했습니다. 파데예프를 비롯한 이들이 라프(RAPP, 러시아 프롤레타리아 작가연합)와 싸워서 이 조직을 러시아에서 타파했는데, 그건 단지 라프에 속한 아베르바하 등등이 트로츠키주의자였기 때문이었지요. 그들[승리를 거둔 파데예프 세력]은 자기식의 라프주의를 발전시키기 시작했습니다. 『문학비평가』는 이런 경향들에 항상 저항했지요. 나는 그 잡지에 많은 글을 썼는데, 그 글 모두에는 스탈린에서 인용한 말이 세 군데쯤 있지만―그 당시 러시아에서는 어쩔 수 없이 감수해야 했던 일이었습니다―그 글 모두는 스탈린주의적인 문학관에 대항한 것이었습니다. 그 글들의 내용은 항상 스탈린의 교조주의에 맞선 것이었어요.

당신은 당신 생애 중 10년, 그러니까 1919년부터 1929년까지 정치적으로 활발한 활동을 했고, 그 이후에는 직접적인 정치 활동을 완전히 포기해야 했습니다. 이것은 신념에 찬 마르크스주의자에게는 매우 커다란 변화입니다. 당신은 1930년에 당신 경력에 생긴 갑작스러운 변화로 인해 어떤 한계를 느끼셨나요? (아니면 반대로 해방감을 느끼셨나요?)

당신 인생의 이 국면이 당신의 어린 시절 및 청년 시절과는 어떤 관계에 있었는지요? 그때 당신은 어떤 영향은 받았습니까?

　나는 내 정치 경력이 끝난 데 대해 아무런 유감도 없었습니다. 당신도 알다시피 나는 1928~29년의 당내 논쟁에서 내가 전적으로 옳다고 확신했습니다. 이 점에 관해서는 전혀 생각이 바뀌지 않았지만, 내 견해를 당에 설득하는 데에는 완전히 실패했습니다. 그래서 나는 이렇게 생각했습니다. 내가 그렇게 옳은데도 완전히 패배했다면 이것은 내게 정치적 능력이 없다는 것을 의미할 수 있을 뿐이다, 라고요. 그래서 별 어려움 없이 실천적인 정치활동을 포기했습니다. 나는 정치에는 재능이 없다고 마음을 정했던 것이지요. 헝가리 공산당 중앙위원회에서 쫓겨나긴 했지만, 심지어 제3기의 참담한 종파주의적 정책들 속에서도, 공산주의 운동의 대열 안에서만 파시즘에 맞서 효과적으로 싸울 수 있다는 나의 믿음은 전혀 바뀌지 않았습니다. 이 점에서 나는 변하지 않았습니다. 나는 가장 나쁜 형태의 사회주의가 가장 좋은 형태의 자본주의보다 살기에 더 낫다고 늘 생각해왔습니다.

　그 이후, 1956년 너지 정부에 참여한 것은 정치활동을 포기했던 것과 모순되는 일이 아니었습니다. 나는 너지의 전반적인 정치적 접근법에 동의하지 않았으며, 젊은이들이 10월 이전에 우리 두 사람을 뭉치게 하려 했을 때 나는 항상 '내가 임레 너지에게 가는 것보다는 너지가 내게로 오는 것이 더 낫다'라고 대답했습니다. 1956년 10월에 문화부 장관을 맡아달라는 요청을 받았을 때 그것은 정치적인 문제가 아니라 도덕적인 문제였기에 거절할 수가 없었습니다. 우리가 체포되어 루마니아에 억류되어 있었을 때, 루마니아와 헝가리 공산당 동지들은 내게 와서 임레 너지의 정책에 관한 내 생각을 물었습니다. 내가 너지의 정책에 동의하지 않는다는 것을 알면서 말입니다. 나는 그들에게 다음과 같이 말했습니다. '내가 부다페스트의 거리에서 자유인이고 너지도 자유인이라면, 나는 기꺼이 그에 대한 나의 판단을 공개적이고 자세하게 밝힐 것이다. 그러나 그가 구속되어 있는 한, 그와 나의 관계는 연대의 관계일 뿐이다.'

정치활동을 포기했을 때 내가 느낀 개인적 감정이 어떠했느냐고 물었지요. 아마 나는 아주 현대적인 사람은 아니라고 말해야겠네요. 이제까지 살면서 좌절감이나 어떤 콤플렉스를 느낀 적은 전혀 없었다고 말할 수 있습니다. 물론 20세기 문학의 견지에서, 그리고 프로이트를 읽은 사람의 눈에는 이런 것들[좌절감이나 콤플렉스 같은 것]이 무엇을 의미하는지 알고 있습니다. 그러나 나 자신은 그런 것들을 경험한 적이 없습니다. 살아오면서 실수나 잘못된 방향을 알았을 때, 나는 항상 그것들을 기꺼이 인정하고—이렇게 하는 것은 내게 전혀 힘든 일이 아니에요—그러고 나서는 다른 쪽으로 방향을 바꿨습니다. 열다섯 살인가 열여섯 살 적에 입센(Henrik Ibsen)과 하웁트만(Gerhart Hauptmann)의 양식을 본떠 현대 희곡 몇 편을 썼습니다. 열여덟 살 때 그 희곡들을 읽어보고는 그것들이 형편없이 나쁘다는 것을 알았지요. 그래서 바로 그 자리에서 나는 작가는 결코 되지 않겠다고 결심하고 그 희곡들을 불태웠습니다. 후회는 없었어요. 바로 이 초기의 경험이 그 뒤 내게 유용했는데, 비평가로서 어떤 텍스트를 읽으면서 이건 내가 썼을 법한 것이군, 이라고 말할 수 있을 때는, 그것이 그 텍스트가 나쁘다는 것을 말해주는 분명한 증거임을 언제나 알았기 때문이지요. 그것은 아주 믿을 만한 기준이었어요. 이것이 나의 첫 번째 문학적 경험이었습니다. 맨 처음 받은 정치적 영향은 고등학생 때 마르크스를 읽은 것이었으며, 그다음에—무엇보다도 중요한 것인데—위대한 헝가리 시인 엔드레 어디를 읽은 것이었습니다. 나는 소년 시절에는 동년배들 사이에서 외톨이로 지냈는데, 어디가 내게 커다란 충격을 주었습니다. 어디는 헤겔에 열광한 혁명가였습니다. 비록 나 자신도 처음부터 줄곧 거부했던 헤겔의 그 측면, 즉 '현실과의 화해(Versöhnung mit der Wirklichkeit)'는 결코 받아들이지 않았지만 말입니다. 헤겔과의 교류가 없다는 것이 영국 문화의 커다란 약점입니다. 오늘날까지 나는 헤겔에 대한 존경심을 잃지 않았습니다. 그리고 나는 마르크스가 시작한 작업, 즉 헤겔 철학의 유물론화는 마르크스를 넘어서까지 계속 추구되어야 한다고 생각합니다. 앞으로 나올 존재론의 몇몇 대목에서 나는 이 작업을 하려고 노력했습니다. 모든 것을 고려해볼 때, 서양에서 정말로 위대한 사상가, 그 누구와도 견줄 수 없는 사상가는 아리스토텔레스와 헤겔 그리고 마르크스, 이 세 사람뿐입니다.

게오르크 루카치 연보

1885년: 1885년 4월 13일 오스트리아-헝가리 이중군주국 시절 부다페스트에서 유대인 은행장 아버지 요제프 뢰빙어(József Löwinger. 헝가리어식으로 표기하면 Löwinger József)와 빈의 부유한 유대인 집안 출신 어머니 아델레 베르트하이머(Adele Wertheimer) 사이에서 2남 1녀 중 둘째로 태어남[원래 3남 1녀였는데, 루카치보다 한 해 아래 태어난 파울(Paul)은 세 살 때 디프테리아로 사망했음]. 태어났을 때 이름은 죄르지 베르나트 뢰빙어(György Bernát Löwinger). 1890년 부친이 유대인의 성(姓)인 '뢰빙어'를 헝가리인의 성 '루카치(Lukács)'로 개명. 1899년 부친이 귀족 칭호를 받음. 이에 따라 루카치의 이름은 '세게디 루카치 죄르지 베르나트(Szegedi Lukács György Bernát)[독일어로는 '게오르크 베른하르트 루카치 폰 세게딘(Georg Bernhard Lukács von Szegedin)']로 바뀜. 이후 필명으로 '죄르지 폰 루카치' 또는 '게오르크 폰 루카치'를 사용. 하지만 공산당에 입당한 이후 귀족 집안 출신임을 나타내는 '폰(von)'을 더 이상 사용하지 않고 '죄르지 루카치' 또는 '게오르크 루카치'라는 필명을 씀.

1902년: 김나지움 재학 중에 『헝가리 정신』(*Magtarság*)과 『헝가리 살롱』(*Magyar Szalon*)에 각각 두 편의 연극평 발표. 문필 활동이 시작됨. 『헝가리 살롱』에는 1903년 6월까지 계속 연극 월평 발표. 『미래』(*Jövendö*)에도 두 편의 평론 발표. 1902년 김나지움 졸업 직후, 창작자의 꿈을 접고 열다섯 살 무렵부터 써놓았던 드라마 원고를 모두 불태움.

1902~09년: 부다페스트 대학에서 법학과 경제학 공부. 이후 철학과로 전과. 특히 빌헬름 딜타이와 게오르크 지멜 연구에 몰두.

1904년: 극단인 '탈리아 협회' 창립 주도.

1906년: 콜로주바르 대학에서 정치학 박사학위를 받음.

1906/07년: 독일 베를린 대학에서 게오르크 지멜을 만남.

1908년: 『근대 드라마의 발전사』 초고로 키슈펄루디 협회가 수여하는 크리스티너-루카치 상 수상. 게오르크 지멜의 영향이 두드러진 이 책의 초고는 1906~7년 베를린에서 헝가리어로 집필되었음. 1908~9년에 초고를 결정적으로 개작, 1911년에 다시 다듬어 두 권의 책으로 출판(*A modern dráma fejlödésének története I·II*). 독일어본(*Entwicklungsgeschichte des modernen Dramas*)은 『게오르크 루카치 저작집』(*Georg Lukacs Werke*) 제15권으로 1981년에 출판됨.

1908/09년: 독일 베를린 대학에서 딜타이, 지멜 등의 강의 수강. 김나지움 졸업 즈음에 『공산당 선언』을 통해 처음 접했던 마르크스의 『루이 보나파르트의 브뤼메르 18일』과 『자본』 1권, 엥겔스의 『가족·사유재산·국가의 기원』 등을 이 무렵에 읽음.

1909년: 『근대 드라마의 발전사』의 1, 2장으로 구성된 『드라마의 형식』(*A dráma formája*)으로 부다페스트 대학에서 철학 박사학위를 받음.

1910년: 칸트, 피히테, 셸링, 헤겔 등 이른바 '독일 관념론'을 집중적으로 연구. 에른스트 블로흐를 만남. 1908년부터 발표한 에세이들을 묶은 『영혼과 형식』(*A lélek és a formák*) 헝가리어본 출간.

1911년: 이 헝가리어본을 루카치가 직접 독일어로 번역하고 「동경과 형식: 샤를르 루이 필립」과 「비극의 형이상학: 파울 에른스트」를 추가한 『영혼과 형식』(*Die Seele und die Formen*) 독일어본 출간. 1911년 5월에 다뉴브 강에 몸을 던져 생을 마감한 이르머 셰이들레르에게 이 책을 헌정함. 국역본: 『靈魂과 形式』, 반성완 · 심희섭 외 옮김, 심설당, 1988.

1912년: 이르머 셰이들레르의 자살로 충격을 받고, 그녀의 죽음에 대한 자신의 책임을 윤리적으로 결산하려는 시도로 「마음의 가난에 관하여」("Von der Armut am Geiste") 집필. 헝가리어로 쓴 이 글을 러요시 필레프와 함께 만든 잡지 『정신』(*A Szellem*)에 발표(1911년 11월. 이 잡지는 2호로 종간됨). 이어서 독일어로 고쳐 쓴 것을 1912년 『새로운 지면』(*Neue Blätter*)에 발표함. 이 글을 끝으로 루카치의 이른바 "에세이 시기"(1908~1911)가 끝남. 국역본: 『소설의 이론』(김경식 옮김, 문예출판사, 2007)에 「마음의 가난에 관하여—한 편의 대화와 한 통의 편지」라는 제목으로 수록되어 있음.

1912년: 그 사이 베를린, 피렌체 등을 거쳐 하이델베르크로 옴. 블로흐와 함께 막스 베버 서클("일요 서클")에 참여하고 에밀 라스크, 슈테판 게오르게 등을 사귐.

1913년: 영화에 대한 최초의 이론적인 글에 속하는 「영화미학에 관한 생각들」("Gedenken zu einer Ästhetik des Kinos")을 『프랑크푸르트 신문』(9월 10일)에 발표. 영화에 대한 루카치의 고찰은 1963년에 출판된 『미적인 것의 고유성』(*Die Eigenart des Ästhetischen*)에서 이어짐. 국역본: 「영화미학에 관한 생각들」, 『매체로서의 영화』, 카르스텐 비테 엮음, 박홍식 · 이준서 옮김, 이론과실천, 1996.

1913년: 1907년부터 쓰고 발표한 글들을 묶은 청년 루카치의 또 다른 에세이집인 『미적 문화』(*Esztétikai kultura*) 출간됨. 이 책의 독일어 번역본은 아이스테지스(Aisthesis) 출판사가 다시 발간하고 있는 『게오르크 루카치 저작집』 제1권 제1분책(*Georg Lukács Werke, Band 1(1902~1918). Teilband 1(1902~1913)*, hrgg. von Zsuzsa Bognár, Werner Jung und Antonia Opitz, Bielefeld: Aisthesis 2016)에 수록됨.

1912~14년: 독일 하이델베르크대학에서 교수 자격을 얻기 위해 1912년에 집필을 시작했으나 1차 세계대전이 발발하면서 중단된 원고로서, 루카치 사후(死後)에 발견되어 『하이델베르크 예술철학(1912~1914)』(*Heidelberger Philosophie der Kunst(1912~1914)*)이라 이름 붙여진 책 집필. 『게오르크 루카치 저작집』 제16권(1974년)으로 출간됨.

1914년: 5월 20일, 집안의 반대에도 불구하고 하이델베르크에서 옐레나 안드레예브나 그라벵코와 결혼식을 올림(1917년 가을에 결별).

1914년: 1차 세계대전 발발. 도스토옙스키에 관한 연구서 집필에 착수. 루카치는 이 저작의 도입부를 이루는 첫 번째 장을 마친 후

1915년에 작업을 중단했는데, 그 첫 번째 장이 바로『소설의 이론』임. 그가 남긴 도스토옙스키론 원고는 1985년에 부다페스트에서『도스토옙스키. 메모와 구상』(*Dostojewski. Notizen und Entwürfe*)이라는 제목으로 출판됨.

1915년: 벨러 벌라주와 함께 부다페스트에서 "일요 서클"을 결성함.

1916년:『소설의 이론』발표. 도스토옙스키론의 한 부분으로서, 1916년에 학술지인『미학과 일반예술학지(誌)』에 처음 발표되었고, 책으로는 1920년에 베를린에서 처음 출간됨(*Die Theorie des Romans. Ein geschichtsphilosophischer Versuch über die Formen der großen Epik*). 이 책은 헤어진 첫 번째 부인 그라벵코에게 헌정됨. 국역본:『루카치 小說의 理論』, 반성완 옮김, 심설당, 1985;『소설의 이론』, 김경식 옮김, 문예출판사, 2007.

1916~18년: 1916년에 루카치는 전쟁 발발로 중단되었던 체계적인 미학을 재집필하고자 시도함. 이 새로운 미학은 1918년 초에 4개의 장이 완성됨. 5개의 장으로 구성된 미완의 작업을 1918년 5월 하이델베르크 대학에 교수자격청구논문으로 제출했지만, 교수자격을 취득하는데 실패. 루카치 사후(死後)에 발견된 이 논문은『하이델베르크 미학(1916~1918)』(*Heidelberger Ästhetik(1916~1918)*)이라는 제목으로 루카치 저작집 제17권(1975년)으로 출간됨.

1917년: 모친 아델레 베르트하이머 사망.

1917년: 부다페스트에서 "일요 서클" 성원들과 같이 〈정신과학을 위한 자유학교) 설립, 1918년까지 강연 활동을 함.

1918년: 『벌라주 벨러와 그를 싫어하는 사람들』(*Balázs Béla és akiknek nem kell*) 출간됨. 이 책은 1909년부터 1913년 사이에 벌라주의 시와 극작품에 관해 쓴 글들과 1918년에 쓴 두 편의 글을 묶은 책임. 국역본: 이 책에 수록된 글 중 1918년에 쓴 「치명적인 청춘」("Haláos fiatalság") 일부가 김경식이 번역한 『소설의 이론』에 「도스토예프스키의 영혼 현실」이라는 제목으로 번역되어 있음.

1918년 12월 중순: 그 전 달인 11월에 창당된 헝가리 공산당에 입당. 그 전에 이미 그의 두 번째 부인이자 여생을 함께할 게르트루드 보르츠티예베르와 밀접한 관계를 맺음.

1919년: 2월 공산당 지도자 벨러 쿤의 체포 이후 헝가리 공산당 중앙위원이 됨. 헝가리 평의회 공화국 수립. 3월 21일부터 6월 중순까지 교육제도 담당 인민위원 대리로, 그 이후 책임 인민위원으로 활동. 루마니아와 체코슬로바키아의 침공으로 벌어진 전쟁에서는 정치위원으로 참전. 『전술과 윤리』(*Taktika és ethika*) 출간(네 편의 글 중 세 편은 프롤레타리아계급 독재 이전에 쓴 것이며, 나머지 한 편은 독재 기간에 쓴 것임). 이 책의 독일어본은 『게오르크 루카치 저작집』제2권(1968)에 수록되어 있음.

1919년: 8월 평의회 공화국의 붕괴 후 부다페스트에 남아 비합법 활동을 하다가 9월 오스트리아 빈으로 망명. 10월 헝가리 정부의 범죄인 인도 요구에 따라 체포되었으나, 토마스 만, 하인리히 만 등 독일의 저명한 작가·지식인들이 서명한 호소문 「게오르크 루카치를 살려라!」("Rettet Georg Lukács!")가 독일의 수많은 신문에 발표됨. 1919년 말에 석방됨.

1919~29년: 빈에 체류하면서 헝가리 공산당 활동을 계속함.

1923년:『역사와 계급의식』(*Geschichte und Klassenbewußtsein*)이 독일 베를린의 말리크(Malik) 출판사에서 출간됨. 이 책은 "서구 마르크스주의"의 기초가 되는 저작으로, 특히 '프랑크푸르트 학파'의 발전에 결정적인 영향을 미침. 국역본:『역사와 계급의식―맑스주의 변증법 연구』, 박정호 · 조만영 옮김, 거름, 1986.

1924년: 6~7월 코민테른 5차 세계대회에서 부하린, 지노비예프 등이 루카치, 칼 코르쉬 등 이른바 "좌익 이탈자(Linksabweichler)"에 대해 공격. 데보린, 라슬로 루더시도 루카치의『역사와 계급의식』에 대한 공격에 가세함. 가을에『레닌: 그의 사상의 연관관계에 대한 연구』(*Lenin: Studie über den Zusammenhang seiner Gedanken*)를 빈의 아르바이터부흐한들룽(Arbeiterbuchhandlung) 출판사와 베를린의 말리크 출판사에서 출판함. 국역본:『레닌』, 게오르크 루카치 외 지음, 김학노 옮김, 녹두, 1985.

1925년(또는 1926년):『역사와 계급의식』에 대한 데보린과 루더시 등의 공격에 맞서 그들을 비판하면서『역사와 계급의식』의 기본입장을 고수하는『추수주의와 변증법』(*Chvostismus und Dialektik*) 집필. 하지만 루카치는 살아생전 이 글에 대해서 단 한마디도 한 적이 없었음. 독일어로 쓰인 이 글은 1996년에 헝가리에서 처음 출판되었으며, 영어본은 2000년에『'역사와 계급의식'에 대한 방어』(*A Defence of 'History and Class Consciousness': Tailism and Dialectic*) 라는 제목으로 출판됨.

1928년: 루카치를 정신적·경제적으로 지원했던 부친 요제프 루카치 사망.

1928년: '블룸'이라는 가명으로 「블룸-테제」("Blum-Thesen") 작성. 국역본: 「블룸-테제」, 『루카치의 문학이론―1930년대 논문선』, 게오르크 루카치 지음, 김혜원 편역, 세계, 1990.

1929년: 헝가리 공산당과 코민테른에 의해 「블룸-테제」는 "프롤레타리아계급의 독재"를 배반하고 "제3의 길"을 추구하는 "우익 이탈자"가 쓴 것으로 공격받고 '자기비판'을 강요당함. 이 일을 계기로 루카치는 정치일선에서 물러남.

1930년: 1929년 빈을 떠나 베를린을 거쳐 부다페스트에서 세 달 동안 '지하활동'을 하다가 1930년 소련 공산당의 소환에 따라 모스크바로 망명지를 옮김. 〈마르크스-엥겔스-레닌 연구소〉에서 『마르크스-엥겔스 전집』(*MEGA*) 발간 작업에 참여. 그때까지 출판된 적이 없었던 마르크스의 『경제학-철학 수고』 간행작업에 직접 참여함. 마르크스의 이 책은 루카치에게 사유의 "새로운 시작"을 가능하게 할 정도로 강한 영향을 미침.

1931년: 여름 독일 베를린으로 파견되어 〈프롤레타리아·혁명 작가동맹〉(BPRS) 지도.

1933년: 1월 히틀러의 권력 장악 이후에도 비합법 조직 건설을 위해 베를린에 머물러 있다가 3월에 체코슬로바키아를 거쳐 모스크바로 탈출.

1933~40년: 이른바 "신사조(Neue Strömung)" 그룹의 잡지인 『문학비평가』(*Literaturnyj kritik*)에 참여. 모스크바 망명기에 쓴 리얼리즘 관련 주요 논문 대부분은 먼저 이 잡지를 통해 발표됨.

1933년: 『파쇼 철학은 어떻게 독일에서 생겨났는가?』(*Wie ist die faschistische Philosophie in Deutschland entstanden?*) 집필. 이 책은 1982년에 부다페스트에서 출판됨.

1936~38년: 『역사소설』에 수록될 글들을 1936~37년에 집필, 1937~38년에 러시아어로 『문학비평가』에 연재. 책으로 출판할 예정이었지만 당시 소련 문학계를 주도했던 파데예프의 노선에 부합하지 않는다는 의심을 받아 결국 책으로는 출판될 수 없었음. 1947년 헝가리어본이 나왔으며, 1955년에 독일어본(*Der historische Roman*) 처음 출판됨. 국역본: 『역사소설론』, 이영욱 옮김, 거름, 1987.

1937년: 러시아어로 된 『19세기 문학이론들과 마르크스주의』 출판됨. 가을에 『청년 헤겔』(*Der junge Hegel*) 집필 완료. 당시의 공식 철학에 위배되는 입장 때문에 출판하지 않고 있다가 1948년에야 출판함. 국역본: 『청년 헤겔 1』, 김재기 옮김, 동녘, 1986; 『청년헤겔 2』, 서유석·이춘길 옮김, 동녘, 1987.

1938년: 이른바 "표현주의 논쟁"에 참여하여 「문제는 리얼리즘이다」("Es geht um den Realismus") 발표. 국역본: 「문제는 리얼리즘이다」, 『문제는 리얼리즘이다』, 게오르크 루카치 외 지음, 홍승용 옮김, 실천문학사, 1985.

1939년: 1934년부터 1938년까지 발표한 문학 관련 글 중 일부를 모은 『리얼리즘의 역사에 대하여』(러시아어) 출판.

1941/42년: 『독일은 어떻게 반동 이데올로기의 중심이 되었는가?』(*Wie ist Deutschland zum Zentrum der reaktionären Ideologie geworden?*)를 타쉬켄트에서 집필(이 책은 1982년에 부다페스트에서 출판됨). 이 글은 1933년에 집필한 『파쇼 철학은 어떻게 독일에서 생겨났는가?』와 함께 『이성의 파괴』(*Die Zerstörung der Vernuft*)의 바탕이 됨.

1944년 12월: 헝가리로 귀국.[1]

1945년: 부다페스트대학 미학과 문화철학 담당 정교수로 취임. 『발자크, 스탕달, 졸라』(헝가리어) 출판(이 책의 독일어판은 『발자크와 프랑스 리얼리즘』(*Balzac und der französische Realismus*)이라는 제목으로 1952년에 나옴). 국역본: 『발자크와 프랑스 리얼리즘』, 변상출

---

1 '1944년 12월 귀국'은 현재 〈국제 게오르크 루카치 협회〉 의장인 뤼디거 다네만(R. Dannemann)의 주장에 따른 것이다. 헝가리의 대표적 루카치 연구자이자 〈게오르크 루카치 문서보관소〉의 책임자였던 라슬로 시클러이(László Sziklai)는 루카치가 1945년 8월에 귀국했다고 한다. 한편, 루카치 자신은 1944년에 귀국했다고 적고 있다. 이 책에 실린 「「마르크스로 가는 나의 길」 후기(後記)(1957)」 참조.

옮김, 문예미학사, 1999.

1945/46년: 『제국주의 시대의 독일문학』(*Deutsche Literatur während des Imperialismus*)이 1945년에, 『독일문학에서의 진보와 반동』(*Fortschritt und Reaktion in der deutschen Literatur*)이 1946년에 베를린 아우프바우(Aufbau) 출판사에서 출간됨. 이 두 책의 합본이 『근대 독일 문학 약사(略史)』(*Skizze einer Geschichte der neueren deutschen Literatur*)라는 제목으로 1953년에 출판됨. 국역본: 『독일문학사. 계몽주의에서 제1차 세계대전까지』, 반성완 · 임홍배 옮김, 심설당, 1987.

1946년: 『괴테와 그의 시대』(헝가리어) 출간. 독일어본(*Goethe und seine Zeit*)은 스위스 베른에서 1947년에 나옴. 국역본: 이 책 일부가 『게오르크 루카치. 리얼리즘 문학의 실제비평』(반성완 · 김지혜 · 정용환 옮김, 까치, 1987)에 수록되어 있음.

1946년: 『니체와 파시즘』(*Nietzsche és a fasizmus*)이 부다페스트에서 출간됨.

1947년: 『문학과 민주주의』(*Irodalom és demokrácia*)가 부다페스트에서 출간됨.

1948년: 『청년 헤겔』 출간됨. 1931년부터 발표한 리얼리즘 관련 논문들을 묶은 『리얼리즘에 대한 에세이들』(*Essays über Realismus*) 출간. 이를 대폭 보완한 책이 1970년 『게오르크 루카치 저작집』 제4권 『리얼리즘의 문제들 I. 리얼리즘에 대한 에세이들』로 나옴.

1949년: 『세계문학 속의 러시아 리얼리즘』(*Der russische Realismus in der Weltliteratur*), 『토마스 만』(*Thomas Mann*)을 아우프바우 출판사에서 출간. 『세계문학 속의 러시아 리얼리즘』을 보완한 같은 제목의 책이 『게오르크 루카치 저작집』 제5권으로 1964년에 출간됨. 49년에 헝가리에서는 반(反)루카치 캠페인이 벌어짐. 당 대학의 책임자인 라슬로 루더시, 문화부 장관이자 『자유인민』의 편집장인 요제프 레버이 등이 『문학과 민주주의』를 빌미 삼아 루카치를 공격함. 이번에도 역시 "우익적 이탈자"라는 비판을 받고 루카치는 살아남기 위해 '자기비판'을 함. 국역본: 『세계문학 속의 러시아 리얼리즘』에 수록된 대부분의 글은 『변혁기 러시아의 리얼리즘문학』(조정환 옮김, 동녘, 1986)에, 『토마스 만』에 수록된 대부분의 글은 『게오르크 루카치. 리얼리즘 문학의 실제비평』에 실려 있음.

1952년: 『실존주의냐 마르크스주의냐?』(*Existentialismus oder Marxismus?*)가 옛 동독 아우프바우 출판사에서 발간됨. 사르트르, 하이데거 등을 비판하고 레닌의 인식론을 다루고 있는 이 책은 1946년에서 1947년 사이의 겨울에 쓴 논문들(이 글들로 1948년에 프랑스어판 『실존주의냐 마르크스주의냐?』가 파리에서 출판됨)과 이보다 뒤에 쓴 하이데거에 관한 글로 구성되어 있음.

1954년: 베를린의 아우프바우 출판사에서 『청년 헤겔』, 『이성의 파괴』, 『미학사 논총』(*Beiträge zur Geschichte der Ästhetik*)이 시리즈로 출간됨. 국역본: 『미학사 논총』은 『미학논평』(홍승용 옮김, 문화과학사, 1992)이라는 제목으로 옮겨져 있으며, 『이성의 파괴』는 두 가지 번역본이 있음(『이성의 파괴』, 변상출 옮김, 백의, 1996; 『이성의 파괴』, 한기상·안성권·김경연 옮김, 심설당, 1997).

1956년: 소련공산당 20차 당 대회 이후 동구사회주의권에 이른 바 '해빙기' 도래. 아우프바우 출판사에서 『운명의 전환: 새로운 독일 이데올로기를 위한 기고』(*Schicksalswende: Beiträge zu einer neuen deutschen Ideologie*) 발간됨. 이 책의 초판은 1948년에 나왔는데, 1956 년판은 그 초판에서 리얼리즘 문제와 관련된 「서사냐 묘사냐?」, 「표현주의의 '위대성과 몰락'」을 빼고 파시즘 시기의 결정적 문제들을 보충하는 소논문 몇 편을 추가한 개정판임. 독일 파시즘 이데올로기, 독일 파시즘과 니체 및 헤겔의 관계, 토마스 만, 아르놀트 츠바이크, 요하네스 R. 베혀 등의 작품을 다룬 글들, 그리고 마지막에 「지식인의 사회적 책임」이 수록되어 있음. 한편 루카치는 임네 너지 정부에서 문화부 장관으로 임명되지만 너지 정부가 바르샤바조약 탈퇴를 결정하자 사임. 10~11월에 일어난 헝가리 민중봉기가 소련 군에 의해 유혈 진압된 뒤 루마니아로 끌려감.

1957년: 4월 10일 루마니아에서 부다페스트로 돌아옴. 가택연금 상태에서 미학 작업에 매진.

1957년: 『미학의 범주로서의 특수성』 헝가리어판이 부다페스트에서 출간됨. 이 책의 독일어본은 1967년에 『미학의 범주로서의 특수성에 대하여』(*Über die Besonderheit als Kategorie der Ästhetik*)라는 제목으로 출판됨. 국역본: 『미학 서설』, 홍승용 옮김, 실천문학사, 1987.

1958년: 옛 서독 함부르크 소재 클라센(Classen) 출판사에서 『오해된 리얼리즘에 반대하여』(*Wider den mißverstandenen Realismus*) 가 출판됨. 이 책은 『게오르크 루카치 저작집』 제4권에는 『비판적 리얼리즘의의 현재적 의미』(*Die Gegenwartsbedeutung des kritischen Realismus*)라는 제목으로 수록되어 있음. 여기에 실린 세 편의 글은 1955년 가을(즉, 소련 공산당 20차 당 대회가 열리기 몇 달 전)부터 1956년 9월(즉, 헝가리 민중봉기가 본격화되기 직전) 사이에 쓰였음. 국역본:『우리시대의 리얼리즘』, 우리예술연구회 옮김, 인간사, 1986;『현대리얼리즘론』, 황석천 옮김, 열음사, 1986. 유감스럽게도 이 두 번역본 모두 독일어본이 아니라 축약본에 가까운 영역본을 옮긴 것임.

1962년: 루카치가 합의한 독일어판 루카치 전집이 옛 서독의 루흐터한트 출판사에서 발간되기 시작함. 첫 번째 책으로 전집 제9권 『이성의 파괴』 나옴. 루흐터한트 출판사는 전집 제2권, 전집 제4권부터 17권까지를 발간한 후 루카치의 책 출판을 포기함. 완간되지 못한 전집은 아이스테지스 출판사가 새로이 간행 중에 있음. 젊은 시절의 일기와 자전적인 글들, 그리고 말년에 나눈 대담들을 수록한 전집 제18권은 2005년에 출간됨(*Georg Lukács Werke, Band 18. Georg Lukács. Autobiographische Texte und Gespräche*, hrgg. von Frank Benseler und Werner Jung unter Mitarbeit von Dieter Redlich, Bielefeld: Aisthesis 2005). 전집 제1권은 두 권으로 분권되어 나옴: *Georg Lukács Werke, Band 1(1902~1918). Teilband 1(1902~1913)*, hrgg. von Zsuzsa Bognár, Werner Jung und Antonia Opitz, Bielefeld: Aisthesis 2016; *Georg Lukács Werke, Band 1(1902~1918). Teilband 2(1914~1918)*, hrgg. von Zsuzsa Bognár, Werner Jung und Antonia Opitz, Bielefeld: Aisthesis 2018.

1963년: 4월 28일 평생의 동지이자 반려였던 게르트루드 보르츠티예베르 사망. 같은 해에 독일어판 루카치 전집 제11/12권으로 출간된 『미적인 것의 고유성』을 게르트루드에게 헌정함. 국역본: 『루카치 미학』, 반성완·임홍배·이주영 옮김, 미술문화, 2000~2002. 이 책은 『미적인 것의 고유성』 전체가 아니라 그중 '미메시스' 관련 부분만 묶어 네 권으로 발간된 『미학』(*Ästhetik*)을 옮긴 것임.

1960~71년: 전체 3부로 구상된 미학 중 제1부인 『미적인 것의 고유성』 집필을 끝낸 후 윤리학 작업에 착수. 하지만 윤리학은 곧 존재론 작업으로 대체됨. 발췌문과 구상을 적어놓은 미완의 윤리학은 1994년 공간됨. *Georg Lukács. Versuche zu einer Ethik*, hrgg. von G. I. Mezei, Budapest: Akadémiai Kiadó 1994.

1967년: 1960년대 중반부터 활동의 여지가 점차 넓어졌으며, 1956년 민중봉기 이후 루카치를 비공식적으로 출당시켰던 당이 67년에 그의 복당을 승인함.

1967년: 옛 서독의 학자인 한스 하인츠 홀츠, 레오 코플러, 볼프강 아벤트로트 등이 루카치와 나눈 대담이 출간됨. 특히 이 책은 그때까지 세상에 알려지지 않았던 루카치의 존재론에 대한 논의를 처음 담은 책임. Theo Pinkus(Hrsg.), *Gespräche mit Georg Lukács*, Reinbek bei Hamburg: Rowohlt 1967. 국역본: 전체 3부 가운데 제1부가 「존재론과 미학, 미학과 존재론」이라는 제목으로 『게오르크 루카치—과거와 미래를 잇는 다리』(김경식, 한울, 2000)에 실려 있음.

1968년: 9월, 옛 서독의 루카치 전집 책임 편집자 프랑크 벤젤러에게 보낸 편지에서『사회적 존재의 존재론을 위하여』(*Zur Ontologie des gesellschaftlichen Seins*) 1차 기록이 끝났다고 알림. 이후 내용을 수정하고 구성을 바꾸는 작업을 하려 했으나 결국 못하게 됨. 초고 상태의 원고는 루카치 사후(事後) 13년이 지나『게오르크 루카치 저작집』제13권(1984년)과 제14권(1986년)으로 출간됨. 국역본:『사회적 존재의 존재론』1~4권, 권순홍 · 정대성 · 이종철 옮김, 아카넷, 2016~2018.

1968년: 서구에서 일어난 이른바 '68혁명' 그리고 특히 체코슬로바키아 사태(소위 "프라하의 봄")에 직면하여 정치 · 이론적 개입의 필요성을 강하게 느낀 루카치는 사회주의와 민주주의의 문제를 사회존재론의 차원에서 구체화하는 연구서를 집필함. 루카치의 "정치적 유언"이라 불리는 이 글이 공개된 것은 한참 뒤였음. 헝가리에서는『민주화의 오늘과 내일』(*Demokratisierung heute und morgen*)이라는 제목으로 1985년에, 옛 서독에서는『사회주의와 민주화』(*Sozialismus und Demokratisierung*)라는 제목으로 1987년에 출간됨. 국역본: 『사회주의와 민주화 운동』, 박순영 옮김, 한겨레, 1991.

1970년: 11월 암 진단받음. 같은 달에 옛 서독 루흐터한트 출판사에서『솔제니친』(*Solschenizyn*) 발간됨. 이 책은 루카치가 살아생전 출판한 마지막 책임. 국역본:『루카치가 읽은 솔제니친』, 김경식 옮김, 산지니, 2019.

1971년: 연초에『사회적 존재의 존재론을 위한 프롤레고메나』

(*Prolegomena zur Ontologie des gesellschaftlichen Seins*) 초고 집필을 마치고, 병상에서 자서전 작업을 함. 1월에 구술하여 작성해놓은 자서전 초안 「삶으로서의 사유」를 바탕으로 3~5월, 이슈트반 외르시, 에르제베트 베제르와의 대화를 통해 자서전 작업. 자서전 헝가리어본은 1980년에, 이를 번역한 독일어본은 1981년에 출판됨(*Georg Lukács, Gelebtes Denken. Eine Autobiographie im Dialog*, Frankfurt am Main: Suhrkamp 1981). 『사회적 존재의 존재론을 위한 프롤레고메나』는 1984년에 출판된 『게오르크 루카치 저작집』 제13권에 수록됨. 두 책의 국역본: 자서전은 『게오르크 루카치―맑스로 가는 길』(김경식·오길영 편역, 솔, 1994)에 수록되어 있으며, 이 책의 개정판인 『삶으로서의 사유―루카치의 자전적 기록들』(김경식·오길영 편역, 산지니, 2019)에도 수록되어 있음. 『사회적 존재의 존재론을 위한 프롤레고메나』는 김경식·안소현의 번역으로 2017년 나남 출판사에서 두 권으로 출간됨.

1971년: 6월 4일. 86세의 나이로 자택에서 세상을 뜸. 부다페스트의 케레페시 공동묘지에 먼저 작고한 아내 게르트루드 보르츠티예베르와 함께 안장됨. 루카치의 오랜 친구였던 티보르 데리가 장지(葬地)에서 한 추도사 중 한 대목: "우리를 그의 작품과 그의 인격에 사로잡히게 만들었던 것, 그것은 무엇이었을까요? 그것을 저는 한마디로 요약해, 인간에 대한 그의 사랑이라고, 궁극적으로 인간에 대한 신뢰를 전제로 하는 사랑이라고 말하고 싶습니다."

책에 등장하는 헝가리인

원래 헝가리 인명은 우리와 똑같이 '성-이름' 순으로 적는다. 그래서 예컨대 '루카치'의 경우 '루카치 죄르지'로 적어야 한다. 하지만 우리가 옮긴 책이 독일어판이기 때문에 헝가리 인명이 '이름-성' 순으로 적혀 있고, 우리도 이에 따라 옮겼다. 그래서 '루카치'도 '루카치 죄르지'가 아니라 '게오르크 루카치'로 적었다. 여기서의 표기도 이에 따라서 한다는 것을 밝혀둔다. 그리고 책에 등장하는 헝가리인 중에서 따로 소개하지 않아도 문맥을 이해하는 데 큰 문제가 없는 인물은, 본문에 헝가리어 인명을 적어두는 것으로 소개를 대신한다는 점도 밝혀둔다.

가보르, 언도르(Gábor, Andor, 1884~1953): 풍자작가이자 언론인. 1919년 이후에는 빈과 베를린에 망명. 루카치가 1931~33년 베를린에서 활동할 때 〈프롤레타리아·혁명 작가동맹〉(BPRS) 기관지 『좌선회』(Linkskurve)를 같이 발간. 1933년부터 모스크바에 체류. 2차 세계대전 종전 후 귀국.

거알, 가보르(Gaál, Gábor, 1891~1954): 헝가리 공산당 당원. 헝가리 평의회 공화국 붕괴 후 빈과 베를린으로 이주했다가 1926년에 콜로주바르로 돌아옴. 1946년부터 잡지 『현대』 편집.

게뢰, 에르뇌(Gerö, Ernö, 1898~1980): 헝가리 공산당 창당 때부터

당원. 코민테른에서 활동. 1956년 마차시 라코시를 이어 공산당('헝가리 근로자당') 총서기 역임. 1956년 10월 학생들의 시위에 발포 명령을 내려 헝가리 민중봉기를 야기한 인물로 여겨졌음. 소련과 헝가리 공산당 중앙위원회에서 야노시 카다르를 공산당의 지도자로 결정하자 게뢰는 소련으로 망명, 1960년에야 귀국할 수 있었으나 당에서 곧 축출 당함. 말년은 번역가로 생활.

게르게이, 샨도르(Gergely, Sándor, 1896~1966): 작가. 모스크바에 망명. 1945년 귀국. 1945~1951년 헝가리 작가연맹 의장 역임.

겔레르트, 오스카르(Gellért, Oszkár, 1882~1967): 작가. 『서구』의 선행 잡지인 『헝가리의 수호신』에 참여.

너지, 러요시(Nagy, Lajos, 1883~1954): 소설가. 문학적 리얼리즘의 대표자. 『서구』에 작품 발표.

너지, 임레(Nagy, Imre, 1896~1958): 정치가, 농업전문가. 1차 세계 대전 중 러시아에서 전쟁포로로 있다가 공산당에 입당. 1924~44년 소련에 망명. 1944~53년 각료. 1953년 6월부터 1955년 4월까지 수상 역임. '우익적 이탈자'라는 비판 받고 출당 처분 당함. 1년 뒤 복권. 1956년 10월 수상으로 취임. 헝가리 민중혁명 실패 후 루마니아에 억류되어 있다가 1958년 6월에 처형당함.

네메트, 라슬로(Németh, László, 1901~1975): 작가. 잡지 『증인』 발간. 잡지 『대답』 창간.

노르다우, 막스(Nordau, Max, 1849~1923): 의사, 작가, 정치가. 시오니스트였던 그는 문화비평서인『문화 인류의 관습적 거짓말들』과 『타락』 등으로 유명해짐. 헝가리에서 태어났지만 유럽 여러 나라에서 활동했고, 파리에서 죽음을 맞이함.

더라니, 이그나츠(Darányi, Ignác, 1849~1927): 정치가. 1895~1903년, 1906~1910년 두 차례 농림부 장관 역임.

데리, 티보르(Déry, Tibor, 1894~1977): 작가, 언론인. 1917년부터 『서구』에 여러 편의 글 발표. 1952년 그의 소설『대답』을 둘러싸고 논쟁이 벌어짐. 당시 문화부 장관이었던 요세프 레버이가 맹공에 나섬. 1956년 민중혁명을 준비하는 데 참여, 1957년에 9년형 받고 수감. 1960년에 사면됨.

도나스, 페렌츠(Donáth, Ferenc, 1913~1986): 정치가. 1945년 농림부 국가서기 역임. 1951년 체포되어 수감. 1955년 복권. 임레 너지의 지지자. 1956년 임레 너지의 개혁정책을 실현하려 노력한 정치가 중 한명. 1957년 소련군에 의해 유죄 판결, 몇 년 뒤 사면 받음.

도흐나니, 에른스트(Dohnányi, Ernst, 1877~1960): 작곡가이자 피아니스트.

라코시, 마차시(Rákosi, Mátyás, 1892~1971): 정치가. 1945년 소련에서 공산당 지도자로 귀국. 1945~48년 헝가리 공산당 총서기 역임, 1948년 6월에 공산당과 사민당의 통합으로 생겨난 '헝가리 근로자당'의 총서기로 취임한 뒤 소련으로 도피하게 되는 1956년 6월까지 독재적 권력을 휘두름. 1952년에는 수상으로도 취임. 1953년 6월 임레 너지에게 수상 자리를 넘겨줄 때까지 총서기와 수상 겸임. 스스로를 "스탈린의 가장 우수한 학생"이라고 불렀음. 1956년 흐루쇼프가 이끄는 소련의 압력으로 공산당(헝가리 근로자당) 지도자의 자리를 에르뇌 게뢰에게 넘기고 소련으로 갔다가 그곳에서 여생을 보냄.

러이크, 라슬로(Rajk, László, 1909~1949): 1930년 헝가리 공산당 입당. 스페인 내전 참전. 1941년부터 비합법 공산당을 이끌었으며 1945년 중앙위원회와 정치국 위원이 됨. 1946~49년 내무부 장관, 1948~49년 외무부 장관 겸임. '티토주의자'라는 죄명으로 1949년에 처형당함. 1956년에 복권됨.

런들레르, 예뇌(Landler, Jenő, 1875~1928): 혁명가. 처음에는 좌파 사민주의자로서 철도노조의 지도자로 활동. 1918년 11월에 국회의원. 헝가리 평의회 공화국에서는 내무인민위원이자 적군(赤軍) 총사령관 역임. 평의회 공화국의 붕괴 후 비합법 공산당에 합류. 1919년부터 빈에 망명, 당 중앙위원으로 활동하면서 헝가리 공산당을 지도. 루카치는 벨러 쿤 분파와 예뇌 런들레르 분파로 양분된 헝가리 공산당에서 런들레르 분파에 가담했음.

레버이, 요세프(Révai, József, 1898~1959): 정치가, 문학비평가, 공산주의 이데올로그. 원래 루카치에게 크게 영향을 받았으나 이후 철저한 스탈린주의자로 변신. 당 기관지 『자유인민』의 책임편집자였으며, 1949~53년에는 문화부 장관 역임.

레스너이, 언너(Lesznai Anna, 1885~1966): 시인, 소설가, 화가, 디자이너.『서구』에 글을 발표했으며 화가 그룹인 〈8인회〉의 명예회원. 헝가리 아방가르드의 중심인물 중 한 명. 1913년 오즈카르 야시와 결혼, 1918년 이혼했으나 생애 내내 우정을 유지했음. 1919년 헝가리 평의회 공화국의 붕괴 후 빈으로 망명했다가 1939년 미국으로 망명하여 그곳에서 사망. 루카치와는 젊은 시절부터 친구 사이였음.

렌젤, 쥴러(Lengyel, Gyula, 1888~1941): 헝가리 평의회 공화국 시절 해외 무역 담당 인민위원 역임. 스탈린 숙청 때 희생됨.

루더시, 라슬로(Rudas, László, 1885~1950): 정치가, 언론인. 헝가리 공산당 창당 멤버. 헝가리 평의회 공화국의 주요 기관지인『적색신문』편집인. 1944년 귀국 후 당 중앙위원회 부설 당 대학 학장, 이후에는 경제과학 대학 학장 역임. 1949년 벌어진 반(反)루카치 캠페인 때 선봉에 섬.

리토크, 엠머(Ritoók, Emma, 1868~1945): 작가, 철학자, 번역가. 루카치, 에른스트 블로흐, 벨러 벌라주를 베를린에서 만남. 루카치의 글에 대한 서평 몇 편을 썼음.

만하임, 칼(Mannheim, Karl, 1893~1947): 사회학자. 막스 베버의 제자. 루카치가 벨러 벌라주와 함께 만든 '일요 서클'의 멤버.『이데올로기와 유토피아』(1929)의 저자로 국내에도 잘 알려져 있음.

바고, 벨러(Vágó, Béla, 1881~1939): 언론인, 정치가. 벨러 쿤의 동

료. 1939년 스탈린 재판 때 처형당함.

바노치, 라슬로(Bánóczi, László, 1880~1926): 법학자, 연출가. 루카치가 창단 멤버인 탈리아 극단의 대표 역임.

바우어, 에르빈(Bauer, Ervin, 1890~1942): 의사, 생물학자. 작가인 머르기트 커프커의 남편. 벨러 벌라주의 동생.

버르거, 예뇌(Varga, Jenö, 1879~1964): 경제학자. 소련 학술원 회원. 1920년부터 소련 공산당 당원. 코민테른에서 활동. 1927~1942년 〈세계경제와 세계정치를 위한 소비에트 연구소〉 책임자 역임.

버르터, 샨도르(Bartha, Sándor, 1897~1938): 작가. '갈릴레이 서클'의 일원. 헝가리 평의회 공화국의 붕괴 후 빈으로 망명. 1926년 모스크바로 망명. 스탈린의 대숙청 때 희생됨.

버르토크, 벨러(Bartók, Béla, 1881~1945): 세계적으로 유명한 헝가리 작곡가. 1907년부터 34년까지 부다페스트 음악대학에서 피아노과 교수로 재직. 1940년 미국으로 망명.

버비치, 미하이(Babits, Mihály, 1883~1941): 시인, 소설가, 에세이스트, 문학사가.『서구』의 주요 구성원으로 1916년부터 편집인.

벌라주, 벨러(Bálazs, Béla, 1884~1949): 작가, 영화이론가. 1909년 잡지『르네상스』에서 일하면서 루카치를 알게 되고 이후 밀접한 관계가 됨. 루카치와 함께 '일요 서클'을 조직했으며, 〈정신과학을 위한 자유학교〉도 같이 창설했음. 루카치와 함께 1919년 헝가리 평의회 공화국에 가담. 공화국 붕괴 이후 망명하여 빈, 베를린, 소련 등에 체류하다가 1945년 헝가리로 귀환. 특히 1세대 영화이론가 중 한 사람으로 유명함.

베네데크, 머르첼(Benedek, Marcell, 1885~1969): 문학사가, 문학비평가, 번역자. 루카치의 청년기 친구로서, 1904년에 루카치와 함께 탈리아 창단.

베네데크, 엘레크(Benedek, Elek, 1859~1919): 머르첼 베네데크의 부친. 작가로서 헝가리 아동문학의 기초를 세웠으며, 교육자들의 정신적 지도자였음.

베드레시, 마르크(Vedres, Márk, 1870~1961): 조각가.

베레시, 페테르(Veres, Péter, 1897~1970): 작가, 정치가. 사회주의적인 신문과 잡지들에 참여. 1954~56년 헝가리 작가연맹 의장 역임.

베외티, 졸트(Beöthy, Zsolt, 1848~1922): 실증주의적 문학사가. 소설가와 비평가로 출발해서 나중에 부다페스트대학의 미학 교수가 됨.

벤야민, 라슬로(Benjámin, László, 1915~1986): 시인. 사회주의 리얼리즘적인 노동시 창작. 1952~54년 『새로운 소리』 책임편집자. 1975~1980년 국회의원.

보르츠티에베르, 게르트루드(Bortstieber, Gertrud, 1882~1963): 루카치의 두 번째 부인. 1910년대 후반부터 루카치와 평생을 함께한 삶의 동반자. 그녀와 루카치의 관계에 관해서는 이 책에 실린 「삶으로서의 사유」와 「대담」의 해당 부분 참조. 좀 더 자세하게는 졸저(拙著) 『루카치의 길—문제적 개인에서 공산주의자로』(산지니, 2018) 제1장 중 '루카치와 여인' 부분 참조.

볼가르, 엘레크(Bolgár, Eelk, 1883~1955): 변호사, 역사학자, 경제학자, 정치가. 1918년부터 헝가리 공산당 당원. 헝가리 평의회 공화국 시절 빈 대사, 나중에 외무인민위원 역임. 빈과 베를린을 거쳐 1937년에 모스크바로 망명. 1944년 소련군 장교로 귀국. 그 이후 외국 대사직 역임.

볼프네르, 팔(Wolfner, Pál, 1878~1921): 작가, 사회학자. 정치가.

뵘, 빌모시(Böhm, Vilmos, 1880~1949): 헝가리 사민주의 우파에 속했던 인물. 카로이 정권에서는 국방부장관, 헝가리 평의회 공화국에서는 군사인민위원과 헝가리 적군(赤軍) 총사령관 역임.

브로디, 샨도르(Bródy, Sándor, 1863~1924): 작가, 언론인. 엄격한 자연주의적 노벨레들을 묶은 『비참』(Nyomor)의 저자.

산토, 졸탄(Szántó, Zoltán, 1893~1977): 작가, 정치가. 헝가리 공산당 창당 멤버. 이후 비합법 공산당 활동에 종사. 1945년 이후 헝가리 당과 국가에서 여러 요직 역임. 1956년 임레 너지 정부에서는 국무장관 역임.

서무에이, 티보르(Szamuely, Tibor, 1890~1919): 언론인이자 혁명가. 헝가리 공산당 중앙위원회 위원. 당 기관지『적색 신문』의 편집인.

서보, 에르빈(Szabó, Ervin, 1877~1918): 정치가이자 학자. 1911년부터 헝가리 수도 도서관 관장. 마르크스와 엥겔스의 저작들을 번역하고 발간. 1차 세계대전 중에는 반군국주의 운동의 정신적 지도자였음. 젊은 시절 루카치는 서보를 통해 아나코생디칼리즘을 접하게 됨.

서볼치, 미클로시(Szabolcsi, Miklós, 1921~2000): 문학사가, 부다페스트대학 교수. 헝가리 학술원 회원.

설러이, 임레(Sallai, Imre, 1897~1932): 정치가. 헝가리 공산당 창당 멤버. '갈릴레이 서클'의 일원. 헝가리에서 비합법 공산당 서기국 지도. 1932년 체포되어 처형당함.

세레니, 샨도르(Szerényi, Sándor, 1905~2007): 1929~1931년 헝가리 공산당 중앙위원회 위원 및 제1서기를 역임한 공산주의자.

셰이들레르, 에르뇌(Seidler, Ernö, 1886~1940): 정치가. '갈릴레이 서클'과 헝가리 공산당의 창립 멤버. 루카치와 깊은 관계가 있었던 이르머 셰이들레르의 동생.

셰이들레르, 이르머(Seidler, Irma, 1883~1911): 화가. 에르뇌 셰이들레르의 누나. 루카치와 그녀의 관계에 관해서는『루카치의 길』중 '루카치와 여인' 부분 참조.

솜로, 보도그(Somló, Bódog, 1873~1920): 법률가, 사회학자. 1898~1918년 콜로주바르 대학 교수, 1918~1919년 부다페스트대학 교수 역임. 사회학 잡지『20세기』의 편집자. 사회과학협회 창립자.

솜이요, 죄르지(Somlyó, György, 1920~2006): 시인, 번역가, 에세이 작가, 극작가.

쇠플린, 얼러다르(Schöpflin, Aladár, 1872~1950): 문학사가, 비평가, 소설가, 극작가.『서구』의 주요성원.

슈트롬펠드, 어우렐(Stromfeld, Aurel, 1878~1927): 헝가리 평의회 공화국 시절에 헝가리 적군(赤軍)의 최고 지휘권 가짐.

시게티, 요제프(Szigeti, József, 1921~2012): 마르크스주의 철학자. 1957~59년 문화부 장관, 1959~68년 헝가리 학술원 철학 연구소 소장 역임.

시르머이, 이슈트반(Szirmai, István, 1906~1969): 저널리스트. 1957년부터 당 지도부의 일원으로 활동.

신코, 에르빈(Sinkó, Ervin, 1898~1967): 작가.『소설의 소설』(1961)이 그의 잘 알려진 작품임.

알렉산더, 베르나트(Alexander, Bernát, 1850~1927): 연극평론가.

야노시, 페렌츠(Jánossy, Ferenc, 1914~1997): 엔지니어, 경제전문가,

사회학자. 게르트루드 보르츠티에베르가 루카치와 결혼하기 전에 전 남편과의 사이에서 낳은 아들. 소련에서 루카치와 함께 살았음. 1942년에 체포, 시베리아 수용소에서 지냄. 1945년에 헝가리로 귀국.

야시, 오즈카르(Jászi, Ozkár, 1875~1957): 부르주아 급진주의 이론가, 사회학자, 정치가. 엔드레 어디와 동맹자 관계. 1919년에 출판 금지가 될 때까지 『20세기』의 책임편집자. 미하이 카로이가 수상으로 있었던 1918~1919년 사이에 각료로 임명됨. 1919년 1월 부다페스트대학 사회학과 교수로 임명됨. 평의회 공화국 말엽에 빈으로 갔다가 1924년에 미국으로 망명.

얀초, 미클로시(Jancsó, Miklós, 1921~2014): 영화감독, 시나리오 작가.

어디, 엔드레(Ady, Endre, 1877~1919): 시인이자 출판인. 20세기 헝가리 서정시의 혁신자로 불림. 1912년부터 문학잡지 『서구』의 공동편집인으로 활동. 청년 루카치에게 큰 영향을 미침.

어첼, 죄르지(Aczél, György, 1917~1991): 1956년 헝가리 민중혁명 이후 헝가리 문화정책에서 중심적 역할을 했던 인물. 1956년부터 1989년까지 헝가리 공산당 중앙위원회의 일원으로 활동.

언드라시, 쥴러(Andrássy, Gyula, 1860~1929): 정치가. 1906~1910년 헝가리 내무부 장관, 1918년 오스트리아-헝가리 이중군주국의 외무부 장관 역임.

언털, 프레데릭(Antal, Frederik, 1887~1954): 예술사가. 헝가리 평의

회 공화국이 붕괴된 후 독일로 망명했다가 1933년에 런던으로 이주, 대학에서 강의. 주저로는 『플로렌스 회화와 그 사회적 배경』 (1947)이 있음.

에르데이, 페렌츠(Erdei, Ferenc, 1910~1971): 정치가. 인민주의자 중 좌파에 속함. 1945~54년 여러 정치적 직책 담당. 1955~56년 수상 대리, 1964~69년 민족 인민전선 총서기, 1958~64년, 1970~71년 헝가리 학술원 총서기 역임.

오슈바트, 에뫼(Osvát, Emö, 1877~1929): 문학비평가. 『서구』의 편집위원.

올트바니, 임레(Oltványi, Imre, 1893~1963): 정치가, 예술사가. 1945년에서 1948년 사이에는 소농당(小農黨)의 지도당원이었음.

외르시, 이슈트반(Eörsi, István, 1931~2005): 시인, 극작가, 산문작가, 정치평론가, 번역가. 청소년기에 확신에 찬 공산주의자로 스탈린을 찬양하는 시를 쓰기도 함. 김나지움 학생일 때 『역사소설』을 필두로 루카치의 책과 글들을 읽고 영향을 받음. 1949년 부다페스트대학에 입학, 당시 그 대학 교수였던 루카치의 세미나에 참여. 1953년 스탈린의 죽음 이후 폭로되기 시작한 역사적 사실들에 충격을 받고 라코시 체제에 반대하게 됨. 루카치의 지도학생으로서 어틸러 요제프의 시를 주제로 박사논문을 쓰려고 했으나 1956년 헝가리 민중혁명의 발발로 중단. 혁명에 관여한 죄로 당시 스물다섯 살이었던 그는 8년형을 언도받음. 그가 구속되어 있는 동안 루카치는 은밀히 그의 가족을 경제적으로 도움. 수감된 지 3년 반 뒤인 1960년에 사면.

극작가, 번역가로 활동을 시작하여 시, 산문, 정치평론으로까지 활동영역을 넓힘. 독일어로 쓰인 루카치의 텍스트 다수를 헝가리어로 번역했을 뿐만 아니라 루카치의 자서전을 편찬했음.

요제프, 욜란(József, Jolán, 1899~1950): 작가. 어틸러 요제프의 여동생.

요제프, 어틸러(József, Attila, 1905~1937): 엔드레 어디와 더불어 20세기 헝가리의 가장 위대한 시인으로 꼽힘. 마르크스주의 문학가로서 프롤레타리아 혁명을 위해 당시 비합법조직이었던 헝가리 공산당에 입당(1930년), 당원으로 활동하기도 했음. 마르크스주의와 프로이트의 정신분석학을 이론적으로 결합하려 시도했는데, 이 때문인지 몰라도 명확하지 않은 이유로 1934년 당에서 축출당함. 1937년에 기차에 치여 생을 마감했는데, 사고사인지 자살인지를 둘러싼 논란이 있음. 사후(死後)에 헝가리인들이 가장 사랑하는 시인이 됨. 그의 세계문학사적 의의는 음악사에서 벨러 버러토크가 차지하는 위치에 비견됨. 헝가리 공산정권은 1950년에 '어틸러 요제프 상'을 제정했으며, 1964년에는 그의 생일을 '시의 날'로 정함. 현재 헝가리에서 장기집권 중인 극우 성향의 빅토르 오르반(Viktor Orbán) 정부는 그의 동상을 철거하려 시도했지만 수많은 반대에 부딪쳐 실패했음.

유하스, 쥴러(Juhász, Gyula, 1883~1937): 시인. 연애시와 자연시를 썼음.『서구』에 작품을 발표한 인상주의 작가.

이그노투시(Ignotus, 1869~1949): 작가, 출판인, 평론가. 1900년경

형가리에서 시도된 예술적·문학적 혁신의 지도적 이론가로 활동했으며 중산층 부르주아계급의 자유주의를 대변했음. 『서구』의 창간인 중 한 명으로서 편집 책임을 맡았음.

이예시, 쥴러(Illyés, Gyula, 1902~1983): 시인, 극작가, 소설가. 형가리 평의회 공화국이 붕괴된 후 파리에 가서 대학을 다니다가 1926년에 형가리로 귀국. 『서구』의 일원이었으며 1930년대 중반에는 인민주의자들에 가담. 1936년에 발표한 시 「푸스타의 민중」이 그 시기의 대표작.

일레시, 벨러(Illés, Béla, 1895~1974): 산문작가. 망명했다가 1945년에 귀국.

절러이, 벨러(Zalai, Béla, 1882~1915): 철학자, 교사. 그에 대해 루카치는 "1918년 이전 시절에 절러이는 유일하게 독창적인 형가리 사상가였다"라고 했음. 그의 사유는 초기 루카치와 칼 만하임 등 동시대 형가리 사상가들에게 영향을 미친 것으로 알려져 있음. 루카치와 러요시 퓔레프가 창간한 잡지 『정신』(A Szellem)의 편집에 참여.

초코너이, 비에츠 미하이(Csokonai, Vitéz Mihály, 1773~1805): 시인.

치가니, 데죄(Czigány, Dezsö, 1883~1937): 1919년경 진보적 화가 그룹인 〈8인회〉의 일원.

카다르, 야노시(Kádár, János, 1912~1989): 1956년 10월 형가리 민중 혁명의 와중에 카다르는 기존 공산당인 '형가리 근로자당'을 개편한 '헝가리 사회주의 노동당'의 총서기로 선출되었으며, 이후 32년간 그 직에 있었음. 경제 정책 실패에 따른 반발과 국민들의 민주화 요구에 따라 결국 1988년 5월 총서기직에서 해임되어 그의 체제는 붕괴되었고, 이후 헝가리는 급속한 정치 개혁을 맞이하게 됨. 다음 해인 1989년 5월 당 서기장과 중앙위원에서도 물러났으며, 6월 77세의 나이로 세상을 떠남. 헝가리의 공산정권은 그가 타계한 직후인 10월 붕괴했음.

카로이, 미하이(Károlyi, Mihályi, 1875~1955): 정치가. 처음에는 자유주의적 입장이었다가 이후 사회주의적 입장을 가지게 됨. 1918년 10월 혁명 때부터 수상이었다가 11월 16일 헝가리 공화국 수립, 1919년 1월 선거를 통해 헝가리 첫 대통령으로 선출됨. 하지만 그가 이끈 정부는 곧 혼란에 빠지게 됨. 결국 그는 대통령직을 내놓고 벨러 쿤이 이끈 공산주의자들이 사민주의자들과 함께 결성한 '혁명 평의회'에 권력을 이양함. 이어서 '헝가리 평의회 공화국'이 수립되었는데, 카로이는 이 정부와 적대적이지 않았지만 헝가리를 떠남. 1919~46년 파리와 런던 등지에서 망명생활. 1947~49년 파리에서 헝가리 대사로 재직. 1955년 파리에서 사망함.

칼러이, 쥴러(Kállay, Gyula, 1910~1996): 정치가, 언론인. 1956년 12월, 기존의 '헝가리 근로자당'을 대신하여 창당된 '헝가리 사회주의 노동당'의 중앙위원회 위원으로 선출됨.

커사크, 라요시(Kassák, Lajos, 1887~1967): 시인, 소설가, 화가. 헝가리 아방가르드를 이끈 대표적 인물. 1차 세계대전 중에 행동주의와 미래주의의 잡지인『행동』과『오늘』을 편집. 1913년부터『서구』에 작품 발표.

커프커, 머르키트(Kaffka, Margit, 1880~1918): 작가. 『서구』의 일원.

케른슈토크, 카로이(Kernstok, Károly, 1873~1940): 모더니즘 계열의 화가.

코다이, 졸탄(Kodály, Zoltán, 1882~1967): 작곡가. 버르토크와 더불어 헝가리 현대음악의 가장 중요한 대표자. 헝가리에서 음악교육이 자리 잡을 수 있도록 한 음악교육자이기도 함.

코라니, 샨도르 바론(korányi, Sándor Baron, 1866~1944): 부다페스트 의과대학 교수. 어린아이의 신경쇠약과 관련된 몇 권의 책을 썼음.

코르빈, 오토(Korvin, Ottó, 1894~1919): 헝가리 공산당 창당 멤버. 중앙위원회 위원. 헝가리 평의회 공화국 시기에 인민위원회 내무 정치국을 지휘. 평의회 공화국이 붕괴된 후 부다페스트에 남아 루카치와 함께 비합법 공산당을 재조직하는 활동을 하다가 체포되어 처형당함.

코바치, 언드라시(Kovács, András, 1926~2017): 영화감독, 영화이론가, 시나리오 작가.

코스톨라니, 데죄(Kosztolányi, Dezsö, 1885~1936): 시인, 소설가. 『서구』 그룹의 일원.

쿤, 벨러(Kun, Béla, 1886~1939): 헝가리 공산당의 창설자 중 일인으로서 1919년 헝가리 평의회 공화국의 지도자였음. 평의회 공화국의 붕괴 후 빈으로, 이어서 소련으로 망명했으며, 그곳에서 여러 가지 당 사업을 했지만 결국 스탈린의 대숙청 때 살아남지 못했음. 루카치와는 처음부터 정치적 대립관계에 있었음.

쿤피, 지그몬드(Kunfi, Zsigmond, 1879~1929): 정치가. 공산주의자로 출발해 나중에 사민주의 정치가가 됨.

크리슈토피, 요제프(Kristoffy, József, 1857~1928): 정치가. 1905~6년에 내무부 장관 역임.

토트, 아르파드(Tóth, Árpád, 1886~1928): 시인, 번역가. 『서구』 그룹의 일원.

톨너이, 샤를르 드(Tolnai, Charles de, 1899~1981): 예술사가. 1933~39년 프랑스 소르본 대학에서 강의했으며, 그 뒤에 미국의 프린스턴 대학과 컬럼비아 대학에서 강의.

트렌셰니-발드아펠, 임레(Trencsényi-Waldapfel, Imre, 1908~1970): 고전문학 연구자. 헝가리 학술원 회원.

티서, 이슈트반(Tisza, István, 1861~1918): 1903~5년, 1913~17년에 헝가리의 내각 수상을 역임한, 오스트리아-헝가리 이중 군주국의 정치지도자. 1918년 10월 28일부터 31일 사이에 벌어진 이른바 '가을장미 혁명' 와중에 사살당했음.

퍼르커시, 미하이(Farkas, Mihály, 1904~1965): 정치가. 헝가리 평의회 공화국의 붕괴 후 프라하, 베를린을 거쳐 모스크바로 망명. 스페인 내전에 참여. 마차시 라코시와 밀접한 관계였음. 1945년 이후 군부 고위직에 오름. 1955년에 모든 관직을 박탈당하고 체포됨.

퍼르커시, 팔(Farkas, Pál, 1878~1921): 작가, 사회학자, 정치가. 잡지 『새로운 시대』의 편집진 중 한 명. 사회적이고 역사적인 주제를 다룬 소설과 드라마 등을 썼음.

페뇌, 미크서(Fenyö, Miksa, 1877~1972): 에세이스트, 평론가. 『서구』의 창간인 중 한 명이며 편집에도 참여했음.

페렌치, 베니(Ferenczi, Béni, 1890~1967): 조각가. 피렌체, 뮌헨, 파리에서 공부. 헝가리 평의회 공화국의 붕괴 이후 빈에 체류. 1938년 헝가리로 귀국. 1946~50년 부다페스트 조형예술대학 교수로 재직.

페테시, 임레(Pethes, Imre, 1864~1924): 배우.

페퇴피, 샨도르(Petöfi, Sándor, 1823~1849): 헝가리의 국민시인. 헝가리 1848년 혁명의 인민영웅. 헝가리 독립전쟁의 서곡이 된 1848년 페스트 봉기 때 「궐기하라, 마자르인들이여」라는 시를 민중 앞에서 낭독하고 민족의 자유를 위한 투쟁에 참여, 이듬해 전사했음.

펠레키, 게저(Feleky, Geza, 1890~1956): 저널리스트, 철학자. 미학의 여러 영역에서 다수의 글 발표.

포가니, 요제프(Pogány, József, 1886~1938): 정치가. 1920년대 빈 망명기에 런들레르 분파의 일원. 1938년 스탈린 대숙청 때 처형당함. 1956년 복권됨.

포그러시, 벨러(Fogarasi, Béla, 1891~1959): 마르크스주의 철학자. 헝가리 평의회 공화국 시절 문화 분야를 이끈 사람 중 한 명. 1930~45년 소련에서 교수로 지냈으며 1945년 이후에는 부다페스트대학 교수로 재직. 1953년 부다페스트 경제학 연구소 소장.

포페르, 레오(Popper, Leo, 1886~1911): 예술비평가이자 미학자. 첼로 연주자이자 부다페스트 음악아카데미 교수였던 더비드 포페르(David Popper, 1846~1913)의 아들로서, 청년 루카치의 가장 중요한 친구였음. 『영혼과 형식』에 수록된 첫 번째 에세이 「에세이의 본질과 형식」(1910)은 레오 포페르에게 보내는 편지 형식으로 쓰였음. 1911년 폐렴으로 요절.

폴라니, 칼(Polány, Karl, 1886~1964): 철학자이자 경제사가. 1908년 '갈릴레이 서클'의 의장. 처음에는 영국으로, 그 후 캐나다로 망명. 미국 컬럼비아 대학에서 강의. 루카치와 함께 20세기 헝가리가 낳은 대표적 사상가로 꼽힘. 그의 저작 몇 편이 우리말로 번역되어 있는데, 그중 가장 중요한 작품으로 『거대한 전환』이 있음. 청년 시절 루카치와 교류가 있었으나 루카치가 중심에 있었던 '일요 서클'에는 참여하지 않고, 그보다 더 정치적이고 급진적이었던 모임인 '갈릴레이 서클'을 이끌었음.

퓌슈트, 밀란(Füst, Milán, 1888~1967): 작가, 미학자. 1908년부터

『서구』에 참여. 1948년 부다페스트대학 철학과 미학 담당 강사.

퓔레프, 러요시(Fülep, Lajos, 1885~1970): 예술사가, 철학자. 루카치와 함께 여러 작업을 같이 했는데, 특히 잡지『정신』을 같이 창간했음. 그의 대표작『헝가리의 예술』이 1923년에 출판됨.

프로하스커, 오토카르(Prohászka, Ottokár, 1858~1927): 카톨릭 주교, 작가. 1904년부터 대학 교수. 기독교 사회주의 운동의 지도자 중 한 명. 기독교 통일당의 의장.

프리시, 이슈트반(Friss, István, 1903~1978): 정치가. 1925년 체포. 비합법 잡지『공산주의자』편집위원. 1935~45년 망명. 귀국 후 여러 중요 직책 맡음.

피클레르, 쥴러(Pikler, Gyula, 1864~1937): 법학자, 사회학자, 심리학자. 1903~19년 부다페스트대학 교수로 재직. 사회학 협회를 창설하고 1905~19년 의장 역임.

하우저, 아르놀트(Hauser, Arnold, 1892~1978): 예술사가. 부다페스트 '일요 서클'의 멤버였음. 1939년에 런던으로 망명, 1951년부터 리즈대학에서 예술사 강의. 우리에게는『문학과 예술의 사회사』로 유명함.

하이, 율리우시(Háy, Julius, 1900~1975): 극작가. 헝가리 평의회 공화국이 붕괴되자 베를린으로 망명했다가 1933년 히틀러가 집권한 독일을 떠나 모스크바로 감. 1945년 귀국. 1956년 헝가리 민중혁명에 관여한 죄로 3년간 수감. 대표작으로는 자서전인 『1900년생』 있음.

함부르거, 예뇌(Hamburger, Jenö, 1883~1936): 1919년 헝가리 적군 (赤軍) 정치위원. 1922년부터 소련에 체류.

허르카니, 에데(Harkányi, Ede, 1879~1909): 작가

허트버니, 러요시 버론(Hatvany, Lajos Baron, 1880~1961): 작가, 비평가, 예술후원자. 특히 『서구』를 재정적으로 지원.

헤게뒤시, 언드라시(Hegedüs, András, 1922~1999): 사회학자, NÉKOSZ 운동의 지도자 중 한 명. 임레 너지가 처음 실각했을 때 (1955년) 라코시에 의해 수상에 취임함. 나중에 유명한 반체제인 사가 됨.

헤베시, 샨도르(Hevesi, Sándor, 1873~1939): 헝가리 국립극단의 연출가이자 감독으로 유명했음. 극작술과 미학에 관한 다수의 글을 발표한 그는 1904~08년 탈리아 극단의 연출을 맡음. 루카치, 퓔레프와 함께 『정신』의 편집위원이기도 했음.

호르바트, 야노시(Horvát, János, 1878~1961): 문학사가. 부다페스트 대학의 교수.

호르바트, 졸탄(Horvát, Zoltan, 1900~1967): 역사학자, 사민주의 좌파 계열에 속하는 정치가. 스탈린주의가 지배했던 1949년부터 1956년 여름까지 수감되어 있었음. 석방 후 역사서술에 집중.